10	11	12	13	14	15	16	17 ハロゲン	18 希ガス
								₂He 4.003 ヘリウム
	□ : 非金属の典型元素		₅B 10.81 ほう素	₆C 12.01 炭素	₇N 14.01 窒素	₈O 16.00 酸素	₉F 19.00 ふっ素	₁₀Ne 20.18 ネオン
	□ : 金属の典型元素		₁₃Al 26.98 アルミニウム	₁₄Si 28.09 けい素	₁₅P 30.97 りん	₁₆S 32.07 硫黄	₁₇Cl 35.45 塩素	₁₈Ar 39.95 アルゴン
₂₈Ni 58.69 ニッケル	₂₉Cu 63.55 銅	₃₀Zn 65.38 亜鉛	₃₁Ga 69.72 ガリウム	₃₂Ge 72.63 ゲルマニウム	₃₃As 74.92 ひ素	₃₄Se 78.96 セレン	₃₅Br 79.90 臭素	₃₆Kr 83.80 クリプトン
₄₆Pd 106.4 パラジウム	₄₇Ag 107.9 銀	₄₈Cd 112.4 カドミウム	₄₉In 114.8 インジウム	₅₀Sn 118.7 スズ	₅₁Sb 121.8 アンチモン	₅₂Te 127.6 テルル	₅₃I 126.9 よう素	₅₄Xe 131.3 キセノン
₇₈Pt 195.1 白金	₇₉Au 197.0 金	₈₀Hg 200.6 水銀	₈₁Tl 204.4 タリウム	₈₂Pb 207.2 鉛	₈₃Bi 209.0 ビスマス	₈₄Po (210) ポロニウム	₈₅At (210) アスタチン	₈₆Rn (222) ラドン

₆₄Gd 157.3 ガドリニウム	₆₅Tb 158.9 テルビウム	₆₆Dy 162.5 ジスプロシウム	₆₇Ho 164.9 ホルミウム	₆₈Er 167.3 エルビウム	₆₉Tm 168.9 ツリウム	₇₀Yb 173.1 イッテルビウム	₇₁Lu 175.0 ルテチウム
₉₆Cm (247) キュリウム	₉₇Bk (247) バークリウム	₉₈Cf (252) カリホルニウム	₉₉Es (252) アインスタイニウム	₁₀₀Fm (257) フェルミウム	₁₀₁Md (258) メンデレビウム	₁₀₂No (259) ノーベリウム	₁₀₃Lr (262) ローレンシウム

*（ ）内の数は、最も長い半減期を持つ同位体の質量数
**日本化学会原子量専門委員会による元素の周期表（2012）を基に一部改変

一発合格！

千葉大学大学院教授
赤染元浩 [監修]

甲種
危険物
取扱者試験
テキスト&問題集

赤シート付き

ナツメ社

はじめに

　本書は、甲種危険物取扱者資格の取得を目指す人が試験に合格するためのテキストと問題集である。

　甲種危険物取扱者は、丙種や乙種と異なり、1つの資格で第1類から第6類までの危険物すべてを取り扱える危険物取扱者の最上級資格である。そのため試験内容も乙種などと比べて複雑になっており、合格率も毎回3割程度となっている。甲種試験の特徴は、乙種の基礎的な物理・化学から、「基礎的な」がはずれたぶん、問題がやや専門的になっていること、また乙種の危険物の類が限定された試験とは異なり、第1類から第6類までの危険物についての知識が必要であることだろう。

　しかし一方で、学生時代に専門の科目を修得していなくても、乙種危険物取扱者の免状を複数類にわたり取得していれば受験可能であったり、実務経験がなくても受験資格さえ満たせば高校生でも受験可能であったりと、あらゆる人に受験するチャンスが与えられている資格試験でもある。

　加えて、甲種資格は複数類の危険物を取り扱える資格だからこそ、免状取得者は多種の危険物を取り扱う製造所や貯蔵所などの施設でも活躍でき、さまざまな業界や業種でのニーズが高いといえる。就職氷河期といわれる昨今でも、この免状を取得していれば実戦力として期待され、就職活動に有利に働くはずだ。実際、学生に甲種危険物取扱者資格試験の受験指導を積極的に行っている高校や大学もある。学生だけでなく、乙種免状を取得しすでに実務経験がある人でも甲種の免状を取得すれば、新たな業務に携わるチャンスが生まれるだろう。転職活動時には、大きなアピールポイントになる。

　膨大で専門的な知識を相手にしなければならない資格だが、1つ1つ整理して理解していけば合格の可能性は高まる。難易度が高いからといって諦めてしまわず、ぜひ挑戦してほしい。

　本書は、テキストで体系的に知識を習得したあと、豊富な問題数で実力をつけ、本番に備えた「模擬試験」に挑戦するといった具合に、何度も繰り返し学習できるよう工夫した。

　甲種試験合格のために、ぜひ本書を活用してほしい。多くの人が甲種危険物取扱者として社会で活躍されることを祈願してやまない。

目次

はじめに 3
受験ガイド 12
本書の構成と効果的な活用法 16

第1章 危険物に関する法令

§1 危険物を規制する法的な体系

1-1 危険物を規制するしくみ ……………………………………………… 19
- 消防法上の危険物 19 / ●危険物に関する法体系 19
- 貯蔵・取扱いの原則 20 / ●消防法の適用除外 20

1-2 危険物の分類と性質 …………………………………………………… 21
- 危険物の判定と分類 21 / ●各類危険物の概要 22

1-3 指定数量 ………………………………………………………………… 27
- 危険物の指定数量 27 / ●指定数量の倍数 30

1-4 製造所等の区分と概要 ………………………………………………… 33
- 製造所等の区分 33 / ●製造所等の概要 33

1-5 申請・届出 ……………………………………………………………… 35
- 手続きの種類と手続き先 35 / ●申請の種類 35
- 製造所等の設置・変更に関わる申請 36
- 承認申請 37 / ●届出の種類 38

1-6 危険物取扱者制度 ……………………………………………………… 42
- 危険物取扱者の責務 42 / ●危険物取扱者免状 42 / ●保安講習 44

§2 災害を防止するためのしくみ

2-1 災害防止のための法制度 …………………………………… 48
- 所有者等の義務 48 ／ ●事故発生時の措置 48

2-2 危険物保安統括管理者等 ……………………………………… 49
- 危険物保安統括管理者 49 ／ ●危険物保安監督者 49
- 危険物施設保安員 51 ／ ●解任命令 52

2-3 予防規程・自衛消防組織 ……………………………………… 53
- 予防規程 53 ／ ●自衛消防組織 55

2-4 定期点検・保安検査 …………………………………………… 58
- 定期点検 58 ／ ●保安検査 61 ／ ●災害防止上のしくみ 62

§3 製造所等の基準

3-1 保安距離・保有空地 …………………………………………… 64
- 保安距離 64 ／ ●保有空地 65

3-2 製造所の基準 …………………………………………………… 66
- 位置の基準 66 ／ ●構造の基準 66 ／ ●設備の基準 67
- 配管の基準 68 ／ ●基準の特例 69

3-3 屋内貯蔵所の基準 ……………………………………………… 70
- 位置の基準 70 ／ ●構造の基準 70 ／ ●設備の基準 71

3-4 屋外タンク貯蔵所の基準 ……………………………………… 73
- 位置の基準 73 ／ ●構造の基準 75 ／ ●設備の基準 75
- 防油堤の基準 76

3-5 屋内タンク貯蔵所の基準 ……………………………………… 78
- 位置・構造の基準 78 ／ ●設備の基準 79 ／ ●その他の基準・基準の特例 80

3-6 地下タンク貯蔵所の基準 ……………………………………… 81
- 地下タンク貯蔵所の設置方法 81 ／ ●位置・構造・設置の基準 81
- 設備の基準 84

3-7　簡易タンク貯蔵所の基準 …………………………………………………… 85
● 位置の基準　85 ／ ● 構造の基準　85 ／ ● 設備の基準　86

3-8　移動タンク貯蔵所の基準 …………………………………………………… 87
● 位置の基準　87 ／ ● 構造の基準　87 ／ ● 設備の基準　88

3-9　屋外貯蔵所の基準 …………………………………………………………… 90
● 貯蔵・取扱いのできる危険物　90 ／ ● 位置・構造の基準　90
● 設備の基準　91 ／ ● 塊状の硫黄等を貯蔵する屋外貯蔵所の基準　92
● 基準の特例　92

3-10　給油取扱所の基準 …………………………………………………………… 93
● 給油取扱所の区分　93 ／ ● 屋内給油取扱所以外の給油取扱所の基準　93
● 屋内給油取扱所の基準　97 ／ ● 顧客に自ら給油等をさせる給油取扱所の基準　99

3-11　販売取扱所の基準 …………………………………………………………… 101
● 販売取扱所の区分と位置の基準　101 ／ ● 構造・設備の基準　101

3-12　移送取扱所の基準 …………………………………………………………… 103
● 位置の基準　103 ／ ● 構造・設備の基準　103

3-13　一般取扱所の基準 …………………………………………………………… 104
● 位置・構造・設備の基準　104 ／ ● 基準の特例　104

3-14　標識・掲示板の基準 ………………………………………………………… 108
● 標識の基準　108 ／ ● 掲示板の基準　109

3-15　消火設備の基準 ……………………………………………………………… 111
● 消火設備の種類　111 ／ ● 製造所等に設置する消火設備　111
● 所要単位・能力単位　113 ／ ● 消火設備の設置基準　114

3-16　警報設備・避難設備の基準 ………………………………………………… 117
● 警報設備　117 ／ ● 避難設備　117

§4　貯蔵・取扱い、運搬・移送の基準

4-1　共通する貯蔵・取扱いの基準 ……………………………………………… 118
● すべての製造所等に共通する基準　118 ／ ● 危険物の類ごとに共通する基準　119

4-2 貯蔵の基準 ……………………………………………………………… 120
- 同時貯蔵 120 / ● 貯蔵所ごとの基準 121

4-3 取扱いの基準 …………………………………………………………… 123
- 取扱い別の基準 123 / ● 製造所等ごとの基準 124

4-4 運搬の基準 ……………………………………………………………… 128
- 運搬容器の基準 128 / ● 積載の基準 131 / ● 運搬方法の基準 133

4-5 移送の基準 ……………………………………………………………… 134
- 運転者・同乗者の基準 134 / ● その他の基準 134

§5 行政命令等

5-1 所有者等への命令 ……………………………………………………… 138
- 義務違反とその措置命令 138 / ● 設置許可の取消しまたは使用停止命令 139
- 使用停止命令 139 / ● 緊急時の停止命令 140

5-2 火災防止上のその他の権限 …………………………………………… 141
- 立入検査 141 / ● 走行中の移動タンク貯蔵所の停止 141
- 危険物流出等の事故原因調査 141

[危険物に関する法令] 練習問題 …………………………………………… 142

第2章　物理学および化学

§1 物理学

1-1 物質の状態変化 ………………………………………………………… 157
- 物質の三態 157 / ● 三態の変化と熱運動 157 / ● 温度と圧力 158
- 密度と比重 159

1-2 物質の状態変化と熱エネルギー ……………………………………… 161
- 融解と凝固 161 / ● 蒸発と凝縮 161 / ● 昇華 164

1-3 気体の性質 ………………………………………………………… 166
- 臨界温度と臨界圧力　166／●ボイル・シャルルの法則　167
- 気体の状態方程式　170

1-4 熱の移動と熱量 …………………………………………………… 176
- 熱の移動　176／●熱量と比熱　177

1-5 熱膨張 ……………………………………………………………… 180
- 熱膨張　180／●固体の膨張　180／●液体の膨張　181／●気体の膨張　181
- 気体の断熱変化　182／●エネルギー保存の法則　183

1-6 水と湿度 …………………………………………………………… 185
- 水の性質　185／●潮解と風解　187／●湿度　187／●湿度と危険物　189

1-7 電気 ………………………………………………………………… 190
- 電流と電圧　190／●電気火花　191／●電気設備と危険物　191

1-8 静電気 ……………………………………………………………… 193
- 静電気発生のメカニズム　193／●帯電列　194
- 放電エネルギー　194／●静電気災害の防止　195

§2 化学

2-1 物質の変化 ………………………………………………………… 197
- 物理変化　197／●化学変化とその種類　197

2-2 物質の種類 ………………………………………………………… 200
- 純物質と混合物　200／●単体と化合物　200／●同素体　201
- 同族体　201／●異性体　202

2-3 物質の基本構成 …………………………………………………… 204
- 元素　204／●原子　205／●分子　206／●イオン　207

2-4 原子量と分子量 …………………………………………………… 209
- 原子量　209／●分子量と式量　209／●物質量（モル）とモル質量　210

2-5 化学の一般法則と化学反応式 …………………………………… 211
- 化学の一般法則　211／●化学式　212／●化学反応式　213

2-6 熱化学 219
- ●反応熱と熱化学方程式　219 ／ ●反応熱の種類　219
- ●ヘスの法則　220 ／ ●反応熱の求め方　220

2-7 化学反応の速度 223
- ●反応速度　223 ／ ●アレニウスの式　224

2-8 化学平衡 225
- ●化学平衡　225 ／ ●ルシャトリエの法則　226

2-9 溶液 230
- ●溶液と溶解度　230 ／ ●溶液の濃度　231
- ●沸点上昇と凝固点降下　233 ／ ●浸透圧　235

2-10 酸と塩基 236
- ●酸と塩基　236 ／ ●電離度　237 ／ ●水素イオン濃度　237
- ●酸性酸化物・塩基性酸化物　239 ／ ●中和・塩　240

2-11 酸化と還元 244
- ●酸化と還元　244 ／ ●酸化数　244 ／ ●酸化剤と還元剤　245

2-12 金属と非金属 246
- ●金属元素と非金属元素　246 ／ ●アルカリ金属とアルカリ土類金属　247
- ●ハロゲン元素　248 ／ ●金属のイオン化傾向　249 ／ ●電池の原理　250
- ●電気陰性度　251 ／ ●金属の腐食　253

2-13 有機化合物 255
- ●有機化合物と原子価　255 ／ ●有機化合物の性質　255
- ●有機化合物の分類　256 ／ ●有機化合物の種類　259

§3　燃焼・消火の基礎理論

3-1 燃焼 263
- ●燃焼の三要素と四要素　263 ／ ●燃焼の仕方　265

3-2 危険物の物性 269
- ●燃焼範囲（爆発範囲）　269 ／ ●引火点　270
- ●第4類危険物の引火点測定方法　270 ／ ●燃焼点　271 ／ ●発火点　271

3-3 発火・爆発 ··· 273
- 自然発火　273 ／● 爆発　274 ／● 粉塵爆発　274 ／● 混合危険　275

3-4 消火方法 ··· 278
- 消火の四要素　278 ／● 除去消火法　278 ／● 窒息消火法　278
- 冷却消火法　279 ／● 抑制消火法　279

3-5 消火設備 ··· 280
- 消火設備の概要　280 ／● 第 5 種消火設備　281
- 消火器具の設置基準　284

［物理学および化学］練習問題 ··· 286

第 3 章　危険物の性質ならびに その火災予防および消火の方法

§1　各類危険物の概要

1-1 各類危険物の特性 ··· 305
- 危険物の性状　305 ／● 各類危険物の特性　305
- 第 1 類～第 6 類危険物に共通する性質　307
- 第 1 類～第 6 類危険物に共通する貯蔵方法　309

§2　各類危険物

2-1 第 1 類危険物 ··· 312
- 第 1 類危険物に共通する特性　312
- 第 1 類危険物の物品と性質の比較　314
- 第 1 類危険物に属する物品の特性　315

2-2 第 2 類危険物 ··· 333
- 第 2 類危険物に共通する特性　333
- 第 2 類危険物の物品と性質の比較　335
- 第 2 類危険物に属する物品の特性　336

2-3 第3類危険物 ……………………………………………………… 346
- 第3類危険物に共通する特性　346
- 第3類危険物の物品と性質の比較　348
- 水との反応式　349
- 第3類危険物に属する物品の特性　350

2-4 第4類危険物 ……………………………………………………… 363
- 第4類危険物に共通する特性　363
- 第4類危険物の物品と性質の比較　365
- 第4類危険物に属する物品の特性　367

2-5 第5類危険物 ……………………………………………………… 389
- 第5類危険物に共通する特性　389
- 第5類危険物の物品と性質の比較　391
- 第5類危険物に属する物品の特性　392

2-6 第6類危険物 ……………………………………………………… 408
- 第6類危険物に共通する特性　408
- 第6類危険物の物品と消火方法　409
- 第6類危険物に属する物品の特性　410

[危険物の性質ならびにその火災予防および消火の方法] 練習問題 ………… 418

模擬試験 …………………………………………………………………… 437

物質名索引　498
用語索引　506
【前見返し】　元素の周期表
【後見返し】　国際単位系（SI）／消火設備と消火対象物（政令別表第五）

受験ガイド

　危険物取扱者試験は、財団法人消防試験研究センターが全国で実施している国家資格試験である。
　願書配布、受付、受験資格審査、試験については各道府県支部、東京都の場合は中央試験センターで行っている。

1. 試験方法と試験科目

　危険物取扱者試験は甲種、乙種、丙種の3種類に分かれている。
　試験方法は、甲種と乙種が五肢択一式、丙種が四肢択一式で、マークシートを使用した筆記試験である。
　合格基準は、甲種、乙種、丙種ともに試験科目ごとの正解率が60％以上である。総合得点が高くとも、1科目でも60％未満であれば不合格となる。
　試験の種類ごとの科目、問題数、試験時間は、次の通り。

種類	試験科目	問題数	試験時間
甲種	危険物に関する法令	15	2時間30分
	物理学及び化学	10	
	危険物の性質並びにその火災予防及び消火の方法	20	
乙種	危険物に関する法令	15	2時間
	基礎的な物理学及び基礎的な化学	10	
	危険物の性質並びにその火災予防及び消火の方法	10	
丙種	危険物に関する法令	10	1時間15分
	燃焼及び消火に関する基礎知識	5	
	危険物の性質並びにその火災予防及び消火の方法	10	

　ただし、丙種や乙種の試験では免状取得者などに対する一部科目免除があるが、甲種試験には科目免除がない。

2. 受験資格

乙種や丙種の試験については受験資格は不要だが、甲種については次のように受験資格が定められている。

対象者	大学等および資格詳細	証明書類
〔1〕大学等において化学に関する学科等を卒業した者	大学、短期大学、高等専門学校、専修学校、高等学校の専攻科、中等教育学校の専攻科、防衛大学校、職業能力開発総合大学校、職業能力開発大学校、職業能力開発短期大学校、外国に所在する大学等	卒業証明書または卒業証書(学科等の名称が明記されているもの)
〔2〕大学等において化学に関する授業科目を15単位以上修得した者	大学、短期大学、高等専門学校(高等専門学校は専門科目に限る)、大学院、専修学校、大学・短期大学・高等専門学校の専攻科、防衛大学校、防衛医科大学校、水産大学校、海上保安大学校、気象大学校、職業能力開発総合大学校、職業能力開発大学校、職業能力開発短期大学校、外国に所在する大学等	単位修得証明書または成績証明書(修得単位が明記されているもの)
〔3〕乙種危険物取扱者免状を有する者	乙種危険物取扱者免状の交付を受けた後、危険物製造所等における危険物取扱いの実務経験が2年以上の者	乙種危険物取扱者免状および乙種危険物取扱実務経験証明書
	次の4種類以上の乙種危険物取扱者免状の交付を受けている者 第1類または第6類／第2類または第4類／第3類／第5類	乙種危険物取扱者免状
〔4〕修士・博士の学位を有する者	修士、博士の学位を授与された者で、化学に関する事項を専攻した者(外国の同学位も含む)	学位授与証明書等または学位記(専攻等の名称が明記されているもの)

＊下線部分はコピー可を示す。

上記の「化学に関する学科」と「授業科目」や、一部の学校における修業年限などには、さらに細かな規定がある。詳細は、試験案内または消防試験研究センターのホームページで確認できる。(財団法人消防試験研究センター HP：http://www.shoubo-shiken.or.jp)

3. 試験会場と試験手数料

　試験会場については、特に制限が設けられていないので、居住地や勤務地にかかわらず希望の都道府県で受験可能である。しかし、試験日や願書受付期間、試験開催回数などは都道府県により異なる。詳細は消防試験研究センターのホームページで確認するか、各支部へ事前に問い合わせる必要がある。

　試験手数料は、**甲種が 6,600 円**、乙種が 4,600 円、丙種が 3,700 円となっている。

4. 申請方法

　受験申請方法には、「書面申請」と「電子申請」の2種類がある。

　書面申請は願書の提出による受験申請である。願書と試験案内は、消防試験研究センターの各支部や関係機関、各消防本部などで、無料で入手できる。

　電子申請はインターネットによる受験申請である。郵送料などがかからず、どこからでも申請ができるという長所があるが、証明書類の提出が伴う場合は行えない。

　ただし甲種受験者のうち、既得免状を受験資格要件とする人や、過去3年以内に受験し、当該試験を再度受験する人は証明書類が不要となるので、電子申請が可能である。その際の試験地は問わない。その他の証明書類の提出が必要な人は電子申請はできない。誰でも電子申請が行える丙種や乙種とは異なることに注意する。

　受付期間や提出先、振込み方法などは、受験する都道府県や申請方法により異なるので、入手した試験案内やホームページの説明を熟読して対応する。

(1) 書面申請

　願書等の必要書類を申請受付期間内に提出する。提出方法は、郵送でも直接持参してもよい。

　申請に必要な書類は下記の通り。

- 受験願書
- 郵便振替払込受付証明書（受験願書添付用）

- その他、受験資格要件に応じて提出すべき証明書などの書類

　書類によっては、原本でなくコピーでよい場合や、数種類提出する必要がある場合など、受験資格要件により異なる。証明書類の書式については、試験案内を確認する。
　また、過去に甲種試験を受験した人が再受験する場合は、そのときの受験票または試験結果通知書を提出することで証明書に代えることができる。

(2) 電子申請

　電子申請をするためには、携帯電話やフリーメールアドレス以外の電子メールアドレスが必要であるなど、いくつかの要件がある。
　申請する際には、消防試験研究センターのホームページにアクセスし、申請受付期間内に申請する。
　電子申請の場合は、試験の1週間ほど前までに受験票がダウンロードできる旨のメールが送信されてくるので、受験票を自分でダウンロードし、印刷する必要がある。
　前述した通り、過去3年以内に受験した人が当該試験を再受験する際は電子申請ができるが、前回の受験情報を入力する必要があるので、申請時にはそのときの受験票か試験結果通知書を手元に用意する。

5. 試験当日の注意事項

　申請後は、試験案内をよく読み、当日までに準備するものを確認すること。

- 受験票は、大体試験日1週間前までに郵送されるので、写真（4.5cm × 3.5cm。パスポートサイズ）を貼付し、必ず当日持参する。電子申請した場合も、印刷した受験票に写真を貼り持参する。
- 当日写真貼付の受験票がない場合は受験できないことがあるので、試験前に受験票が届かないときは、必ず消防試験研究センターに連絡する。
- 試験会場では、試験の種類にかかわらず、電卓や下敷き、携帯電話などの使用はいっさいできない。
- 鉛筆（HBまたはB）またはシャープペンシルと消しゴムを必ず用意する。

本書の構成と効果的な活用法

　本書は、すでに乙種危険物取扱者試験に合格して実務経験がある人または乙種のいくつかの類に合格した人、あるいはこれまで危険物取扱者試験の経験はないが、受験資格があるという人、いずれの人にも対応できるように作成した、甲種危険物取扱者試験に合格するためのテキストと問題集である。

　「はじめに」で述べたように、乙種危険物取扱者試験の問題と甲種危険物取扱者試験の問題の大きな違いは、「物理学および化学」で、乙種危険物取扱者試験での「基礎的な」がはずれて難易度が高くなっていることである。

　本書は、試験に合格することを目的に内容を絞り込み、次のように構成した。

- **法令編、物理学・化学編、危険物の性質・消火方法編**：テキスト
- **復習問題**：テキストの項目あるいは関連するいくつかの項目ごとの問題
- **練習問題**：テキストの各編末尾に付けた、学習した内容をどのくらい理解しているかを試す問題
- **模擬試験**：実際の試験の問題数45問に合わせて3回分用意した。模擬試験の各問題に付けたチェック欄を活用して実力をつけてほしい。

　本書の大きな特徴は、テキストでしっかり学習し、問題を解きながら繰り返し学習できるよう問題を豊富に掲載したことである。

　また、テキストや問題の解説で効率よく学習できるよう工夫を凝らした。

- **攻略**：出題確率の高い重要事項のまとめ
- **用語解説**：テキスト中の該当語句に「＊」を付し、基礎的な知識や、やや専門的な言葉の定義などに関する説明
- **アドバイス**：問題を解くときのコツや注意事項

　このように、問題を解くためのポイントやコツを示したり、基礎知識を忘れた人にも対応できるようにした。

　本書付属の赤シートを使って、「色文字＋下線」の箇所をテキストや問題の解説・解答で復習するとさらに学習効果が上がるはずだ。

　巻末には、危険物とその化学式などの一覧を物質名索引として掲載した。大いに活用してほしい。

第1章

危険物に関する法令

§1 危険物を規制する法的な体系
§2 災害を防止するためのしくみ
§3 製造所等の基準
§4 貯蔵・取扱い、運搬・移送の基準
§5 行政命令等

学習の前に

　法令に関する問題は、全部で15問出題される。指定数量や、貯蔵・取扱いに関するものは、必ず問題として取り上げられるが、他の問題は比較的まんべんなく出題される傾向にある。

　法律と聞くと、わかりにくい法用語が頻出して覚えにくいかも知れないが、6割以上の正解を出すには、本書の解説で意味を理解し、問題を何度も解きながら法の表現に慣れることである。

　とはいえ、法令を覚えるにはいくつかのポイントがある。それを以下に挙げておこう。これらを意識しながら解説を読み進めてほしい。

- 定義は何か。
- 何が許可されているのか。
- 何をしてはいけないのか。
- 特別なものは何か。
- 誰がいつ何をどうするのか。
- 数値はいくつか。

　なお、本書では、「法○条」のような根拠とする条文の記載は必要最低限にとどめた。消防法の何条何項に書かれているかが出題されることはないからである。

凡例　本書に使用する略語

- 法：消防法
- 法令：消防法、政令、規則、告示
- 政令：危険物の規制に関する政令
- 規則：危険物の規制に関する規則
- 告示：危険物の規制に関する技術上の基準の細目を定める告示
- 製造所等：製造所、貯蔵所または取扱所
- 所有者等：所有者、管理者または占有者
- 市町村長等：市町村長、都道府県知事または総務大臣

§1 危険物を規制する法的な体系

1-1 危険物を規制するしくみ

　一般に、火薬などの爆発性物質や引火性物質、毒劇性物質などを総称して「危険物」という。このうち、危険物取扱者が取り扱うのは、消防法の第3章に規制された危険物である。

● 消防法上の危険物

　消防法上の危険物は、消防法第2条第7項の「別表第一の品名欄に掲げる物品で、同表に定める区分に応じ同表の性質欄に掲げる性状を有するもの」と定義されており、別表第一の備考欄には、類ごとに危険物の性状が定義されている。
　危険物取扱者が取り扱う危険物とは、この別表第一に掲げる物品である。

● 危険物に関する法体系

　危険物に対する規制の大きな目的は、火災を予防し、火災による損害を防ぐことにある。危険物に関わる主な規制には、次のようなものがある。

- 消防法、消防法施行令、消防法施行規則
- 危険物の規制に関する政令
- 危険物の規制に関する規則
- 危険物の規制に関する技術上の基準の細目を定める告示

　危険物の規制は、大きく3つに分けることができる（次ページの図を参照）。

① <u>指定数量以上</u>の貯蔵・取扱い：消防法とそれに基づく政令などによって規制される。
② <u>運搬</u>：指定数量以上か未満かにかかわらず消防法などによって規制される（⇨ p.128～）。
③ 指定数量未満の貯蔵・取扱い：<u>市町村の火災予防条例</u>によって規制される。

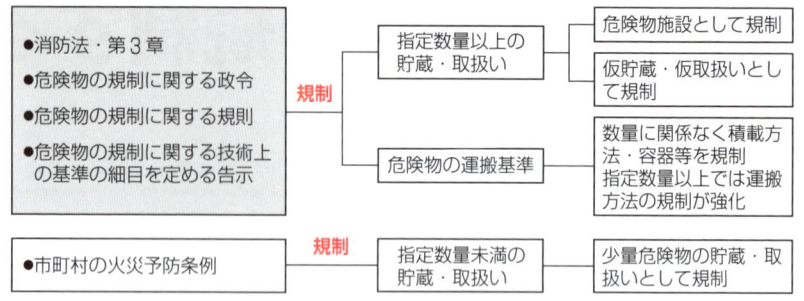

■危険物を規制する法体系

貯蔵・取扱いの原則

　消防法では、製造所、貯蔵所、取扱所（以下「製造所等」という）以外の場所で指定数量以上の危険物を貯蔵し、または取り扱うことは禁止されている。指定数量以上の危険物を貯蔵し、または取り扱う製造所等を設置しようとする者は、市町村長等（市町村長、都道府県知事または総務大臣）の許可を受けなければならない（⇨ p.36「製造所等の設置・変更に関わる申請」）。

　ただし、事前に消防長または消防署長の承認を受ければ、10日以内に限り、製造所等以外の場所で指定数量以上の危険物を仮に貯蔵し、または取り扱うことができる（⇨ p.37「仮貯蔵・仮取扱い」）。

消防法の適用除外

　航空機、船舶、鉄道などによる危険物の貯蔵・取扱い、運搬は指定数量以上の危険物であっても消防法の適用を受けない（適用除外）。

　これらについては、航空法、船舶安全法、鉄道営業法などによって規制され、安全確保のための措置が取られているからである。

　ただし、航空機や船舶などに給油するときは、消防法が適用される。

攻略

- 指定数量未満の危険物は、市町村の火災予防条例によって規制される。
- 仮貯蔵・仮取扱いは、消防長または消防署長の承認を受ける。
- 仮貯蔵・仮取扱いは、10日以内の期間に限定される。
- 航空機や船舶などに給油するときは、消防法が適用される。

1-2 危険物の分類と性質

§1 危険物を規制する法的な体系

危険物は、その性質によって法別表第一に分類されている。危険物かどうか不明のものは、判定試験が行われる。

● 危険物の判定と分類

消防法上の危険物に該当するかどうかには、次の3つの条件がある（図参照）。

- 消防法の別表第一に品名があること。
- 消防法の別表第一に記載されている性質を有すること。
- 判定試験の結果、一定の性状を有すること。

危険物かどうか不明の場合は、「危険物の試験及び性状に関する省令」に定める判定試験が行われ、その結果一定の性状を示すものが危険物とされる。ただし、危険物としての性状が明白なものの判定試験は行われない。

消防法上の危険物は、法別表第一で性質により第1類から第6類の6つに分類

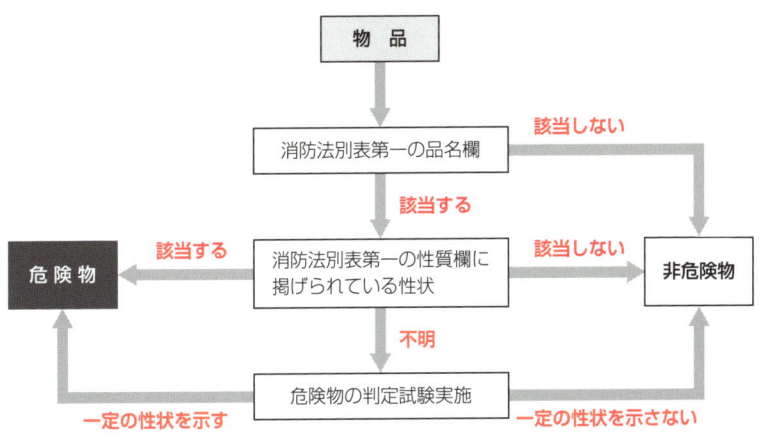

■危険物判定の概要

されている。各類の危険物には、<u>政令</u>で定められたものも含まれる。

消防法上の危険物はいずれも、1気圧20℃で液体または固体であり、<u>気体</u>のものはない。また、それ自体が発火または引火しやすい危険性を有しているだけでなく、他の物質と混在すると<u>燃焼を促す</u>物品も含まれている。

危険物は、危険性の程度に応じて危険等級Ⅰ～Ⅲに区分されている（⇨ p.131）。

各類危険物の概要

法別表第一に掲げる各類危険物についてまとめると、次のようになる。

1）第1類危険物

第1類危険物は<u>酸化性固体</u>であり、酸化力の潜在的な危険性を判断する試験、または衝撃に対する敏感性を判断する試験において、一定の性状を示すものをいう。

■第1類危険物の概要

性質の概要 [酸化性固体]	そのもの自体は燃焼しないが、他の物質を強く酸化させる性質を有する固体であり、可燃物と混合したとき、熱、衝撃、摩擦によって分解し、きわめて激しい燃焼を起こさせる危険性を有する。
品　　名	1. 塩素酸塩類　　　2. 過塩素酸塩類 3. 無機過酸化物　　4. 亜塩素酸塩類 5. 臭素酸塩類　　　6. 硝酸塩類 7. よう素酸塩類　　8. 過マンガン酸塩類 9. 重クロム酸塩類 10. その他のもので政令で定めるもの（過よう素酸塩類、過よう素酸、クロム、鉛またはよう素の酸化物、亜硝酸塩類、次亜塩素酸塩類、塩素化イソシアヌル酸、ペルオキソ二硫酸塩類、ペルオキソほう酸塩類、炭酸ナトリウム過酸化水素付加物） 11. 前各号に掲げるもののいずれかを含有するもの
危険性と [判定試験]概要	●酸化力の潜在的な危険性 　[燃焼試験] 物品と木粉の混合物の燃焼時間を標準物質と比較して判定 ●衝撃に対する敏感性 　[落球式打撃感度試験] 物品と赤りんの混合物に鋼球を落下させ、爆発率により判定 　[鉄管試験] 物品とセルロース粉の混合物の爆発による鉄管の破裂具合により判定

2) 第2類危険物

　第2類危険物は<u>可燃性固体</u>であり、火炎による着火の危険性を判断する試験において一定の性状を示すもの、または引火の危険性を判断する試験において引火性を示すものをいう。

■第2類危険物の概要

性質の概要 【可燃性固体】	火炎によって着火しやすい固体または比較的低温（40℃未満）で引火しやすい固体であり、燃焼が速く、消火することが困難である。
品　名	1. 硫化りん　　2. 赤りん　　3. 硫黄　　4. 鉄粉 5. 金属粉　　6. マグネシウム 7. その他のもので政令で定めるもの 8. 前各号に掲げるもののいずれかを含有するもの 9. 引火性固体
危険性と [判定試験] 概要	●火炎による着火の危険性 　[小ガス炎着火試験] 炎で着火し燃焼が継続するかで判定 ●引火の危険性 　[引火点測定試験] 引火点測定器で引火点を測定し判定

　鉄粉とは、鉄の粉をいう。ただし、目開きが53μm（マイクロメートル）の網ふるいを通過するものが50％未満のものは、鉄粉から除外される。

　金属粉とは、アルカリ金属、アルカリ土類金属、鉄、マグネシウム以外の金属の粉をいう。ただし、<u>銅粉</u>、<u>ニッケル粉</u>、および目開きが150μmの網ふるいを通過するものが50％未満のものは、金属粉から除外される。

　マグネシウムとは、マグネシウムおよびマグネシウムを含有するものをいう。ただし、目開きが2mmの網ふるいを通過しない塊状（かいじょう）のもの、直径が2mm以上の棒状のものはマグネシウムから除外される。

　引火性固体とは、固形アルコールその他1気圧において引火点が<u>40℃</u>未満のものをいう。

3) 第3類危険物

　第3類危険物は固体または液体の形状を有する、<u>自然発火性物質</u>および<u>禁水性物質</u>であり、空気中での発火の危険性を判断する試験、または水と接触して発火もしくは可燃性ガスを発生する危険性を判断する試験において、一定の性状を示すものをいう。

■第3類危険物の概要

性質の概要 [自然発火性物質 および禁水性物質]	固体または液体であって、空気にさらされることにより自然に発火する危険性を有し、または水と接触して発火もしくは可燃性ガスを発生する危険性を有する。
品　　名	1. カリウム　　2. ナトリウム 3. アルキルアルミニウム　　4. アルキルリチウム　　5. 黄りん 6. アルカリ金属（カリウムおよびナトリウムを除く）およびアルカリ土類金属 7. 有機金属化合物（アルキルアルミニウムおよびアルキルリチウムを除く） 8. 金属の水素化物　　9. 金属のりん化物 10. カルシウムまたはアルミニウムの炭化物 11. その他のもので政令で定めるもの（塩素化けい素化合物） 12. 前各号に掲げるもののいずれかを含有するもの
危険性と [判定試験]概要	● 空気中での発火の危険性 　［自然発火性試験］物品がろ紙上で発火するかで判定 ● 水と接触して発火もしくは可燃性ガスを発生する危険性 　［水との反応性試験］物品が純水で湿らせたろ紙上で反応し発火または着火するかで判定。または、純水中で発生する可燃性ガスの発生量で判定

4）第4類危険物

　第4類危険物は引火性液体であり、引火の危険性を判断する試験において、引火性を示すものをいう。

■第4類危険物の概要

性質の概要 [引火性液体]	液体*であって引火性を有する。
品　　名	1. 特殊引火物　　2. 第1石油類　　3. アルコール類 4. 第2石油類　　5. 第3石油類　　6. 第4石油類 7. 動植物油類
危険性と [判定試験]概要	● 引火の危険性 　［引火点測定試験］引火点測定器で引火点を測定して判定 　（⇒ p.270）

＊第3石油類、第4石油類および動植物油類では、1気圧において20℃で液状であるものに限る。

特殊引火物とは、ジエチルエーテル、二硫化炭素その他1気圧において、発火点が 100℃ 以下のもの、または引火点が -20℃ 以下で沸点が 40℃ 以下のものをいう。

　第1石油類とは、アセトン、ガソリンその他1気圧において引火点が 21℃ 未満のものをいう。

　アルコール類とは、1分子を構成する炭素の原子の数が 1 個から 3 個までの飽和1価アルコール（変性アルコールを含む）をいう。ただし、飽和1価アルコールの含有量が 60％ 未満の水溶液、または可燃性液体量が60％未満で、引火点および燃焼点がエタノールの60％水溶液の引火点および燃焼点を超えるものはアルコール類から除かれる。

　第2石油類とは、灯油、軽油その他1気圧において引火点が 21℃ 以上 70℃ 未満のものをいう。ただし、塗料類その他の物品で可燃性液体量が40％以下であり、引火点が40℃以上、かつ、燃焼点が60℃以上のものは第2石油類から除かれる。

　第3石油類とは、重油、クレオソート油その他1気圧において引火点が 70℃ 以上 200℃ 未満のものをいう。ただし、塗料類その他の物品で可燃性液体量が40％以下のものは第3石油類から除かれる。

　第4石油類とは、ギヤー油、シリンダー油その他1気圧において引火点が 200℃ 以上 250℃ 未満のものをいう。ただし、塗料類その他の物品で可燃性液体量が40％以下のものは第4石油類から除かれる。

　動植物油類とは、動物の脂肉等または植物の種子もしくは果肉から抽出したもので、1気圧において引火点が 250℃ 未満のものをいう。ただし、一定基準のタンク（加圧タンクを除く）に常温で貯蔵保管されているもの、または一定基準の容器に定められた表示をし、収納の基準に従って貯蔵保管されているものは動植物油類から除かれる。

5）第5類危険物

　第5類危険物は固体または液体の形状を有する、自己反応性物質であり、爆発の危険性を判断する試験、または加熱分解の激しさを判断する試験において、一定の性状を示すものをいう。

■第5類危険物の概要

性質の概要 [自己反応性物質]	固体または液体であって、加熱分解などにより、比較的低い温度で多量の熱を発生し、または爆発的に反応が進行する。
品　　名	1. 有機過酸化物　　2. 硝酸エステル類　　3. ニトロ化合物 4. ニトロソ化合物　　5. アゾ化合物　　6. ジアゾ化合物 7. ヒドラジンの誘導体　　8. ヒドロキシルアミン 9. ヒドロキシルアミン塩類 10. その他のもので政令で定めるもの（金属のアジ化物、硝酸グアニジン、1-アリルオキシ-2,3-エポキシプロパン、4-メチリデンオキセタン-2-オン） 11. 前各号に掲げるもののいずれかを含有するもの
危険性と [判定試験]概要	●爆発の危険性 　［熱分析試験］物品の発熱開始温度と発熱量から判定 ●加熱分解の激しさ 　［圧力容器試験］物品を破裂板を付けた圧力容器中で加熱し破裂するかどうかで判定

6）第6類危険物

　第6類危険物は<u>酸化性液体</u>であり、酸化力の潜在的な危険性を判断する試験において、一定の性状を示すものをいう。

■第6類危険物の概要

性質の概要 [酸化性液体]	そのもの自体は燃焼しない液体であるが、混在する他の可燃物の燃焼を促進する性質を有する。
品　　名	1. 過塩素酸　　2. 過酸化水素　　3. 硝酸 4. その他のもので政令で定めるもの（ハロゲン間化合物） 5. 前各号に掲げるもののいずれかを含有するもの
危険性と [判定試験]概要	●酸化力の潜在的な危険性 　［燃焼試験］物品と木粉の混合物の燃焼時間を標準物質と比較して判定

- 第1類は不燃性の酸化性固体。
- 第2類は可燃性固体。
- 第3類は自然発火性物質および禁水性物質。
- 第4類は引火性液体。
- 第5類は自己反応性物質。
- 第6類は不燃性の酸化性液体。

1-3 指定数量

§1 危険物を規制する法的な体系

指定数量とは、危険物の危険性を勘案して政令で定める数量のことをいい、その数量は政令別表第三に掲げられている。

● 危険物の指定数量

指定数量は、危険性に応じて定められており、その基準は、次の通り。

- 消防法では、指定数量以上の危険物を製造所等以外の場所で貯蔵・取扱いをすることは禁じられている。
- 同じ品名であっても、**性質**に応じた指定数量が定められている。
  たとえば、第4類危険物の第1石油類には「非水溶性液体」と「水溶性液体」があり、それぞれの指定数量が定められている。
- 危険性の**高い**危険物には指定数量が**少なく**、危険性の**低い**物質には指定数量が**多く**定められている。
- 指定数量以上の危険物を貯蔵し、または取り扱う場合は、位置、構造、設備などに関する技術上の基準や、貯蔵・取扱いの基準が法令上で定められている。
- 指定数量の倍数（後述）によって、製造所等に定められた技術上の基準や貯蔵・取扱いの基準が異なる場合がある。
- 指定数量未満の危険物を貯蔵し、または取り扱う場合は、**市町村の火災予防条例**で貯蔵・取扱いの基準が定められている。

攻略

- 同じ品名であっても、性質に応じた指定数量が定められている。
- 危険性の高い危険物の指定数量は少なく定められている。
- 指定数量以上の危険物は、消防法などによって規制される。

■危険物の指定数量（政令別表第三）

類　別	品　名	性　質	指定数量
第1類		第1種酸化性固体	50kg
		第2種酸化性固体	300kg
		第3種酸化性固体	1,000kg
第2類	硫化りん		100kg
	赤りん		100kg
	硫黄		100kg
		第1種可燃性固体	100kg
	鉄粉		500kg
		第2種可燃性固体	500kg
	引火性固体		1,000kg
第3類	カリウム		10kg
	ナトリウム		10kg
	アルキルアルミニウム		10kg
	アルキルリチウム		10kg
		第1種自然発火性物質および禁水性物質	10kg
	黄りん		20kg
		第2種自然発火性物質および禁水性物質	50kg
		第3種自然発火性物質および禁水性物質	300kg
第4類	特殊引火物		50ℓ
	第1石油類	非水溶性液体	200ℓ
		水溶性液体	400ℓ
	アルコール類		400ℓ
	第2石油類	非水溶性液体	1,000ℓ
		水溶性液体	2,000ℓ
	第3石油類	非水溶性液体	2,000ℓ
		水溶性液体	4,000ℓ
	第4石油類		6,000ℓ
	動植物油類		10,000ℓ
第5類		第1種自己反応性物質	10kg
		第2種自己反応性物質	100kg
第6類			300kg

　政令別表第三の備考には、次のような内容の各類危険物の性質を区別する基準が明記されている。

1. 第1種酸化性固体とは、粉粒状の物品にあっては次のイに掲げる性状を示すもの、その他の物品にあっては次のイおよびロに掲げる性状を示すものであ

ることをいう。

- イ 燃焼試験において物品の燃焼時間が臭素酸カリウムを標準物質とした場合の燃焼時間と等しいか、またはこれより短いこと、あるいは落球式打撃感度試験において塩素酸カリウムを標準物質とした場合の赤りんとの混合物の爆発率が50％以上であること。
- ロ 鉄管試験において、鉄管が完全に裂けること。

2. 第2種酸化性固体とは、粉粒状の物品にあっては次のイに掲げる性状を示すもの、その他の物品にあっては次のイおよびロに掲げる性状を示すもので、第1種酸化性固体以外のものであることをいう。

- イ 燃焼試験において物品の燃焼時間が標準物質の燃焼時間と等しいか、またはこれより短いこと、および落球式打撃感度試験において物品と赤りんとの混合物の爆発率が50％以上であること。
- ロ 1のロに掲げる性状。

3. 第3種酸化性固体とは、第1種酸化性固体または第2種酸化性固体以外のものであることをいう。

4. 第1種可燃性固体とは、小ガス炎着火試験において物品が3秒以内に着火し、かつ燃焼を継続するものであることをいう。

5. 第2種可燃性固体とは、第1種可燃性固体以外のものであることをいう。

6. 第1種自然発火性物質および禁水性物質とは、自然発火性試験において物品が発火するもの、または水との反応性試験において発生するガスが発火するものであることをいう。

7. 第2種自然発火性物質および禁水性物質とは、自然発火性試験において物品がろ紙を焦がすもの、または水との反応性試験において発生するガスが着火するもので、第1種自然発火性物質および禁水性物質以外のものであることをいう。

8. 第3種自然発火性物質および禁水性物質とは、第1種自然発火性物質および禁水性物質または第2種自然発火性物質および禁水性物質以外のものであることをいう。

9. <u>非水溶性液体</u>とは、水溶性液体以外のものであることをいう。

10. <u>水溶性液体</u>とは、1気圧において、温度20℃で同容量の純水と緩やかにかき混ぜた場合に、流動がおさまったあとも当該混合液が均一な外観を維持するものであることをいう。

11. 第1種自己反応性物質とは、孔径が9mmのオリフィス板を用いて行う圧力

容器試験において、破裂板が破裂するものであることをいう。

12. 第2種自己反応性物質とは、第1種自己反応性物質以外のものであることをいう。

指定数量の倍数

<u>指定数量の倍数</u>とは、同一の製造所等で貯蔵し、または取り扱う危険物の数量が指定数量を超えるときに、算出する数値をいう。

指定数量の倍数が1以上の場合に、消防法の規制を受けることになる。

指定数量の倍数は、危険物の<u>数量</u>をその危険物の<u>指定数量</u>で割ることによって算出される。

また、同一の貯蔵所において2種類以上の危険物を貯蔵し、または取り扱う場合の指定数量の倍数の算出方法は、それぞれの危険物の<u>数量</u>をそれぞれの<u>指定数量</u>で割った数値を<u>合計</u>することによって求められる。

> **例 ▶** ある1つの貯蔵所において、ガソリン2,000ℓ、灯油1,000ℓ、重油1,000ℓを貯蔵している場合、この貯蔵所の指定数量の倍数を算出してみよう。
>
> ガソリン：第4類危険物の第1石油類非水溶性液体で指定数量は200ℓ
> 灯油：第4類危険物の第2石油類非水溶性液体で指定数量は1,000ℓ
> 重油：第4類危険物の第3石油類非水溶性液体で指定数量は2,000ℓ
>
> $$\text{指定数量の倍数} = \frac{\text{ガソリンの貯蔵量}}{\text{ガソリンの指定数量}} + \frac{\text{灯油の貯蔵量}}{\text{灯油の指定数量}} + \frac{\text{重油の貯蔵量}}{\text{重油の指定数量}}$$
> $$= \frac{2,000ℓ}{200ℓ} + \frac{1,000ℓ}{1,000ℓ} + \frac{1,000ℓ}{2,000ℓ} = 10 + 1 + 0.5 = 11.5$$
>
> この貯蔵所は指定数量の**11.5倍**の危険物を貯蔵している。

攻略

- 指定数量の倍数は、危険物の数量を指定数量で割って算出する。
- 2種類以上の危険物の指定数量の倍数は、それぞれの指定数量の倍数の合計。
- 第4類危険物の指定数量の覚え方：水溶性液体は、非水溶性液体の倍。

[§1-1～§1-3] 復習問題

問1 法令上の危険物について、次のうち誤っているものはどれか。
1. 法別表第一の品名欄に掲げる物品で、同表に定める区分に応じ同表の性質欄に掲げる性状を有するものをいう。
2. 危険性を勘案して、指定数量が政令で定められている。
3. 危険物の性質により、第1類から第6類に分類されている。
4. 消防法上の危険物はすべて、引火性を有する物品である。
5. 法別表第一の品名だけでなく、政令で定められているものもある。

解説

4：誤り。消防法上の危険物には、引火性だけでなく、<u>不燃性</u>の物品や<u>可燃性</u>の物品もある。
1～3、5：正しい。p.19、p.21～p.22、p.27参照。　　　　答：**4**

問2 次の文の（　）内のA～Cに当てはまる語句の組合せとして、正しいものはどれか。

「指定数量以上の危険物を製造所等以外の場所で貯蔵し、又は取扱うことは消防法で禁止されている。ただし、（ A ）の（ B ）を受けて（ C ）以内の期間に限り、仮に貯蔵又は取扱うことができる。」

	A	B	C
1	総務大臣	認可	10日
2	都道府県知事	許可	14日
3	市町村長	承認	20日
4	市町村長	許可	7日
5	所轄消防長又は消防署長	承認	10日

解説

指定数量以上の危険物を製造所等以外の場所で貯蔵し、または取り扱う場合は、事前に<u>所轄消防長</u>または<u>消防署長</u>に承認申請を行い、<u>承認</u>を受ければ、<u>10日</u>以内に限り仮に貯蔵、または取扱いができる。p.20参照。

選択肢1～5のうち、これらに当てはまる組合せは**5**。　　　答：**5**

問3　法令上、次の説明文の（　）内のA及びBに当てはまる語句の組合せとして、正しいものはどれか。

「アルコール類とは、1分子を構成する炭素の原子の数が（A）までの飽和1価アルコール（変性アルコールを含む）をいう。ただし、その含有量が（B）未満の水溶液を除く。」

	A	B
1	1〜3個	60%
2	1〜3個	40%
3	2〜4個	60%
4	2〜4個	50%
5	4〜6個	40%

解説

第4類危険物のアルコール類の定義は、「1分子を構成する炭素の原子の数が1〜3個までの飽和1価アルコール（変性アルコールを含む）をいう。ただし、飽和1価アルコールの含有量が60%未満の水溶液を除く」である。p.25参照。

選択肢1〜5のうち、これに当てはまる組合せは1。　　　　答：1

問4　屋外貯蔵タンクに第4類危険物が1,000ℓ貯蔵されている。この危険物の比重は1.26、引火点が-30℃、発火点が90℃である。この屋外貯蔵タンクは、指定数量の何倍の危険物を貯蔵していることになるか。

1．2倍　　2．5倍　　3．10倍　　4．20倍　　5．40倍

解説

問題文の第4類危険物は二硫化炭素（特殊引火物）のことで、指定数量は50ℓ。p.25、p.28参照。

貯蔵量1,000ℓ／指定数量50ℓ＝**20倍**　（p.30参照）　　　　答：4

アドバイス　物質が何か特定するのが先。定義を思い出して、発火点100℃以下、引火点が-20℃以下は特殊引火物。さらに比重が1.26なら、二硫化炭素しかない。

§1 危険物を規制する法的な体系

1-4 製造所等の区分と概要

指定数量以上の危険物は、消防法で定められた施設で貯蔵し、または取り扱わなければならない。その施設は大きく3つに区分される。

● 製造所等の区分

指定数量以上の危険物を貯蔵し、または取り扱う施設には、**製造所**、**貯蔵所**、**取扱所**（以下「製造所等」という）があり、さらに次の表のように区分されている。

製造所	製造所	
貯蔵所 （7区分）	屋内貯蔵所	（屋外タンク貯蔵所）
	屋外タンク貯蔵所、屋内タンク貯蔵所、地下タンク貯蔵所、簡易タンク貯蔵所、移動タンク貯蔵所	
	屋外貯蔵所	（移動タンク貯蔵所）
取扱所 （4区分）	給油取扱所、販売取扱所、移送取扱所、一般取扱所	（給油取扱所）

● 製造所等の概要

製造所、貯蔵所、取扱所の概要は、次ページの表の通り。
各施設に関する基準については、p.64以降を参照。

■製造所等の概要

施　　設		概　　要
製造所		危険物を製造する施設
貯蔵所	屋内貯蔵所	屋内の場所で危険物を貯蔵し、または取り扱う施設
	屋外タンク貯蔵所	屋外のタンクで危険物を貯蔵し、または取り扱う施設
	屋内タンク貯蔵所	屋内のタンクで危険物を貯蔵し、または取り扱う施設
	地下タンク貯蔵所	地盤面下に埋没されたタンクで危険物を貯蔵し、または取り扱う施設
	簡易タンク貯蔵所	簡易タンク（1基600ℓ以下）で危険物を貯蔵し、または取り扱う施設
	移動タンク貯蔵所	車両に固定されたタンクで危険物を貯蔵し、または取り扱う施設
	屋外貯蔵所	屋外の場所で、次の危険物を貯蔵し、または取り扱う施設 ●第2類危険物のうち、硫黄、硫黄のみを含有するもの、もしくは引火性固体（引火点が0℃以上のものに限る） ●第4類危険物のうち、第1石油類（引火点が0℃以上のものに限る）、アルコール類、第2石油類、第3石油類、第4石油類、動植物油類
取扱所	給油取扱所	給油設備によって自動車等の燃料タンクに直接給油するため危険物を取り扱う施設。次の施設も給油取扱所に含まれる。 ●固定注油設備によって、灯油または軽油を容器に詰め替える施設 ●固定注油設備によって、車両に固定された容量4,000ℓ以下のタンクに注入するため危険物を取り扱う施設
	販売取扱所	店舗で危険物を容器入りのまま販売する施設 ●第1種販売取扱所：指定数量の倍数が15以下 ●第2種販売取扱所：指定数量の倍数が15を超え40以下
	移送取扱所	配管、ポンプ、およびこれらに附属する設備によって危険物を移送する施設（パイプライン）
	一般取扱所	給油取扱所、販売取扱所、移送取扱所以外で危険物を取り扱う施設

§1 危険物を規制する法的な体系

1-5 申請・届出

危険物を貯蔵し、または取り扱う製造所等には、消防法で定める申請や届出を行う義務がある。

● 手続きの種類と手続き先

製造所等が行う手続きには、**申請**（許可、承認、検査、認可）と**届出**があり、手続きの種類によって手続き先も規制の度合いも異なる。

手続きは、法令に基づく書式で、指定された権限者(けんげんしゃ)に対して行わなければならない。権限者は、製造所等の区分と設置場所によって、次の表のように定められている。

■法令に基づく権限者

製造所等	製造所等の場所	権限者
移送取扱所を除く	消防本部および消防署を設置している市町村の区域	その区域を管轄する市町村長
	消防本部および消防署を設置していない市町村の区域	その区域を管轄する都道府県知事
移送取扱所	消防本部および消防署を設置している1つの市町村の区域	その区域を管轄する市町村長
	消防本部および消防署を設置していない市町村の区域、または2つ以上の市町村の区域にまたがって設置する場合	その区域を管轄する都道府県知事
	2以上の都道府県の区域にまたがって設置する場合	総務大臣

● 申請の種類

許可、承認、検査、認可などの申請の内容には、次のようなものがある。

- **許可**：製造所等の設置・変更
- **承認**：仮貯蔵・仮取扱い、仮使用
- **検査**：完成検査前検査、完成検査、保安検査（定期・臨時）（⇨ p.61）
- **認可**：予防規程の制定・変更（⇨ p.53）

届出の内容については、後述する。

製造所等の設置・変更に関わる申請

指定数量以上の危険物を貯蔵し、または取り扱うには製造所等を設置しなければならない。製造所、貯蔵所、取扱所を設置しようとする者は、工事の<u>着工前</u>に<u>市町村長等</u>の許可権限者に対して<u>許可</u>の申請をしなければならず、許可権限者の許可が下りなければ、工事に着工することはできない。

製造所等の位置、構造、設備を<u>変更</u>する場合も、設置と同様の許可の申請が必要である。

1）完成検査前検査申請

指定数量以上の<u>液体の危険物</u>を貯蔵し、または取り扱う<u>タンク</u>を設置・変更しようとする場合は、全体の完成検査を申請する前に<u>完成検査前検査</u>を申請しなければならない。

ただし、製造所と一般取扱所に設置されるタンクの容量が指定数量未満の場合は、完成検査前検査の対象外とされている。

2）完成検査申請

製造所等の設置・変更工事がすべて完了した時点で<u>完成検査</u>を申請し、完成した施設が技術上の基準に適合しているかどうかの検査を受けなければならない。市町村長等によって、施設が技術上の基準に適合していると認められた場合は、<u>完成検査済証</u>が交付される。この完成検査済証の交付後、製造所等を使用することができる。

設置・変更の許可申請から製造所等の使用開始までの流れをまとめると、次ページの図のようになる。

■設置・変更の許可申請から使用開始までの流れ

設置・変更をしようとする者	設置・変更の許可申請	→	工事着工	→	完成検査前検査申請	→	工事完了	→	完成検査の申請	→	使用開始
許可権限者（市町村長等）	↓		↓		↓				↓		↑
	申請の受付	→	許可(許可書の交付)		申請の受付	→	●完成検査前検査実施●通知またはタンク検査済証交付		申請の受付	→	●完成検査実施●完成検査済証の交付

● 承認申請

1）仮貯蔵・仮取扱い

　製造所等を設置しようとする者は、市町村長等の許可を受けなければ、危険物を貯蔵し、または取り扱うことはできないが、前述のように、事前に<u>消防長</u>または<u>消防署長</u>の<u>承認</u>を受ければ、<u>10日</u>以内に限り、製造所等以外の場所で指定数量以上の危険物を<u>仮に</u>貯蔵し、または取り扱うことができる。

2）仮使用

　すでに完成検査を受け使用が許可されている製造所等で、施設の一部について変更工事をする場合、変更工事の対象となる部分以外の一部または全部を<u>仮に使用</u>しようとする者は、<u>市町村長等</u>に承認申請をすることができる。

　<u>承認</u>を受ければ、変更工事部分の完成検査前に、<u>変更工事</u>以外の一部または全部の仮使用が認められる。

攻略
- 液体危険物タンクを設置・変更する場合は完成検査前検査が必要。
- 完成検査を受け完成検査済証が交付されてから製造所等が使用できる。
- 仮使用とは、市町村長等の承認を受けて変更工事以外の部分を仮に使用すること。

● 届出の種類

　製造所等には、次のような届出が義務づけられており、届出義務を怠った場合は、法令の実効性を担保する意味から、懲役または罰金などの罰則規定が設けられている。

- 製造所等の譲渡・引渡
- 危険物の品名・数量・指定数量の倍数の変更
- 製造所等の用途の廃止
- 危険物保安統括管理者の選任・解任（⇨ p.49）
- 危険物保安監督者の選任・解任（⇨ p.49）

　製造所等が行う申請・届出をまとめると、次の表のようになる。

■申請・届出（その1）

手続き	項　目		内　容	手続き先
許可	設置		製造所等を設置する場合	市町村長等
	変更		製造所等の位置、構造または設備を変更する場合	
承認	仮貯蔵・仮取扱い		製造所等以外の場所で指定数量以上の危険物を、10日以内の期間、仮に貯蔵し、または取り扱う場合	消防長または消防署長
	仮使用		製造所等の位置、構造、設備を変更するに当たって、変更工事部分以外の一部または全部を仮に使用する場合	
検査	完成検査前	タンク本体	液体危険物タンクについて水圧または水張検査を受けようとする場合	市町村長等
		基礎地盤	1,000kℓ以上の屋外タンク貯蔵所において基礎・地盤検査、溶接部の検査を受ける場合	
		溶接部		
	完成		設置・変更の許可を受けた製造所等が完成した場合	
	保安	定期	10,000kℓ以上の屋外タンク貯蔵所、特定移送取扱所（⇨ p.103）において保安検査を受ける場合	
		臨時	1,000kℓ以上の屋外タンク貯蔵所において、不等沈下（⇨ p.60）等の事由が発生して保安検査を受ける場合	

■申請・届出 (その2)

手続き	項目		内容	手続き先
認可	予防規程	制定	法令に指定された製造所等において、予防規程を制定・変更する場合	市町村長等
		変更		
届出	製造所等の譲渡または引渡		製造所等の譲渡または引渡があった場合。譲受人または引渡を受けた者は許可を受けた者の地位を承継し、遅滞なく届け出なければならない。	市町村長等
	危険物の品名、数量または指定数量の倍数の変更		製造所等の位置、構造、設備を変更せずに、貯蔵または取り扱う危険物の品名、数量または指定数量の倍数を変更しようとする場合。変更しようとする日の10日前までに届け出なければならない。	
	製造所等の用途の廃止		製造所等の用途を廃止した場合。当該施設の所有者等*は遅滞なく届け出なければならない。	
	危険物保安統括管理者の選任・解任		危険物保安統括管理者を定めた場合。同一事業所において特定の製造所等の所有者等は、遅滞なく届け出なければならない。これを解任したときも同様とする。	
	危険物保安監督者の選任・解任		危険物保安監督者を定めた場合。特定の製造所等の所有者等は、遅滞なく届け出なければならない。これを解任したときも同様とする。	

＊**所有者等**：所有者、管理者または占有者のことをいう。

　手続きの規制の度合いは、許可→承認→検査→認可→届出の順に緩くなる。つまり、許可は申請手続き後許可が下りるまで何もすることができないが、届出は手続きだけをすればよいことになる。

攻略

- 仮貯蔵・仮取扱いのみが、消防長または消防署長に申請する。
- その他の申請・届出先はすべて、市町村長等。
- 危険物の品名・数量・指定数量の倍数を変更するときは、10日前までに届出を行う。
- その他の届出は遅滞なく。

[§1-4〜§1-5] 復習問題

問5 屋外貯蔵所において貯蔵し又は取扱うことができる危険物の組合せとして、正しいものは次のうちどれか。

1. 硫黄　　　　　　エチルアルコール　　軽油
2. 硫化りん　　　　硫黄　　　　　　　　引火性固体
3. ナトリウム　　　赤りん　　　　　　　硫黄
4. ガソリン　　　　灯油　　　　　　　　重油
5. 黄りん　　　　　アセトン　　　　　　軽油

解説

　屋外貯蔵所で貯蔵・取扱いできる危険物は、第2類危険物のうち硫黄と引火性固体（引火点が0℃以上のもののみ）、および第4類危険物のうち第1石油類（引火点0℃以上のもののみ）、アルコール類、第2〜第4石油類、および動植物油類である。p.34参照。

　選択肢1〜5のうち、これらに当てはまるものは、1の硫黄、エチルアルコール、軽油の組合せである。

　ちなみに、選択肢4のガソリンと選択肢5のアセトンは第4類危険物の第1石油類に属するが、ガソリンは引火点が-40℃以下、アセトンは引火点が-20℃であるため、屋外貯蔵所では貯蔵・取扱いができない。　　　　答：1

問6 市町村長等に対する「届出」として、適切なものは次のうちどれか。

1. 製造所等の位置、構造又は設備を変更するとき。
2. 製造所等以外の場所で指定数量以上の危険物を仮に貯蔵するとき。
3. 危険物保安監督者を解任したとき。
4. 屋外タンク貯蔵所において保安検査を受けるとき。
5. 製造所等において予防規程を変更するとき。

解説

　製造所等が行う手続きとしては申請と届出がある。p.38〜39の表を参照。

1：不適切。位置、構造または設備を変更するときの手続きは、市町村長等に対する変更許可申請。

2：不適切。製造所等以外の場所で指定数量以上の危険物を仮に貯蔵すると

きの手続きは、消防長または消防署長に対する仮貯蔵の承認申請。

3：適切。危険物保安監督者を選任または解任したときは、遅滞なく市町村長等に届出をする。危険物保安統括管理者の場合も同様である。

4：不適切。屋外タンク貯蔵所において保安検査を受けるときの手続きは、市町村長等に対する保安検査申請。

5：不適切。予防規程を変更するときの手続きは、市町村長等に対する変更認可申請。

答：3

> **アドバイス** 申請や届出の提出先は、仮貯蔵・仮取扱いのみが消防長または消防署長で、その他は市町村長等。また、申請を行って許可や承認、検査、認可を受ける必要がある手続きと、届出をするだけでよい手続きは、きっちり分けて覚える。

問7　次の文の（　）内のAとBに当てはまる語句の組合せとして、正しいものはどれか。

「製造所等（移送取扱所を除く）を設置しようとする者は、消防本部及び消防署を設置している市町村の区域では当該（ A ）、消防本部及び消防署を設置していない市町村の区域では当該区域を管轄する（ B ）の許可を受けなければならない。」

	A	B
1	消防長又は消防署長	市町村長
2	市町村長	都道府県知事
3	消防長又は消防署長	都道府県知事
4	都道府県知事	市町村長
5	都道府県知事	総務大臣

解説

設置許可権限者の問題。移送取扱所を除く製造所等の設置許可申請をする場合、消防本部および消防署を設置している市町村の区域ではその区域を管轄する市町村長に申請し、消防本部および消防署を設置していない市町村の区域ではその区域を管轄する都道府県知事に申請する。p.35 参照。

選択肢1～5のうち、これに当てはまる組合せは**2**。

答：2

§1 危険物を規制する法的な体系

1-6 危険物取扱者制度

危険物取扱者とは、都道府県知事が行う危険物取扱者試験に合格し、都道府県知事から危険物取扱者免状を交付された者をいう。危険物取扱者制度は、製造所等の安全を確保するために、人的な面から規制を行う必要性上設けられた制度である。

● 危険物取扱者の責務

危険物を取り扱う場合は、危険物取扱者自らが取り扱うか、無資格者が取り扱うときは、甲種危険物取扱者または、その危険物を取り扱える乙種危険物取扱者が立ち会わなければならない。

危険物取扱者には、危険物の取扱いに関して次のような責務が課されている。

- 危険物取扱作業に従事するときは、政令で定める貯蔵・取扱いに関する技術上の基準を遵守し、その危険物の安全確保に細心の注意を払わなければならない。
- 甲種危険物取扱者または乙種危険物取扱者は、危険物取扱作業の立会いをする場合は、作業従事者が、政令で定める貯蔵・取扱いに関する技術上の基準を遵守するよう監督し、指示を与えなければならない。

● 危険物取扱者免状

危険物取扱者免状は、危険物取扱者試験に合格した者が、試験を行った**都道府県知事**に申請して交付される。免状は、**全国**どこでも有効で、書換え・再交付の必要性が生じない限り、免状は**10年間**有効である。

免状の携帯は、**移動タンク貯蔵所**において運転もしくは同乗する場合に義務づけられている（⇨ p.134「運転者・同乗者の基準」）。

危険物取扱者免状には、次のような内容が記載されている。

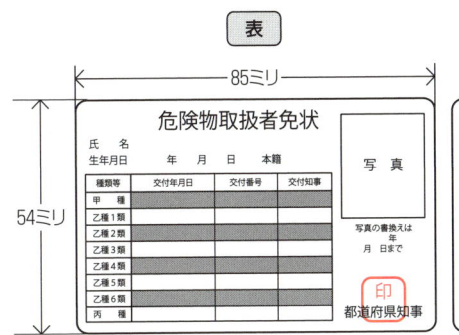

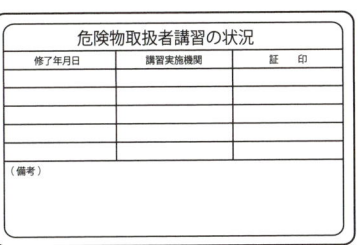

■危険物取扱者免状

- 免状の交付年月日・交付番号
- 氏名・生年月日
- 本籍地の都道府県
- 免状の種類・取扱い可能な危険物・立会い可能な危険物の種類
- その他総務省令で定める事項（過去10年以内に撮影した写真）

1）免状の種類

　危険物取扱者免状には、**甲種**、**乙種**、**丙種**の3種類がある。同一種類の免状の交付は重複して受けることはできない。甲種と乙種の危険物取扱者は無資格者が危険物を取り扱う場合の<u>立会い</u>を行うことができる。ただし、**甲種危険物取扱者**はすべての類の危険物の立会いができるが、**乙種危険物取扱者**が立会いできるのは、資格を有する危険物を取り扱うときだけである。

　丙種危険物取扱者が取り扱える危険物は、第4類危険物のうち、ガソリン、灯油、軽油、第3石油類（重油、潤滑油および引火点が130℃以上のもの）、第4石油類、動植物油類に限定されており、丙種危険物取扱者は無資格者への立会いはできない。

　それぞれの危険物取扱者が取り扱える危険物や立会いをまとめると、右の表のようになる。

■危険物取扱者の種類と立会い

	取扱い可能な危険物	立会い
甲種	第1類～第6類の全類	○
乙種	免状に指定された類のみ	○
丙種	第4類の指定された危険物のみ	×

2）免状の交付・書換え・再交付

　免状の交付などの管轄は<u>都道府県知事</u>で、詳細は次ページの表の通り。

■危険物取扱者免状の手続き

手続き	内　　容
交付	● 免状の交付を受けようとする者は、申請書に試験に合格したことを証明する書類を添えて、試験を行った<u>都道府県知事</u>に提出する。
書換え	● 氏名、本籍地など免状の記載事項に変更が生じたとき、または免状貼付の写真が撮影から<u>10年</u>を経過したときは、遅滞なく、書換えの事由を証明する書類等を添えて、当該免状を<u>交付</u>した都道府県知事または<u>居住地</u>もしくは<u>勤務地</u>を管轄する都道府県知事に申請する。
再交付	● 免状を亡失、滅失、汚損、破損した場合、当該免状の<u>交付</u>または<u>書換え</u>を行った都道府県知事に再交付申請をする。 ● 免状の汚損または破損の場合は、当該免状を添えて再交付申請をする。 ● 免状を亡失して再交付を受けた者が、亡失した免状を発見した場合は、亡失した免状を<u>10日</u>以内に免状の再交付を受けた都道府県知事に提出する。

3）免状の不交付・返納

都道府県知事は、危険物取扱者試験に合格した者であっても、次の場合には、危険物取扱者免状の<u>不交付</u>を行うことができる。

- 免状の<u>返納</u>を命じられ、その日から起算して<u>1年</u>を経過しない者
- 消防法などの命令規定に違反して罰金以上の刑に処せられた者で、その執行を終わり、または執行を受けることがなくなった日から起算して<u>2年</u>を経過しない者

また、免状を交付した<u>都道府県知事</u>は、危険物取扱者が消防法または消防法に基づく命令の規定に違反しているときは、免状の<u>返納</u>を命ずることができる。免状の返納を命じられた者は、ただちに危険物取扱者の資格を<u>喪失</u>する。

● 保安講習

製造所等で危険物取扱作業に従事している<u>危険物取扱者</u>は、都道府県知事が実施する保安に関する講習を受講しなければならない。

受講義務者が定められた期間内に受講しなかった場合は、<u>免状返納</u>を命じられることがある。

保安講習は<u>全国</u>どこでも受講することが可能で、受講時期は次の表の通り。

■ 保安講習の受講時期

対象者		受講時期
継続して危険物取扱作業に従事している者		保安講習を受講した日以後の最初の4月1日から3年以内
新たに危険物取扱作業に従事することになった者	原則	従事することになった日から1年以内
	過去2年以内に免状の交付を受けている者	免状交付日以後の最初の4月1日から3年以内
	過去2年以内に保安講習を受けている者	保安講習を受講した日以後の最初の4月1日から3年以内
危険物取扱作業に従事しなくなった者・従事していない者		受講義務はない

継続して従事する場合

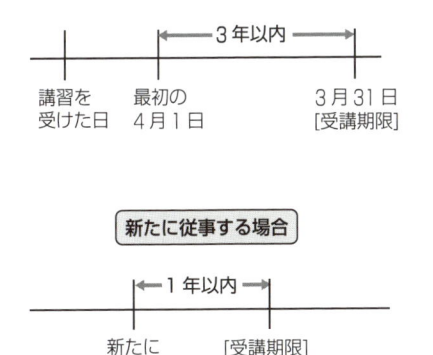

```
        ←─── 3年以内 ───→
 │────────│──────────────│
講習を    最初の          3月31日
受けた日  4月1日          [受講期限]
```

新たに従事する場合で、過去2年以内に免状交付または保安講習を受けているとき

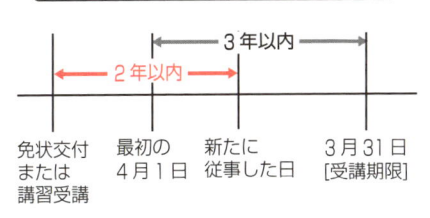

```
              ←──── 3年以内 ────→
       ←─ 2年以内 ─→
 │──────────│───────│──────────│
免状交付    最初の   新たに      3月31日
または      4月1日   従事した日  [受講期限]
講習受講
```

新たに従事する場合

```
 ←─ 1年以内 ─→
 │───────────│
新たに      [受講期限]
従事した日
```

攻略

- 丙種危険物取扱者は、無資格者への立会いはできない。
- 免状の書換えは、記載事項に変更が生じたときと、写真が撮影から10年を経過したときに、免状を交付した都道府県知事または、居住地もしくは勤務地を管轄する都道府県知事に申請する。
- 免状の再交付申請は、交付・書換えを行った都道府県知事に申請する。
- 免状の返納を命じられた者は、ただちに危険物取扱者の資格を失う。
- 保安講習は、危険物取扱作業に従事している者が原則として保安講習受講日以後の最初の4月1日から3年以内に受講する。

[§1-6] 復習問題

問8　法令上、次のA～Eのうち正しいものはいくつあるか。
- A. 危険物取扱者以外の者でも、甲種、乙種及び丙種の免状を有する危険物取扱者の立会いがあれば、危険物を取扱うことができる。
- B. 危険物取扱者の立会いがなくても、危険物取扱者以外の者は指定数量未満の危険物を取扱うことができる。
- C. 乙種危険物取扱者が免状に指定されていない類の危険物を取扱う場合は、甲種危険物取扱者又は当該危険物を取扱うことのできる乙種危険物取扱者が立会わなければならない。
- D. 製造所等の所有者の指示があれば、危険物取扱者以外の者でも、危険物取扱者の立会いなしに、危険物を取扱うことができる。
- E. 甲種危険物取扱者が立会えば、危険物取扱者以外の者でもすべての類の危険物を取扱うことができる。

1. 1つ　2. 2つ　3. 3つ　4. 4つ　5. 5つ

解説

A：誤り。丙種危険物取扱者に立会いはできない。
D：誤り。無資格者が危険物を取り扱う場合は、甲種危険物取扱者または、その危険物の資格を有する乙種危険物取扱者が立ち会わなければならない。
B、C、E：正しい。ただし、**B**は「製造所等において」という条件がついた場合は誤りとなる。つまり、指定数量未満の危険物の取扱いに関する問題は場所によって正誤が決まる。p.42～43参照。　　　　　　　　答：3

問9　危険物取扱者の免状の不交付、返納について、次のうち正しいものはどれか。
1. 免状返納を命じることができるのは、免状を交付又は再交付をした市町村長である。
2. 免状の交付を受けてから2年以上危険物の取扱作業に従事しなかったときは、返納を命じられる。
3. 危険物を取扱う場合に、政令で定める技術上の基準に違反したときは、免状の返納を命じられる。

4. 免状の返納を命じられ、その日から60日を経過するまで免状は交付されない。
5. 消防法などに違反した危険物取扱者で、刑の執行が終了した日から起算して1年を経過しない者に免状は交付されない。

解説

1：「市町村長」は誤り。返納を命じられるのは、免状を交付した**都道府県知事**。
2：誤り。危険物取扱作業に**従事していない**ことを理由に、免状の返納を命じられることはない。
3：正しい。p.44参照。
4：「60日」は誤り。免状の返納を命じられた日から起算して**1年**を経過するまで免状は交付されない。
5：「1年」は誤り。刑の執行が終了した日から起算して**2年**を経過しない者に免状は交付されない。

答：3

問10 危険物取扱者の保安講習について、次のうち誤っているものはどれか。
1. 新たに取扱作業に従事する者は、従事することになった日から3年以内に受講しなければならない。
2. 継続して取扱作業に従事している者は、保安講習受講後の最初の4月1日から3年以内に受講しなければならない。
3. 新たに取扱作業に従事する者で、従事することとなった日から過去2年以内に保安講習を受講した者は、受講した日以後の最初の4月1日から3年に以内に受講しなければならない。
4. 新たに取扱作業に従事する者で、従事することとなった日から過去2年以内に免状の交付を受けている者は、免状交付日以後の最初の4月1日から3年以内に受講しなければならない。
5. 危険物取扱作業に従事していない危険物取扱者には受講義務はない。

解説

1：「3年以内」は誤り。新たに危険物取扱作業に従事することとなった危険物取扱者は、従事した日から**1年**以内に受講しなければならない。
2〜5：正しい。p.45参照。

答：1

§2 災害を防止するためのしくみ

2-1 災害防止のための法制度

　製造所等の所有者等には、自主保安体制を確立して災害発生防止に努める義務がある。そのためにさまざまな制度が定められている。

● 所有者等の義務

　製造所等の<u>所有者等</u>（しょゆうしゃとう）には、災害発生防止上、常に安全な状態で危険物を貯蔵し、または取り扱うために、製造所等の位置、構造、設備が技術上の基準に適合するよう維持管理する義務がある。この技術上の基準を維持管理するために法で定められているのが、<u>定期点検</u>、<u>保安検査</u>である。
　<u>市町村長等</u>は、製造所等の位置、構造、設備が技術上の基準に適合していないと認めるときは、所有者等の権原者（けんげんしゃ）に対し、技術上の基準に適合するよう<u>修理</u>、<u>改造</u>、<u>移転</u>を命ずることができる。
　また、火災予防上の観点から、所有者等は製造所等の現状に合わせた<u>予防規程</u>を作成して、これを遵守（じゅんしゅ）しなければならない。
　製造所等の位置、構造、設備の基準の詳細は、p.64以降を参照。

● 事故発生時の措置

1) 事故発生時の応急措置

　製造所等の<u>所有者等</u>は、危険物の流出などの事故が発生した場合には、ただちに<u>応急措置</u>を講ずるよう義務づけられている。
　<u>市町村長等</u>は、応急措置が講じられていないと認めたときは、所有者等に対して応急措置を講じるよう<u>命令</u>することができる（⇨ p.139）。

2) 通報の義務

　<u>事故発見者</u>はただちに消防署、市町村長の指定した場所、警察署または海上警備救難機関に<u>通報</u>しなければならない。

§2 災害を防止するためのしくみ

2-2 危険物保安統括管理者等

災害防止上、人的な面で制度化されているのが危険物保安統括管理者、危険物保安監督者、危険物施設保安員である。

● 危険物保安統括管理者

危険物保安統括管理者とは、**複数の製造所等**を有し、大量の**第4類**危険物を取り扱う**事業所**が、各製造所等との連携をはかり、事業所全体の保安業務を統括管理するために設けられた制度で、所有者等はその**選任・解任**を市町村長等に**遅滞なく**届け出る義務がある。

危険物保安統括管理者に資格は特に**必要ではない**が、その事業に関して統括管理できる者でなければならない。

危険物保安統括管理者を選任しなければならない製造所等は、**製造所**、**一般取扱所**、**移送取扱所**で、具体的な数量規制は、右の表のように定められている。

■危険物保安統括管理者の必要な製造所等

製造所等	第4類危険物の数量
製造所	指定数量の倍数が 3,000 以上
一般取扱所	
移送取扱所	指定数量以上

● 危険物保安監督者

危険物保安監督者は、**製造所等**ごとの保安管理体制構築を目的に設けられた制度で、所有者等はその**選任・解任**を市町村長等に**遅滞なく**届け出る義務がある。

危険物保安監督者の資格は、**甲種危険物取扱者**または**乙種危険物取扱者**で**6カ月**以上の実務経験を有する者とされており、丙種危険物取扱者は、危険物保安監督者になることはできない。

1) 危険物保安監督者の業務

危険物保安監督者は、危険物取扱作業に関する保安監督を誠実に行わなければ

■危険物保安監督者の必要な製造所等

製造所等 \ 危険物の類／危険物の数量・引火点	第4類危険物 指定数量の30倍以下 40℃以上	40℃未満	第4類危険物 指定数量の30倍を超える 40℃以上	40℃未満	第4類以外の危険物 指定数量の30倍以下	指定数量の30倍を超える
製造所	すべてが対象					
屋内貯蔵所	○	○	○	○	○	○
屋外タンク貯蔵所	すべてが対象					
屋内タンク貯蔵所		○		○	○	○
地下タンク貯蔵所		○		○	○	○
簡易タンク貯蔵所		○		○	○	○
移動タンク貯蔵所	対象外					
屋外貯蔵所		○		○		○
給油取扱所	すべてが対象					
第1種販売取扱所		○	／	／	○	／
第2種販売取扱所		○		○	○	○
移送取扱所	すべてが対象					
一般取扱所 ボイラー等で消費・容器詰替のもの		○		○	○	○
一般取扱所 上記以外のもの	すべてが対象					

＊○印は危険物保安監督者の必要な施設。

ならない。そのための危険物保安監督者の業務は、次のような内容である。

- 貯蔵・取扱いに関する技術上の基準や予防規程（⇨ p.53）などに定める保安基準に適合するよう、危険物取扱作業者に対して必要な指示を行う。
- 火災等災害発生時に作業者を指揮して応急措置を講じ、ただちに消防機関等へ連絡をする。
- 危険物施設保安員への必要な指示を行う。
- 危険物施設保安員を置かない製造所等では、次の業務を行う。
  ・製造所等の構造、設備を技術上の基準に適合するよう維持するため、定期点検・臨時点検を実施し、点検を行った場所の点検状況、実施した措置の

記録と記録の保存。
- 製造所等の構造、設備に異常を発見した場合は、関係者に連絡し、適当な措置を講ずる。
- 火災の発生またはその危険性が著しいときの応急措置。
- 製造所等の計測装置、制御装置、安全装置等の機能を適正に保持するための保安管理。
- その他、製造所等の構造、設備の保安に関する必要な業務。
● 火災等の災害防止のための隣接製造所等その他関連施設の関係者との連絡。
● その他、危険物取扱作業の保安に関する監督業務。

2）危険物保安監督者の必要な製造所等

危険物保安監督者を選任しなければならない施設は、製造所等の区分、危険物の類、指定数量の倍数、危険物の引火点によって、前ページの表のように定められている。

危険物施設保安員

危険物施設保安員とは、危険物保安監督者のもとで、施設の構造や設備に関する保安業務を行うために設けられた制度で、所有者等は製造所等ごとにその選任を義務づけられている。ただし、市町村長等への届出義務は課されていない。

危険物施設保安員になるための資格は特に必要ではないが、施設の構造や設備に詳しい者を定める必要がある。

1）危険物施設保安員の業務

危険物施設保安員の業務は、次のような内容である。

● 製造所等の構造、設備を技術上の基準に適合するよう維持するため、定期点検・臨時点検を実施し、点検を行った場所の点検状況、実施した措置の記録と記録の保存。
● 製造所等の構造、設備に異常を発見した場合は、危険物保安監督者や関係者に連絡し、適当な措置を講ずる。
● 火災の発生またはその危険性が著しいときの応急措置。
● 製造所等の計測装置、制御装置、安全装置等の機能を適正に保持するための

保安管理。
- その他、製造所等の構造、設備の保安に関する必要な業務。

2）選任の必要な製造所等

危険物施設保安員を定めなければならない製造所等は、危険物保安統括管理者と同様、<u>製造所</u>、<u>一般取扱所</u>、<u>移送取扱所</u>であるが、具体的な数量規制は、右の表のように定められている。

■危険物施設保安員の必要な製造所等

製造所等	危険物の数量
製造所	指定数量の倍数が <u>100</u> 以上
一般取扱所	
移送取扱所	すべて

解任命令

市町村長等は、次のような場合、製造所等の所有者等に対して危険物保安統括管理者・危険物保安監督者の解任を命ずることができる（⇨ p.138「義務違反とその措置命令」）。

- 危険物保安統括管理者・危険物保安監督者が消防法などの規定に<u>違反</u>したとき。
- 危険物保安統括管理者・危険物保安監督者に業務を遂行させることが、<u>公共の安全の維持</u>や<u>災害発生防止</u>に支障を及ぼすおそれがあるとき。

なお、危険物施設保安員に関しては、解任などの行政命令は発令されない。

攻略

[設置]
- 危険物保安統括管理者は、事業所単位で置く。
- 危険物保安監督者と危険物施設保安員は、製造所等ごとに置く。

[資格]
- 危険物保安監督者は、甲種危険物取扱者・乙種危険物取扱者で、6カ月以上の実務経験を有する者。

[届出]
- 危険物保安統括管理者・危険物保安監督者の選任・解任については、市町村長等に届け出なければならない。
- 危険物施設保安員の選任・解任に届出の義務はない。

§2 災害を防止するためのしくみ

2-3 予防規程・自衛消防組織

　火災予防上の観点から製造所等の所有者等に義務づけられている制度には、予防規程の作成があり、事故発生時の災害を最小限にするために制度化されているのが自衛消防組織である。

● 予防規程

　予防規程とは、製造所等の火災予防上の観点から、**所有者等**が製造所等の実情に応じた具体的な**保安基準**を作成し、所有者等および従業者が遵守しなければならない自主保安に関する規程である。
　所有者等は、予防規程を**定めた**場合または**変更する**場合は、市町村長等の**認可**を受けなければならない。
　ただし、市町村長等は、次の内容に該当する場合には認可してはならないとされている。

- 予防規程が、危険物の貯蔵・取扱いの技術上の基準に適合していないとき。
- 予防規程が、火災予防上適当でないと認めるとき。

　また、市町村長等は、火災予防上必要と認めるときは、予防規程の**変更**を命じることができる（⇨ p.138「義務違反とその措置命令」）。

1) 予防規程の必要な製造所等

　予防規程を作成し、認可を受けなければならない製造所等は、危険物の数量によって定められており、具体的には次ページの表の通りである。
　予防規程を定めなければならない製造所等が、予防規程を定めずに危険物の貯蔵・取扱いを行った場合は、罰則規定が設けられている。

■予防規程の必要な製造所等

製造所等	危険物の数量
製造所	指定数量の倍数が 10 以上
屋内貯蔵所	指定数量の倍数が 150 以上
屋外タンク貯蔵所	指定数量の倍数が 200 以上
屋外貯蔵所	指定数量の倍数が 100 以上
給油取扱所	すべて
移送取扱所	すべて
一般取扱所	指定数量の倍数が 10 以上

2）予防規程に定める主な事項

予防規程に定める主な事項は、次の通り。

- 危険物の保安に関する業務を管理する者の職務および組織に関すること。
- 危険物保安監督者が職務を行うことができない場合の職務代行者。
- 自衛消防組織に関すること。
- 危険物の保安作業に従事する者に対する保安教育に関すること。
- 危険物の保安のための巡視、点検、検査に関すること。
- 危険物施設の運転、操作に関すること。
- 危険物取扱作業の基準に関すること。
- 補修などの方法に関すること。
- 施設工事における、火気の使用・取扱いの管理、危険物などの安全管理等に関すること。
- 製造所、一般取扱所においては、危険物の取扱工程または設備等の変更に伴う危険要因の把握およびその危険要因に対する対策に関すること。
- 給油取扱所（セルフスタンドに限る）における、顧客に対する監視、その他保安のための措置に関すること。
- 移送取扱所においては、配管工事の現場責任者の条件、保安監督体制に関すること。
- 移送取扱所において、配管の周囲で移送取扱所の施設工事以外の工事を行う場合の配管の保安に関すること。
- 災害時などの非常の場合の措置に関すること。

- 地震発生時の施設・設備に対する<u>点検</u>、<u>応急措置</u>等に関すること。
- 危険物の保安記録に関すること。
- 製造所等の位置、構造、設備を明示した<u>書類・図面</u>の整備に関すること。
- 製造所等が地震防災対策強化地域に位置する場合、警戒宣言が発せられたときの応急措置に関すること。
- 上記の他、危険物の保安に関し必要な事項。

自衛消防組織

<u>自衛消防組織</u>とは、一定規模以上の製造所等を有する事業所に対して、規模に応じて設置が義務づけられた組織である。自衛消防組織は、火災などの事故が発生した場合、被害を最小限にするために編成される。

自衛消防組織を設置しなければならない事業所は、危険物保安統括管理者を置く製造所等と同様で、<u>複数の製造所等</u>を有し、大量の<u>第4類</u>危険物を取り扱う事業所である。具体的な数量規制は、次の表の通り。

■自衛消防組織の必要な製造所等

製造所等	第4類危険物の数量
製造所	指定数量の倍数が3,000以上
一般取扱所	
移送取扱所	指定数量以上

また、自衛消防組織の編成は、取り扱う第4類危険物の指定数量の倍数に応じて人員、化学消防自動車の台数が決められている。

攻略

- 予防規程を定めたり、変更したりした場合は、市町村長等に認可申請をする。
- 市町村長等は、予防規程の変更を命じることができる。
- 給油取扱所と移送取扱所は、危険物の数量にかかわらず、予防規程を定める。
- 自衛消防組織を設置しなければならない事業所は、危険物保安統括管理者を設置する事業所と同じ。

[§2-2〜§2-3] 復習問題

問11 法令上、危険物保安統括管理者について、次のうち誤っているものはどれか。

1. 危険物保安統括管理者の業務は、事業所全体における危険物の保安業務を統括管理することである。
2. 指定数量3,000倍以上の第4類危険物を取扱う一般取扱所では、危険物保安統括管理者を選任しなければならない。
3. 危険物保安統括管理者は、危険物取扱いの実務経験を必要としない。
4. 危険物保安統括管理者は、甲種危険物取扱者でなければならない。
5. 危険物保安統括管理者を選任した場合には、遅滞なく、その旨を市町村長等に届け出なければならない。

解説

4：誤り。危険物保安統括管理者になるための資格は特に必要ではない。
1〜3、5：正しい。p.49参照。　　　　　　　　　　　　　　　　　答：4

問12 危険物保安監督者を選任しなければならない製造所等は、次のうちどれか。

1. 灯油を指定数量の40倍貯蔵している屋外タンク貯蔵所
2. 軽油を5,000ℓ貯蔵している屋内タンク貯蔵所
3. 重油を指定数量の30倍貯蔵し、又は取扱う地下タンク貯蔵所
4. ガソリンを30,000ℓ貯蔵し、又は取扱う移動タンク貯蔵所
5. 指定数量の20倍の危険物を貯蔵し、又は取扱う屋外貯蔵所

解説

選択肢1〜4の物質は、いずれも第4類危険物である。第4類危険物を貯蔵し、または取り扱う製造所等の場合、指定数量の倍数と引火点によって危険物保安監督者の選任が必要かどうかが定められている。p.50の表参照。
1：選任しなければならない。屋外タンク貯蔵所は、危険物の類や引火点、指定数量の倍数に関係なく、必ず危険物保安監督者を選任しなければならない。
2：選任不要。屋内タンク貯蔵所では、指定数量の倍数に関係なく引火点が

40℃未満の第4類危険物を貯蔵し、または取り扱うときは、危険物保安監督者を選任しなければならない。軽油は引火点が45℃以上で、これに該当しない。

3：選任不要。地下タンク貯蔵所では、第4類危険物で指定数量の**30**倍を超えるとき、あるいは指定数量の30倍以下で引火点が**40℃**未満の第4類危険物を貯蔵し、または取り扱うときは、危険物保安監督者を選任しなければならない。選択肢は指定数量30倍以下の第4類危険物だが、重油は引火点が60〜150℃で、危険物保安監督者は選任する必要はない。

4：選任不要。移動タンク貯蔵所では、危険物の類や引火点、指定数量の倍数に関係なく、危険物保安監督者を選任する必要はない。

5：選任不要。屋外貯蔵所では、指定数量の**30**倍を超える危険物を貯蔵し、または取り扱うときは危険物保安監督者を選任しなければならないが、この選択肢では指定数量が20倍なので、選任する必要はない。

答：1

問13 予防規程について、次のうち誤っているものはどれか。
1. 予防規程は、製造所等の火災を予防するため、危険物の保安に関する必要事項を定めたものである。
2. 自衛消防組織を設置している製造所等では、予防規定を定める必要はない。
3. 予防規程は、製造所等の所有者等が定めなければならない。
4. 予防規程を定めたとき、又は変更するときは、市町村長等の認可を受けなければならない。
5. 予防規程を定めなければならない製造所等において、それを定めずに危険物を貯蔵し、又は取扱ったときは罰則が適用される。

解説

2：誤り。予防規程を定めなければならない製造所等は、危険物の数量によって定められており、自衛消防組織を設置しているかどうかとは無関係である。

1、3〜5：正しい。p.53 参照。

答：2

2-4 定期点検・保安検査

§2 災害を防止するためのしくみ

　製造所等は、常に安全な状態が維持されているかどうか確認しなければならない。そのために製造所等が自ら行う定期点検があり、市町村長等が行う保安検査がある。

● 定期点検

　すべての製造所等の所有者等は、位置、構造、設備が技術上の基準に適合するよう維持管理しなければならない。**定期点検**とは、その技術上の基準に適合しているかどうかについての点検のことである。

　市町村長等は、技術上の基準に適合していないと認めるときは、基準適合命令（**修理、改造または移転命令**）を発令することができる。

　所有者等がこの命令に従わない場合や、定期点検を実施していなかったり、点検記録の作成や記録の保存がなされていなかったりする場合、市町村長等は、所有者等に対して**設置許可の取消し**または**使用停止**命令を発令することができる（⇨ p.139）。

1) 定期点検実施者

　定期点検は、**危険物取扱者**または**危険物施設保安員**が行わなければならない。危険物取扱者以外の者が定期点検を行うときは、危険物取扱者の立会いが必要である。

　その他、地下貯蔵タンク、二重殻タンクの強化プラスチック製の外殻、地下埋設配管、移動貯蔵タンクの漏れの点検や、泡消火設備の泡の適正な放出を確認する一体的な点検は、その点検に関する**知識**や**技能**を有する者が行う。

2) 定期点検の必要な製造所等・点検事項

　定期点検の実施対象となる製造所等は、製造所等の区分、危険物の数量等によって、次ページの表の通り定められている。

■ **定期点検の実施対象施設**

実施対象施設		対象外
製造所等	危険物の数量等	
製造所	指定数量の倍数が10以上および地下タンクを有するもの	屋内タンク貯蔵所 簡易タンク貯蔵所 販売取扱所
屋内貯蔵所	指定数量の倍数が150以上	
屋外タンク貯蔵所	指定数量の倍数が200以上	
地下タンク貯蔵所	すべて	
移動タンク貯蔵所	すべて	
屋外貯蔵所	指定数量の倍数が100以上	
給油取扱所	地下タンクを有するもの	
移送取扱所	すべて	
一般取扱所	指定数量の倍数が10以上および地下タンクを有するもの	

■ **定期点検の点検事項**

点検事項	点検内容・設備	点検除外
全般的な点検	製造所等の位置、構造、設備が技術上の基準に適合しているかどうか	・危険物の微少な漏れが検知され、漏洩拡散防止措置が講じられているもの。 ・二重殻タンクの内殻。 ・二重殻タンクの強化プラスチック製の外殻のうち、地下貯蔵タンクとの間が危険物の漏れを検知するための液体で満たされているもの。
漏れの点検	地下貯蔵タンク	
	二重殻タンクの強化プラスチック製の外殻	
	地下埋設配管	
	移動貯蔵タンク	
内部点検	引火性の液体を貯蔵し、または取り扱う屋外タンク貯蔵所（岩盤タンクまたは海上タンクにかかるものを除く）で容量が1,000kℓ以上10,000kℓ未満のもの	

　また、定期点検事項には、全般的な点検、漏れの点検、内部点検があり、それぞれ上の表のように規定されている。

3）定期点検の時期と点検記録の保存期間

　製造所等の所有者等は、原則 <u>1年</u> に <u>1回</u> 以上、定期点検を実施しなければならない。また、点検記録の保存期間は原則 <u>3年</u> 間である。ただし、それぞれの設備

■定期点検の時期と点検記録の保存期間

点検事項	点検時期	点検記録保存期間
地下貯蔵タンクの漏れ	完成検査済証交付日または前回の漏れの点検日から1年を経過する日の属する月の末日までの間に1回以上。 ただし、完成検査を受けた日から15年を超えないもの、または危険物の漏洩拡散防止措置を講じているもの、および1週間に1回以上の危険物の漏れを確認しているものは、3年を経過する日の属する月の末日までの間に1回以上。	3年間
地下埋設配管の漏れ		
二重殻タンクの強化プラスチック製の外殻の漏れ	完成検査済証交付日または前回の漏れの点検日から3年を経過する日の属する月の末日までの間に1回以上。	
移動貯蔵タンクの漏れ	完成検査済証交付日または前回の漏れの点検日から5年を経過する日の属する月の末日までの間に1回以上。	10年間
内部点検	設置の完成検査済証交付日または前回の内部点検日から13年または15年周期。	26年間 または30年間

によって上の表のように規定されている。

4）点検記録の記載事項

点検記録に記載する内容は、次の通り。

- 製造所等の名称
- 点検の方法と結果
- 点検年月日
- 点検を行った危険物取扱者、危険物施設保安員、点検に立ち会った危険物取扱者の氏名

用 語 解 説

＊**不等沈下**：地盤の状態や構造物の基礎の耐力不足などの理由で、建物が場所によって異なる沈下をする現象のこと。構造物が傾いたり、大きなひびが入るなど、取り返しのつかない重大な被害につながることがある。

保安検査

保安検査とは、移送取扱所と大規模な屋外タンク貯蔵所を対象に、構造や設備が一定の基準を維持しているかどうか、市町村長等が行う検査である。移送取扱所と大規模な屋外タンク貯蔵所で、設備の不備・欠陥により事故が発生した場合、被害や社会的影響が甚大であるため、義務づけられている制度である。

検査に当たっては、市町村長等に検査申請をしなければならない。また、該当施設が保安検査を受けていない場合は、設置許可の取消しまたは使用停止命令が発令される（⇨ p.139）。

保安検査には、定期保安検査と臨時保安検査があり、検査対象施設の規模、検査時期、検査事項は、次の表の通りである。

臨時保安検査は、不等沈下＊により流出のおそれがある場合に実施される。

■定期保安検査・臨時保安検査

検査別対象施設		施設の規模	検査時期・事由	検査事項
定期保安検査	屋外タンク貯蔵所	容量 10,000kℓ 以上のもの	●原則として8年に1回 ●保安措置を講じていると認められるものは10年または13年に1回	●タンク底部の板厚と溶接部 ●岩盤タンク＊の構造・設備
定期保安検査	移送取扱所	配管の延長が15kmを超えるものや、最大常用圧力が0.95MPa以上で延長が7〜15km以下のもの	●原則として1年に1回	●構造・設備
臨時保安検査	屋外タンク貯蔵所	容量 1,000kℓ 以上のもの	●1/100以上の不等沈下発生 ●岩盤タンク・地中タンクで、危険物または可燃性蒸気の漏洩のおそれがある	●タンク底部の板厚と溶接部 ●岩盤タンクの構造・設備

＊岩盤タンク：岩盤をくり抜いた、石油を備蓄するためのタンク。

攻略

- 定期点検は、原則1年に1回以上行う。
- 定期点検の点検記録は、原則3年間保存する。
- 保安検査の対象は、移送取扱所と大規模な屋外タンク貯蔵所。

災害防止上のしくみ

§2で解説した災害を防止するためのしくみと製造所等の関係をまとめると、次の表のようになる。

■製造所等における災害防止上の義務

制度 製造所等	危険物保安統括管理者 (⇨p.49)	危険物保安監督者 (⇨p.50)	危険物施設保安員 (⇨p.52)	予防規程 (⇨p.54)	自衛消防組織 (⇨p.55)	定期点検 (⇨p.59)	保安検査 (⇨p.61)
製造所	○	◎	○	○	○	○ (地下タンクを有する施設◎)	
屋内貯蔵所		○		○		○	
屋外タンク貯蔵所		◎				○	○
屋内タンク貯蔵所		○					
地下タンク貯蔵所		○				◎	
簡易タンク貯蔵所		○					
移動タンク貯蔵所						◎	
屋外貯蔵所		○		○		○	
給油取扱所		◎		◎		地下タンクを有する施設◎	
販売取扱所		○					
移送取扱所	○	◎	◎	◎	○	◎	○
一般取扱所	○	○	○	○	○	○ (地下タンクを有する施設◎)	

◎：すべて義務、○：条件により義務、空欄：対象外

[§2-4] 復習問題

問14 法令上、定期点検（漏れの点検）を1年を経過する日の属する月の末日までの間に1回以上行わなければならない地下貯蔵タンク等は、次のうちどれか。

1. 地下貯蔵タンク（二重殻タンクを除く）のうち、危険物の漏れを覚知し、その漏えい拡散を防止するための措置が講じられているもの。
2. 二重殻タンクの強化プラスチック製の外殻。
3. 地下貯蔵タンク（二重殻タンクを除く）のうち、完成検査済証の交付を受けた日から15年を超えるもの。
4. 地下埋設配管のうち、1週間に1回以上危険物の漏れを確認しているもの。
5. 移動タンク貯蔵所のうち、完成検査済証の交付を受けた日から15年を超えるもの。

解説

漏れの点検の時期は、点検対象設備などによって異なる。p.60参照。

1：該当しない。地下貯蔵タンクで、危険物の漏洩拡散防止措置を講じている場合、漏れの点検は3年を経過する日の属する月の末日までの間に1回以上行えばよい。

2：該当しない。二重殻タンクの強化プラスチック製の外殻の場合、漏れの点検は、完成検査済証交付日または前回の漏れの点検日から3年を経過する日の属する月の末日までの間に1回以上行えばよい。

3：該当する。完成検査を受けた日から15年を超える地下貯蔵タンクは、1年を経過する日の属する月の末日までの間に1回以上、漏れの点検を行わなければならない。15年を超えないものは3年を経過する日の属する月の末日までの間に1回以上の漏れの点検でよい。

4：該当しない。地下埋設配管で1週間に1回以上危険物の漏れを確認している場合、漏れの点検は3年を経過する日の属する月の末日までの間に1回以上行えばよい。

5：該当しない。移動タンク貯蔵所の場合は、完成検査済証の交付を受けた日または前回の漏れの点検を行った日から5年を経過する日の属する月の末日までの間に1回以上、漏れの点検を行えばよい。

答：3

3-1 保安距離・保有空地

　製造所等には、それぞれ位置、構造、設備に関する固有の技術上の基準が定められている。
　位置の基準として、製造所等には、防災上の観点から定められた保安距離や保有空地などがある。

● 保安距離

　保安距離とは、製造所等で火災や爆発などが発生した場合、その災害の影響が付近の住宅や学校、病院などの保安対象物に及ばないようにするために定められた距離のことをいう。

1）施設と保安距離

　右の表のように、保安距離は、製造所等によって必要な施設と必要としない施設がある。

■施設と保安距離

保安距離が必要な施設	保安距離を必要としない施設
製造所 屋内貯蔵所 屋外タンク貯蔵所 屋外貯蔵所 一般取扱所	屋内タンク貯蔵所 地下タンク貯蔵所 簡易タンク貯蔵所 移動タンク貯蔵所 給油取扱所 販売取扱所 移送取扱所

2）保安対象物と保安距離

　保安距離の距離とは、保安対象となる建築物と、製造所等の外壁またはこれに相当する工作物の外側までの距離のことをいう。この距離は、保安距離が必要な施設に共通で、保安対象物の種類によって、次ページの図のように定められている。
　ただし、特別高圧架空電線や高圧ガスなどとの保安距離を除き、市町村長等が防火上安全であると認めた場合は、その市町村長等が定めた保安距離とすることができる。

保安対象物と保安距離

- 同一敷地外にある住居: 10m以上
- 学校、病院、劇場、その他多数の人を収容する施設: 30m以上
- 重要文化財、重要有形民俗文化財、史跡など: 50m以上
- 特別高圧架空電線（7,000Vを超え35,000V以下）: 3m以上（水平距離）
- 特別高圧架空電線（35,000Vを超える）: 5m以上（水平距離）
- 高圧ガスの施設など: 20m以上

中央施設: 製造所／屋内貯蔵所／屋外タンク貯蔵所／屋外貯蔵所／一般取扱所

■保安対象物と保安距離

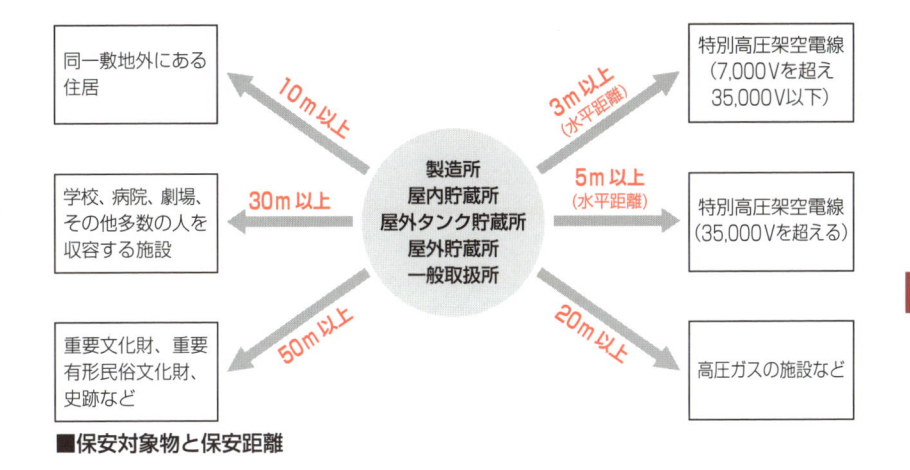

保有空地

保有空地とは、危険物を取り扱う施設の周囲に、消火活動や延焼防止のために設けられた空地をいい、保有空地には、<u>どのような物</u>も置くことはできない。

右の表のように、製造所等には、保有空地を必要とする施設と、必要としない施設があり、保有空地の幅は、製造所等の種類や規模によって異なる（⇨ p.66以降）。

■施設と保有空地

保有空地が必要な施設	保有空地を必要としない施設
製造所 屋内貯蔵所 屋外タンク貯蔵所 簡易タンク貯蔵所 （屋外に設けるもの） 屋外貯蔵所 移送取扱所 （地上設置のもの） 一般取扱所	屋内タンク貯蔵所 地下タンク貯蔵所 移動タンク貯蔵所 給油取扱所 販売取扱所

攻略

- 屋外タンク貯蔵所以外のタンク貯蔵所には、保安距離は不要。
- 給油取扱所と販売取扱所には、保安距離も保有空地も不要。
- 保有空地には、何も置いてはならない。
- 保有空地の必要な製造所等は、保安距離の必要な製造所等＋屋外の簡易タンク貯蔵所＋地上設置の移送取扱所、の7施設である。

3-1 保安距離・保有空地

§3 製造所等の基準

3-2 製造所の基準

危険物を製造する施設を<u>製造所</u>（せいぞうしょ）といい、製造所の基準は、その他の施設にも適用されているものが多い。

● 位置の基準

製造所には、保安距離（⇨ p.65 の図）と保有空地が必要である。
製造所の保有空地は、次の表の通り指定数量の倍数によって定められている。

■製造所の保有空地

区　　分	空地の幅	規制緩和
指定数量の倍数が <u>10</u> 以下	<u>3m</u> 以上	防火上有効な隔壁（かくへき）を設けた場合は、緩和が認められている。
指定数量の倍数が <u>10</u> を超える	<u>5m</u> 以上	

● 構造の基準

製造所の建築物の構造に関する基準は、次の通り。

- 建築物は<u>地階</u>を有しないものとする。
- 建築物の壁、柱、床、はりおよび階段は、<u>不燃材料</u>[*1]で造る。
- 延焼のおそれのある外壁[*2]は、出入口以外の開口部を有しない耐火構造[*3]とする。
- 建築物の屋根は不燃材料で造り、爆発発生時に爆風が上に抜けるように金属板その他の軽量な不燃材料でふく。
- 建築物の窓や出入口には、<u>防火設備</u>を設ける。延焼のおそれのある外壁に設ける出入口には、随時開けることができる自動閉鎖の特定防火設備を設ける。
- 建築物の窓・出入口にガラスを用いる場合は、<u>網入ガラス</u>（あみいり）とする。
- 液状の危険物を取り扱う建築物の床は、危険物が浸透しない構造とし、適当

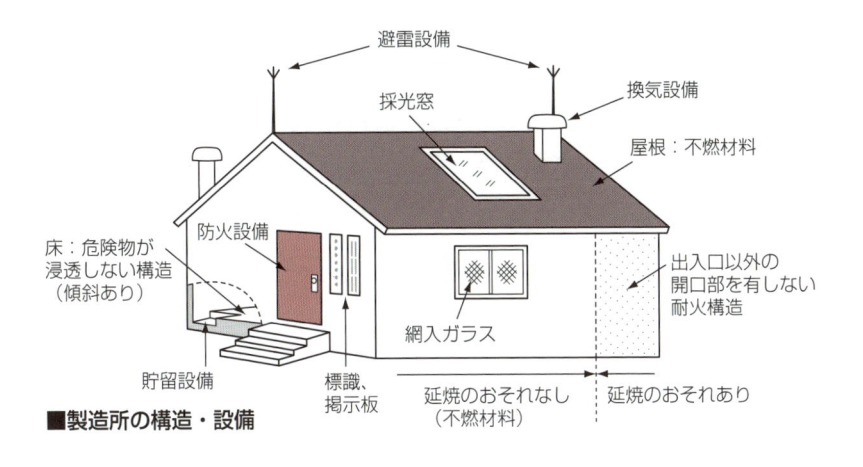

製造所の構造・設備

```
避雷設備
採光窓
換気設備
屋根：不燃材料
床：危険物が浸透しない構造（傾斜あり）
防火設備
出入口以外の開口部を有しない耐火構造
網入ガラス
貯留設備
標識、掲示板
延焼のおそれなし（不燃材料）
延焼のおそれあり
```

■製造所の構造・設備

な傾斜をつけて貯留設備*4 を設ける。

なお、製造所には、床面積を規制する基準はない。

設備の基準

製造所の設備の基準は、次の通り。

- 建築物には、必要な採光、照明、換気の設備を設ける。
- 可燃性蒸気または可燃性の微粉が滞留するおそれのある建築物には、その蒸気や微粉を屋外の高所に排出する設備を設ける。
- 屋外で液状の危険物を取り扱う設備には、その直下の地盤面の周囲に高さ0.15m 以上の囲いを設けるか、これと同等以上の効果があると認められる措置を講ずる。

用語解説

*1 **不燃材料**：建築基準法で定めるガラス以外のコンクリート、煉瓦、鉄鋼、モルタルなどのこと。

*2 **延焼のおそれのある外壁**：隣地境界線、道路中心線または同一敷地内の2つ以上の建築物相互の外壁間の中心線から、1階では3m以下、2階以上では5m以下の距離にある外壁部分をいう。

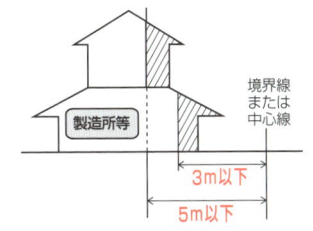

*3 **耐火構造**：鉄筋コンクリート造り、煉瓦造りのこと。

*4 **貯留設備**：漏れた危険物を一時的に貯留する設備。

- 屋外で液状の危険物を取り扱う設備の地盤面は、コンクリートなど危険物が浸透しない構造とし、かつ、適当な傾斜をつけて貯留設備を設ける。水に不溶の第4類危険物を取り扱う場合は、危険物が直接排水溝に流入しないように、貯留設備に油分離装置（ゆぶんりそうち）を設ける。
- 危険物を取り扱う機械器具その他の設備は、危険物の漏（も）れ、あふれまたは飛散を防止できる構造とする。
- 危険物を加熱したり、冷却したりする設備または危険物の取扱いに伴って温度変化が起こる設備には、温度測定装置を設ける。
- 危険物を加熱し、または乾燥する設備は、直火を用いない構造とする。
- 危険物を加圧する設備または危険物の圧力が上昇するおそれのある設備には、圧力計および安全装置を設ける。
  ▶ 安全装置とは、次のような装置をいう。
  ・自動的に圧力の上昇を停止させる装置
  ・減圧弁で、その減圧側に安全弁を取り付けた装置
  ・警報装置で安全弁を併用したもの
  ・破壊板
- 電気設備は、電気工作物にかかる法令に基づき設置し、可燃性ガス等が滞留するおそれのある場所に設置する機器は防爆構造（ぼうばくこうぞう）（⇨ p.192）とする。
- 静電気（⇨ p.193）が発生するおそれのある設備には、接地など静電気を有効に除去する装置を設ける。
- 指定数量の倍数が10以上の製造所には、日本工業規格に基づき避雷設備を設ける。

配管の基準

配管の位置、構造、設備の基準は、次の通り。

- 十分な強度があり、配管にかかる最大常用圧力の1.5倍以上の圧力で水圧試験を行ったとき、漏洩（ろうえい）その他の異常がないものとする。
- 容易に劣化したり、火災などの熱で変形するおそれのないものとする。
- 配管には外面の腐食を防止する措置を講ずる。地上に設置する場合は地盤面に接しないようにして腐食防止の塗装を行い、地下の電気的腐食のおそれのある場所に設置する場合は塗装またはコーティングおよび電気防食を行う。

- 配管を地下に設置する場合は、配管の接合部分からの危険物の漏洩を点検できる措置を講ずる。
- 配管を地下に設置する場合は、その上部の<u>地盤面</u>にかかる重量が<u>配管</u>にかからないように保護する。
- 配管を<u>地上</u>に設置する場合は、地震、風圧、地盤沈下、温度変化による伸縮などに対して安全な構造の<u>支持物</u>で支持する。支持物は、鉄筋コンクリート造りとするか、またはこれと同等以上の耐火性を有するものとする。
- 配管に<u>加熱</u>または<u>保温</u>のための設備を設ける場合は、火災予防上安全な構造とする。

基準の特例

以上に解説した製造所の基準は、どの危険物を取り扱う場合にも適用されるわけではない。取り扱う危険物によっては、基準が緩和されたり、逆に基準が強化されたりする特例がある。

次の表に挙げた基準の特例は、多くの製造所等に共通する。

■製造所等の基準の特例

	特 例
基準が緩和される	高引火点危険物[*1]のみを100℃未満の温度で取り扱う製造所等
基準が強化される	アルキルアルミニウム等[*2]、アセトアルデヒド等[*3]、ヒドロキシルアミン等[*4]を取り扱う製造所等

この他に、アルキルアルミニウム等とアセトアルデヒド等を取り扱う製造所等の貯蔵タンクでは、<u>不活性ガス</u>（⇨ p.348）を封入する装置が要求される。

用語解説

[*1] **高引火点危険物**：引火点が100℃以上の第4類危険物のこと。
[*2] **アルキルアルミニウム等**：第3類危険物のアルキルアルミニウムもしくはアルキルリチウム、またはこれらを含有するもののこと。
[*3] **アセトアルデヒド等**：第4類危険物の特殊引火物のアセトアルデヒドもしくは酸化プロピレン、またはこれらを含有するもののこと。
[*4] **ヒドロキシルアミン等**：第5類危険物のヒドロキシルアミンもしくはヒドロキシルアミン塩類、またはこれらを含有するもののこと。

3-3 屋内貯蔵所の基準

屋内の場所で危険物を貯蔵し、または取り扱う施設を**屋内貯蔵所**という。

● 位置の基準

屋内貯蔵所には、保安距離（⇒ p.65の図）と保有空地が必要である。
屋内貯蔵所の保有空地は、次の表のように、指定数量の倍数と建築物の壁・柱・床が耐火構造であるかどうかによって定められている。

■屋内貯蔵所の保有空地

区分		空地の幅		規制緩和
		壁・柱・床が耐火構造の場合	壁・柱・床が耐火構造以外の場合	
指定数量の倍数	5 以下	0m	0.5m 以上	2つ以上の屋内貯蔵所を隣接して設置する場合は、空地の幅を減ずることができる。
	5 を超え 10 以下	1m 以上	1.5m 以上	
	10 を超え 20 以下	2m 以上	3m 以上	
	20 を超え 50 以下	3m 以上	5m 以上	
	50 を超え 200 以下	5m 以上	10m 以上	
	200 を超える	10m 以上	15m 以上	

● 構造の基準

屋内貯蔵所の貯蔵倉庫（危険物を貯蔵し、または取り扱う建築物のこと）の構造の基準は、次の通り。

- 貯蔵倉庫は、一定の場合を除き、**独立した専用**の建築物とする。
- 貯蔵倉庫は、軒高（地盤面から軒までの高さ）が **6m** 未満の平家建とし、床は

- 地盤面以上とする。
- 第2類危険物または第4類危険物のみの貯蔵倉庫のうち、必要な措置を講じているものは軒高を 20 m 未満とすることができる。
- 貯蔵倉庫の床面積は、1,000 m² 以下とする。
- 貯蔵倉庫の壁、柱、床は、耐火構造とし、はりは不燃材料で造る。
- 延焼のおそれのある外壁は、出入口以外の開口部を有しない壁とする。
- 指定数量の10倍以下の危険物の貯蔵倉庫、または第2類危険物もしくは第4類危険物（引火性固体および引火点が70℃未満の第4類危険物を除く）のみの貯蔵倉庫は、延焼のおそれのない外壁、柱、床を不燃材料で造ることができる。
- 貯蔵倉庫の屋根は不燃材料で造り、金属板その他の軽量な不燃材料でふき、かつ、天井を設けない。
- 窓や出入口には、防火設備を設ける。延焼のおそれのある外壁に設ける出入口には、随時開けることができる自動閉鎖の特定防火設備を設ける。
- 貯蔵倉庫の窓・出入口にガラスを用いる場合は、網入ガラスとする。
- 次の危険物の貯蔵倉庫の床は、床面に水が浸入したり、浸透したりしない構造とする。
  - 第1類危険物のうちアルカリ金属の過酸化物またはこれを含有するもの
  - 第2類危険物のうち鉄粉、金属粉、マグネシウムまたはこれらのいずれかを含有するもの
  - 第3類危険物のうち禁水性物品
  - 第4類危険物
- 液状の危険物の貯蔵倉庫の床は、危険物が浸透しない構造とし、適当な傾斜をつけて貯留設備を設ける。

この他、屋内貯蔵所には、①平家建以外の独立した専用屋内貯蔵所、②建築物の一部に設置する屋内貯蔵所があり、それぞれ基準が設けられている。

● 設備の基準

屋内貯蔵所の貯蔵倉庫の設備の基準は、次の通り。

- 貯蔵倉庫に設ける架台は、不燃材料で造り、堅固な基礎に固定する。

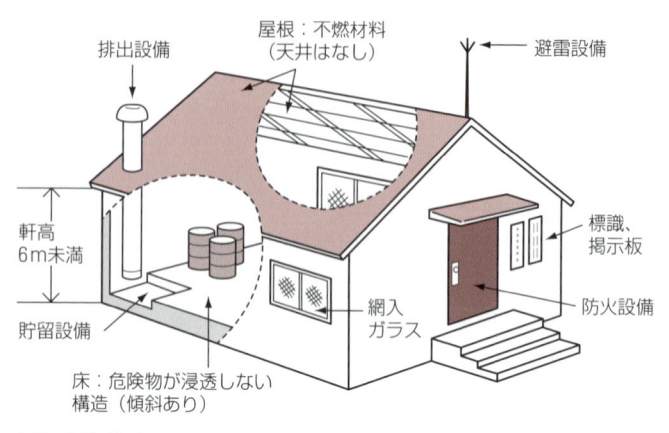

■屋内貯蔵所(平屋建)の構造・設備

- 貯蔵倉庫に設ける架台は、危険物の重量や地震などの荷重によって生じる応力に対して安全なものとする。
- 貯蔵倉庫に設ける架台には、危険物を収納した容器が容易に落下しないよう措置を講ずる。
- 貯蔵倉庫には、必要な採光、照明、換気の設備を設ける。
- 引火点が70℃未満の危険物の貯蔵倉庫には、内部に滞留した可燃性蒸気を<u>屋根上</u>に排出する設備を設ける。
- 第5類危険物のうち温度の上昇により分解し、発火するおそれのあるものの貯蔵倉庫は、貯蔵倉庫内の温度を危険物が発火しない温度に保つ構造とするか、通風装置、冷房装置等の設備を設ける。
- 電気設備、避雷設備は、製造所の基準と同様（⇨ p.68）。

攻略

- 貯蔵倉庫は独立した専用の建物とし、軒高は6m未満、床面積は1,000m²以下とする。
- 貯蔵倉庫の床は、地盤面以上とする。
- 貯蔵倉庫の屋根は不燃材料で造り、かつ天井を設けない。
- 貯蔵倉庫に設ける架台は、不燃材料で造る。
- 引火点が70℃未満の危険物の貯蔵倉庫には、滞留した可燃性蒸気を屋根上に排出する設備を設ける。

§3 製造所等の基準

3-4 屋外タンク貯蔵所の基準

屋外にあるタンクで危険物を貯蔵し、または取り扱う施設を**屋外タンク貯蔵所**という。また、容量が1,000kℓ以上の液体危険物を貯蔵し、または取り扱うものを**特定屋外タンク貯蔵所**、500kℓ以上1,000kℓ未満の液体危険物を貯蔵し、または取り扱うものを**準特定屋外タンク貯蔵所**という。

● 位置の基準

屋外タンク貯蔵所には、保安距離（⇨ p.65の図）と保有空地が必要である。
屋外タンク貯蔵所の保有空地は、次の表のように、指定数量の倍数によって定められている。

■屋外タンク貯蔵所の保有空地

区分		空地の幅	規制緩和
指定数量の倍数	500以下	3m以上	・引火点が70℃以上の第4類危険物を貯蔵し、または取り扱う場合は、空地の幅を減ずることができる。 ・2つ以上の屋外タンク貯蔵所を隣接して設置する場合は、空地の幅を減ずることができる。
	500を超え1,000以下	5m以上	
	1,000を超え2,000以下	9m以上	
	2,000を超え3,000以下	12m以上	
	3,000を超え4,000以下	15m以上	
	4,000を超える	タンクの直径または高さのうち、どちらか大きいものに等しい距離以上。ただし、15m未満とすることはできない。	

引火点を有する危険物を貯蔵し、または取り扱う屋外タンク貯蔵所には、火災

による隣接地域への延焼を防止するため、敷地内距離の確保が義務づけられている。

敷地内距離とは、タンクの側板から敷地境界線までの距離をいい、次の表のように、対象区分と引火点によって定められている。

■屋外タンク貯蔵所の敷地内距離

対象区分	敷地内距離		
	引火点21℃未満	引火点21℃以上70℃未満	引火点70℃以上
石油コンビナート等災害防止法に規定する第1種事業所または第2種事業所に設置された屋外貯蔵タンクで、容量が1,000kℓ以上のもの	●タンクの直径(横型タンクではタンクの横の長さ)×1.8 ●タンクの高さ ●50m 上の3つのうち最大の数値以上	●タンクの直径(横型タンクではタンクの横の長さ)×1.6 ●タンクの高さ ●40m 上の3つのうち最大の数値以上	●タンクの直径(横型タンクではタンクの横の長さ)×1.0 ●タンクの高さ ●30m 上の3つのうち最大の数値以上
上記以外の屋外貯蔵タンク	●タンクの直径(横型タンクではタンクの横の長さ)×1.8 ●タンクの高さ 上の2つのうち大きい数値以上	●タンクの直径(横型タンクではタンクの横の長さ)×1.6 ●タンクの高さ 上の2つのうち大きい数値以上	●タンクの直径(横型タンクではタンクの横の長さ)×1.0 ●タンクの高さ 上の2つのうち大きい数値以上

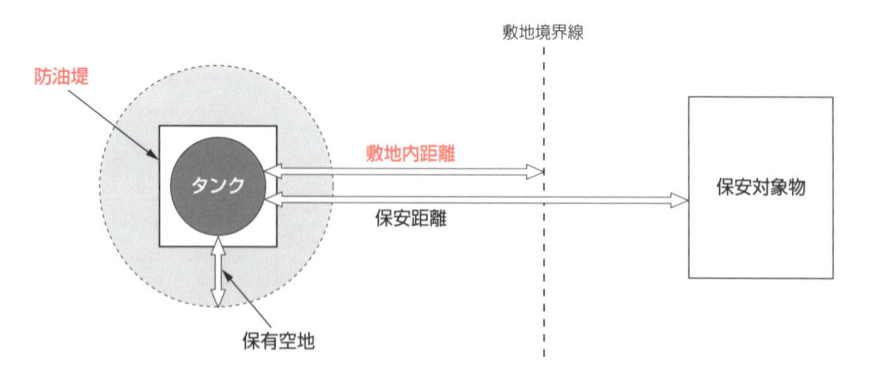

■屋外タンク貯蔵所の位置の基準

構造の基準

屋外タンク貯蔵所で危険物を貯蔵し、または取り扱うタンクを「屋外貯蔵タンク」といい、その構造の基準は、次の通り。

- 屋外貯蔵タンクは、厚さ <u>3.2mm</u> 以上の鋼板で気密に造る。ただし、特定屋外貯蔵タンク、準特定屋外貯蔵タンク、固体の危険物の屋外貯蔵タンクを除く。
- 圧力タンクの場合は最大常用圧力の <u>1.5</u> 倍の圧力で <u>10</u> 分間行う<u>水圧試験</u>において、それ以外のタンクの場合は<u>水張試験</u>において、漏れ、変形がないものとする。ただし、固体の危険物の屋外貯蔵タンクを除く。
- 屋外貯蔵タンクは、地震、風圧に耐える構造とし、その支柱は鉄筋コンクリート造り、鉄骨コンクリート造りその他これらと同等以上の耐火性能を有するものとする。
- 屋外貯蔵タンクは、危険物爆発などによって、タンク内の圧力が異常に上昇した場合、内部のガスまたは蒸気を上部に放出できる構造とする。
- 屋外貯蔵タンクの外面には、<u>さび止め</u>の塗装をし、底板を地盤面に接して設ける場合は、底板の外面の腐食を防止する措置を講ずる。

設備の基準

屋外タンク貯蔵所の設備の基準は、次の通り。

- 屋外貯蔵タンクのうち、圧力タンクには安全装置（⇨ p.68）を設ける。第4類危険物の屋外貯蔵タンクのうち、圧力タンク以外のタンクには<u>無弁通気管</u>または<u>大気弁付通気管</u>を設ける。
  - ▶ 無弁通気管の基準
  - ・直径は、<u>30mm</u> 以上とする。
  - ・先端は、水平より下に45度以上曲げ、雨水の浸入を防ぐ構造とする。
  - ・細目の銅網等による引火防止装置を設ける。ただし、高引火点危険物のみを100℃未満の温度で貯蔵

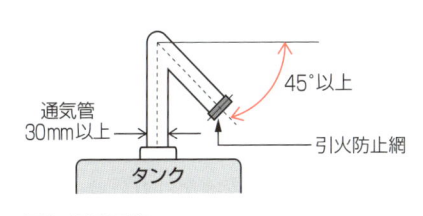

■無弁通気管

し、または取り扱うタンクに設ける通気管にあっては、この限りでない。
- 液体の危険物の屋外貯蔵タンクには、危険物の量を自動的に表示する装置を設ける。
- 液体の危険物の屋外貯蔵タンクの注入口は、火災予防上支障のない場所に設ける他、次のような基準がある。
  - 注入口は、注入ホースまたは注入管と結合することができ、危険物が漏れないものとする。注入口には、弁またはふたを設ける。
  - ガソリン、ベンゼンなど静電気による災害が発生するおそれのある液体の危険物の屋外貯蔵タンクの注入口付近には、静電気を有効に除去する接地電極を設ける。
- 屋外貯蔵タンクのポンプ設備の周囲には、原則として3m以上の空地を確保する。
- 引火点が21℃未満の危険物の屋外貯蔵タンクの注入口とポンプ設備には、見やすい箇所に掲示板を設ける（⇨p.110）。
- 屋外貯蔵タンクの弁は、鋳鋼またはこれと同等以上の材料で造り、危険物が漏れないものとする。
- 屋外貯蔵タンクの水抜管は、原則としてタンクの側板に設ける。
- 固体の禁水性物品の屋外貯蔵タンクには、防水性の不燃材料の被覆設備を設ける。
- 二硫化炭素の屋外貯蔵タンクは、厚さ0.2m以上の壁および底を有する水漏れのない鉄筋コンクリートの水槽に水没させる。
- 配管の基準は、原則として製造所の基準と同様（⇨p.68～69）であるが、液体の危険物を移送するための屋外貯蔵タンクの配管は、地震などによりタンクと配管との結合部分に損傷を与えないように設置し、タンクの容量が10,000kℓ以上の場合は結合部分の直近に非常時にただちに閉鎖できる弁を設ける。
- 電気設備、避雷設備は、製造所の基準と同様（⇨p.68）。

防油堤の基準

　二硫化炭素を除く液体の危険物を貯蔵し、または取り扱う屋外貯蔵タンクの周囲には防油堤を設けなければならない（⇨p.74の図）。防油堤は液体の危険物が漏れたときの流出防止用に設けられるもので、防油堤に関する基準は、次の通り。

- 防油堤の容量は、屋外貯蔵タンクの容量の <u>110%</u> 以上とする。2つ以上の貯蔵タンクがある場合は、<u>最大</u>の貯蔵タンクの容量の110%以上とする。

> **例▶** 同一の防油堤内に、重油500kℓ、軽油600kℓ、灯油300kℓの3つの屋外貯蔵タンクを設置する場合、この防油堤の必要最小限の容量はいくつになるか計算してみよう。
> 　　重油、軽油、灯油のうち、最も容量の大きなタンクは、軽油の600kℓ。
> 　　防油堤の必要最小限の容量＝ 600kℓ × 110％ ＝ **660kℓ**

- 防油堤の高さは、<u>0.5m</u> 以上とし、面積は、<u>80,000m²</u> 以下とする。
- 防油堤内に設置するタンクの数は、<u>10</u> 以下とする。
- 防油堤は、周囲が構内道路に接するように設ける。
- 防油堤は、<u>鉄筋コンクリート</u>または<u>土</u>で造り、その中に収納された危険物が防油堤の外に流出しない構造とする。
- 防油堤には、防油堤内に溜まった水を外部に排水するための<u>水抜口</u>を設け、水抜口を開閉する<u>弁</u>などを防油堤の<u>外部</u>に設ける。水抜口は通常、<u>閉じて</u>おく。
- 高さが <u>1m</u> を超える防油堤には、おおむね <u>30m</u> ごとに防油堤内に出入りする階段を設置するか、土砂の盛上げなどを行う。

防油堤の容量やタンク数には、危険物の引火点による次のような特例がある。

- **容量**：引火点を有しない危険物の場合は、貯蔵タンクの100％に緩和。
- **タンク数**：すべてのタンクの容量が200kℓ以下で、引火点が70℃以上200℃未満の危険物の場合は20まで、引火点が200℃以上の危険物の場合は無制限。

攻略
- 屋外タンク貯蔵所には、保安距離、保有空地が必要。
- 屋外タンク貯蔵所にだけ義務づけられた敷地内距離がある。
- 防油堤の容量は、タンク容量の110％。
- 防油堤の高さは、0.5m以上。
- 防油堤内のタンクの数は、10以下。

3-4 屋外タンク貯蔵所の基準

3-5 屋内タンク貯蔵所の基準

屋内にあるタンクで危険物を貯蔵し、または取り扱う施設を**屋内タンク貯蔵所**という。

● 位置・構造の基準

屋内タンク貯蔵所では、保安距離、保有空地とも必要としない。

屋内タンク貯蔵所で危険物を貯蔵し、または取り扱うタンクを「屋内貯蔵タンク」といい、屋内貯蔵タンクとそれを設置するタンク専用室に、それぞれ基準が設けられている。

1) 屋内貯蔵タンクの基準

屋内貯蔵タンクの構造の基準は、次の通り。

- 屋内貯蔵タンクは、原則として**平家建**の建築物に設けられた**タンク専用室**に設置する。
- 屋内貯蔵タンクとタンク専用室の壁との間隔や、同一のタンク専用室に2つ以上のタンクを設置する場合のタンク相互の間隔は、**0.5m** 以上とする。
- 屋内貯蔵タンクの容量は、指定数量の **40倍** 以下とする。ただし、第4石油類および動植物油類以外の第4類危険物の場合は、**20,000ℓ** 以下とする（同一のタンク専用室に2つ以上のタンクがある場合は、それぞれのタンク容量を合計した量に対して同様に規制される）。
- 屋内貯蔵タンクの外面には、さび止めの塗装をする。
- その他の屋内貯蔵タンクの構造の基準は、屋外貯蔵タンクと同様（⇨ p.75）。

2) タンク専用室の基準

タンク専用室の構造の基準は、次の通り。

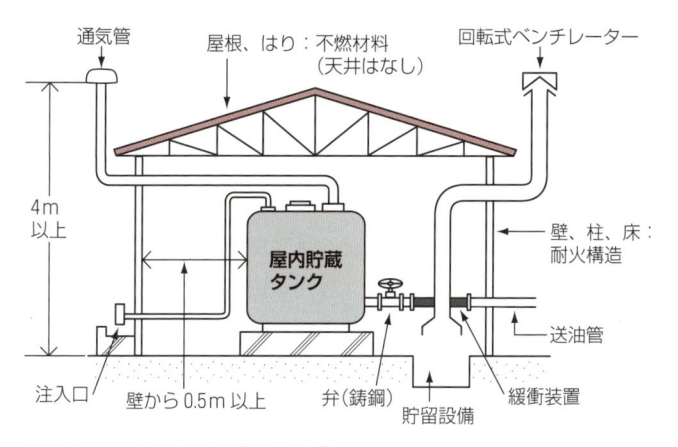

■屋内タンク貯蔵所の構造・設備

図中ラベル：
- 通気管
- 屋根、はり：不燃材料（天井はなし）
- 回転式ベンチレーター
- 4m以上
- 屋内貯蔵タンク
- 壁、柱、床：耐火構造
- 送油管
- 注入口
- 壁から0.5m以上
- 弁（鋳鋼）
- 貯留設備
- 緩衝装置

- 原則として、タンク専用室の壁、柱、床は<u>耐火構造</u>とし、はりは<u>不燃材料</u>で造る。ただし、引火点が70℃以上の第4類危険物のみの屋内貯蔵タンクを設置する場合は、延焼のおそれのない外壁、柱、床を不燃材料で造ることができる。
- 延焼のおそれのある外壁は、出入口以外の開口部を有しないこと。
- タンク専用室の屋根は不燃材料で造り、<u>天井</u>を設けない。
- タンク専用室の窓や出入口には防火設備を設ける。延焼のおそれのある外壁に設ける出入口には、随時開けることができる自動閉鎖の特定防火設備を設ける。
- タンク専用室の窓・出入口にガラスを用いる場合は、<u>網入ガラス</u>（あみいり）とする。
- <u>液状の危険物</u>の屋内貯蔵タンクを設置するタンク専用室の床は、危険物が浸透しない構造とし、適当な<u>傾斜</u>をつけて<u>貯留設備</u>を設ける。
- タンク専用室の出入口のしきいの高さは、<u>0.2m</u>以上とする。

🔴 設備の基準

屋内貯蔵タンクとタンク専用室の設備の基準は、次の通り。

- 屋内貯蔵タンクのうち、圧力タンクには<u>安全装置</u>（⇨ p.68）を設ける。第4類危険物の屋内貯蔵タンクのうち、圧力タンク以外のタンクには<u>無弁通気管</u>（むべんつうきかん）を設ける。

▶無弁通気管の基準
- 無弁通気管の先端は、屋外にあって地上**4m**以上の高さとし、建築物の窓・出入口等の開口部から**1m**以上離す。
- 引火点が40℃未満の危険物のタンクに設ける通気管は、先端を敷地境界線から**1.5m**以上離す。
- 高引火点危険物のみを100℃未満の温度で貯蔵し、または取り扱うタンクに設ける通気管の先端は、タンク専用室内とすることができる。
- 滞油するおそれがある屈曲をさせない。
- その他は、p.75を参照。

- **液体の危険物**の屋内貯蔵タンクには、危険物の量を**自動的に表示**する装置を設ける。
- タンク専用室の採光、照明、換気、および排出設備は、屋内貯蔵所の基準と同様（⇨p.72）。
- 屋内貯蔵タンクのポンプ設備は、タンク専用室のある建築物以外の場所に設ける場合は、屋外貯蔵タンクのポンプ設備の基準と同様（⇨p.76）とし、タンク専用室のある建築物に設ける場合は、規則に定めるところによる。
- 配管は、製造所の基準と同様（⇨p.68～69）とする他、屋外貯蔵タンクの基準と同様（⇨p.76）。
- 液体の危険物の屋内貯蔵タンクの注入口は、屋外貯蔵タンクの基準と同様（⇨p.76）。
- 電気設備は、製造所の基準と同様（⇨p.68）。

その他の基準・基準の特例

タンク専用室を**平家建**以外の建築物に設ける場合は、引火点が**40℃**以上の第4類危険物しか貯蔵・取扱いができず、別途基準が定められている。

攻略
- 屋内貯蔵タンクは、平家建の建築物の中のタンク専用室に設置する。
- タンクと専用室の壁との間隔や、同一のタンク専用室内の2つ以上のタンク相互の間隔は、0.5m以上とする。
- 屋内貯蔵タンクの容量は、指定数量の40倍以下、または、第4石油類、動植物油類以外の第4類危険物の場合は、20,000ℓ以下。

3-6 地下タンク貯蔵所の基準

　地盤面下に埋没されたタンクで危険物を貯蔵し、または取り扱う施設を<u>地下タンク貯蔵所</u>という。
　複数のタンクが、①同一のタンク室内に設置されているもの、②同一のふたで覆われているもの、③同一の基礎の上に設置されているもの、は1つの地下タンク貯蔵所と見なされる。

● 地下タンク貯蔵所の設置方法

　地下タンク貯蔵所で危険物を貯蔵し、または取り扱う地下タンクを「地下貯蔵タンク」といい、その設置方法は、次の表のようにタンクの構造によって3つに規定されている。

■地下貯蔵タンクの設置方法

構　造	設置方法
二重殻タンク*以外のタンク	地盤面下のタンク室に設置する
二重殻タンク	
二重殻タンク	直接地盤面下に設置する
腐食防止、漏れ防止構造	コンクリートで被覆して地盤面下に設置する

＊二重殻タンクには、鋼製、鋼製強化プラスチック製、強化プラスチック製の3種類がある。

● 位置・構造・設置の基準

　地下タンク貯蔵所には、保安距離、保有空地とも必要としない。
　地下貯蔵タンクの構造や設置の基準は、上記の3つの設置方法ごとに定められている。

1）地盤面下のタンク室に設置する場合

二重殻タンク以外のタンクと二重殻タンクに共通する基準は、次の通り。

- 地下貯蔵タンクは、地盤面下に設けられたタンク室に設置する。
- 地下貯蔵タンクとタンク室の内側との間隔は <u>0.1m</u> 以上とし、タンクの周囲に乾燥砂（かんそうすな）を詰める。
- 地下貯蔵タンクの頂部は、<u>0.6m</u> 以上地盤面から下になるようにする。
- 地下貯蔵タンクを2つ以上隣接して設置する場合は、その相互間に <u>1m</u> 以上の間隔を保つ。ただし、2つ以上の地下貯蔵タンクの容量の総和が指定数量の100倍以下の場合は0.5mでよい。
- 地下貯蔵タンクは、厚さ <u>3.2mm</u> 以上の鋼板（こうばん）またはこれと同等以上の性質を有する材料で気密に造る。
- 圧力タンクの場合は最大常用圧力の1.5倍の圧力で、圧力タンク以外のタンクの場合は70kPaの圧力で、それぞれ10分間行う水圧試験において、漏れ、変形がないものとする。
- 地下貯蔵タンクの外面は、腐食を防止するための保護をする。
- タンク室は、タンク室自体の重量、地下貯蔵タンクや貯蔵する危険物の重量、土圧、地震の影響等の荷重による応力や変形に対して安全な構造とする。
- タンク室は、水密コンクリートまたはこれと同等以上の水密性* を有する材

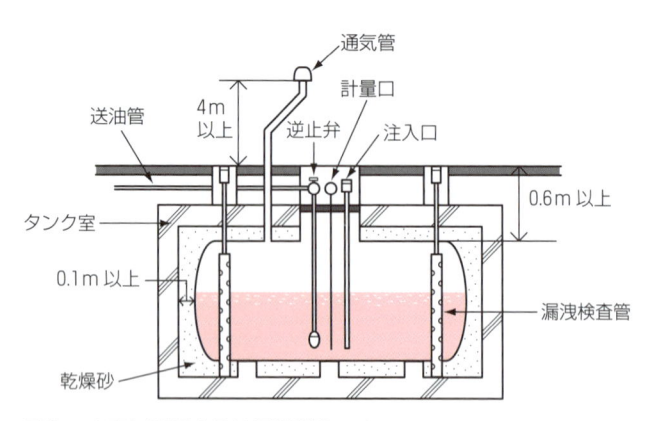

■タンク室に設置する地下貯蔵タンク

用語解説

* **水密性**：コンクリート内部への水の浸入または透過に対する抵抗性のこと。

料で造り、防水措置を講ずる。

2）直接地盤面下に設置する場合

<u>第4類危険物</u>を二重殻タンクに貯蔵し、次の基準に適合している場合に限り、直接地盤面下に設置できる。

- 二重殻タンクが、その水平投影の縦および横よりそれぞれ <u>0.6m</u> 以上大きく、かつ、厚さ <u>0.3m</u> 以上の鉄筋コンクリート造りのふたで覆われている。
- ふたにかかる重量が直接二重殻タンクにかからない構造である。
- 二重殻タンクは堅固な基礎の上に固定されている。
- タンク頂部の地盤面からの距離、地下貯蔵タンクの材質や厚さ、強度は、「地盤面下のタンク室に設置する場合」と同様である。

3）コンクリートで被覆して地盤面下に設置する場合

地下貯蔵タンクをコンクリートで被覆して危険物の漏れの防止措置を施し、次の基準に適合している場合は、直接地盤面下に設置できる。

- 上方 0.15m 以上、側方・下方 0.3m 以上の厚さのコンクリートで被覆し、適当な防水措置を講じている。
- その他、「直接地盤面下に設置する場合」の基準、および、タンク頂部の地盤面からの距離、地下貯蔵タンクの材質や厚さ、強度は、「地盤面下のタンク室に設置する場合」と同様である。

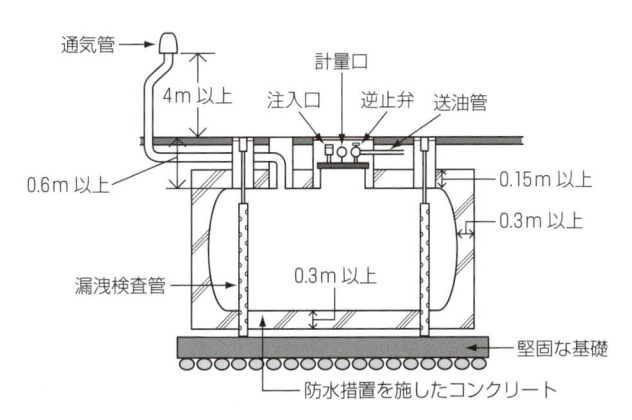

■コンクリートで被覆して埋設する地下貯蔵タンク

● 設備の基準

地下貯蔵タンクの設備の共通する基準は、次の通り。

- 地下貯蔵タンクのうち、圧力タンクには、安全装置（⇨ p.68）を設ける。
- 第4類危険物の地下貯蔵タンクのうち、圧力タンク以外のタンクには、<u>無弁通気管</u>（⇨ p.75）または<u>大気弁付通気管</u>を設ける。
  - ▶通気管の基準
  - ・通気管は、地下貯蔵タンクの頂部に取り付ける。
  - ・通気管のうち地下埋設部分は、その上部の地盤面にかかる重量が直接通気管にかからないように保護し、通気管の接合部分は損傷の有無を点検できる措置を講ずる。
  - ・可燃性の蒸気を回収するための弁を通気管に設ける場合、その弁は地下貯蔵タンクに危険物を注入する場合を除き常時開放している構造であるとともに、閉鎖した場合には 10 kPa 以下の圧力で開放する構造のものとする。
- <u>液体の危険物</u>の地下貯蔵タンクには、危険物の量を<u>自動的に表示</u>する装置を設ける。
- <u>液体の危険物</u>の地下貯蔵タンクの<u>注入口</u>は、<u>屋外</u>に設ける。注入口の基準は屋外貯蔵タンクの基準と同様（⇨ p.76）。
- ポンプ設備は、ポンプおよび電動機を地下貯蔵タンク外に設ける場合は、屋外貯蔵タンクのポンプ設備の基準と同様（⇨ p.76）とし、ポンプまたは電動機を地下貯蔵タンク内に設ける油中ポンプ設備の場合は、別途基準が定められている。
- 配管は、タンクの頂部に取り付ける。その他は製造所の基準と同様（⇨ p.68～69）。
- 電気設備は、製造所の基準と同様（⇨ p.68）。
- 二重殻タンクを除く地下貯蔵タンクまたはその周囲には、液体の危険物の<u>漏れ</u>を検知する設備（原則として<u>漏洩検査管</u>を4カ所以上）を設ける。

攻略

- 地下貯蔵タンクの頂部は、0.6 m 以上地盤面から下にする。
- 液体の危険物の地下貯蔵タンクには、危険物の量を自動的に示す装置を設ける。
- 液体の危険物の地下貯蔵タンクの注入口は、屋外に設ける。

§3 製造所等の基準

3-7 簡易タンク貯蔵所の基準

簡易タンクで危険物を貯蔵し、または取り扱う施設を**簡易タンク貯蔵所**という。

● 位置の基準

簡易タンク貯蔵所には、保安距離は必要としないが、屋外に設置する場合は保有空地が必要である。

簡易タンク貯蔵所は、原則として<u>屋外</u>に設置し、タンクの周囲に<u>1m</u>以上の幅の空地を確保する。

ただし、一定の基準を満たす場合は、タンク専用室に設置できる。この場合、タンクとタンク専用室の壁の間隔は、<u>0.5m</u>以上を確保する。

● 構造の基準

簡易タンク貯蔵所で危険物を貯蔵し、または取り扱う簡易タンクを「簡易貯蔵タンク」といい、簡易タンク貯蔵所と簡易貯蔵タンクの構造の基準は、次の通り。

- 1つの簡易タンク貯蔵所には、簡易貯蔵タンクを<u>3基</u>まで設置できるが、同一品質の危険物の簡易タンクは<u>2基</u>以上設置できない。
- 簡易貯蔵タンクは、容易に移動しないように地盤面、架台等に固定する。
- 簡易貯蔵タンク1基の容量は<u>600ℓ</u>以下とする。
- 簡易貯蔵タンクは、厚さ<u>3.2mm</u>以上の鋼板で気密に造り、70kPaの圧力で10分間行う水圧試験において漏れや変形がないものとする。
- 簡易貯蔵タンクの外面には、さび止めの塗装をする。

アドバイス 同一品質の危険物の簡易タンクは「2基以上」設置できないとは、つまり、「1基しか」設置できないという意味。このような表現にまどわされないように注意する。

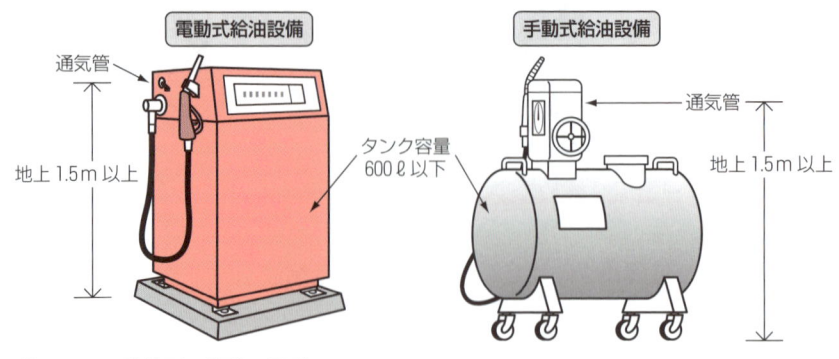

■簡易タンク貯蔵所の構造・設備

● 設備の基準

簡易貯蔵タンクの設備の基準は、次の通り。

- 簡易貯蔵タンクには、**通気管**を設ける。ただし、第4類危険物の簡易貯蔵タンクのうち、圧力タンク以外のタンクに設ける通気管は**無弁通気管**とする。
  ▶無弁通気管の基準
  ・直径 25 mm 以上とし、先端の高さは屋外にあって地上 1.5 m 以上とする。
  ・その他は、p.75 を参照。
- 簡易貯蔵タンクに給油または注油のための設備を設ける場合は、その設備の基準や、ホースの長さ、ホース先端の装置の基準を給油取扱所の固定給油設備または固定注油設備の基準と同様とする（⇨ p.95〜96）。
- 簡易貯蔵タンクを**タンク専用室**に設ける場合は、その構造や、採光・照明・換気・排出の設備の基準を屋内タンク貯蔵所のタンク専用室の基準と同様とする（⇨ p.78〜80）。

攻略

- 簡易タンク貯蔵所を屋外に設置する場合は、タンクの周囲に 1 m 以上の空地を確保する。
- タンク専用室に設置する場合は、タンクと専用室の壁の間隔を 0.5 m 以上とする。
- 簡易タンク貯蔵所には、タンクを 3 基まで設置できる。
- 同一品質の危険物のタンクは、2 基以上設置できない。
- タンク 1 基の容量は 600 ℓ 以下とする。

§3 製造所等の基準

3-8 移動タンク貯蔵所の基準

移動タンク貯蔵所は、いわゆるタンクローリーのことで、貯蔵形態や設備などにより、①積載式以外の移動タンク貯蔵所、②積載式移動タンク貯蔵所、③給油タンク車の3つに区分されている（⇨ p.89 の図）。

積載式以外の移動タンク貯蔵所とは、一般に<u>車両に固定された</u>タンクで危険物を貯蔵し、または取り扱う施設のことをいう。

積載式移動タンク貯蔵所とは、移動貯蔵タンクを<u>車両等に積み替える</u>構造を有するもののことをいい、給油タンク車とは、航空機や船舶の燃料タンクに<u>直接給油</u>する給油設備を備えたもののことをいう。

以下に解説する基準は、積載式以外の移動タンク貯蔵所に定められたものである。

● 位置の基準

移動タンク貯蔵所には、保安距離、保有空地とも必要とされないが、<u>常置場所</u>に関して、次のような規定がある。

- 屋外の防火上安全な場所に常置する。
- 屋内に常置する場合は、壁、床、はり、屋根を<u>耐火構造</u>または<u>不燃材料</u>で造った建築物の<u>1階</u>に常置する。

アドバイス 常置場所を変更する場合は、変更の許可申請をする（⇨ p.36）。

● 構造の基準

危険物を貯蔵し、または取り扱う車両に固定されたタンクを「移動貯蔵タンク」といい、移動貯蔵タンクの構造の基準は、次の通り。

- 移動貯蔵タンクは、厚さ <u>3.2mm</u> 以上の<u>鋼板</u>またはこれと同等以上の性質を有する材料で気密に造る。
- 圧力タンクの場合は最大常用圧力の1.5倍の圧力で、圧力タンク以外のタンクの場合は70kPaの圧力で、それぞれ10分間行う水圧試験において、漏れ、変形がないものとする。
- 移動貯蔵タンクの容量は <u>30,000ℓ</u> 以下とし、その内部に <u>4,000ℓ</u> 以下ごとに区切る<u>間仕切板</u>を設ける。
- 間仕切りで仕切られた部分の容量が <u>2,000ℓ</u> 以上のタンク室には<u>防波板</u>を設置する。
- 移動貯蔵タンクの附属装置(マンホール、注入口、安全装置など)が上部に突出している場合は、これらを保護するための<u>防護枠</u>、<u>側面枠</u>を設ける。
- 移動貯蔵タンクの外面には、<u>さび止め</u>の塗装をする。

● 設備の基準

移動貯蔵タンクの設備の基準は、次の通り。

- 移動貯蔵タンクの下部に排出口を設ける場合は、排出口に<u>底弁</u>を設ける。
- 排出口の底弁には、非常時にただちに底弁が閉鎖できるよう、原則として<u>手動閉鎖装置</u>と<u>自動閉鎖装置</u>を設ける。手動閉鎖装置にはレバーを設け、直近にその旨を表示する。
- 移動貯蔵タンクの配管は、先端部に弁等を設ける。
- 電気設備で、可燃性の蒸気が滞留するおそれのある場所に設けるものは、可燃性の蒸気に引火しない構造とする。
- ガソリン、ベンゼンなど<u>静電気</u>による災害が発生するおそれのある液体の危険物の移動貯蔵タンクには、<u>接地導線</u>を設ける。
- 液体の危険物の移動貯蔵タンクには、タンクの注入口と結合できる結合金具を備えた注入ホースを設ける。
- 移動貯蔵タンクには、①危険物の類、②品名、③最大数量を表示する設備を見やすい箇所に設け、移動タンク貯蔵所の標識を掲げる(⇨ p.108「標識の基準」)。

> **アドバイス** 移動タンク貯蔵所で危険物を移送する場合は、その危険物を取り扱う資格のある危険物取扱者が乗車し、免状を携帯する(⇨ p.134「運転者・同乗者の基準」)。

積載式以外の移動タンク貯蔵所

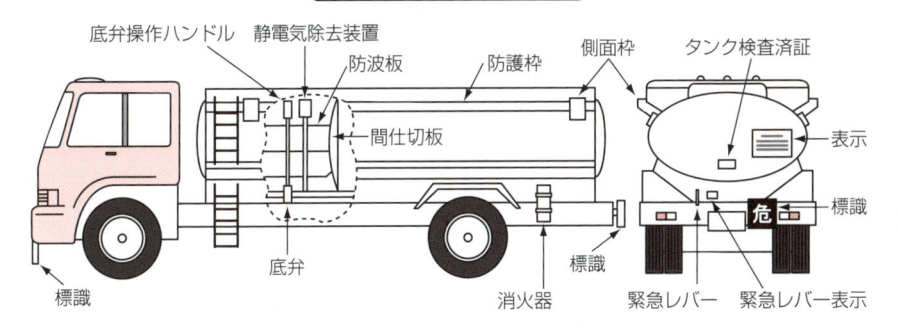

（図中ラベル：底弁操作ハンドル、静電気除去装置、防波板、防護枠、側面枠、タンク検査済証、間仕切板、表示、標識、底弁、消火器、標識、緊急レバー、緊急レバー表示）

積載式移動タンク貯蔵所

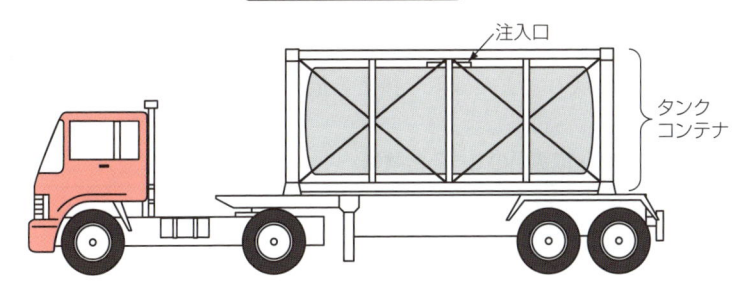

（図中ラベル：注入口、タンクコンテナ）

給油タンク車

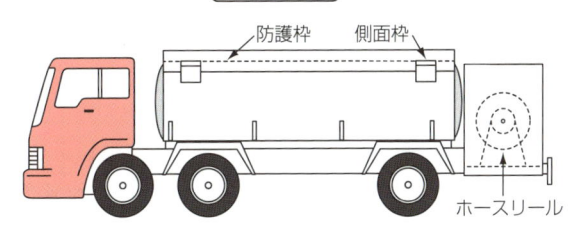

（図中ラベル：防護枠、側面枠、ホースリール）

■移動タンク貯蔵所の構造・設備

攻略

- 常置場所は、防火上安全な屋外か、耐火構造または不燃材料で造った建築物の1階とする。
- 移動貯蔵タンクの容量は、30,000ℓ以下とする。
- タンクには4,000ℓ以下ごとに区切る間仕切板を設ける。
- 排出口の底弁には、手動閉鎖装置と自動閉鎖装置を設ける。

第1章 危険物に関する法令

3-8 移動タンク貯蔵所の基準

§3 製造所等の基準

3-9 屋外貯蔵所の基準

屋外の場所で危険物を貯蔵し、または取り扱う施設を**屋外貯蔵所**(おくがいちょぞうしょ)という。屋外貯蔵所では、原則として危険物を容器に収納して貯蔵・取扱いを行うが、塊状(かいじょう)の硫黄等のみを貯蔵し、または取り扱う場合は別途基準が設けられている。

● 貯蔵・取扱いのできる危険物

屋外貯蔵所で貯蔵し、または取り扱える危険物は、次の表の通り。

■屋外貯蔵所で貯蔵・取扱いのできる危険物

第2類危険物	●硫黄または硫黄のみを含有するもの(「硫黄等」という) ●引火点が0℃以上の引火性固体
第4類危険物	●引火点が0℃以上の第1石油類 ●アルコール類、第2石油類、第3石油類、第4石油類、動植物油類

● 位置・構造の基準

屋外貯蔵所には、保安距離(⇨ p.65の図)と保有空地が必要である。

屋外貯蔵所のさく等の周囲に確保する保有空地は、指定数量の倍数によって次の表のように定められている。

■屋外貯蔵所の保有空地

区分		空地の幅	規制緩和
指定数量の倍数	10以下	3m以上	硫黄等のみを貯蔵し、または取り扱う場合は、それぞれの保有空地の1/3を確保できる空地まで減ずることができる。
	10を超え20以下	6m以上	
	20を超え50以下	10m以上	
	50を超え200以下	20m以上	
	200を超える	30m以上	

屋外貯蔵所の構造の基準は、次の通り。

- 屋外貯蔵所は、<u>湿潤</u>でなく、かつ<u>排水</u>のよい場所に設置する。
- 危険物の周囲には、<u>さく</u>等を設けて明確に区画する。

● 設備の基準

屋外貯蔵所に設けた架台で、容器に収納した危険物を貯蔵する場合は、架台に関する構造・設備の基準が、次の通り定められている。

- 架台は<u>不燃材料</u>で造り、堅固な地盤面に固定する。
- 架台の高さは、<u>6m</u>未満とする。
- 架台やその附属設備自体の重量、危険物の重量、風荷重、地震の影響等の荷重によって生ずる応力に対して安全なものとする。
- 危険物を収納した容器が容易に落下しないよう措置を講ずる。

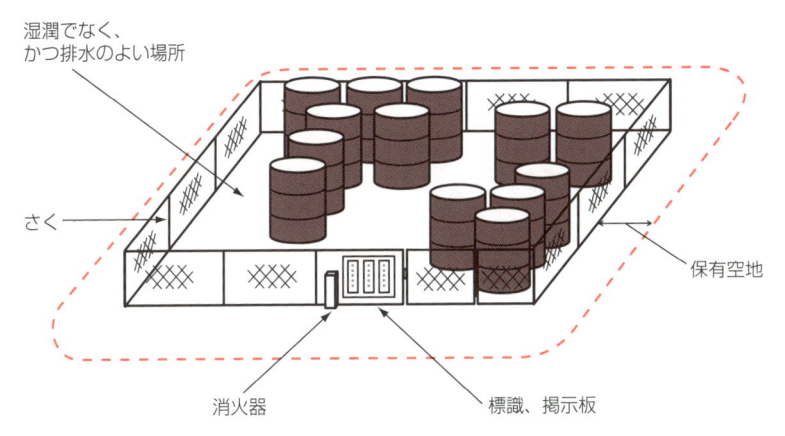

■屋外貯蔵所の構造・設備

攻略

- 屋外貯蔵所で貯蔵できる危険物は、第2類危険物の一部と第4類危険物の一部に限られる。
- 屋外貯蔵所は、湿潤でなく、かつ排水のよい場所に設置する。
- さく等を設けて明確に区画し、さく等の周囲には保有空地を確保する。
- 架台の高さは、6m未満とする。

塊状の硫黄等を貯蔵する屋外貯蔵所の基準

屋外貯蔵所のうち、塊状の硫黄等のみを地盤面に直接貯蔵し、または取り扱う場合は、上記の他に次のような基準が定められている。

- 1つの囲いの内部面積は、<u>100㎡</u>以下とする。
- 2つ以上の囲いを設ける場合は、それぞれの囲いの内部面積の合計が1,000㎡以下とし、隣接する囲いどうしの間隔は、基準とする保有空地の1/3以上の幅を確保する。
- 囲いの高さは<u>1.5m</u>以下とし、囲いは不燃材料で造り、硫黄等が漏れない構造とする。
- 囲いには、硫黄等のあふれや飛散を防止するシートを<u>固着する装置</u>を設ける(⇨p.122)。
- 硫黄等を貯蔵し、または取り扱う場所の周囲には、排水溝と分離槽を設ける。

基準の特例

次の危険物を貯蔵し、または取り扱う屋外貯蔵所には、基準を超える特例が定められている。

- 第2類危険物のうち、引火点が21℃未満の引火性固体を貯蔵し、または取り扱う屋外貯蔵所
- 第4類危険物のうち、第1石油類またはアルコール類を貯蔵し、または取り扱う屋外貯蔵所

攻略

- 塊状の硫黄等を貯蔵する場合、1つの囲いの内部面積は、100㎡以下。
- 塊状の硫黄等を貯蔵する場合、囲いの高さは1.5m以下。
- 塊状の硫黄等を貯蔵する場合、囲いには硫黄等のあふれや飛散を防止するシートを固着する装置を設ける。

§3 製造所等の基準

3-10 給油取扱所の基準

給油設備によって、自動車等の燃料タンクに直接給油するため危険物を取り扱う施設や、注油設備によって、灯油や軽油を容器に詰め替えたり、車両に固定された容量4,000ℓ以下のタンクに注入するため危険物を取り扱う施設を**給油取扱所**という。

● 給油取扱所の区分

給油取扱所は大きく、①屋内給油取扱所以外の給油取扱所、②屋内給油取扱所、③航空機などに給油する給油取扱所、④自家用の給油取扱所、⑤メタノール等およびエタノール等を取り扱う給油取扱所、⑥顧客に自ら給油等をさせる給油取扱所、の6つに区分されている。このうち、③と④には特例基準があり、⑤と⑥には基準を超える特例がある。

ここでは、試験の出題頻度に照らし合わせて、①屋内給油取扱所以外の給油取扱所、②屋内給油取扱所、⑥顧客に自ら給油等をさせる給油取扱所を取り上げる。

● 屋内給油取扱所以外の給油取扱所の基準

屋内給油取扱所以外の給油取扱所は、以下「給油取扱所」と略記する。

1) 位置の基準

給油取扱所には、保安距離、保有空地とも必要としない。

2) 構造の基準

給油取扱所の構造の基準は、次の通り。

- 給油取扱所の給油設備は、固定給油設備とする。
- 固定給油設備のホース機器の周囲には、自動車等に直接給油し、給油を受け

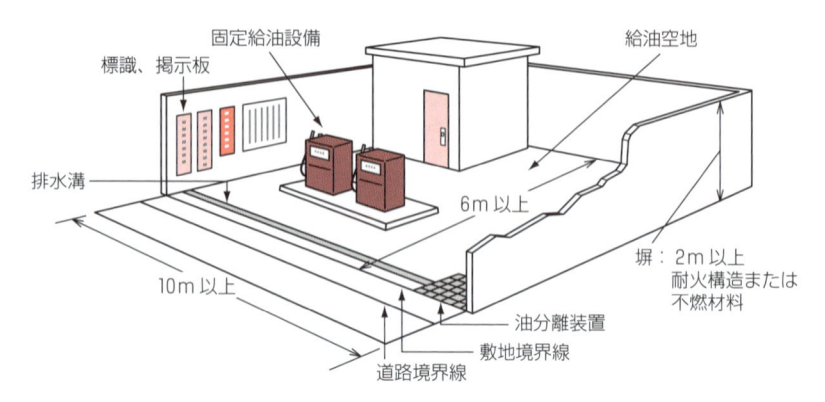

■給油取扱所の構造・設備

- る自動車等が出入りするための間口 <u>10m</u> 以上、奥行 <u>6m</u> 以上の<u>給油空地</u>を保有する。
- 固定注油設備のホース機器の周囲には、容器の詰替えなどのために必要な<u>注油空地</u>を、給油空地以外の場所に保有する。
- 給油空地、注油空地は、漏れた危険物が浸透しないよう舗装をする。
- 給油空地、注油空地には、漏れた危険物が空地以外に流出しないよう排水溝や油分離装置等を設ける。
- 給油取扱所の周囲には、自動車等の出入りする側を除き、火災による被害の拡大を防止するための高さ <u>2m</u> 以上の耐火構造または不燃材料で造った塀または壁を設ける。

<u>固定給油設備</u>とは、ポンプ機器とホース機器から構成される、自動車等に直接給油するための固定された給油設備をいい、<u>固定注油設備</u>とは、ポンプ機器とホース機器から構成される、灯油や軽油を容器に詰め替え、または車両に固定された容量 4,000ℓ 以下のタンクに注入するための固定された注油設備をいう。

3) 設備の基準

給油取扱所の設備の基準は、次の通り。

- 給油取扱所には、固定給油設備・固定注油設備と、これらに接続する<u>専用タンク</u>、容量 10,000ℓ 以下の<u>廃油タンク</u>を地盤面下に設けることができる。
（専用タンクと廃油タンクの基準は、地下タンク貯蔵所の基準と同様。）

- 給油取扱所には、防火地域および準防火地域以外の地域に限り、地盤面上に固定給油設備に接続する容量600ℓ以下の**簡易タンク**を、同一品質の危険物ごとに1個ずつ3個まで設けることができる。（簡易タンクの基準は、簡易タンク貯蔵所の基準と同様。）
- 給油取扱所には、一般的な製造所等の標識、掲示板の他に「**給油中エンジン停止**」の掲示板を表示する（⇨ p.109「掲示板の基準」）。
- 固定給油設備・固定注油設備に危険物を注入するための配管は、接続する専用タンクまたは簡易タンクからの配管のみとする。
- ポンプ室その他危険物を取り扱う室（「ポンプ室等」という）を設ける場合、床は、危険物が浸透しない構造とし、漏れた危険物や可燃性蒸気が滞留しないよう、適当な傾斜をつけて貯留設備を設ける。
- ポンプ室等には、必要な採光、照明、換気の設備を設ける。
- 可燃性の蒸気が滞留するおそれのあるポンプ室等には、蒸気を屋外に排出する設備を設ける。
- 電気設備は、製造所の基準と同様（⇨ p.68）。
- 給油取扱所には、給油に支障のある設備は設けられない。

4）固定給油設備・固定注油設備の基準

　固定給油設備と固定注油設備には、地上に設置された固定式と、天井に吊り下げる懸垂式がある。

　固定給油設備、固定注油設備の基準は、次の通り。

- 固定給油設備・固定注油設備は、漏れるおそれがないなど火災予防上安全な構造とする。

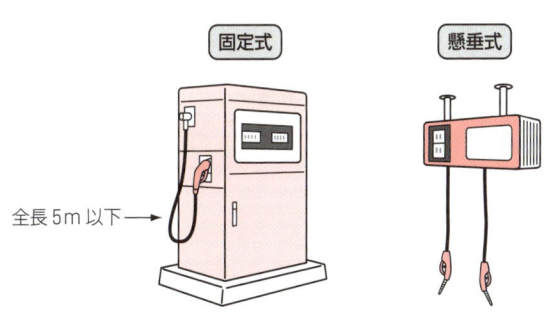

■固定給油(注油)設備

- 固定給油設備・固定注油設備に設けるホースは、先端に弁を設けた全長 <u>5m</u> 以下（懸垂式のものを除く）とする。
- 固定給油設備・固定注油設備のホースの先端には、<u>静電気除去装置</u>を設ける。
- ホースの直近に取り扱う危険物の品目を表示する。
- 懸垂式の固定給油設備・固定注油設備のホース機器の引出口の高さは、地盤面から 4.5m 以下とする。
- 固定給油設備・固定注油設備は、ホースの長さによって、次の表のように道路境界線等から一定の間隔を保って設置する。なお、ホース機器と分離して設置されるポンプ機器については、この限りではない。

■固定給油設備・固定注油設備と道路境界線等との距離

設備の区分		ホースの長さ	道路境界線	敷地境界線	建築物の壁
固定給油設備	懸垂式		<u>4m</u>以上	2m以上	<u>2m</u>以上（壁に開口部がない場合は<u>1m</u>以上）
	その他	最大給油ホース全長＊3m 以下	4m以上		
		最大給油ホース全長 3m を超え 4m 以下	5m以上		
		最大給油ホース全長 4m を超え 5m 以下	6m以上		
固定注油設備	懸垂式		4m以上	1m以上	<u>2m</u>以上（壁に開口部がない場合は<u>1m</u>以上）
	その他	最大注油ホース全長 3m 以下	4m以上		
		最大注油ホース全長 3m を超え 4m 以下	5m以上		
		最大注油ホース全長 4m を超え 5m 以下	6m以上		

＊**最大給油（注油）ホース全長**：固定給油設備・固定注油設備に接続される給油（注油）ホースのうち、全長が最も長いもののこと。

- 固定注油設備には、次の表のように、固定給油設備との距離が定められており、固定給油設備のホースの長さによって決まる。

■固定給油設備からの固定注油設備の距離

固定給油設備の区分	ホースの長さ	間　隔
懸垂式		4m以上
その他	最大給油ホース全長 3m 以下	4m以上
	最大給油ホース全長 3m を超え 4m 以下	5m以上
	最大給油ホース全長 4m を超え 5m 以下	6m以上

5) 給油取扱所内の建築物

　給油取扱所には、給油またはこれに附帯する業務用の建築物以外は設けることができない。給油取扱所に設置できる建築物と、その構造の基準は次の通り。

- 給油または、灯油・軽油の詰替えのための**作業場**
- 給油取扱所の業務を行うための**事務所**
- 給油または、灯油・軽油の詰替え、自動車等の点検・整備・洗浄のために給油取扱所に出入りする者を対象とした**店舗**、**飲食店**または**展示場**
- 自動車等の点検・整備を行う作業場
- 自動車等の洗浄を行う作業場
- 給油取扱所の所有者等が居住する**住居**
- 給油取扱所の所有者等にかかる他の給油取扱所の業務を行うための事務所
- 給油取扱所の建築物の壁、柱、床、はり、屋根は耐火構造または不燃材料で造り、窓や出入口には防火設備を設ける。
- 事務所その他火気を使用するものは、漏れた可燃性の蒸気が内部に流入しない構造とする。

攻略

- 給油取扱所には、専用タンクと 10,000ℓ 以下の廃油タンクを地盤面下に設置できる。
- 固定給油設備の給油ホースは、先端に弁を設けた全長 5m 以下の長さとする。
- 給油取扱所内に設けることができるのは、給油取扱所の業務に関連した施設だけ。

屋内給油取扱所の基準

　屋内給油取扱所とは、建築物内に設置するもので、キャノピー（給油空地の上の屋根）と事務所などの建築物のひさしの水平投影面積から事務所などの建築物の1階の床面積を引いた面積の、給油取扱所の敷地面積から事務所などの床面積を引いた面積に対する割合が、原則として、1/3 を超えるものをいう（次ページの図参照）。屋内給油取扱所の構造・設備の基準は、次の通り。

- 建築物内には、病院、診療所または助産所、特別養護老人ホームなどの福祉施設、幼稚園または特別支援学校などを設けない。
- 屋内給油取扱所を設置する建築物には、屋内給油取扱所で発生した火災を屋

平面図　　　立体図

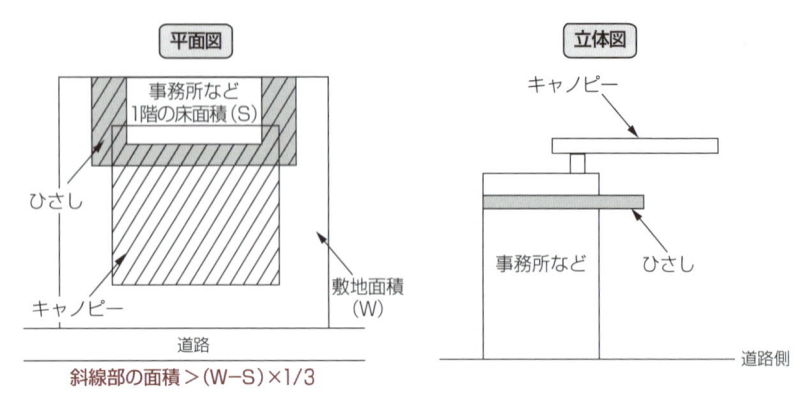

斜線部の面積＞(W−S)×1/3

■屋内給油取扱所

内給油取扱所に使用する部分以外の部分に、自動的かつ有効に報知できる<u>自動火災報知設備</u>（⇨ p.117）を設置する。

- 屋内給油取扱所に使用する部分の壁、柱、床、はり、屋根を<u>耐火構造</u>とする。ただし、上階がない場合は屋根を<u>不燃材料</u>で造ることができる。
- 屋内給油取扱所に使用する部分とその他の部分は、開口部のない耐火構造の床または壁で区画する。
- 屋内給油取扱所に使用する部分の窓・出入口（自動車等の出入口を除く）には、防火設備を設ける。
- 事務所等の窓・出入口にガラスを用いる場合は、<u>網入ガラス</u>（あみいり）とする。
- 屋内給油取扱所に使用する部分の1階の<u>二方</u>には、<u>壁</u>を設けない。ただし、一定の措置を講じた場合は、一方とすることができる。
- 屋内給油取扱所に使用する部分には、可燃性蒸気が滞留するおそれのある穴、くぼみ等を設けない。
- 屋内給油取扱所に使用する部分に上階がある場合は、危険物の<u>漏洩拡大</u>（ろうえい）や上階への<u>延焼を防止する</u>ための措置を講ずる。
- 専用タンクには、危険物の過剰な注入を自動的に防止する設備を設ける。
- その他の基準は、給油取扱所と同様。

攻略
- 屋内給油取扱所に使用する部分に上階がある場合は、危険物の漏洩拡大や上階への延焼を防止するための措置を講ずる。
- 屋内給油取扱所に使用する部分の1階の二方には、壁を設けない。

顧客に自ら給油等をさせる給油取扱所の基準

顧客用固定給油設備で顧客に自ら給油させるもの、または顧客用注油設備で顧客に自ら灯油や軽油を容器に詰め替えさせるものを、<u>顧客に自ら給油等をさせる給油取扱所</u>といい、給油取扱所の基準に加えて特例が定められている。いわゆるセルフスタンドと呼ばれているものである。

1）構造・設備の基準

給油取扱所の基準の他に、次のような基準がある。

- 顧客に自ら給油等をさせる給油取扱所である旨を<u>表示</u>する（セルフスタンド）。
- 顧客用固定給油設備・顧客用固定注油設備には、顧客用の固定給油設備または固定注油設備である旨の<u>表示</u>をする。
- 顧客用固定給油設備・顧客用固定注油設備の周囲の地盤面等に、<u>車両の停車位置</u>（給油）や<u>容器の置き場所</u>（注油）を表示する。
- 顧客用固定給油設備・顧客用固定注油設備のホース等の直近その他の見やすい場所に、使用方法、危険物の品目を表示する。
- 危険物の品目は、次の表のように危険物の種類に応じた文字を表示する。
- 顧客用固定給油設備・顧客用固定注油設備とそれぞれのホースには、次の表のように危険物の種類に応じた<u>彩色</u>を施す。

■給油設備・注油設備に表示する文字と色

危険物の品目	文字表示	色
自動車ガソリン	「ハイオクガソリン」または「ハイオク」	黄
	「レギュラーガソリン」または「レギュラー」	赤
灯油	「灯油」	青
軽油	「軽油」	緑

- 顧客用固定給油設備・顧客用固定注油設備には、自動車等の衝突を防止する措置を講ずる。
- 顧客の給油作業や詰替え作業を監視、制御等を行い、顧客に必要な指示をするための<u>制御卓</u>（コントロールブース）を設ける。
- <u>第3種固定式泡</u>消火設備を設置する。

2) 顧客用固定給油設備の構造の基準

顧客用固定給油設備の構造の基準は、次の通り。

- 給油ホースの先端部に**手動開閉装置**を備えた給油ノズルを設ける。ただし、手動開閉装置を開放状態で固定する装置を備えた給油ノズルを設ける場合は、顧客用固定給油設備に他の安全装置がさらに必要となる。
- 給油ノズルは、給油時に人体に蓄積された静電気を有効に除去する構造とする。
- 給油ノズルは、自動車等の燃料タンクが**満量**になったとき、給油を**自動的に停止**する構造とする。
- 給油ノズルは、自動車等の給油口から危険物が噴出した場合、顧客に危険物が飛散しないように措置(スプラッシュガードなど)を講ずる。
- 給油ホースは、著しい引張力(ひっぱりりょく)が加わったとき安全に分離し、分離した部分からの危険物の漏洩を防止する構造とする。
- ガソリンおよび軽油相互の誤給油を防止できる構造とする。
- 1回の連続した給油量や給油時間の上限をあらかじめ設定できる構造とする。
- 地震時にホース機器への危険物の供給を**自動的に停止**する構造とする。

3) 顧客用固定注油設備の構造の基準

顧客用固定注油設備の構造の基準は、次の通り。

- 注油ホースの先端部に、開放状態で固定できない**手動開閉装置**を備えた注油ノズルを設ける。
- 注油ノズルは、容器が**満量**になったとき、危険物の注入を**自動的に停止**する構造とする。
- 1回の連続した注油量や注油時間の上限をあらかじめ設定できる構造とする。
- 地震時にホース機器への危険物の供給を**自動的に停止**する構造とする。

攻略

- 顧客用固定給油設備・顧客用固定注油設備には、顧客用の給油設備または注油設備である旨の表示をする。
- 制御卓(コントロールブース)を設ける。
- 給油ノズルまたは注油ノズルは、タンクや容器が満量になったとき、危険物の供給を自動的に停止する構造とする。

3-11 販売取扱所の基準

§3 製造所等の基準

店舗で危険物を<u>容器入りのまま</u>販売する施設を<u>販売取扱所（はんばいとりあつかいしょ）</u>という。

● 販売取扱所の区分と位置の基準

販売取扱所は、取り扱う危険物の指定数量の倍数によって<u>第1種販売取扱所</u>と<u>第2種販売取扱所</u>に区分される。

- 第1種販売取扱所：指定数量の倍数が <u>15</u> 以下
- 第2種販売取扱所：指定数量の倍数が <u>15</u> を超え <u>40</u> 以下

販売取扱所には、保安距離、保有空地とも必要としない。

● 構造・設備の基準

販売取扱所の構造・設備には、次ページの表のように第1種販売取扱所と第2種販売取扱所に共通する基準と、それぞれの基準がある。

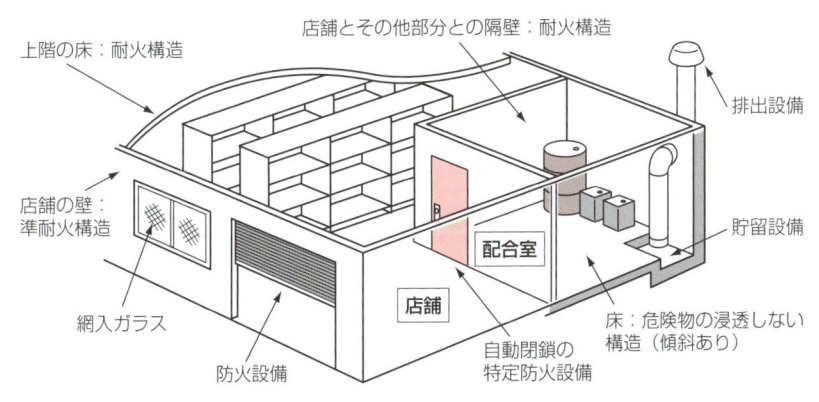

図中ラベル：
- 上階の床：耐火構造
- 店舗とその他部分との隔壁：耐火構造
- 排出設備
- 店舗の壁：準耐火構造
- 貯留設備
- 網入ガラス
- 防火設備
- 配合室
- 店舗
- 自動閉鎖の特定防火設備
- 床：危険物の浸透しない構造（傾斜あり）

■第1種販売取扱所の構造・設備

■販売取扱所の構造・設備の基準

	第1種販売取扱所	第2種販売取扱所
店舗に共通する基準	●店舗（販売取扱所）は建築物の<u>1階</u>に設置する。 ●店舗の窓・出入口にガラスを用いる場合は、<u>網入ガラス</u>とする。 ●天井を設ける場合は、天井を<u>不燃材料</u>で造る。	
危険物配合室に共通する基準	●床面積は6m²以上10m²以下とし、壁で区画する。 ●床は、危険物が浸透しない構造とし、適当な傾斜をつけて貯留設備を設ける。 ●出入口には、随時開けることができる自動閉鎖の特定防火設備を設ける。 ●出入口のしきいの高さは、床面から0.1m以上とする。 ●配合室の内部に滞留した可燃性蒸気や可燃性微粉を屋根上に排出する設備を設ける。	
電気設備	●製造所の基準と同様（⇨ p.68）。	
店舗の構造	●壁は準耐火構造とする。 ●店舗とその他の部分との隔壁は、耐火構造とする。 ●はりは<u>不燃材料</u>で造る。 ●上階がある場合は、上階の床を<u>耐火構造</u>とする。 ●上階がない場合は、屋根を耐火構造とするか、不燃材料で造る。	●壁、柱、床、はりは耐火構造とする。 ●上階がある場合は、上階の床を<u>耐火構造</u>とし、上階への延焼を防止する措置を講ずる。 ●上階がない場合は、屋根を耐火構造とする。
店舗の窓・出入口の設備	●窓や出入口には、<u>防火設備</u>を設ける。	●店舗のうち延焼のおそれのない部分に限り、<u>窓</u>を設けることができ、窓には<u>防火設備</u>を設ける。 ●出入口には、防火設備を設ける。ただし、延焼のおそれのある壁、またはその部分に設けられた出入口には、随時開けることができる自動閉鎖の特定防火設備を設ける。

攻略

●販売取扱所（店舗）は、建築物の1階に設置する。
●販売取扱所（店舗）の天井は、不燃材料で造る。

3-12 移送取扱所の基準

§3 製造所等の基準

配管、ポンプおよびこれらに附属する設備によって危険物を移送する施設を**移送取扱所**という。パイプラインはこれに当たる。また、危険物を移送するための配管延長が15kmを超えるもの、または配管にかかる最大常用圧力が0.95MPa以上で配管延長が7km以上のものを**特定移送取扱所**という。

● 位置の基準

移送取扱所には、保安距離は必要とされていないが、学校、病院、避難空地などに対し、一定の水平距離を保つ必要がある。地上設置の移送取扱所には、配管にかかる圧力に応じて配管の両側に一定の幅の保有空地を必要とする。

また、移送取扱所の設置場所には、主に次のような基準が設けられている。

- 鉄道および道路の隧道内に設置しない。
- 移送配管は、市街地での道路下埋設では深さ1.8m以下に設置しない。市街地以外の道路下埋設では深さ1.5m以下に設置しない。

● 構造・設備の基準

移送取扱所の配管には、次のような構造、設備の基準が設けられている。

- 配管の構造は、内圧、危険物の重量などに応じた安全性があるものとする。
- 配管には、伸縮吸収措置、漏洩拡散防止措置、可燃性蒸気の滞留防止措置を講ずる。
- 配管の経路には、感震装置、強震計、通報設備を設ける。

第6類危険物のうち過酸化水素またはこれを含有するものを取り扱う移送取扱所には、基準の特例が適用されている。

3-13 一般取扱所の基準

指定数量以上の危険物を取り扱う施設で、給油取扱所や販売取扱所、移送取扱所以外の施設を**一般取扱所**（いっぱんとりあつかいしょ）という。

● 位置・構造・設備の基準

一般取扱所の位置、構造、設備の基準は、製造所の基準を準用する（⇨ p.66～69）。

● 基準の特例

危険物取扱作業、装置、数量などにより、基準の特例が設けられている一般取扱所は次の通り。

- 吹付塗装作業等を行う一般取扱所
- 洗浄作業を行う一般取扱所
- 焼入れ作業等を行う一般取扱所
- ボイラーまたはバーナー等で危険物を消費する一般取扱所
- 車両に固定されたタンクに危険物を注入するなどの充塡（じゅうてん）作業を行う一般取扱所
- 容器に危険物を詰め替える一般取扱所
- 油圧装置等を設置する一般取扱所
- 切削（せっさく）装置等を設置する一般取扱所
- 危険物以外のものを加熱するため、危険物を用いた熱媒体油循環装置を設置する一般取扱所

また、高引火点危険物のみを100℃未満の温度で取り扱う一般取扱所については、基準が緩和され、アルキルアルミニウム等およびアセトアルデヒド等を取り扱う一般取扱所には、基準を超える特例が定められている。

[§3-1～§3-13] 復習問題

問15 法令上、製造所の外壁等から 50m 以上の距離（保安距離）を保たなければならない旨の規定が設けられている建築物等は、次のうちどれか。
1. 当該製造所の敷地外にある住居
2. 使用電圧が 35,000V を超える特別高圧架空電線
3. 病院
4. 小学校
5. 重要文化財

解説

製造所等の外壁などから 50m 以上の保安距離を保たなければならない保安対象物は、重要文化財や史跡などである。p.65 の図参照。
選択肢 1～5 のうち、これに当てはまるものは 5。
ちなみに、1 の住居は 10m 以上、2 の 35,000V を超える特別高圧架空電線は 5m 以上、3 の病院と 4 の小学校は 30m 以上の保安距離が必要である。

答：5

問16 製造所の位置、構造及び設備の技術上の基準について、次のうち誤っているものはどれか。
1. 製造所の建築物は、地階を有しないものでなければならない。
2. 製造所の建築物は、壁、柱、床、はり及び階段を不燃材料で造らなければならない。
3. 製造所の建築物の窓又は出入口は、防火設備を設け、ガラスを用いる場合は、網入りガラスとしなければならない。
4. 指定数量の倍数が 10 を超える危険物を貯蔵、又は取扱う製造所は、3m 以上の保有空地を確保しなければならない。
5. 指定数量の倍数が 10 以上の製造所には、避雷設備を設けなければならない。

解説

4：「3m 以上」は誤り。指定数量の 10 倍を超える危険物を貯蔵し、または

取り扱う製造所は、<u>5m</u> 以上の保有空地を確保しなければならない。
1〜3、5：正しい。p.66、p.68 参照。　　　　　　　　　　　　**答：4**

問 17　第 4 類危険物を貯蔵し、又は取扱う屋内貯蔵所の基準として、次のうち誤っているものはどれか。
1. 独立した専用の建築物とすること。
2. 貯蔵倉庫の床面積は $1,000 m^2$ を超えないこと。
3. 屋根は不燃材料で造ること。
4. 床は地盤面以下とすること。
5. 内部に滞留した可燃性蒸気を屋根上に排出する設備を設けること。

解説

4：「地盤面以下」は誤り。床は地盤面<u>以上</u>としなければならない。
1〜3、5：正しい。p.70〜72 参照。　　　　　　　　　　　　**答：4**

問 18　地下タンク貯蔵所の基準について、次のうち誤っているものはどれか。
1. 地下貯蔵タンクの頂部は、0.6m 以上地盤面から下にすること。
2. 液体の危険物の地下貯蔵タンクには、危険物の量を自動的に表示する装置を設けること。
3. 圧力タンク以外のタンクには、無弁通気管又は大気弁付通気管を設けること。
4. 液体の危険物の地下貯蔵タンクの注入口は、建物内に設けること。
5. 二重殻タンク以外の地下貯蔵タンクには、危険物の漏れを検知する設備を設けること。

解説

4：「建物内」は誤り。地下貯蔵タンクの注入口は<u>屋外</u>に設けなければならない。
1〜3、5：正しい。p.82、p.84 参照。　　　　　　　　　　　　**答：4**

問19 給油取扱所の業務に附帯する施設として、次のうち不適切なものはどれか。
1. 給油又は自動車等の点検・整備のために出入りする者を対象とした飲食店
2. 給油取扱所の所有者が居住する住居
3. 給油等のために給油取扱所に出入りする者を対象とした展示場
4. 付近の住民を対象とした診療所
5. 給油取扱所の業務を行うための事務所

解説

4：不適切。**診療所**や福祉施設などは、**地域住民**を対象としているため給油取扱所の業務に附帯する施設ではない。
1～3、5：適切。p.97 参照。

答：4

問20 販売取扱所の位置、構造及び設備の基準として、次のうち誤っているものはどれか。
1. 第1種販売取扱所に上階がある場合は、上階の床を耐火構造としなければならない。
2. 第1種販売取扱所は、建築物の2階に設置できる。
3. 建築物の第1種販売取扱所に使用する部分は、はりを不燃材料で造り、天井を設ける場合は、天井も不燃材料で造らなければならない。
4. 建築物の第2種販売取扱所に使用する部分には、延焼のおそれのない部分に限り、防火設備を設けた窓を造ることができる。
5. 第2種販売所の危険物配合室の床は、危険物が浸透しない構造とし、適当な傾斜をつけ、かつ、貯留設備を設けなければならない。

解説

2：誤り。第1種販売取扱所も第2種販売取扱所も、店舗は建築物の**1階**にしか設置できない。
1、3～5：正しい。p.102 参照。

答：2

3-14 標識・掲示板の基準

危険物を貯蔵し、または取り扱う製造所等は、見やすい場所に標識や掲示板の設置が義務づけられている。

● 標識の基準

製造所等は、危険物を貯蔵し、または取り扱う製造所等である旨を示す**標識**、および、**防火上**の必要な事柄を掲示する**掲示板**を設置しなければならない。

標識は、**大きさ**や**色**が規定されており、移動タンク貯蔵所を除く製造所等の標識は、次のように設置する。

- ● 大 き さ：幅 **0.3m** 以上、長さ **0.6m** 以上
- ● 色　　　：地は**白色**、文字は**黒色**
- ● 表示内容：製造所等の名称

移動タンク貯蔵所の標識は、次のように設置する。

- ● 大 き さ：**0.3m 平方**以上 **0.4m 平方**以下
- ● 色　　　：地は**黒色**とし、文字は**黄色**の反射塗料等で「**危**」と表示
- ● 場　　所：車両の**前後**の見やすい箇所に掲げる

ただし、移動タンク貯蔵所ではなく、指定数量以上の危険物を車両で**運搬**する場合の標識の大きさは **0.3m** 平方で、色や掲示場所は移動タンク貯蔵所と同様。

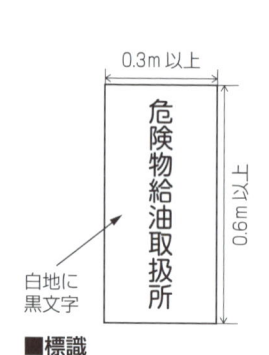

■標識（危険物給油取扱所、0.3m以上×0.6m以上、白地に黒文字）

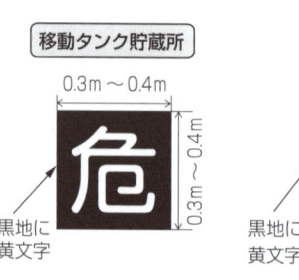

■移動タンク貯蔵所と車両の標識（移動タンク貯蔵所：0.3m〜0.4m、車両：0.3m、黒地に黄文字）

掲示板の基準

製造所等に設ける掲示板には、①その施設で貯蔵し、または取り扱う危険物の類などの概要、②危険物に関する注意事項、③設備の表示、がある。

1) 概要に関する掲示板

危険物の類などの概要に関する掲示板は、次のように規定されている。

- **大 き さ**：幅 0.3 m 以上、長さ 0.6 m 以上
- **色**　　　：地は<u>白色</u>、文字は<u>黒色</u>
- **記載事項**：①危険物の類、②品名、③貯蔵最大数量または取扱最大数量、④指定数量の倍数、⑤危険物保安監督者の氏名または職名

　　　　　　（移動タンク貯蔵所の表示事項については、p.88 参照）

なお、給油取扱所は上記の掲示板の他に、次のような掲示板を設ける。

- **色**　　　：地は<u>黄赤色（おうせきしょく）</u>、文字は<u>黒色</u>（大きさは、他の製造所等の掲示板と同様）
- **表示内容**：「<u>給油中エンジン停止</u>」

2) 注意事項の掲示板

製造所等では、危険物の性状に応じた注意事項を示す、次ページの表のような掲示板の設置が義務づけられている。

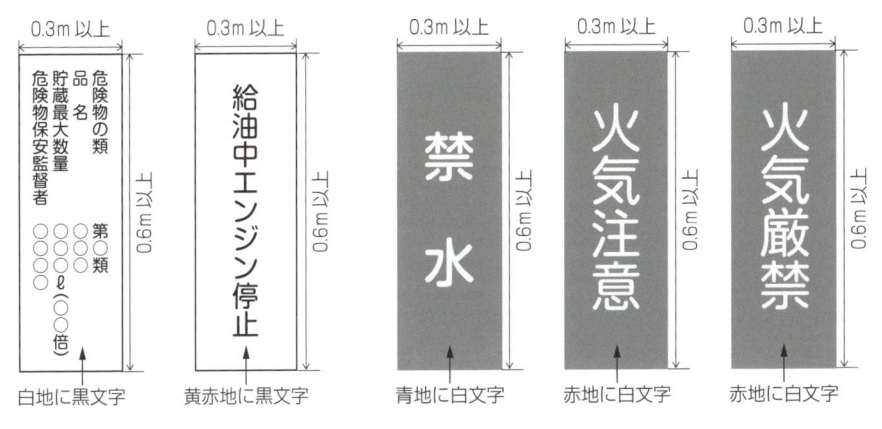

0.3m 以上	0.3m 以上	0.3m 以上	0.3m 以上	0.3m 以上
危険物の類／品名／貯蔵最大数量／危険物保安監督者／○○○○／○○○○／第○類／ℓ(○○○倍)　（0.6m 以上）	給油中エンジン停止　（0.6m 以上）	禁水　（0.6m 以上）	火気注意　（0.6m 以上）	火気厳禁　（0.6m 以上）
白地に黒文字	黄赤地に黒文字	青地に白文字	赤地に白文字	赤地に白文字

■概要の掲示板　　　■注意事項の掲示板

■注意事項の掲示板

危険物		注意事項	地色	文字色	大きさ
第1類	アルカリ金属の過酸化物（含有物を含む）	禁水	青	白	幅0.3m以上、長さ0.6m以上
第3類	カリウム、ナトリウム等禁水性物品				
第3類	アルキルアルミニウム、アルキルリチウム				
第2類	引火性固体を除くすべて	火気注意	赤		
第2類	引火性固体	火気厳禁	赤		
第3類	自然発火性物品				
第3類	アルキルアルミニウム、アルキルリチウム				
第3類	黄りん				
第4類	すべて				
第5類	すべて				

3）設備の掲示板

　引火点が21℃未満の危険物を貯蔵し、または取り扱う屋外タンク貯蔵所、屋内タンク貯蔵所、地下タンク貯蔵所では、タンクの注入口とポンプ設備には、別途次のような掲示板を掲げる。

- **大 き さ**：幅0.3m以上、長さ0.6m以上（他の掲示板と同じ）
- **記載事項**：設備の名称、危険物の類と品名、注意事項（禁水など）
- **色**：地色は白、文字は黒、注意事項は赤

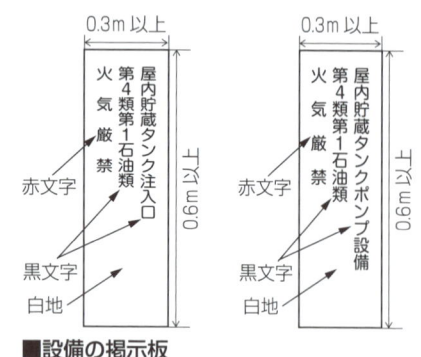

■設備の掲示板

（左）屋内貯蔵タンク注入口　第4類第1石油類　火気厳禁　—　赤文字／黒文字／白地　幅0.3m以上、長さ0.6m以上

（右）屋内貯蔵タンクポンプ設備　第4類第1石油類　火気厳禁　—　赤文字／黒文字／白地　幅0.3m以上、長さ0.6m以上

攻略

- 製造所等の標識の大きさは、幅0.3m以上、長さ0.6m以上。
- 移動タンク貯蔵所の標識は、一辺が0.3m以上〜0.4m以下で黒色の地に黄色の「危」。
- 給油取扱所には、黄赤色の地に黒文字で「給油中エンジン停止」の掲示板も必要。
- 注意事項の掲示板には、「禁水」（青）、「火気注意」（赤）、「火気厳禁」（赤）がある。

3-15 消火設備の基準

製造所等には、発生した火災を有効に消火するために、消火設備の設置が義務づけられている。

● 消火設備の種類

消火設備は、次の表のように第1種から第5種に区分されており、危険物の類などの区分に応じて適応する消火設備が定められている（⇨後見返し）。

■消火設備の区分と種類

区　分	消火設備の種類
第1種消火設備	屋内消火栓設備、屋外消火栓設備
第2種消火設備	スプリンクラー設備
第3種消火設備	水蒸気消火設備、水噴霧消火設備、泡消火設備、不活性ガス消火設備、ハロゲン化物消火設備、粉末消火設備
第4種消火設備	大型消火器
第5種消火設備	小型消火器、水バケツ、水槽、乾燥砂、膨張ひる石、膨張真珠岩

第1種～第4種消火設備の概要については、p.280を参照。また、第5種消火設備のうち小型消火器については、p.281以降で詳述する。

● 製造所等に設置する消火設備

製造所等に設置する消火設備は、製造所等の区分、その施設の規模や形態、危険物の種類、危険物の最大数量に応じて、消火の困難性の観点から、3つに分けられている。消火の困難性とは、①著しく消火が困難と認められるもの、②消火が困難と認められるもの、①②以外のものである。

3つの消火の困難性に対応した消火設備は、次ページの表の通り。

■消火の困難性と消火設備

消火の困難性	消火設備	製造所等の例
著しく消火が困難と認められるもの	第1種〜第3種のうち1種類 ＋ 第4種 ＋ 第5種	・延べ面積が1,000m²以上の製造所、一般取扱所 ・給油取扱所のうち、一方開放の屋内給油取扱所で上階を有するもの、および顧客に自ら給油等をさせる給油取扱所 ・すべての移送取扱所
消火が困難と認められるもの	第4種＋第5種	・平家建以外の屋内貯蔵所 ・塊状の硫黄等を囲い内部面積5m²以上100m²未満で貯蔵する屋外貯蔵所 ・第2種販売取扱所
上記以外のもの	<u>第5種</u>	・<u>地下タンク貯蔵所</u> ・<u>簡易タンク貯蔵所</u> ・<u>第1種販売取扱所</u>

　次の施設・設備には、施設の規模や形態、危険物の種類・数量に関係なく、消火設備が定められている。

- ●地下タンク貯蔵所：第<u>5</u>種消火設備<u>2個</u>以上。
- ●移動タンク貯蔵所：自動車用消火器のうち、3.5kg以上の<u>粉末消火器</u>またはその他の消火器を<u>2個</u>以上。ただし、アルキルアルミニウム等の移動タンク貯蔵所は、さらに150ℓ以上の乾燥砂等を設ける。
- ●電気設備　　　　：電気設備のある場所の面積<u>100m²</u>ごとに1個以上。

攻略
- ●消火設備には、第1種〜第5種の5種類がある。
- ●地下タンク貯蔵所には、第5種消火設備を2個以上設置する。
- ●移動タンク貯蔵所には、自動車用消火器のうち3.5kg以上の粉末消火器またはその他の消火器を2個以上設置する。
- ●電気設備には、電気設備のある場所の面積100m²ごとに1個以上設置する。

所要単位・能力単位

1) 所要単位

所要単位とは、消火設備の設置対象となる建築物その他の工作物の規模、または危険物の量の基準単位で、製造所等に必要な消火設備の能力を定めるときに用いる。所要単位は、建築物の外壁の構造、規模、または危険物の量により決められた、次の表の1所要単位に基づいて計算する。

■1所要単位当たりの数値

製造所等の構造・危険物		1所要単位当たりの数値
製造所・取扱所	耐火構造	延べ面積 100 m^2
	非耐火構造	延べ面積 50 m^2
貯蔵所	耐火構造	延べ面積 150 m^2
	非耐火構造	延べ面積 75 m^2
屋外の製造所等		外壁を耐火構造とし、水平最大面積を建坪とする建物と見なして、上記に当てはめて算出する。
危険物		指定数量の 10 倍

2) 能力単位

能力単位とは、所要単位に対応する消火設備の消火能力の基準単位のことをいう。製造所等では、所要単位に応じた能力単位を有する消火設備を設けなければならない。

第5種消火設備のうち、簡易消火用具（⇨ p.281）の能力単位は、次の通り。

①水バケツ・水槽（対象物：電気設備および第4類危険物を除く危険物）
　・消火専用バケツ（8ℓ）：3個で1.0能力単位
　・消火専用バケツ3個付水槽（80ℓ）：1.5能力単位
　・消火専用バケツ6個付水槽（190ℓ）：2.5能力単位
②乾燥砂・膨張ひる石・膨張真珠岩（対象物：第1類から第6類までの危険物）
　・スコップ付乾燥砂（50ℓ）：0.5能力単位
　・スコップ付膨張ひる石・膨張真珠岩（160ℓ）：1.0能力単位

● 消火設備の設置基準

　消火設備は、第1種～第5種の消火設備ごとに、次のように設置基準が定められている。

■消火設備の設置基準

消火設備の種類		設置基準
第1種	屋内消火栓設備	各階ごと、階の各部分からホース接続口まで 25m 以下
	屋外消火栓設備	防護対象物の各部分からホース接続口まで 40m 以下
第2種	スプリンクラー設備	防護対象物の各部分から1つのスプリンクラーヘッドまで 1.7m 以下
第3種	水蒸気消火設備	放射能力に応じて有効に消火できるように設置する。
	水噴霧消火設備	
	泡消火設備	
	不活性ガス消火設備	
	ハロゲン化物消火設備	
	粉末消火設備	
第4種	大型消火器	防護対象物までの歩行距離が 30m 以下
第5種	小型消火器 簡易消火用具 （乾燥砂等）	地下タンク貯蔵所 ／ 簡易タンク貯蔵所 ／ 移動タンク貯蔵所 ＞ 有効に消火できる位置 ／ 給油取扱所 ／ 販売取扱所 ／ その他の製造所等は、防護対象物までの歩行距離が 20m 以下となるように設置する。

攻略

- 建築物の構造による1所要単位の数値は、耐火構造に対して非耐火構造は 1/2。
- 危険物における1所要単位の数値は、指定数量の10倍。
- 第4種消火設備（大型消火器）は、防護対象物までの歩行距離が 30m 以下に設置する。

[§3-14〜§3-15] 復習問題

問21 製造所等における標識、掲示板についての説明として、次のうち誤っているものはどれか。
1. 製造所等の標識は、幅0.3m以上、長さ0.6m以上の大きさで、地色が白、文字を黒とし、製造所等の名称を記載しなければならない。
2. 指定数量以上の危険物を運搬する場合には、0.3m平方の黒地に黄色の反射塗料等で「危」と表示し、車両の前後の見やすい箇所に掲げなければならない。
3. 地色が赤の掲示板は、「火気注意」又は「火気厳禁」を示している。
4. 地色が青の掲示板は、「禁水」を示している。
5. 給油取扱所では、名称を示す標識とは別に、地を黄色、文字を黒色で「給油中エンジン停止」の掲示板を掲げなければならない。

解説

1：正しい。ただし、移動タンク貯蔵所では、「危」の標識を車両の前後に掲げる。p.108参照。
2：正しい。移動タンク貯蔵所の「危」の表示と大きさが異なることに注意。p.108参照。
3、4：正しい。注意事項を示したこれらの掲示板は、危険物の性質に応じてどの種類を掲げるかが決められている。p.110参照。
5：「地を黄色」は誤り。「給油中エンジン停止」の掲示板は、地色を<u>黄赤色</u>としなければならない。

答：5

問22 法令上、製造所等に設置する消火設備とその区分について、次のA〜Eのうち誤っているものはいくつあるか。
A. スプリンクラー設備……………第1種
B. 屋内消火栓設備…………………第2種
C. 粉末消火設備……………………第3種
D. 泡を放射する大型の消火器……第4種
E. 水噴霧消火設備…………………第5種

1. 1つ　　2. 2つ　　3. 3つ　　4. 4つ　　5. 5つ

> **解説**

A：誤り。スプリンクラー設備は第 2 種消火設備。
B：誤り。屋内消火栓設備は第 1 種消火設備。
C、D：正しい。ただし、泡を放射する小型の消火器は第 5 種消火設備。p.111 参照。
E：誤り。水噴霧消火設備は第 3 種消火設備。　　　　　　　　　　答：3

問 23 法令上、製造所等に設ける消火設備等について、次のうち正しいものはどれか。

1. 屋外の工作物には、第 1 種の消火設備のうち屋外消火栓設備を設けなければならない。
2. 建築物に対しては第 4 種の消火設備を、危険物に対しては第 5 種の消火設備をそれぞれ設けなければならない。
3. 移動タンク貯蔵所には、原則として自動車用消火器のうち規則の基準に適合するものを 2 個以上設けなければならない。
4. 危険物の数量に応じた所要単位を満たすものであれば、どのような消火設備を設けてもよい。
5. 水バケツ又は水槽は、対象物に対する能力単位には換算されない。

> **解説**

製造所等に対してどのような消火設備を設けるかは、その施設の規模や形態、危険物の種類・数量、消火の困難性に応じて定められている。ただし、これらの条件に関係なく、消火設備が定められている製造所等には、地下タンク貯蔵所と移動タンク貯蔵所がある。
　このことに照らし合わせると、**1、2、4** は誤りとわかる。
3：正しい。移動タンク貯蔵所には、自動車用消火器のうち、3.5kg 以上の粉末消火器またはその他の消火器を 2 個以上設けなければならない。p.112 参照。
5：誤り。水バケツまたは水槽は、電気設備と第 4 類危険物を除く危険物に対しては能力単位に換算される。　　　　　　　　　　　　　　　　答：3

§3 製造所等の基準

3-16 警報設備・避難設備の基準

製造所等には、火災時などの災害への迅速な対応や人的被害を最小限にとどめるために、警報設備や避難設備の設置が義務づけられている。

● 警報設備

警報設備とは、火災や危険物流出などの事故が発生したときに従業員などに早期に知らせる設備である。

警報設備は、指定数量の倍数が 10 以上の危険物を貯蔵し、または取り扱う製造所等（移動タンク貯蔵所を除く）において設置しなければならない。

警報設備には、次の表のように5種類があり、施設の構造や規模、貯蔵する危険物の数量などによって、それぞれ設置が義務づけられている。

■製造所等に設置する警報設備

警報設備の種類	製造所等
自動火災報知設備	指定数量の倍数が 100 以上の製造所、屋内貯蔵所、一般取扱所。消火の難しい特定の屋外タンク貯蔵所、屋内タンク貯蔵所、給油取扱所。
消防機関に報知できる電話	自動火災報知設備を設置しない、指定数量の倍数が 10 以上の施設は、これらの警報設備のうち1種類以上を設置する（移送取扱所を除く）。
非常ベル装置	
拡声装置	
警鐘	

● 避難設備

避難設備とは、火災時に避難する方向をわかりやすく示すための設備である。

避難設備は、給油取扱所のうち、①建築物の2階部分を店舗などに使用するもの、②屋内給油取扱所のうち給油取扱所の敷地外へ直接通ずる避難口を設ける事務所等を有するものに、誘導灯の設置が義務づけられている。

§4 貯蔵・取扱い、運搬・移送の基準

4-1 共通する貯蔵・取扱いの基準

　危険物を貯蔵し、または取り扱う場合は、その技術上の基準を守りながら、火災予防上安全に貯蔵・取扱いを行わなければならない。

● すべての製造所等に共通する基準

　危険物の類や数量にかかわらず、すべての製造所等に共通する、貯蔵・取扱いの技術上の基準は、次の通り。

- 許可を得たもしくは届出をした、品名以外の危険物や、数量もしくは指定数量の倍数を超える危険物を貯蔵し、または取り扱わない。
- みだりに**火気**を使用したり、**係員以外**の者を出入りさせない。
- 常に整理や清掃を行い、みだりに空箱その他の**不必要な物件**を置かない。
- 貯留設備や油分離装置に溜まった危険物は、あふれないよう**随時**くみ上げる。
- 危険物のくず、かす等は1日に**1回**以上、危険物の性質に応じて安全な場所で廃棄その他の適切な処置を行う。
- 危険物を貯蔵し、または取り扱う建築物・工作物・設備は、危険物の性質に応じた有効な**遮光**または**換気**を行う。
- 危険物は、温度計、湿度計、圧力計などの計器を監視し、危険物の性質に応じた適正な**温度**、**湿度**、**圧力**を保つ。
- 危険物が漏れ、あふれ、または飛散しないよう必要な措置を講ずる。
- 危険物の変質、異物の混入等により、危険性が**増大**しないよう必要な措置を講ずる。
- 危険物が残存し、または残存しているおそれがある設備、機械器具、容器等を**修理**する場合は、**安全な場所**で危険物を完全に**除去**したあとに行う。
- 危険物の収納容器は、危険物の性質に適応したものとし、破損、腐食、さけめ等がないものであること。
- 危険物の収納容器を、転倒・落下・衝撃・引きずる等の粗暴な行為をしない。

- 可燃性の液体や蒸気、ガスが漏れたり滞留(たいりゅう)したりするおそれのある場所、または可燃性の微粉が著しく浮遊するおそれのある場所では、電線と電気器具とを完全に接続し、火花を発する機械器具、工具、履物等を使用しない。
- 危険物を保護液中に保存する場合は、危険物を保護液から<u>露出</u>させない。

危険物の類ごとに共通する基準

危険物の類ごとに共通する技術上の基準は、次の表の通り。

■危険物の類ごとに共通する基準

類別		基準
第1類	共通	● 可燃物との接触、混合を避ける。 ● 分解を促す物品との接近を避ける。 ● 過熱、衝撃、摩擦を避ける。
	アルカリ金属の過酸化物*	● <u>水</u>との接触を避ける。
第2類	共通	● 酸化剤との接触、混合を避ける。 ● 炎、火花、高温体との接近、過熱を避ける。
	鉄粉、金属粉、マグネシウム*	● <u>水</u>または酸との接触を避ける。
	引火性固体	● みだりに蒸気を発生させない。
第3類	自然発火性物品	● 炎、火花、高温体との接近を避ける。 ● 過熱、空気との接触を避ける。
	禁水性物品	● <u>水</u>との接触を避ける。
第4類	共通	● 炎、火花、高温体との接近、過熱を避ける。 ● みだりに蒸気を発生させない。
第5類	共通	● 炎、火花、高温体との接近を避ける。 ● 過熱、衝撃、摩擦を避ける。
第6類	共通	● 可燃物との接触、混合を避ける。 ● 分解を促す物品との接近、過熱を避ける。

＊いずれも含有物を含む。

攻略

- 危険物のくず、かす等は1日に1回以上、廃棄その他の適切な処置を行う。
- アルカリ金属の過酸化物、鉄粉、金属粉、マグネシウム、禁水性物品は、水との接触を避ける。

4-2 貯蔵の基準

§4 貯蔵・取扱い、運搬・移送の基準

危険物を貯蔵する場合には、前項の貯蔵・取扱いの共通基準の他に、危険物の種類あるいは貯蔵所ごとによって、技術上の基準が定められている。

● 同時貯蔵

法で規制された同時貯蔵には、危険物以外の物品との同時貯蔵と、類の異なる危険物どうしの同時貯蔵がある。

1) 危険物以外の物品との同時貯蔵

貯蔵所では、原則として危険物以外の物品を貯蔵することはできないが、次のような場合は、危険物との同時貯蔵ができる。

- 屋内貯蔵所または屋外貯蔵所において、一定の危険物と危険物以外の物品をそれぞれ取りまとめて貯蔵し、相互に1m以上の間隔を保つ場合。
- 屋外タンク貯蔵所、屋内タンク貯蔵所、地下タンク貯蔵所、移動タンク貯蔵所において、第4類（あるいは第6類）に属する一定の危険物と危険物以外の物品を貯蔵する場合。

2) 異なる類の危険物の同時貯蔵

類の異なる危険物は、原則として同一の貯蔵所で同時貯蔵できないが、屋内貯蔵所または屋外貯蔵所において、次のような組合せで類ごとに危険物を取りまとめ、相互に1m以上の間隔を保つ場合は、同時貯蔵ができる。

- 第1類（アルカリ金属の過酸化物またはこれを含有するものを除く）と第5類
- 第1類と第6類
- 第2類と、自然発火性物品のうち黄りんまたはこれを含有するもの
- 第2類の引火性固体と第4類

- アルキルアルミニウム等と、第4類のうちアルキルアルミニウム、アルキルリチウムのいずれかを含有するもの
- 第4類のうち有機過酸化物またはこれを含有するものと、第5類のうち有機過酸化物またはこれを含有するもの
- 第4類と、第5類のうち1-アリルオキシ-2,3-エポキシプロパンもしくは4-メチリデンオキセタン-2-オンまたはいずれかを含有するもの

ただし、第3類危険物のうち、<u>黄りん</u>などの水中に貯蔵する物品と<u>禁水性物品</u>との同時貯蔵はできない。

● 貯蔵所ごとの基準

貯蔵所ごとには、前項の共通する貯蔵・取扱いの基準に加えて、次の表のような技術上の基準が定められている。

■貯蔵所ごとの貯蔵の基準 (その1)

貯蔵所の区分	貯蔵の基準
屋内貯蔵所	● 危険物は、原則として<u>容器</u>に収納して貯蔵する。 ● 同一品名の自然発火するおそれのある危険物を多量に貯蔵する場合は、指定数量の<u>10倍</u>以下ごとに区分し、<u>0.3m</u>以上の間隔をおいて貯蔵する。 ● 容器の積み重ねの高さは、原則として<u>3m</u>以下とする。 ● 容器に収納して貯蔵する危険物の温度が<u>55℃</u>を超えないよう必要な措置を講ずる。
屋外タンク貯蔵所 屋内タンク貯蔵所 地下タンク貯蔵所 簡易タンク貯蔵所	● 屋外貯蔵タンク、屋内貯蔵タンク、地下貯蔵タンク、簡易貯蔵タンクの<u>計量口</u>は、計量するとき以外は<u>閉鎖</u>しておく。 ● 屋外貯蔵タンク、屋内貯蔵タンク、地下貯蔵タンクの<u>元弁</u>*や注入口の<u>弁</u>または<u>ふた</u>は、危険物の注入・排出時以外は、<u>閉鎖</u>しておく。 ● 屋外貯蔵タンクの防油堤の<u>水抜口</u>は、通常閉鎖しておく。 ● 屋外貯蔵タンクの防油堤内部に<u>滞油</u>、または<u>滞水</u>した場合は、<u>遅滞なく</u>排出する。 ● 屋外貯蔵タンク、屋内貯蔵タンクに<u>アルキルアルミニウム等</u>(⇨p.69)または<u>アセトアルデヒド等</u>(⇨p.69)を注入するときは、あらかじめタンク内の空気を<u>不活性ガス</u>(⇨p.348)で置換しておく。

＊元弁：液体の危険物を移送するための配管に設けられた弁のうち、タンクの直近にあるもののこと。

■貯蔵所ごとの貯蔵の基準（その2）

貯蔵所の区分	貯蔵の基準
移動タンク貯蔵所	●移動貯蔵タンクには、危険物の類、品名および最大数量を表示する。 ●移動貯蔵タンク、タンクの安全装置、配管は、さけめ、結合不良、極端な変形、注入ホースの切損等による漏れが起こらないようにする。 ●移動貯蔵タンクの底弁は、使用時以外は完全に閉鎖しておく。 ●被牽引自動車に固定された移動貯蔵タンクに危険物を貯蔵する場合は、被牽引自動車に牽引自動車を結合しておく。 ●積載式移動タンク貯蔵所以外の移動タンク貯蔵所では、危険物を貯蔵した状態でタンクの積替えを行わない。 ●完成検査済証、定期点検記録、譲渡・引渡の届出書、品名・数量または指定数量の倍数の変更の届出書を備え付けておく（⇨p.135）。 ●アルキルアルミニウム等を貯蔵し、または取り扱う移動タンク貯蔵所には、緊急時における連絡先などを記載した書類、防護服、ゴム手袋、弁等の締付工具、携帯用拡声器を備えておく。 ●移動貯蔵タンクにアルキルアルミニウム等またはアセトアルデヒド等を貯蔵する場合は、不活性ガスを封入しておく。
屋外貯蔵所	●危険物は、原則として容器に収納して貯蔵する。 ●容器の積み重ねの高さは、原則として3m以下とする。 ●架台を使用して貯蔵する場合の貯蔵の高さは、6m以下とする。 ●塊状の硫黄等のみを貯蔵する屋外貯蔵所は、硫黄等を囲いの高さ以下に貯蔵し、硫黄等があふれ、または飛散しないように囲い全体を難燃性または不燃性のシートで覆い、シートを囲いに固着しておく。

攻略

- 危険物を同時貯蔵する場合、決められた危険物の組合せにしたがって、類ごとに危険物を取りまとめ、相互に1m以上の間隔を保つ。
- 屋内貯蔵所、屋外貯蔵所では、危険物の容器の積み重ねの高さは、3m以下。
- 屋内貯蔵所では、容器に収納して貯蔵する危険物の温度が55℃を超えないようにする。
- 貯蔵タンクの計量口は、通常閉鎖しておく。
- 屋外貯蔵タンクの防油堤の水抜口は、通常閉鎖しておく。
- 移動貯蔵タンクの底弁は、使用時以外は閉鎖しておく。
- 屋外貯蔵所では、架台を使用して貯蔵する場合の貯蔵の高さは6m以下。

4-3 取扱いの基準

危険物を取り扱う場合には、p.118〜119の貯蔵・取扱いの共通基準の他に、取扱い別あるいは製造所等ごとによって、技術上の基準が定められている。

● 取扱い別の基準

取扱い別の基準とは、製造、詰替、消費、廃棄に定められた技術上の基準をいう。それぞれの内容は、次の表の通り。

■取扱い別の基準

取扱い別	技術上の基準
製 造	●蒸留工程では、危険物を取り扱う設備の内部圧力の変動等により、液体、蒸気、ガスが漏れないようにする。 ●抽出工程では、抽出罐の内圧が異常に上昇しないようにする。 ●乾燥工程では、危険物の温度が局部的に上昇しない方法で加熱し、または乾燥させる。 ●粉砕工程では、危険物の粉末が著しく浮遊し、または、危険物の粉末が付着した状態で機械器具を使用しない。
詰 替	●危険物を容器に詰め替える場合は、規則に定める容器に収納する。 ●詰替は、防火上安全な場所で行う。
消 費	●吹付塗装作業は、防火上有効な隔壁等で区画された安全な場所で行う。 ●焼入れ作業は、危険物が危険な温度に達しないようにして行う。 ●染色や洗浄の作業は、可燃性蒸気の換気をよくして行い、廃液はみだりに放置せず安全に処置する。 ●バーナーを使用する場合は、バーナーの逆火防止をし、危険物があふれないようにする。
廃 棄	●焼却する場合は、安全な場所で燃焼や爆発によって他に危害や損害を及ぼすおそれのない方法で行い、見張り人をつける。 ●埋没する場合は、危険物の性質に応じ安全な場所で行う。 ●危険物は、海中や水中に流出または投下しない。

製造所等ごとの基準

製造所等ごとには、共通する貯蔵・取扱いの基準に加えて、次の表のような取扱いの技術上の基準が定められている。

■**製造所等ごとの取扱いの基準**（その1）

製造所等の区分	取扱いの基準
給油取扱所	●自動車等に給油するときは、固定給油設備を使用して<u>直接給油</u>する。 ●自動車等に給油するときは、自動車等の<u>エンジン</u>（原動機）を停止して行う。 ●自動車等の一部または全部が給油空地から<u>はみ出たままで</u>給油しない。 ●固定注油設備から灯油や軽油を容器に詰め替えたり、車両に固定されたタンクに注入したりするときは、容器または車両の一部または全部が注油空地から<u>はみ出たままで</u>行わない。 ●移動貯蔵タンクから専用タンクまたは廃油タンク等に危険物を注入するときは、移動タンク貯蔵所をタンクの<u>注入口</u>の付近に停車させる。 ●給油取扱所の専用タンクまたは簡易タンクに危険物を注入するときは、タンクに接続する固定給油設備または固定注油設備の使用を中止し、自動車等をタンクの注入口に近づけない。 ●固定給油設備・固定注油設備には、その固定給油設備・固定注油設備に接続する専用タンクまたは簡易タンクの配管以外のものによって、危険物を注入しない。 ●自動車等に給油するときは、固定給油設備または専用タンクの注入口もしくは通気管の周囲では、他の自動車等が駐車することを禁止するとともに、自動車等の点検、整備、洗浄を行わない。 ●屋内給油取扱所の給油空地、注油空地には、自動車等が<u>駐車</u>または<u>停車</u>することを禁止し、避難上支障となる物件を置かない。 ●一方開放の屋内給油取扱所において専用タンクに移動貯蔵タンクから引火点が<u>40℃未満</u>の危険物を注入するときは、可燃性の蒸気の放出を防止するため、<u>可燃性蒸気回収設備</u>により行う。 ●自動車等の洗浄を行う場合には、<u>引火点</u>を有する液体の洗剤を使用しない。 ●物品の販売などの業務は、原則として建築物の<u>1階</u>のみで行う。 ●給油業務が行われていないときは、<u>係員以外</u>の者を出入りさせない。

■製造所等ごとの取扱いの基準（その2）

製造所等の区分	取扱いの基準
給油取扱所	●顧客に自ら給油等をさせる給油取扱所（以下「セルフスタンド」と略記）では、顧客用固定給油設備と顧客用固定注油設備以外の設備で顧客自ら給油または容器への詰替をさせない。 ●セルフスタンドでは、顧客が1回に行える給油（注油）量、給油（注油）時間等の上限を設定する場合は、適正な数値に設定する。 ●セルフスタンドでは、制御卓を使用して次の監視、制御、指示を行う。 ・顧客の給油作業・詰替作業を直視等により適切に監視する。 ・顧客が給油作業・詰替作業を行うときは、火気のないなど安全上支障のないことを確認した上で実施させる。 ・顧客の給油作業・詰替作業が終了したときは、顧客の給油作業・詰替作業が行えない状態にする。 ・非常時その他安全上支障があるときは、すべての固定給油設備・固定注油設備での危険物の取扱いが行えない状態にする。 ・放送機器等を用いて顧客に必要な指示を与える。
販売取扱所	●運搬容器の基準に適合した容器に収納し、**容器入りのままで**販売する。 ●危険物の配合・詰替は、**配合室**以外では行わない。
移送取扱所	●危険物を移送する配管、ポンプおよびこれらに附属する設備の安全を確認した上で、危険物の移送を開始する。 ●危険物の移送中は、危険物の圧力や流量を常に監視し、1日に1回以上、配管、ポンプおよびこれらに附属する設備の安全を確認する。 ●地震を感知し、または地震の情報を得た場合は、ただちに災害の発生や拡大を防止する措置を講ずる。

攻略

- 給油取扱所で自動車等に給油するときは、自動車等のエンジンを停止して行う。
- 給油取扱所では、自動車等の一部または全部が給油空地からはみ出たままで、給油しない。
- 給油取扱所で、自動車等の洗浄を行う場合には、引火点を有する液体の洗剤を使用しない。
- 販売取扱所では、容器入りのままで販売する。

■**製造所等ごとの取扱いの基準**（その3）

製造所等の区分	取扱いの基準
移動タンク貯蔵所	●危険物を貯蔵し、または取り扱うタンクに危険物を注入するときは、タンクの注入口に移動貯蔵タンクの注入ホースを<ruby>緊結</ruby>する。ただし、所定の注入ノズルで指定数量未満のタンクに引火点40℃以上の第4類危険物を注入する場合は、この限りでない。 ●原則として移動貯蔵タンクから液体の危険物を容器に詰め替えない。ただし、次のような場合に限り規則で定められた容器に詰め替えることができる。 　・詰替えする危険物が、引火点40℃以上の第4類危険物の場合。 　・注入ホースの先端部に手動開閉装置付の注入ノズル（開放の状態で固定する装置のものを除く）で行う場合。 　・安全な注油速度で行う場合。 ●静電気による災害が発生するおそれのある液体の危険物を移動貯蔵タンクに注入したり排出したりするときは、接地して行う。 ●静電気による災害が発生するおそれのある液体の危険物を移動貯蔵タンクに上部から注入するときは、注入管の先端を移動貯蔵タンクの底部につけて行う。 ●移動貯蔵タンクから、危険物を貯蔵し、または取り扱うタンクに引火点40℃未満の危険物を注入するときは、移動タンク貯蔵所のエンジンを停止させる。 ●ガソリンを貯蔵していた移動貯蔵タンクに灯油や軽油を注入するとき、または灯油または軽油を貯蔵していた移動貯蔵タンクにガソリンを注入するときは、静電気等による災害を防止する措置を講ずる。

攻略

- 移動貯蔵タンクから容器に詰替えできる液体の危険物は、引火点40℃以上の第4類危険物。
- 移動貯蔵タンクから引火点40℃未満の危険物をタンクに注入するときは、移動タンク貯蔵所のエンジンを停止させる。
- ガソリンを貯蔵していた移動貯蔵タンクに、静電気等による災害防止措置を講ずれば、灯油や軽油を詰替えできる。逆に、灯油や軽油を貯蔵していた移動貯蔵タンクに、同様の措置を講ずればガソリンに詰替えできる。

[§4-1〜§4-3] 復習問題

問24 製造所等における危険物の貯蔵及び取扱いに関する共通基準として、次のうち誤っているものはどれか。

1. 製造所等においては、みだりに火気を使用してはならない。
2. 貯留設備又は油分離装置に溜まった危険物は、1日に1回以上くみ上げなければならない。
3. 製造所等においては、常に整理及び清掃を行うとともにみだりに空箱その他の不必要な物件を置いてはならない。
4. 危険物を貯蔵し又は取扱う建築物は、当該危険物の性状に応じて遮光又は換気を行わなければならない。
5. 危険物のくず、かす等は1日に1回以上、当該危険物の性質に応じて安全な場所で廃棄その他適当な処置をしなければならない。

解説

2：「1日に1回以上」は誤り。貯留設備または油分離装置に溜まった危険物は、あふれないように<u>随時</u>くみ上げなければならない。
1、3〜5：正しい。p.118 参照。　　　　　　　　　　　　　　　　　**答：2**

問25 移動貯蔵タンクから容器への危険物の詰替えは原則として認められないが、注入ホースの先端部に手動開閉装置を備えたノズルならば詰替えが行える危険物は、次のうちどれか。

1. ガソリン　　4. 硝酸
2. エタノール　5. アセトン
3. 重油

解説

注入ホースの先端部に手動開閉装置を備えたノズルならば容器への詰替えが可能な危険物は、引火点<u>40℃</u>以上の第<u>4</u>類危険物。p.126 参照。
3：詰替えできる。重油は第4類危険物で、引火点は<u>60〜150℃</u>。
1のガソリン、**2**のエタノール、**5**のアセトンはいずれも第4類危険物だが、引火点は40℃未満。**4**の硝酸は第6類危険物。　　　　　　　**答：3**

§4 貯蔵・取扱い、運搬・移送の基準

4-4 運搬の基準

　危険物の**運搬**とは、危険物を車両等によって、1つの場所から他の場所へ移すことをいう。

　運搬の基準には、運搬容器に関するもの、積載に関するもの、運搬方法に関するものがある。これらの基準は、**指定数量未満**の危険物を運搬する場合にも適用される。

● 運搬容器の基準

　危険物を運搬する場合、すべての危険物は危険物の性質に適した材質の運搬容器に収納する。

　危険物の運搬容器の基準は、機械により荷役する構造を有するものと、それ以外のものに区分され、材質や構造について、それぞれ定められている。

　また、運搬容器への収納方法や容器の表示についても基準が設けられている。

1) 共通する材質・構造

　機械により荷役する構造を有するものと、それ以外のものに共通する基準は次の通り。

- 運搬容器の材質は、鋼板、アルミニウム板、ブリキ板、ガラス、金属板、プラスチックなどに規定されている。
- 運搬容器の構造は、堅固で容易に破損するおそれがないものとする。
- 収納された危険物が漏れるおそれがないものとする。
- 運搬容器の性能は、原則として**落下試験等**の基準に適合したものとする。

2) 機械により荷役する構造を有するものの構造

　機械により荷役する構造を有する容器は、上記の共通基準の他に次のような基準に適合していなければならない。

- 運搬容器は、腐食等の劣化に対して適切に保護されたものとする。
- 運搬容器は、収納する危険物の内圧および取扱い時や運搬時の荷重によって、容器に生じる応力に対して安全なものとする。
- 運搬容器の附属設備には、収納する危険物が附属設備から漏れないよう措置を講ずる。
- 枠で囲まれた運搬容器の場合や下部に排出口を有する運搬容器の場合は、一定の要件を満たしたものとする。

3) 収納方法

危険物は、原則として運搬容器に収納して積載しなければならない。運搬容器への収納方法の共通する基準は、次の通り。

- 危険物は、温度変化等により危険物が漏れないよう容器を密封して収納する。ただし、温度変化等によって危険物からガスが発生し運搬容器内の圧力が上昇するおそれがある場合は、発生するガスが毒性または引火性を有するなどの危険性があるときを除き、ガス抜き口を設けた運搬容器に収納する。
- 危険物は、収納する危険物と危険な反応を起こさないなど、危険物の性質に適応した材質の運搬容器に収納する。
- 固体の危険物は、運搬容器の内容積の95%以下の収納率で収納する。
- 液体の危険物は、運搬容器の内容積の98%以下の収納率で、かつ、55℃の温度において漏れないように十分な空間容積をとって収納する。
- 第3類危険物の自然発火性物品は、不活性ガス（⇨ p.348）を封入して密封するなど空気と接触しないようにする。
- 第3類危険物の自然発火性物品以外の物品は、パラフィン、軽油、灯油などの保護液で満たして密封し、または不活性ガスを封入して密封するなど水分と接触しないようにする。

機械により荷役する構造を有する運搬容器への収納は、上記の他に適合要件がある。

4) 容器の表示

運搬容器の外部に表示する共通の内容は、次の通り。

- 危険物の品名
- 危険等級
- 化学名
- 第4類危険物のうち水溶性のものは「水溶性」
- 危険物の数量
- 収納する危険物に応じた注意事項。具体的には、次の表の通り。

■運搬容器に表示する注意事項

類別	品名	注意事項
第1類	アルカリ金属の過酸化物またはこれを含有するもの	火気・衝撃注意 可燃物接触注意 禁水
	その他のもの	火気・衝撃注意 可燃物接触注意
第2類	鉄粉、金属粉、マグネシウム、またはこれらのいずれかを含有するもの	火気注意 禁水
	引火性固体	火気厳禁
	その他のもの	火気注意
第3類	自然発火性物品	空気接触厳禁 火気厳禁
	禁水性物品	禁水
第4類	すべて	火気厳禁
第5類	すべて	火気厳禁 衝撃注意
第6類	すべて	可燃物接触注意

機械により荷役する構造を有する運搬容器の外部表示には上記の他に、次の表示が必要である。

- 運搬容器の製造年月および製造者の名称
- 積重ね試験荷重
- 運搬容器の種類に応じて最大総重量または最大収容重量
- 運搬容器の種類に応じ、告示で定める事項

5) 危険等級

　運搬容器の外部に表示する危険等級(きけんとうきゅう)とは、危険物の危険性の程度を示すもので、この程度に応じて、危険物は、危険等級Ⅰ、危険等級Ⅱ、危険等級Ⅲに区分される。

■危険物の危険等級

危険等級	類　別	品名等
Ⅰ	第1類	第1種酸化性固体
	第3類	カリウム、ナトリウム、アルキルアルミニウム、アルキルリチウム、黄りん、第1種自然発火性物質および禁水性物質
	第4類	特殊引火物
	第5類	第1種自己反応性物質
	第6類	すべて
Ⅱ	第1類	第2種酸化性固体
	第2類	硫化りん、赤りん、硫黄、第1種可燃性固体
	第3類	危険等級Ⅰに掲げる危険物以外のもの
	第4類	第1石油類、アルコール類
	第5類	危険等級Ⅰに掲げる危険物以外のもの
Ⅲ	第1・2・4類	上記以外の危険物

積載の基準

　危険物は、その性質に応じて必要な措置を講じて積載しなければならない。危険物を運搬容器に収納して積載する場合の基準は、次の通り。

- 危険物は、運搬容器等が落下、転倒、破損しないように積載する。
- 運搬容器は、収納口を上方に向けて積載する。
- 危険物を収納した運搬容器を積み重ねる場合は、高さを3m以下とする。
- 危険物は、次の表のように、その性質に応じて有効に被覆するなどの必要な措置を講ずる。

■性質に応じた措置を必要とする危険物

危険物の種類	必要な措置
第1類危険物、自然発火性物品、第4類危険物のうち特殊引火物、第5類危険物、第6類危険物	日光の直射を避けるため遮光性の被覆で覆う。
第1類危険物のうちアルカリ金属の過酸化物またはこれを含有するもの、第2類危険物のうち鉄粉、金属粉、マグネシウムまたはこれらのいずれかを含有するもの、禁水性物品	雨水の浸透を防ぐため防水性の被覆で覆う。
第5類危険物のうち55℃以下の温度で分解するおそれのあるもの	保冷コンテナに収納するなど適正な温度管理をする。
液体の危険物または危険等級Ⅱの固体の危険物を機械により荷役する構造を有する運搬容器に収納して積載する場合	原則として容器に対する衝撃などを防止する。

● 危険物は、混載を禁止されている類の異なる危険物を同一車両に積載し、運搬しない。

■混載可能な危険物または混載の禁止されている危険物の組合せ

	第1類	第2類	第3類	第4類	第5類	第6類
第1類		×	×	×	×	○
第2類	×		×	○	○	×
第3類	×	×		○	×	×
第4類	×	○	○		○	×
第5類	×	○	×	○		×
第6類	○	×	×	×	×	

＊×印は混載禁止、○印は混載可能。
＊この規定は、指定数量の1/10以下の危険物については適用しない。

● 高圧ガスとは混載しない。ただし、告示で定める高圧ガスとの混載は認められている。告示で定める高圧ガスとは、内容積が120ℓ未満の容器に充塡された、①不活性ガス、②液化石油ガスまたは圧縮天然ガス（第4類危険物と混載する場合に限る）、③アセチレンガスまたは酸素ガス（第4類危険物の第3石油類または第4石油類と混載する場合に限る）をいう。

運搬方法の基準

危険物を運搬するときの基準は、次の通り。

- 危険物または危険物を収納した運搬容器が著しい摩擦、動揺を起こさないようにする。
- 危険物の運搬中危険物が著しく漏れるなど災害が発生するおそれがある場合は、災害防止のための応急措置を講じ、最寄りの消防機関などへ通報する。

指定数量以上の危険物を運搬する場合には、上記に加え次の基準がある。

- 車両の前後の見やすい位置に0.3m平方の地が黒色の板に黄色の文字で「危」の標識を掲げる。
- 積替え、休憩、故障等のために車両を一時停止させるときは、安全な場所を選び、運搬する危険物の保安に注意する。
- 運搬する危険物に適応する消火設備を備える。

また、危険物などの運搬・移送中に火災や流出事故が発生した場合、事故を起こした危険物などの品名・性状、応急措置の方法、緊急連絡先などを早期に把握する必要がある。そこで、消防庁では、運搬・移送の際にはこれらの内容を記載した「イエローカード」の携行を指導している。

イエローカードは、タンクローリーなどのバルク輸送の場合に実施されているもので、イエローカードを携行することが困難な混載便や少量輸送の場合は、イエローカードを補完するものとして「容器イエローカード（ラベル方式）」の携行が実施されている。

攻略

- 運搬の基準は、指定数量未満の危険物を運搬するときにも適用される。
- 原則として、温度変化等により危険物が漏れないよう容器を密封する。
- 固体の危険物は、容器の内容積の95％以下の収納率とする。
- 液体の危険物は、容器の内容積の98％以下の収納率で、かつ55℃の温度で漏れないように十分な空間容積をとる。
- 運搬容器は、収納口を上方に向けて積載する。
- 危険物を収納した運搬容器を積み重ねる場合は、高さを3m以下とする。

4-5 移送の基準

移送とは、移動タンク貯蔵所で危険物を運ぶことをいう。

移送をする際には、運転者に関する基準、備え付け書類に関する基準などがあり、「運搬」の場合とは異なる基準が定められている。

● 運転者・同乗者の基準

危険物を移送するときの運転者・同乗者の基準は、次の通り。

- 移動タンク貯蔵所には、移送する危険物を取り扱える**危険物取扱者**が乗車し、その危険物取扱者は**免状**を携帯する。
- 長時間にわたるおそれがある移送の場合には、原則として**2名**以上の運転要員を確保する。長時間にわたる移送とは次の表のような場合を指す。

■長時間移送

運転時間	1人の運転時間
連続運転時間	1回がおおむね連続10分以上で、かつ、合計が30分以上の運転中断をすることなく連続して運転する時間が**4時間**を超える
1日当たりの運転時間	**9時間**を超える

● その他の基準

移送に関するその他の基準は、次の通り。

- 危険物を移送する者は、移送の開始前に、移動貯蔵タンクの底弁その他の弁、マンホールおよび注入口のふた、消火器等の**点検**を十分に行う。
- 危険物を移送する者は、休憩、故障等のため移動タンク貯蔵所を一時停止さ

せるときは、安全な場所を選ぶ。
- 危険物を移送する者は、移動貯蔵タンクから危険物が著しく漏れるなど災害が発生するおそれのある場合は、災害防止の応急措置を講じ、最寄りの消防機関その他の関係機関に通報する。
- 危険物を移送する者は、アルキルアルミニウム等を移送する場合、移送経路その他必要事項を記載した書面を関係消防機関に送付し、その書面の写しを携帯し、書面に記載された内容に従う。
- 車両の前後の見やすい位置に 0.3m 平方以上 0.4m 平方以下の地が黒色の板に黄色の文字で「危」の標識を掲げる。
- 自動車用消火器のうち粉末消火器、またはその他の消火器を 2 個以上備える。
- 移動タンク貯蔵所には、次の書類を備え付けておく。
  - 完成検査済証
  - 定期点検記録
  - 譲渡・引渡の届出書
  - 品名・数量または指定数量の倍数の変更の届出書

攻略

- 移送する危険物を取り扱える危険物取扱者が、免状を携帯して乗車する。
- 移送時間が長時間にわたる場合は、2 名以上の運転要員を確保する。
- アルキルアルミニウム等を移送する場合は、移送経路などを関係消防機関へ届け出る。
- 移送と運搬の違いを簡単に整理しておくと、次のようになる。

	基準の適用範囲	運転者または同乗者	設備
移送	指定数量以上の危険物を移送する場合	●移送する危険物を取り扱える危険物取扱者が、免状を携帯して運転または同乗する。	●「危」の標識 ●消火設備
運搬	指定数量以上の危険物を運搬する場合	●法令上、免状の有無は問わない。 →無資格者でも運搬できる。 （ただし、危険物取扱者の同乗が望ましいとされる。）	指定数量以上を運搬する場合 ●「危」の標識 ●消火設備
	指定数量未満の危険物を運搬する場合		指定数量未満を運搬する場合は、標識・消火設備の設置義務はない

[§4-4〜§4-5] 復習問題

問26 法令上、危険物の運搬容器に関する留意事項として、次のうち誤っているものはどれか。

1. すべての危険物は、収納する危険物と危険な反応を起こさない等、当該危険物の性質に適応した材質の運搬容器に収納すること。
2. 液体の危険物は、運搬容器の内容積の98%以下の収納率であって、かつ、55℃の温度において漏れないように十分な空間容積をとること。
3. 固体の危険物は、運搬容器の内容積の95%以下の収納率とすること。
4. 運搬容器は、収納口を上方又は横方に向けて積載すること。
5. 原則として、温度変化等により危険物が漏れないように運搬容器を密封すること。

解説

4：「又は横方」は誤り。運搬容器は収納口を上方に向けて積載しなければならない。

1〜3、5：正しい。p.129参照。ただし、温度変化などによって運搬容器の内圧が上昇するおそれがある場合は、容器を密封せずにガス抜き口を設けた運搬容器に収納する。

答：4

問27 法令上、同一車両に、それぞれ指定数量の1/10を超える異なる類の危険物を積載して運搬する場合、混載が禁止されている組合せは、次のうちどれか。

1. ニトロ化合物とマグネシウム
2. 塩素酸塩類と過酸化水素
3. カリウムとベンゼン
4. アルコール類と硝酸エステル
5. 金属粉と黄りん

解説

1：ニトロ化合物は第5類で、マグネシウムは第2類。第5類と第2類の混載は禁止されない。

2：塩素酸塩類は第1類で、過酸化水素は第6類。第1類と第6類の混載は

禁止されない。

3：カリウムは第3類で、ベンゼンは第4類。第3類と第4類の混載は禁止されない。

4：アルコール類は第4類で、硝酸エステルは第5類。第4類と第5類の混載は禁止されない。

5：金属粉は第**2**類で、黄りんは第**3**類。第**2**類と第**3**類危険物の混載は禁止される。

この他に、第1類と第6類は酸化性であるため、第4類（引火性）との混載は禁止される。p.132 参照。

答：5

> **アドバイス** 混載可能な組合せは、類の数字を足して7になる組合せと、第4類に第2類または第5類（これも足すと7）の組合せと覚えるとよい。

問28 危険物の移送について、法令上、次の（　）内のA～Cに当てはまる組合せは、次のうちどれか。

「危険物を移送する者は、当該移送の1の運転要員による連続運転時間が（ A ）時間を超える移送であるとき、又は1日の運転時間が（ B ）時間を超えるときは、（ C ）人以上の運転要員を確保すること。ただし、動植物油類その他総務省令で定める危険物の移送については、この限りでない。」

	A	B	C
1	3	10	3
2	4	9	2
3	5	6	3
4	7	7	2
5	9	8	2

解説

移送の連続運転時間が**4時間**を超えるとき、または1日の運転時間が**9時間**を超えるときは、**2人**以上の運転要員を確保しなければならない。p.134 参照。これに当てはまる組合せは**2**。

答：2

§5 行政命令等

5-1 所有者等への命令

　市町村長等は、製造所等が法令の規定に違反していると認める場合には、その製造所等の所有者等に対して技術上の基準を遵守するよう措置命令を下したり、設置許可の取消しや使用停止命令を下したりすることができる。

● 義務違反とその措置命令

　製造所等が遵守すべき法令に違反した場合、**市町村長等**は製造所等の**所有者等**に対して措置をするよう命ずることができる。市町村長等が行った措置命令は、標識を設置するなどの方法により、その旨を公示しなければならない。

　製造所等の義務違反と、それに対する市町村長等が行う措置命令は、次の表の通り。

■義務違反とその措置命令（その1）

義務違反	措置命令
製造所等における危険物の**貯蔵・取扱い**が技術上の基準に違反している場合	技術上の基準に従って危険物を貯蔵し、または取り扱うよう命ずる：危険物の**貯蔵・取扱基準遵守命令**
製造所等の**位置、構造、設備**が技術上の基準に違反している場合	製造所等の所有者等で権原を有する者に対する危険物施設の基準適合命令（**修理、改造または移転命令**）
危険物保安統括管理者または危険物保安監督者が消防法もしくは消防法に基づく命令の規定に違反した場合	危険物保安統括管理者または危険物保安監督者の**解任命令**
危険物保安統括管理者または危険物保安監督者にその業務を行わせることが**公共の安全の維持**もしくは**災害発生防止**に支障を及ぼすおそれがある場合	
火災予防上必要がある場合	予防規程**変更命令**

■義務違反とその措置命令（その2）

義務違反	措置命令
危険物の流出その他の事故が発生したときに、**応急措置**を講じていない場合	危険物施設の**応急措置命令**
管轄する区域にある移動タンク貯蔵所で、危険物の流出その他の事故が発生した場合	移動タンク貯蔵所の**応急措置命令**
無許可で指定数量以上の危険物を貯蔵し、または取り扱っている場合	危険物の**除去等の命令**

● 設置許可の取消しまたは使用停止命令

　市町村長等は、製造所等が次の事項に該当する場合は、所有者等に対して設置許可の取消し、または期間を定めて施設の使用停止を命じることができる。

- **無許可変更**：許可を受けずに製造所等の位置、構造、設備を**変更**した場合。
- **完成検査前使用**：製造所等を設置したときや、位置、構造、設備を変更したとき、**完成検査**を受ける前に施設を使用した場合。または、**仮使用**の承認を受けずに使用した場合。
- **措置命令違反**：位置、構造、設備に関わる**修理、改造または移転**の措置命令に違反した場合。
- **保安検査未実施**：政令で定める屋外タンク貯蔵所または移送取扱所の所有者等が**保安検査**を受けていない場合。
- **定期点検未実施**：**定期点検**の実施、点検記録の作成、保存がなされていない場合。

● 使用停止命令

　市町村長等は、製造所等が次の事項に該当する場合は、所有者等に対して期間を定めて施設の使用停止を命じることができる。

- 移動タンク貯蔵所以外の製造所等が、危険物の**貯蔵・取扱基準遵守命令**に違反した場合。
- 市町村長等の管轄区域において、移動タンク貯蔵所が**貯蔵・取扱基準遵守命**

令に違反した場合。

- 危険物保安統括管理者を定めていない場合、またはその者に危険物の保安に関する業務を統括管理させていない場合。
- 危険物保安監督者を定めていない場合、またはその者に危険物の取扱作業に関して保安の監督をさせていない場合。
- 危険物保安統括管理者または危険物保安監督者の解任命令に違反した場合。

ここで、設置許可の取消しと使用停止命令の内容を区別しておこう。

危険物保安統括管理者などの人的な面での措置命令違反や、貯蔵・取扱いの技術上の基準に関する措置命令違反の場合は、使用停止命令は下されるが、許可の取消しには至らない。

一方、無許可変更や完成検査前使用などの違反の場合は、許可の取消しまで至ることがある。

許可の取消しが発令されると、それ以後製造所等の危険物施設を使用して危険物の貯蔵・取扱いができなくなる。

使用停止命令では、定められた期間は危険物施設を使用できないが、その期間経過後は施設の使用を再開できる。

● 緊急時の停止命令

上記の設置許可の取消しや使用停止命令は、法令上の基準に違反したときに発令されるが、それ以外にも、市町村長等は、公共の安全維持や災害発生防止上、緊急の必要があると認める場合は、所有者等に対して施設の一時使用停止命令または使用制限命令を発令することができる。

また、指定数量以上の危険物を貯蔵し、または取り扱うことは、災害発生時の危険性の度合いが大きいことから、法令に違反した場合は、懲役または罰金などの罰則規定が定められている。

攻略

- 設置許可の取消しまたは使用停止命令に該当するのは、無許可変更、完成検査前使用、修理、改造または移転の措置命令違反、保安検査未実施、定期点検未実施。
- 使用停止命令に該当するのは、貯蔵・取扱基準遵守命令違反と、危険物保安統括管理者、危険物保安監督者などの人的な面での違反。

§5 行政命令等

5-2 火災防止上のその他の権限

市町村長等などには、必要と認められる場合の立入検査などに関する権限が付与されている。

● 立入検査

市町村長等は、危険物の貯蔵・取扱いに伴う火災防止のために必要と認める場合には、指定数量以上の危険物を貯蔵し、または取り扱っているすべての場所の所有者等に対して、次のような権限を有している。

- 資料の提出を命じ、もしくは報告を求めることができる。
- 消防職員をその場所に立ち入らせて、位置・構造・設備および貯蔵・取扱いについて検査させ、関係者に質問させることができる。
- 消防職員に、試験のために必要最小限の危険物を収去させることができる。

● 走行中の移動タンク貯蔵所の停止

消防吏員または警察官は、危険物の移送に伴う火災防止のため特に必要と認める場合には、走行中の移動タンク貯蔵所を停止させ、乗車している危険物取扱者に対し、危険物取扱者免状の提示を求めることができる。

● 危険物流出等の事故原因調査

市町村長等は、製造所等において危険物の流出などの事故が発生した場合、その事故が火災発生のおそれがあったものについては、事故原因を調査することができる。

調査に当たっては、上の立入検査の場合と同様に履行することができる。

練習問題

> 問1　法別表第一に掲げる第3類危険物の品名として掲げられていないものは、次のうちどれか。
>
> 1. 黄りん
> 2. アルカリ金属
> 3. 金属の水素化物
> 4. 金属のりん化物
> 5. 金属のアジ化物

解説

5：第3類危険物ではない。金属のアジ化物は第5類危険物。
1～4：正しい。すべて第3類危険物。

答：5

> 問2　屋内貯蔵所に次の危険物が貯蔵されている。その危険物は耐火構造の4つの室にそれぞれ貯蔵されている。この屋内貯蔵所の指定数量の倍数はいくつか。
>
> 硫黄……………100 kg
> カリウム…………100 kg
> 重油……………4,000 ℓ
> 過酸化水素………3,000 kg
>
> 1. 8倍　　2. 11倍　　3. 18倍　　4. 23倍　　5. 36倍

解説

それぞれ指定数量の倍数を足すと、

硫黄：100 kg／100 kg＋カリウム：100 kg／10 kg＋重油：4,000 ℓ／2,000 ℓ＋過酸化水素：3,000 kg／300 kg＝1＋10＋2＋10＝**23倍**

となる。

答：4

問3 液体の危険物を貯蔵・取扱う地下タンクを有する給油取扱所を設置する場合の手続きについて、次のうち正しいものはどれか。

1. 工事着工申請→工事着工→工事完了→完成検査→使用開始
2. 許可申請→許可→工事着工→完成検査前検査→工事完了→使用開始→完成検査済証交付
3. 許可申請→承認→工事着工→工事完了→完成検査申請→完成検査→完成検査済証交付→使用開始
4. 許可申請→許可書交付→工事着工→完成検査前検査→工事完了→完成検査申請→完成検査→完成検査済証交付→使用開始
5. 許可申請→許可書交付→工事着工→工事完了→完成検査申請→完成検査→完成検査済証交付→使用開始

解説

問題文にある「液体の危険物を貯蔵・取扱う（地下）タンク」に注目。この条件が適用される製造所等を設置する場合は、製造所等全体の<u>完成検査</u>を受ける前に<u>完成検査前検査</u>を受けなければならない。

選択肢1〜5のうち、これに当てはまる手続きは **4**。　　**答：4**

＋アドバイス　設置・変更手続きの順序で間違いやすいのは、許可や完成検査済証が交付されなければ、工事着工も施設の使用もできないこと。つまり、申請しただけでは手続き完了とはいえない。

問4 法令上、製造所等の位置、構造又は設備を変更する場合の手続きとして、次のうち正しいものはどれか。

1. 変更工事終了後、10日以内に市町村長等の承認を得る。
2. 市町村長等から変更の承認を受けてから、変更工事を開始する。
3. 変更工事終了後、速やかに市町村長等に使用許可を届け出る。
4. 変更工事を開始しようとする日の10日前までに、市町村長等の許可を得る。
5. 市町村長等の変更許可を受けてから、変更工事を開始する。

解説

製造所等の位置、構造または設備を変更する場合は、設置申請と同様に市町村長等に対して<u>変更許可</u>申請をする。変更工事は、変更許可が<u>下りてから</u>開始する。工事終了後

の申請は認められていない。また、手続きは承認申請ではなく、申請するまでの期限もない。

選択肢1～5のうち、これらに当てはまるものは**5**。　　答：5

> **＋アドバイス**　「10日以内」の期間といえば、仮貯蔵・仮取扱いの期間と危険物取扱者免状の再交付後に亡失した免状を発見した場合の返却期間。「10日前まで」は、危険物の品名・数量・指定数量の倍数の変更届。

問5 給油取扱所内にある地下貯蔵タンクを1基増設する場合で、その他の施設をそのまま使用する手続きとして、正しいものはどれか。

1. 変更工事に該当するので、施設全体は一切使用できない。
2. 安全が確認されれば、そのまま増設工事を行い、工事完了後変更届けを市町村長等に提出すればよい。
3. 操業に支障なければ、増設工事を行いながら、その他の施設を使用する。
4. 変更工事の部分以外の全部又は一部の使用を市町村長等に申請し、承認を受けた部分について仮に使用することができる。
5. 設置工事完了後、予防規程に変更箇所について記載して、変更の認可を受ける。

解説

この問題の場合、施設の変更と仮使用の申請が必要である。変更工事を行う場合は市町村長等の許可が必要であり、仮使用をするには市町村長等の承認が必要になる。

1：誤り。変更工事部分以外の施設の一部または全部は仮使用申請して承認を受ければ使用できる。
2：誤り。変更工事は、市町村長等の許可なしに行うことはできない。
3：誤り。変更工事については2と同様。また、工事以外のその他の施設についても、市町村長等の承認なしに使用することはできない。
4：正しい。仮使用の正しい申請である。
5：誤り。予防規程はその施設全体の安全に関する基本的な規程であり、変更工事や仮使用の手続きと予防規程を変更する場合の手続きは、異なったものである。　　答：4

> **＋アドバイス**　仮使用と仮貯蔵・仮取扱いは、承認申請先や期間、内容が異なる。正確に区別して覚える。

問6　危険物取扱者免状の再交付又は書換えの申請先として、次のうち正しいものはどれか。

1. 再交付は、居住地又は勤務地を管轄する市町村長に申請する。
2. 写真のみの書換えは、居住地を管轄する市町村長に申請する。
3. 再交付又は書換えは、居住地又は勤務地を管轄する消防長又は消防署長に申請する。
4. 書換えは、当該免状を交付した都道府県知事、居住地又は勤務地を管轄する都道府県知事に申請する。
5. 再交付又は書換えは、当該免状を交付した都道府県知事又は本籍地の属する都道府県知事に申請する。

解説

　免状の再交付の申請先は免状を交付または書換えを行った都道府県知事で、免状の書換えの申請先は免状を交付した都道府県知事または、居住地もしくは勤務地を管轄する都道府県知事である。
　選択肢1～5のうち、これに当てはまるものは **4**。

答：4

問7　平成25年4月1日現在、危険物の取扱作業に従事している甲種危険物取扱者で保安講習の受講時期が経過しているものは、次のうちどれか。

1. 平成21年10月1日に免状の交付を受け、その後危険物の取扱作業に従事していなかったが、6カ月前から危険物の取扱作業に従事している。
2. 平成21年10月1日に免状の交付を受け、その後危険物の取扱作業に従事していなかったが、2年前から危険物の取扱作業に従事している。
3. 平成23年4月2日に免状の交付を受け、その後危険物の取扱作業に従事していなかったが、1年前から危険物の取扱作業に従事している。
4. 平成23年3月31日に講習を受け、継続して危険物の取扱作業に従事している。
5. 平成22年4月2日に保安講習を受けたが、その後危険物の取扱作業に従事していなかった。そして現在危険物の取扱作業に従事することになった。

> **解説**

1：受講時期は経過していない。取扱作業に従事しはじめた日（平成24年10月1日）から過去2年以内に免状の交付を受けていないので、従事することになった日から<u>1年</u>以内の9月30日までに受講すればよい。

2：受講時期は経過している。取扱作業に従事しはじめた日（平成23年4月1日）から過去2年以内（1年6カ月）に免状交付を受けているので、保安講習は免状の交付を受けた日以後の最初の<u>4月1日</u>から<u>3年</u>以内の平成25年3月31日には受講していなければならない。

3：受講時期は経過していない。取扱作業に従事しはじめた日（平成24年4月1日）から過去2年以内に免状の交付を受けているので、保安講習は免状交付日以後の最初の<u>4月1日</u>から<u>3年</u>以内の平成27年3月31日までに受講すればよい。

4：受講時期は経過していない。継続して危険物取扱作業に従事しているので、保安講習は前回の受講日以後の最初の4月1日から<u>3年</u>以内の平成26年3月31日までに受講すればよい。

5：受講時期は経過していない。取扱作業に従事しはじめた日から過去2年以内に保安講習を受けていないので、保安講習は<u>1年</u>以内の平成26年3月31日までに受講すればよい。

答：2

問8　法令上、危険物施設保安員について、次のうち正しいものはどれか。

1. 危険物施設保安員は、甲種又は乙種危険物取扱者でなければならない。
2. 指定数量の倍数が100以上の地下タンク貯蔵所には、危険物施設保安員を定めなければならない。
3. 危険物施設保安員は、製造所等の構造及び設備に係る保安のための業務を行う。
4. 危険物施設保安員は、施設の異常を発見した場合には、直ちに所有者等へ報告しなければならない。
5. 製造所等の所有者等は、危険物施設保安員を定めたときは、遅滞なくその旨を市町村長等に届け出なければならない。

> **解説**

1：誤り。危険物施設保安員の資格は特に<u>必要ではない</u>。

2：誤り。<u>地下タンク貯蔵所</u>には危険物施設保安員を定める必要はない。危険物施設保安員の必要な製造所等は、指定数量の倍数が<u>100</u>以上の危険物を取り扱う<u>製造所</u>と<u>一般取扱所</u>、<u>すべての移送取扱所</u>に規定されている。

3：正しい。危険物施設保安員は、<u>危険物保安監督者</u>のもと、製造所等の構造および設備にかかる保安のための業務を行う。

4：誤り。危険物施設保安員は、施設の異常を発見した場合には、ただちに<u>危険物保安監督者</u>や関係者へ報告しなければならない。

5：誤り。危険物施設保安員の選任・解任について、届出の<u>義務はない</u>。

答：3

問9 法令上、製造所等における予防規程に定めなければならない事項に該当しないものは、次のうちどれか。

1. 危険物保安監督者が、旅行、疾病その他の事故によって、その職務を行うことができない場合に、その職務を代行する者に関すること。
2. 施設の運転又は操作に関すること。
3. 火災発生時における給水維持のため、水道の制水弁開閉に関すること。
4. 地震発生時における施設及び設備に対する点検、応急措置に関すること。
5. 製造所等の位置、構造及び設備を明示した書類及び図面の整備に関すること。

解説

3：該当しない。予防規程は原則として、火災予防上の観点から作成し、所有者等・従業者が遵守すべき<u>自主保安</u>基準である。したがって、「水道の制水弁開閉」などは当てはまらない。

1、2、4、5：該当する。すべて、予防規程に定める事項である。

答：3

アドバイス こういった問題の場合、定義をしっかり覚えておけば消去法で答えられる。つまり、予防規程の主な事項をすべて覚える必要はなく、常識的に考えれば答はおのずと見えてくるはず。

問10 製造所等のうち、政令で定める一定規模以上になると保安検査の対象となるものは、次のうちどれか。

1. 屋外タンク貯蔵所
2. 屋内タンク貯蔵所
3. 地下タンク貯蔵所
4. 屋外貯蔵所
5. 給油取扱所

> **解説**

保安検査とは、施設の構造や設備が一定の基準を維持しているかどうか、市町村長等が行う検査のことで、対象施設は、<u>移送取扱所</u>と規模の大きな<u>屋外タンク貯蔵所</u>である。

選択肢1～5のうち、これらに当てはまるものは**1**。

答：1

> **アドバイス** 定期点検と保安検査は、しっかり区別して覚える必要がある。

問11 法令上の保有空地について、次のうち誤っているものはどれか。

1. 保有空地とは、消火活動及び延焼防止のため、製造所等の周囲に確保する空地のことである。
2. 貯蔵し、又は取扱う危険物の指定数量の倍数に応じて、保有空地の幅が定められている。
3. 保有空地には、物品を置くことができない。
4. 保安距離が必要な施設は、保有空地を必要としない。
5. 製造所と一般取扱所の保有空地は同じである。

> **解説**

1：正しい。保有空地とは、消火活動や延焼防止を目的に、製造所等の周囲に設けられた空地のこと。
2：正しい。保有空地を必要とする製造所等の保有空地の幅は、貯蔵・取扱いの危険物の指定数量の倍数によって定められている。たとえば、屋外タンク貯蔵所の保有空地は、指定数量の倍数が500以下から4,000を超えるものの間で6つに区分されて保有空地が決められている。
3：正しい。保有空地内にはどのような物品であっても置くことはできない。
4：誤り。<u>保安距離</u>が必要な製造所等には<u>保有空地</u>も必要である。保有空地の必要な製造所等は、保安距離の必要な製造所等に屋外に設ける簡易タンク貯蔵所と地上設置の移送取扱所を加えればよい。また、保安距離も保有空地も必要としない製造所等は、屋内タンク貯蔵所、地下タンク貯蔵所、移動タンク貯蔵所、給油取扱所、販売取扱所の5つ。
5：正しい。製造所も一般取扱所も、危険物の指定数量の倍数が<u>10</u>以下の施設では<u>3m</u>以上で、<u>10</u>を超える施設では<u>5m</u>以上の保有空地が必要とされている。

答：4

> **アドバイス** 一般取扱所の基準は、製造所と同じと覚える。

問12 簡易タンク貯蔵所の位置、構造及び設備の技術上の基準として、次のうち正しいものはどれか。

1. 屋外に設置する場合は、簡易貯蔵タンクの周囲に0.5m以上の空地を確保しなければならない。
2. 簡易貯蔵タンク1基の容量は、800ℓ以下としなければならない。
3. 簡易貯蔵タンクは4基以内とし、かつ、同一の危険物の簡易貯蔵タンクは2基以上設置することはできない。
4. 簡易貯蔵タンクをタンク専用室に設ける場合は、タンクと専用室の壁との間隔を1m以上としなければならない。
5. 簡易貯蔵タンクには、通気管を設けなければならない。

解説

1：「0.5m」は誤り。屋外に設置する場合は、簡易貯蔵タンクの周囲に<u>1m</u>以上の空地を確保しなければならない。
2：「800ℓ」は誤り。1基の容量は<u>600ℓ</u>以下としなければならない。
3：「4基」は誤り。簡易貯蔵タンクは<u>3基</u>以内とし、かつ、同一の危険物の簡易貯蔵タンクは2基以上設置することはできない。
4：「1m」は誤り。タンクとタンク専用室の壁との間隔は<u>0.5m</u>以上としなければならない。
5：正しい。ただし、第4類危険物の圧力タンク以外のタンクに設ける通気管は、無弁通気管とする。

答：5

問13 屋外貯蔵所の技術上の基準として、次のうち誤っているものはどれか。

1. 貯蔵場所は、湿潤でなく、かつ排水のよい場所にすること。
2. 貯蔵場所の周囲には、さく等を設けて明確に区画すること。
3. 貯蔵場所のさく等の周囲には、指定数量の倍数に応じて一定以上の保有空地を確保すること。
4. 架台を設置する場合は、不燃材料で造り、堅固な地盤面に固定して、架台の高さを6m未満にすること。
5. 貯蔵する危険物は、第2類と第4類の危険物であればよい。

> **解説**

1：正しい。屋外貯蔵所は、湿潤でなく、かつ排水のよい場所に設置する。
2：正しい。屋外貯蔵所の危険物の周囲には、さく等を設けて明確に区画する。
3：正しい。屋外貯蔵所のさく等の周囲に確保する保有空地は、指定数量の倍数に応じて定められている。
4：正しい。屋外貯蔵所に設ける架台は不燃材料で造り、堅固な地盤面に固定して、架台の高さを6m未満とする。
5：誤り。屋外貯蔵所では、第2類危険物と第4類危険物のすべてを貯蔵できるわけではない。第2類危険物のうち硫黄または硫黄のみを含有するものと引火点が0℃以上の引火性固体が貯蔵でき、第4類危険物のうち引火点が0℃以上の第1石油類と、アルコール類、第2石油類、第3石油類、第4石油類、動植物油類が貯蔵できる。　　答：5

問14 給油取扱所の位置、構造及び設備の技術上の基準について、次のA～Eのうち誤っているものはいくつあるか。

A. 給油取扱所から学校、病院等の建築物等までの間に、防火のため30m以上の距離を保つ。
B. 給油取扱所には、固定給油設備等に接続する容量30,000ℓ以下の地下専用タンク及び容量10,000ℓ以下の廃油タンクを設けることができる。
C. 固定給油設備の給油ホースは、先端に弁を設けた4m以下の長さとし、先端に蓄積される静電気を有効に除去する装置を設ける。
D. 建築物の屋内給油取扱所の上部に上階がある場合は、危険物の流出の拡大及び上階への延焼を防止するための措置を講じる。
E. 建築物の屋内給油取扱所の用に供する部分の1階の二方については、壁を設けられない（一定の措置を講じた場合を除く）。

1. 1つ　　2. 2つ　　3. 3つ　　4. 4つ　　5. 5つ

> **解説**

A：誤り。給油取扱所に保安距離を設ける必要はない。
B：「30,000ℓ」は誤り。固定給油設備等に接続する地下専用タンクに容量制限はない。ただし、廃油タンクには容量10,000ℓ以下の制限が設けられている。
C：「4m以下」は誤り。固定給油設備の給油ホースは、先端に弁を設けた全長5m以下の長さとしなければならない。

D：正しい。屋内給油取扱所に使用する部分に上階がある場合は、危険物の流出拡大や上階への延焼を防止するための必要な措置を講じなければならない。
E：正しい。屋内給油取扱所に使用する部分の1階の2方には、一定の措置を講じた場合を除き、壁を設けてはならない。

答：3

問15 顧客に自ら給油等を行わせる給油取扱所の基準として、次のうち誤っているものはどれか。

1. 顧客用固定給油設備には、顧客用の固定給油設備である旨の表示をする。
2. 給油ホースの先端部に手動開閉装置を備えた給油ノズルを設け、燃料タンクが満量となった場合は、警報を発する構造とする。
3. 灯油用の固定注油設備には、青色の彩色を施す。
4. 制御卓で、顧客の給油作業を直視等により適正に監視する。
5. 地震時にホース機器への危険物の給油を自動的に停止する構造とする。

解説

1：正しい。この他、給油取扱所自体にも、「セルフスタンド」などの表示をする。
2：「警報を発する構造」は誤り。給油ノズルは、自動車等の燃料タンクが満量となった場合は、給油を<u>自動的に停止</u>する構造とする。注油ホースにも適用される基準である。
3：正しい。他に、軽油は<u>緑</u>色、ハイオクは<u>黄</u>色、レギュラーは<u>赤</u>色と定められている。
4：正しい。制御卓で適正に監視するとともに、顧客に必要な指示を与える。
5：正しい。顧客用固定給油設備、顧客用固定注油設備に共通する基準である。

答：2

問16 製造所等に設置する消火設備の1所要単位の計算方法として、次のうち誤っているものはどれか。

1. 外壁が耐火構造の製造所‥‥‥‥‥延べ面積 $100\,m^2$
2. 外壁が耐火構造でない製造所‥‥‥延べ面積 $50\,m^2$
3. 外壁が耐火構造の貯蔵所‥‥‥‥‥延べ面積 $150\,m^2$
4. 外壁が耐火構造でない貯蔵所‥‥‥延べ面積 $100\,m^2$
5. 危険物‥‥‥‥‥‥‥‥‥‥‥‥‥指定数量の10倍

> **解説**

1～3：正しい。屋内にある製造所等の1所要単位の計算方法である。
4：誤り。屋内貯蔵所など、外壁が耐火構造でない貯蔵所の1所要単位の計算方法は、75m² である。
5：正しい。危険物の量による1所要単位の計算方法である。

答：4

> **アドバイス** 耐火構造でない施設の1所要単位の計算方法は、耐火構造の施設の1/2と覚える。

問17 危険物の貯蔵及び取扱いについて、危険物の類ごとに共通する技術上の基準に「水との接触を避けること」と定められているものは、次のA～Eのうちいくつあるか。

A. 第1類のうちアルカリ金属の過酸化物
B. 第2類のうち鉄粉、金属粉及びマグネシウム
C. 第3類のうち黄りん
D. 第4類のうち非水溶性のもの
E. 第6類危険物

1. 1つ　　2. 2つ　　3. 3つ　　4. 4つ　　5. 5つ

> **解説**

水との接触を避けることと定められている物品は、第1類危険物のアルカリ金属の過酸化物、第2類危険物の鉄粉、金属粉、マグネシウム、第3類危険物の禁水性物品である。
選択肢A～Eのうち、これらに当てはまるものは**A**と**B**の2つ。
ちなみに、**C**の黄りんは、自然発火性があるため水中で貯蔵する。

答：2

問18 屋内貯蔵所において類を異にする危険物を類ごとに取りまとめて相互に1m以上の距離を置けば、同時に貯蔵できる組合せは、次のうちどれか。

1. 第1類と第2類
2. 第1類と第4類
3. 第1類と第6類
4. 第2類と第5類
5. 第3類と第5類

> **解説**

屋内貯蔵所で、2つの類の危険物すべてを同時貯蔵できるのは、<u>第1類</u>と<u>第6類</u>だけ。その他の同時貯蔵できる組合せには、性質や含有物による条件がある。

答：3

問 19 製造所等における危険物の貯蔵・取扱いの基準についての説明として、次のうち正しいものはどれか。

1. 危険物を廃棄する場合に焼却の方法で行うときは、周囲に建築物が隣接している場合に限り、見張人をつけなければならない。
2. 移動貯蔵タンクから危険物を貯蔵し、又は取扱うタンクに引火点が40℃未満の危険物を注入するときは、移動タンク貯蔵所のエンジンを停止させなければならない。
3. 屋外貯蔵タンクの防油堤内に滞水しないよう、水抜口は通常開放しておかなければならない。
4. 給油取扱所で自動車等に給油するときに、自動車等のエンジンを停止しなければならないのは、引火点が40℃未満の危険物を注入するときである。
5. 屋外貯蔵タンク、屋内貯蔵タンク、地下貯蔵タンク又は簡易貯蔵タンクの計量口は、危険物を注入するとき逆流を防止するため開放しておかなければならない。

> **解説**

1：誤り。危険物を廃棄するときは、周囲に建築物が隣接している場合に限らず、<u>見張人</u>をつけなければならない。
2：正しい。移動タンク貯蔵所から危険物を貯蔵し、または取り扱うタンクに引火点が40℃未満の危険物を注入するときは、移動タンク貯蔵所のエンジン（原動機）を停止させなければならない。
3：「開放」は誤り。防油堤に設けた水抜口は、通常<u>閉鎖</u>しておかなければならない。
4：「40℃未満」は誤り。給油するときは自動車等のエンジンを<u>必ず</u>停止しなければならない。
5：「開放」は誤り。タンクの計量口は、計量するとき以外は<u>閉鎖</u>しておかなければならない。

答：2

> 問20　法令上、危険等級Ⅰに該当しないものは、次のうちどれか。
>
> 1. 第1種酸化性固体
> 2. 特殊引火物
> 3. 赤りん
> 4. 第1種自己反応性物質
> 5. 第6類危険物

解説

危険物は、危険性の程度に応じて危険等級Ⅰ～Ⅲに区分される。危険等級は運搬容器の外部に表示することが義務づけられている。

1：該当する。第1類危険物の第1種酸化性固体は危険等級Ⅰ。
2：該当する。第4類危険物の特殊引火物は危険等級Ⅰ。
3：該当しない。第2類危険物の赤りんは危険等級<u>Ⅱ</u>。
4：該当する。第5類危険物の第1種自己反応性物質は危険等級Ⅰ。
5：該当する。第6類危険物はすべて危険等級Ⅰ。

答：3

> 問21　製造所等の使用停止命令の発令事由として、次のうち該当するものはどれか。
>
> 1. 予防規程を変更したが認可を得ていない場合
> 2. 危険物保安監督者の選任届出をしていない場合
> 3. 危険物施設保安員を選任していない場合
> 4. 完成検査済証交付前に製造所等を使用したとき。
> 5. 定期点検の届出をしていない場合

解説

1：該当しない。予防規程に関しては、火災予防上必要な場合は変更命令が発令されるが、変更の認可を受けていなくても使用停止命令の発令事由にはならない。
2：該当しない。選任の届出をしていないだけでは使用停止命令は発令されない。使用停止命令が発令されるのは、危険物保安監督者を<u>選任</u>していないとき。
3：該当しない。危険物施設保安員の選任・解任に関する届出の義務はない。したがって、使用停止命令は発令されない。
4：該当する。完成検査前使用の違反になる。この場合、許可の取消しに至ることもある。
5：該当しない。定期点検に届出の義務はない。したがって、使用停止命令は発令されない。ただし、定期点検を実施していない場合は許可の取消しまたは使用停止命令が発令される。

答：4

第2章

物理学および化学

§1 物理学
§2 化学
§3 燃焼・消火の基礎理論

学習の前に

　物理学および化学に関する問題は、全部で10問出題される。繰り返しになるが、乙種危険物取扱者試験と甲種危険物取扱者試験の大きな違いは、物理学・化学の問題で「基礎的な」の文言がなくなっていることである。

　これは、甲種危険物取扱者試験では、「物理学および化学」の科目の難易度が高くなっているということを意味する。

　そこで本書のテキストでは、物理学・化学からしばらく遠ざかっていた人たちを視野に入れ、基礎から詳しく解説した。しかも、できるだけ危険物に関連した情報を加えた。ここで理解を深めておけば、危険物の性質に関する次の科目は、1つ1つ暗記するのではなく、理屈で解けるからだ。

　もちろん、現役で物理学や化学を学んでいる人は、テキストを読み飛ばして問題から始め、不明なところだけをテキストで確認する方法もある。ただし、挑戦するのは危険物の試験である。物理学・化学と危険物の関係を理解しておく必要があることを意識してほしい。

　解説に入る前に、物理量と単位の示し方について説明しておこう。

　単位のついた量を物理量といい、数値と単位の積で表される。たとえば、圧力1.000 atm という物理量は、数値1.000 と単位 atm の積である。

　同じ物理量でも単位を変えると数値も変化する。

例▶ $1.000 \, \text{atm} = 1.013 \times 10^5 \, \text{Pa}$

　また、物理量どうしを計算する場合は、数値と単位を同時に計算する。

例▶ 質量が $w = 2.0\,\text{g}$、モル質量が $M = 40\,\text{g/mol}$、溶液の体積が $V = 0.50\,\ell$ のとき、モル濃度は、次のように計算する。

$$\frac{w}{M} \times \frac{1}{V} = \frac{2.0\,(\text{g})}{40\,(\text{g/mol})} \times \frac{1}{0.50\,(\ell)} = 0.10\,\text{mol}/\ell$$

　なお、本書では、主に国際単位系（SI）を使用している（⇨後見返し「国際単位系（SI）」）。

§1 物理学

1-1 物質の状態変化

　温度や圧力と物質の状態は、密接な関係がある。特に温度は物質の内部エネルギーであり、物質を構成する粒子の熱運動を決める。

● 物質の三態

　物質の状態は、温度や圧力によって変化し、通常、**固体**、**液体**、**気体**に分けられる。この固体、液体、気体の状態を**物質の三態**という。この三態間の物理変化（⇨p.197）を**物質の状態変化**といい、その状態は熱の出入りによって変化する。

● 三態の変化と熱運動

　<u>固体</u>は、粒子が分子間力（分子間に働く引力）や電気的な引力などにより互いに強く引き合い、<u>位置が決まっている</u>状態である。ただし、その位置で熱振動は残っている。規則正しく配列している場合は結晶（クリスタル）と呼ばれ、食塩や金属などがある。一方、乱雑にただ固まっているものは非晶質（アモルファス）と呼ばれ、ガラス、活性炭などがある。
　<u>液体</u>は、温度が高くなり、粒子の熱運動が分子間力より大きくなって動き回るようになり、<u>流動性が生じる</u>状態である。しかし、粒子はまだ互いに弱く引き合っているため、固体と液体の状態変化における体積変化は小さい。

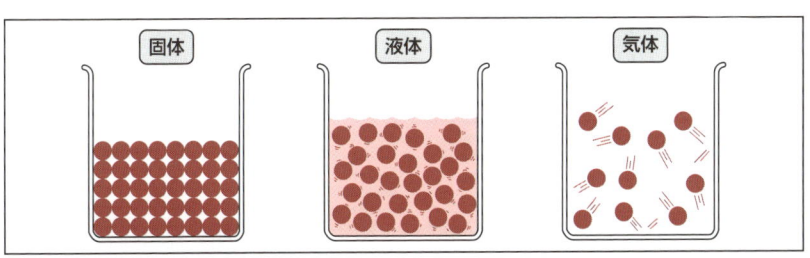

■物質の三態と粒子の関係

気体は、粒子が個々に自由に飛び回っているような状態である。液体と気体の状態変化における体積変化は非常に大きい。

物質の三態間の変化には、固体から液体になる融解、液体から気体になる蒸発または気化、気体から液体になる凝縮または液化、液体から固体になる凝固、また、固体から直接気体になる（気体から直接固体になる）昇華がある。詳細は次の項（p.161～）で解説する。

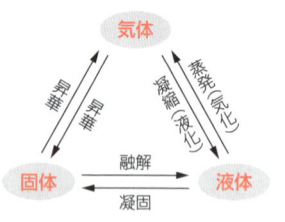

■物質の三態間の変化

温度と圧力

温度とは、物質の温かさや冷たさを表す尺度をいう。温度には、摂氏温度（セ氏温度）、華氏温度（カ氏温度）、絶対温度がある。

セ氏温度とは、日常生活で使われる温度で、1気圧下での氷の融点を0℃、水の沸点を100℃としてその間を100等分したもので、単位は℃で表す。

絶対温度とは、分子や原子の運動が止まった状態を絶対零度とする尺度で、理論的にこれより低い温度は存在しない。単位はK（ケルビン）で表す。絶対温度T、セ氏温度tとすると、両者の関係は「$T = t + 273$」で表される。

カ氏温度とは、氷の融点を32°F、水の沸点を212°Fとしてその間を180等分したもので、単位は°F（ファーレンハイト）で表す。

圧力とは、単位面積当たりに働く力のことをいう。現在SI単位系（⇨後見返し）では、単位としてパスカル（Pa）が用いられており、圧力1Paは$1m^2$に1Nの力が働くことである。1Nの力とは、1kgの質量の物体に$1m/s^2$の加速度を生じさせる力のことをいう（$1N = 1kg·m/s^2$）。

標準大気圧の1気圧（atm）は$1.013 × 10^5 Pa$で、1気圧≒1,000hPa＝0.1MPaと覚えるとよい。（hはヘクトで100倍、Mはメガで100万倍を表す。）

また、密閉した容器の中の気体や液体に圧力を加えると、すべての方向に同じようにその圧力が伝わる。これをパスカルの原理という。固体の場合は、気体や液体と異なり、圧力を加えると一方向にだけしか力が伝わらない。

標準状態とは、0℃、1気圧の状態をいい、主に気体の体積を計算するときに用いる。

また、常温常圧とは、一般には温度20℃、1気圧の状態をいう。

密度と比重

　密度と比重は、固体や液体では同じ数値になるが、定義が異なることと、単位の有無に注意を要する。

　密度は、単位体積当たりの物質の**質量**のことで単位があり、**比重**は密度の基準となる物質の密度との**比**で表し単位がない。

　温度によって体積が変化すると、密度や比重も変化する。一般には、温度が上がると体積が膨張するため、密度は小さくなる。液体の水は、1気圧**4℃**で最大の密度 $1g/cm^3$ となる。

1）固体・液体の密度と比重

　固体や液体の密度は、$1cm^3$ 当たりの物質の**質量**で表し、単位は g/cm^3 である。
　一方、比重は、物質の密度と1気圧4℃の**水**の密度（$1g/cm^3$）との比で表す。しかし、分母が1であるため、比重は物質の密度と同じ数字になる。固体や液体の比重を**液比重**という。通常、物質の比重といえば、この液比重のことを表す。

2）気体の密度と比重

　気体は体積が大きいため、密度は $1m^3$ や $1ℓ$ 当たりの**質量**で表し、単位には g/m^3 や $g/ℓ$ を用いる。
　気体の比重は、標準状態（0℃、1気圧）での気体の密度と**空気**の密度（$1.293g/ℓ$）の比で表す。これを、**蒸気比重**という。また、気体の比重は、同じ温度と圧力においては、気体の分子量（⇒p.209）と空気の平均分子量との比に等しい。

■危険物に関連する物質の比重

物質	比重	物質	比重	物質	比重
液体		固体		気体	
ガソリン	0.65〜0.75	氷	0.917	一酸化炭素(CO)	0.97
エタノール	0.79	ピクリン酸	1.8	プロパンガス	1.5
ベンゼン	0.88	硫黄	約2	二酸化炭素(CO_2)	1.53
水(0℃)	0.99987	黄りん	1.8	エタノール(蒸気)	1.6
クロロベンゼン	1.1	無水硫酸	1.97	亜硫酸ガス(SO_2)	2.26
ニトロベンゼン	1.2	塩素酸カリウム	2.3	ガソリン(蒸気)	約3〜4
二硫化炭素	1.26	アルミニウム	2.7	灯油(蒸気)	4.5

> **例▶** 空気の標準状態での密度を計算してみよう。
>
> 空気のおよその組成は窒素（N_2）80%、酸素（O_2）20%である。窒素と酸素の原子量は、それぞれ14と16。どちらも2原子分子であるから、窒素分子と酸素分子の分子量は28と32。
>
> 見かけ上（平均）の空気の分子量は $28 \times 0.80 + 32 \times 0.20 = 28.8$ となる。したがって、空気1モルの質量は28.8gである。
>
> 理想気体（⇨ p.173）では、空気1モルの体積は22.4ℓである。
>
> $$密度 = \frac{質量}{体積} = \frac{28.8 (g)}{22.4 (\ell)} = 1.29 \, g/\ell \quad （実測値では1.293 g/\ell）$$
>
> なお、原子量、モルなどの解説は、p.209～210参照。

3）比重と危険物

危険物試験では、比重が1より大きいか小さいか、または、水より軽いか重いかといった問題が出ることがある。

たとえば、水による注水消火は利点が多い（⇨ p.185「水の性質」）が、第4類危険物（引火性液体）の消火には使用禁止である。第4類危険物は比重が1よりも小さいものが多く、特に非水溶性液体に注水すると危険物が水の表面に浮かんで拡がるため、火災が拡大する危険性があるからである。

また、危険物試験でおさえておきたいのは、気体の蒸気比重である。蒸気比重が1未満のものは、上に向かって拡散するが、1を超えるものは、低い所に滞留する危険性が高い。

特に第4類危険物から発生する蒸気（たとえば、ガソリンは蒸気比重約3～4）は、蒸気比重が大きく危険である。

攻略

- 気体は、粒子が空間を自由に飛び回っている状態。
- 絶対温度とは、絶対零度を基準とした温度の尺度のことで、0℃は273Kである。
- 1Paは、1m^2に1Nの力が働くときの圧力のことである。
- 液体や気体に圧力を加えると、すべての方向に同じ圧力が伝わることを、パスカルの原理という。
- 密度は、単位体積当たりの物質の質量のことで、単位がある。
- 比重は、基準とする物質の密度との比で表し、単位がない。

§1 物理学

1-2 物質の状態変化と熱エネルギー

物質の三態は加熱や冷却によって、固体⇔液体⇔気体、または固体⇔気体のように変化する。これらの変化には必ず、熱エネルギーの出入りを伴う。

● 融解と凝固

物質の状態変化のうち、固体が液体になることを<u>融解</u>(ゆうかい)という。この変化には熱(エネルギー)を加える必要がある。融解に伴う熱を<u>融解熱</u>といい、物質が吸収する熱(<u>吸熱</u>)は状態変化に使われる。

逆に、液体から固体になることを<u>凝固</u>(ぎょうこ)といい、熱を奪う必要がある。凝固に伴う熱を<u>凝固熱</u>といい、物質が放出する熱(<u>放熱</u>(ほうねつ))は状態変化に使われる。

固体の物質が加熱されて融解するときの温度変化を、水を例に次ページの図に示した。横軸は一定の熱を加えた時間、縦軸は物質の温度である。

図を見ると固体の融解の開始から終了まで温度が<u>変化しない</u>ことがわかる。つまり、固体が液体に変化して共存している間は温度が<u>上昇しない</u>。この一定の温度が<u>融点</u>である。たとえば、水の融点は0℃で融解熱は332.4J/gである。

逆に、液体から固体に変わる凝固では、このグラフの線を逆にたどり、液体と固体が共存する温度が<u>凝固点</u>である。

同じ圧力のもとでは、同じ物質の融点と凝固点とは等しいといえる。

また、融解に必要な融解熱(熱エネルギー)と、凝固に伴い放出する凝固熱(熱エネルギー)は等しくなる。この熱は物質の温度変化に現れず、状態変化のみに使われる。このように温度変化を伴わない熱エネルギーのことを<u>潜熱</u>(せんねつ)という。

● 蒸発と凝縮

物質の状態変化のうち、液体から気体になることを<u>蒸発</u>(じょうはつ)(あるいは<u>気化</u>(きか))といい、この変化にも熱(エネルギー)を加える必要がある。蒸発に伴う熱を<u>蒸発熱</u>(あるいは<u>気化熱</u>)といい、そのエネルギーとして吸収する熱(<u>吸熱</u>)は状態

第2章 物理学および化学

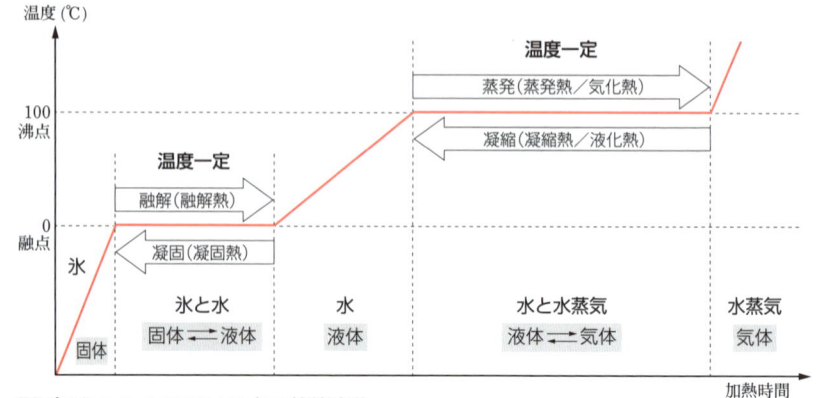

■1気圧 (atm) における水の状態変化

変化に使われる。

　逆に、気体から液体になることを凝縮（あるいは液化）といい、熱を奪う必要がある。凝縮（液化）に伴う熱を凝縮熱（あるいは液化熱）といい、その放出する熱（放熱）は状態変化に使われる。

　上の図から、水（液体の物質）を加熱して気体にする（蒸発または気化）とき、水（液体）が沸騰して気化が続く間は温度が変化しないことがわかる。つまり、水（液体）と水蒸気（気体）と共存している間は温度が上昇しない。この一定の温度が沸点である。水を火にかけた鍋は沸騰している湯がある限り100℃ほどであるが、空焚きになるととたんに高温になり危険な状態になる。

　逆に、水が気体から液体に変わる凝縮（あるいは液化）では、このグラフの線を逆にたどり、気体と液体が共存する温度が凝縮点（あるいは液化点）である。このように同じ圧力のもとでは同じ物質の沸点と凝縮点（液化点）とは等しい。

　また、蒸発に必要とされる熱エネルギー（蒸発熱）と凝縮に伴い放出する熱エネルギー（凝縮熱）は等しくなる。これらも温度変化を伴わない潜熱である。

1) 沸騰と沸点

　液体の温度（液温）が高くなり蒸気の圧力（蒸気圧）が上昇して液体の飽和蒸気圧（後述）が大気圧とつりあうと、液体の表面からだけでなく内部でも蒸発が起こる。この気泡が発生している状態を沸騰といい、このときの液温が沸点である。沸点は、飽和蒸気圧曲線が1気圧になるときの液温でもある。

■水の沸騰

沸点は外圧（大気圧）の高低により変化する。外圧が高くなれば沸点も高くなり、外圧が低くなると沸点も低くなる。一般にいう沸点とは、1気圧における液温を示す標準沸点のことである。

2）蒸発熱

　液体1gが蒸発するときに吸収する熱エネルギーを蒸発熱という。主な物質の沸点と蒸発熱をまとめた下の表からわかるように、同じ圧力下では、沸点が低い物質ほど、わずかな蒸発熱（加熱）で沸騰する。

　蒸発熱を理解しておくと、危険物の危険性が明らかになる。たとえば、液体の燃焼は蒸発燃焼（⇨p.266）であり、液体から発生した気体が燃える。蒸発熱の小さい第4類危険物（引火性液体）では、わずかに加熱するだけで多くの可燃性蒸気が発生する。

　液体の蒸発は沸点でなくても起こり、その蒸発にも蒸発熱が存在する。消毒用アルコールを皮膚にぬると冷たく感じるのは、蒸発熱で熱が奪われるからであり、夏に打ち水をすると涼しく感じるのも蒸発熱の利用である。

■主な物質の沸点と蒸発熱

物質名	沸点(℃)	蒸発熱(J/g)	物質名	沸点(℃)	蒸発熱(J/g)
水	100	2,257	二硫化炭素	46	355
エタノール	78	858	ジエチルエーテル	34.6	352
アセトン	56	521	ハロン1301(CF_3Br)	-57.5	119

3）飽和蒸気圧曲線

　ある容器の中に液体が存在し、容器内の空間がその物質の気体で満たされているとき（見かけ上蒸発がとまった状態）、その空間は液体の「蒸気で飽和されている」といい、この蒸気（つまり気体）の示す圧力を飽和蒸気圧という。

　飽和蒸気圧と温度の関係をグラフで示した飽和蒸気圧曲線（蒸気圧曲線ともいう）は、物質から発生する蒸気の性質や危険性を表している。

　具体的に次ページの図を見ながら、飽和蒸気圧曲線がどのような物質の性質や危険性を表しているかを読み取ってみよう。図は、水と第4類危険物のジエチルエーテル、エタノールから発生する気体の蒸気圧曲線である。

①気圧が変化したときも含め、沸点がわかる。

例▶ 縦軸の飽和蒸気圧が <u>1気圧</u> のときの線を横にたどり、エタノールの曲線との交点の温度を読み取ると、78℃とある。これがエタノールの沸点である。

② 温度から <u>蒸気圧</u> がわかる。

例▶ 夏の気温 30℃で、ジエチルエーテルからどれくらいの圧力で蒸気が発生しているかを読み取ってみる。横軸の 30℃で線を上に引き、ジエチルエーテルの蒸気圧曲線との交点での飽和蒸気圧を読み取ると約 0.85 気圧である。このことから、気温 30℃ 1 気圧のもとでジエチルエーテルの液面付近では 0.85 気圧のジエチルエーテルと 0.15 気圧の空気が存在し、85：15 の体積割合で混合しており、危険な状態であることがわかる。

③ <u>危険性</u> がわかる。低い温度で高い蒸気圧が発生する左の曲線ほど危険である。

例▶ ジエチルエーテルとエタノールを比較してみると、ジエチルエーテルのほうが曲線は左上にあり、同じ液温であってもジエチルエーテルのほうがより多くの蒸気が発生することがわかる。

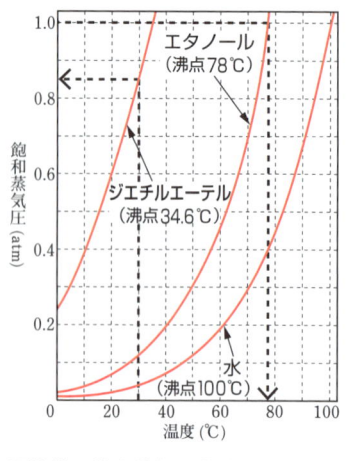

■液体の飽和蒸気圧曲線

● 昇華

物質の状態変化のうち、液体を経ずに固体から気体になることを <u>昇華</u> といい、その熱を <u>昇華熱</u> という。気体から固体に変わる場合も <u>昇華</u> といい、その熱を <u>昇華熱</u> という。注意が必要なのは、固体⇔気体の変化は、同じ名称だということである。固体から気体に変わるときは <u>吸熱的</u> であり、気体から固体に変わるときは <u>発熱的</u> である。身近な昇華性の化合物の例として、ドライアイス（二酸化炭素）、ナフタリン、パラジクロロベンゼン（防虫剤）、よう素がある。

攻略

- 物質の状態変化の過程では、熱エネルギーが状態変化に使われるため、温度変化が起こらない。
- 沸点は、液体の飽和蒸気圧が外気の圧力と等しくなる液温である。
- 外気圧が低くなれば沸点も低くなり、外気圧が高くなれば沸点も高くなる。

復習問題

[§1-1〜§1-2]

問1 物質の状態や温度・圧力について、次のうち誤っているものはどれか。
1. 物質は、周囲の温度の違いにより、固体、液体、気体の状態をそれぞれ呈する。
2. 気体や液体の状態においては、物質を構成している粒子の熱運動のエネルギーが大きく、分子間力の引力に打ち勝っているため、粒子は空間を自由に飛び回っている。
3. 絶対零度（0K）を基準とした温度の尺度を絶対温度といい、0℃は273Kである。
4. 1Paは、1m²に1Nの力が働く場合の圧力のことである。
5. 固体に圧力を加えると、力が加わった一方向にだけ伝えられるが、液体や気体に圧力を加えるとすべての方向に同じように伝わる。

解説

2：誤り。<u>液体</u>は流動性を持つが、粒子は互いに接触して引き合っている状態で空間を自由に飛び回ってはいない。粒子が空間を自由に飛び回っているのは気体のみ。

1、3〜5：正しい。p.157〜p.158参照。　　　　　　　　　　　　**答：2**

問2 液体についての説明として、次のうち誤っているものはどれか。
1. 液体の蒸気圧は液温が上昇するとともに高くなる。
2. 外圧が低いほど低い温度で沸騰する。
3. 液体の蒸気圧が外圧と等しくなったとき、その液体は沸騰する。
4. 蒸気の占める空間が小さければ、蒸発がある程度まで進むと、見かけ上では蒸発が止まった状態になる。このときの蒸気の示す圧力を飽和蒸気圧という。
5. 液体1gの物質が蒸発するときに放出するエネルギーを蒸発熱という。

解説

5：「放出する」は誤り。蒸発熱とは、液体1gの物質が蒸発するときに<u>吸収</u>するエネルギーのことをいう。

1〜4：正しい。p.162〜163参照。　　　　　　　　　　　　　　**答：5**

§1 物理学

1-3 気体の性質

消防法で規制される危険物に気体は含まれないが、液体や固体から発生する気体は危険物と見なされる。気体は、温度や圧力などの条件によって変化する。その条件によって、気体にはさまざまな法則がある。

● 臨界温度と臨界圧力

ある物質が温度と圧力によって、固体、液体、気体のどの状態をとっているかを示したものが<u>状態図</u>（図参照）である。

状態図から、固体と液体が共存する融点（凝固点）や液体と気体が共存する沸点（凝縮点）が圧力に応じて変化する様子がわかる。

図中の<u>三重点</u>では、固体、液体、気体の三態が共存する。

一般に気体は、一定温度以下の状態で一定の圧力がなければ<u>液化</u>しない。この温度を<u>臨界温度</u>といい、その温度で液化させるのに必要な圧力を<u>臨界圧力</u>という。この温度と圧力の状態を<u>臨界点</u>という（図参照）。気体の温度が臨界温度より<u>低ければ</u>、臨界圧力より<u>低い</u>圧力で液化する。

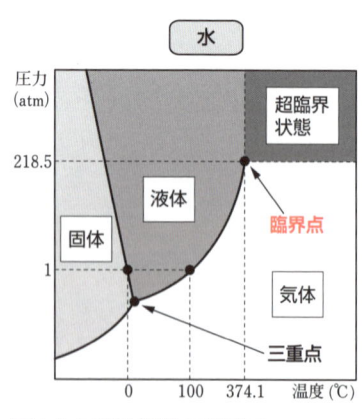

■水と二酸化炭素の状態図

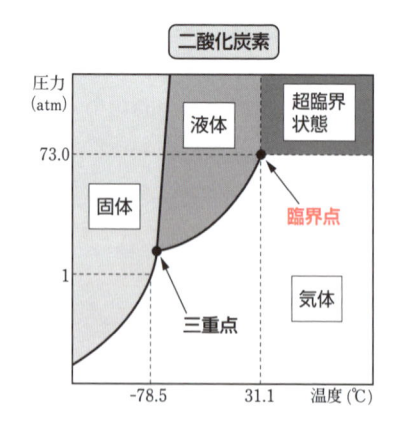

臨界点を超えると、気体と液体の区別がつかない**超臨界流体**となる。臨界温度以上では、どんなに圧縮しても超臨界流体のままで通常の液体にはならない。

超臨界流体は気体の拡散性と液体の溶解性を持つ。二酸化炭素は比較的低い圧力と温度で超臨界流体にすることができるため、最近では、食品などの抽出溶媒として、コーヒーの脱カフェインのプロセスに使われている。

■主な物質の臨界温度と臨界圧力

	水	二酸化炭素	アンモニア	メタン
臨界温度(℃)	374.1	31.1	132.4	-82.5
臨界圧力(気圧)	218.5	73.0	112	45.8

● ボイル・シャルルの法則

代表的な気体の法則として、ボイルの法則、シャルルの法則、ボイル・シャルルの法則がある。

1) ボイルの法則

<u>温度</u>が一定の状態では、一定質量の気体の<u>体積</u>は<u>圧力</u>に反比例する。これを<u>ボイルの法則</u>という（図参照）。

温度と質量が一定のもとでは、気体の体積と圧力の積は一定になる。気体の体積を V、圧力 P とすると、

$$V = \frac{k_a}{P} \quad \text{または} \quad PV = k_a \quad (k_a\text{は一定})$$

という関係式になる。

また、温度を変化させずに、圧力 P_1、体積 V_1 の気体を圧力 P_2、体積 V_2 にしたとすると、

$$P_1 \times V_1 = P_2 \times V_2$$

という関係式になる。

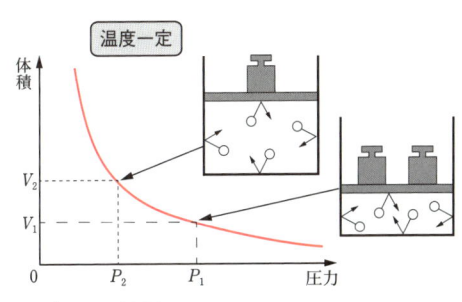

■ボイルの法則

> **例 ▶** 一般に見かける酸素、水素、窒素などのボンベは7m³ボンベと呼ばれ、1気圧35℃の状態で体積7m³となる気体が充填されている。ボンベの容積を46.7ℓとすると、35℃でボンベの圧力はどれくらいか、ボイルの法則を使って計算してみよう。
>
> 7m³ = 7,000ℓに単位をそろえ、$P_1V_1 = P_2V_2 =$ 一定 に当てはめると、
>
> $$P_1 = \frac{P_2V_2}{V_1} = \frac{1(\text{atm}) \times 7,000(\ell)}{46.7(\ell)} = 150 \text{ 気圧(atm)}$$
>
> となる。1atm ≒ 0.1MPaとすると、約15MPaである。
>
> **→アドバイス** 数値だけでなく単位も一緒に計算するほうが間違えない。

2) シャルルの法則

圧力が一定の状態では、一定質量の気体の体積は温度に比例する。これをシャルルの法則という（図参照）。ただし、この温度は絶対温度である。

$V = k_b T$　　（k_b は一定）　……①

また、圧力を変化させずに絶対温度 T_1、体積 V_1 の気体を絶対温度 T_2、体積 V_2 にしたとすると、

$V_2 = V_1 \times \dfrac{T_2}{T_1}$　……②

という関係式になる。

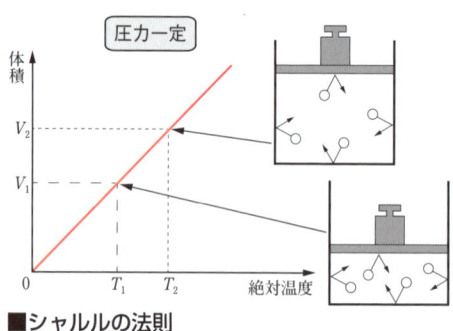

■シャルルの法則

ここで、絶対温度の復習をしておこう。絶対温度は、単位にケルビン(K)を使って表す。0℃は273Kに対応し（正確には273.15Kだが、危険物の試験では273Kで十分である）、1Kの温度変化は1℃の温度変化と同じである。絶対温度を T、セ氏温度を t とすると、次の関係になる。

$T = t + 273$

シャルルの法則をセ氏 t ℃で表すと、①式は次のようになる。

$$V = k_b(t + 273) \quad (k_b は一定)$$

また、圧力を変化させずに温度 $t_1(℃)$、体積 V_1 の気体を温度 $t_2(℃)$、体積 V_2 にした場合、②式は、

$$V_2 = V_1 \times \frac{t_2 + 273}{t_1 + 273}$$

となる。

> **例▶** 標準状態(0℃、1気圧)で 22.4 ℓ の気体を、1気圧のまま 25℃ にすると体積はどれくらいになるか、シャルルの法則を使って計算してみよう。
>
> $V_2 = V_1 \times \dfrac{T_2}{T_1}$ に当てはめると、
>
> $$V_2 = V_1 \times \frac{t_2 + 273}{t_1 + 273} = 22.4(\ell) \times \frac{(25 + 273)\,(\mathrm{K})}{(0 + 273)\,(\mathrm{K})}$$
> $$= 22.4(\ell) \times 1.09 = 24.4\,\ell$$
>
> となり約 1.1 倍増加する。
>
> 気体の体積計算では標準状態(0℃)と室温(25℃)との間で体積変化を考える必要がある場合も多い。したがって、体積は 1 割程度の増減と感覚的に理解しているとよい。

3) ボイル・シャルルの法則

ボイルの法則とシャルルの法則をまとめて、**ボイル・シャルルの法則**という。この法則は、一定質量の気体の体積は、圧力に反比例し、絶対温度に比例することを表している。

絶対温度 T_1、圧力 P_1、体積 V_1 の気体を、絶対温度 T_2、圧力 P_2、体積 V_2 にしたとすると、

$$\frac{P_1 \times V_1}{T_1} = \frac{P_2 \times V_2}{T_2} = R \quad (R は一定)$$

という関係式になる。

> **例▶** ある気体を 2ℓ の容器に入れたところ、27℃で圧力 9.117×10^5 Pa であった。その気体の標準状態（0℃、1気圧）での体積を、ボイル・シャルルの法則を使って求めてみよう。
> 1気圧をパスカルに換算すると、1.013×10^5 Pa である。
>
> $$V_2 = V_1 \times \frac{T_2}{T_1} \times \frac{P_1}{P_2}$$
> $$= 2(\ell) \times \frac{273 \text{(K)}}{(27+273)\text{(K)}} \times \frac{(9.117 \times 10^5)\text{(Pa)}}{(1.013 \times 10^5)\text{(Pa)}}$$
> $$= 16.38 \, \ell$$

4）気体の体積と分子の数

すべての気体は、同じ温度、同じ圧力のもとでは、同じ<u>体積</u>に同じ数の<u>分子</u>（⇨ p.206）を含んでいる。これを<u>アボガドロの法則</u>という。

具体的には、物質量 1 mol（モル）（⇨ p.210）の気体は、標準状態（0℃、1気圧）で <u>22.4 ℓ</u> であり、その体積は <u>6.02×10^{23}</u> 個の分子を含んでいる。この分子の数を<u>アボガドロ数</u>といい、1 mol 当たりの数を意味する 6.02×10^{23}/mol（/mol は単位）を<u>アボガドロ定数</u>という。

● 気体の状態方程式

気体には、ボイル・シャルルの法則から導き出された気体の状態方程式がある。

1）気体定数

ボイル・シャルルの法則で、圧力（P）、体積（V）、絶対温度（T）の間には一定の関係があることを示した。そこで、アボガドロの法則から 273 K（0℃）、1気圧（atm）で、1 mol（モル）当たりの気体の体積は一定で 22.4 ℓ/mol となることを利用して定数 R を求めることができる。ボイル・シャルルの法則の関係式に当てはめると、

$$\frac{PV}{T} = R = \frac{1 \text{(atm)} \times 22.4 \, (\ell/\text{mol})}{273 \text{(K)}} = \underline{0.082} \, \text{atm} \cdot \ell/(\text{K} \cdot \text{mol})$$

となる。この定数 R を<u>気体定数</u>といい、気体の種類に無関係である。

> **例▶** SI単位系では圧力の単位にはパスカル(Pa)を用いる。では、SI単位系の気体定数を求めてみよう。
> $P = 1\text{atm} = 1.013 \times 10^5 \text{Pa}$, $T = 273\text{K}$、1mol当たりの気体の体積は22.4 ℓ/molである。
>
> $$\frac{PV}{T} = R = \frac{1.013 \times 10^5 (\text{Pa}) \times 22.4 (\ell/\text{mol})}{273 (\text{K})}$$
> $$= 8.31 \times 10^3 \text{Pa}\cdot\ell/(\text{K}\cdot\text{mol})$$
>
> となる。$10^3 \ell = 1\text{m}^3$であるから、$R = 8.31 \text{Pa}\cdot\text{m}^3/(\text{K}\cdot\text{mol})$ともかける。
> さらに、圧力 $1\text{Pa} = 1\text{N/m}^2$ (⇨ p.158) なので、$1\text{Pa}\cdot\text{m}^3 = 1\text{N}\cdot\text{m} = 1\text{J}$から、
> $R = 8.31 \text{J}/(\text{K}\cdot\text{mol})$　(J(ジュール)はエネルギーの単位)
> ともかける。
>
> **➡アドバイス**　単位換算が含まれると、気体定数の数値が異なることに注意する。また、一方の気体定数を知っていれば計算する前に単位換算すればよい。

2) 気体の状態方程式

1mol当たりの気体定数の式を書き換えると次の関係式になる。

$PV = RT$

アボガドロの法則から、温度と圧力が一定ならば、気体の物質量 n(mol)の体積は、1molのときの n 倍になる。n(mol)の気体の体積を V とすると、1mol当たりの体積は V/n となり、

$P\dfrac{V}{n} = RT$

つまり、n(mol)の気体では、

$PV = nRT$

という関係式になる。この式を理想気体(後述)の**状態方程式**という。

気体定数 $R = 0.082 \text{atm}\cdot\ell/(\text{K}\cdot\text{mol})$ を用いて、圧力 P、体積 V、温度 T、物質量 n のうち3つがわかっていれば、気体の状態方程式から、残りの1つを計算できる。

また、分子量 (⇨ p.209) は1mol当たりの質量を表すので (⇨ p.210)、分子量 M(g/mol)の気体が w(g)ある場合の物質量 n(mol)は、

$$n = \frac{w}{M}$$

という関係式になり、このときの理想気体の状態方程式は次の式で表せる。

$$PV = nRT = \frac{w}{M}RT$$

　この式は、気体の状態方程式で気体の質量や分子量を求めるときに使え、重要度が高い。ボイル・シャルルの法則を使わなくても、気体の状態方程式さえ覚えていれば解ける問題が多い。ただし、気体定数は単位を持つため計算が厄介になる場合がある。問題に応じて適宜使い分けるとよい。

> **例▶** 標準状態（0℃、1気圧）で11.2ℓの空気の質量を測ったところ14.8gであった。このときの空気の平均の分子量を求めてみよう。
>
> 気体の状態方程式 $PV = nRT = \frac{w}{M}RT$ から、
>
> $$1\,(\mathrm{atm}) \times 11.2\,(\ell) = \frac{14.8\,(\mathrm{g})}{M\,(\mathrm{g/mol})} \times 0.082\,(\mathrm{atm}\cdot\ell/(\mathrm{K}\cdot\mathrm{mol})) \times 273\,(\mathrm{K})$$
>
> $$M\,(\mathrm{g/mol}) = \frac{14.8\,(\mathrm{g}) \times 0.082\,(\cancel{\mathrm{atm}\cdot\ell/(\mathrm{K}\cdot\mathrm{mol})}) \times 273\,(\cancel{\mathrm{K}})}{1\,(\cancel{\mathrm{atm}}) \times 11.2\,(\cancel{\ell})}$$
>
> $$= 29.6\,(\mathrm{g/mol})$$
>
> となり、平均の分子量は29.6と求められる。
> 　こういった問題の場合、状態方程式を使わなくても、標準状態の空気11.2ℓは0.5molであると気づけば、14.8×2 = 29.6が分子量とわかる。

3）ドルトンの法則

　2種類の成分AとBの混合気体がある。混合気体全体の圧力が P であるとき、P は**全圧**という。一方、各成分気体の圧力 P_A や P_B を**分圧**という。
　このとき、混合気体の全圧は、各成分気体の圧力（分圧）の**和**に等しく、

$$P = P_A + P_B$$

という関係式になる。これを**ドルトンの法則**（あるいは**ドルトンの分圧の法則**）という。成分気体が2つ以上であっても、この関係式は成り立つ。

$$P = P_A + P_B + P_C + \cdots\cdots + P_n \quad （n種の成分気体からなる全圧）$$

　また、各成分気体の分圧の比は、気体の存在比（物質量の比）になる。

> **例▶** 空気は窒素 80％、酸素 20％の混合気体と見なせる。1.0×10^5 Pa の空気中の窒素と酸素の分圧を求めてみよう。
>
> 　体積比は窒素：酸素 = 80：20 = 4：1 だから、物質量比も窒素：酸素 = 4：1 となる。したがって、それぞれの分圧は次のようになる。
>
> $$窒素の分圧 = \frac{4}{5} \times 1.0 \times 10^5 \text{Pa} = 8.0 \times 10^4 \text{Pa}$$
>
> $$酸素の分圧 = \frac{1}{5} \times 1.0 \times 10^5 \text{Pa} = 2.0 \times 10^4 \text{Pa}$$
>
> 　窒素と酸素の分圧を合計した空気の全圧は、8.0×10^4 Pa + 2.0×10^4 Pa = 1.0×10^5 Pa となり、一致する。

4) 理想気体と実在気体

　現実の気体は**実在気体**と呼ばれ、気体の体積をある程度まで小さくすると分子間力によって気体の状態ではいられなくなり、絶対零度に達する前に凝縮して液体、さらには固体になるため、気体の体積が零になることはない。このように、分子間力と体積が無視できないきわめて低温や高圧の条件下では、ボイル・シャルルの法則や状態方程式からずれが生じる。

　そこで、絶対温度 0K で体積が零になる気体を想定して、これを**理想気体**とし、ボイル・シャルルの法則や状態方程式を成り立たせる。通常の温度や圧力ではボイル・シャルルの法則が成り立つので、危険物の試験では理想気体として扱えばよい。

攻略

- 気体は、一定温度（臨界温度）以下の状態で一定の圧力（臨界圧力）がなければ液化しない。
- ボイルの法則は、温度一定下で、一定質量の気体の体積は圧力に反比例すること。
- シャルルの法則は、圧力一定下で、一定質量の気体の体積は温度に比例すること。
- ボイル・シャルルの法則は、ボイルの法則とシャルルの法則をまとめて一定質量の気体の体積は圧力に反比例し、温度に比例すること。
- アボガドロの法則は、標準状態での 1 mol の気体の体積はすべて 22.4 ℓ で、その中には 6.02×10^{23} 個の分子があること。
- ドルトンの法則は、混合気体の全圧は成分気体の分圧の総和に等しいこと。

[§1-3] 復習問題

問3 物質の状態変化について、次のうち正しいものはどれか。
1. 臨界温度で気体を圧縮すると、臨界圧力に達したとき完全に液体になる。
2. 臨界温度以下臨界圧力以上のとき、気体と液体の区別がなくなる。
3. 臨界温度以上でも、圧力を十分に高くすれば気体は液体になる。
4. 臨界圧力以上で圧縮すると、気体は温度に関係なく液体になる。
5. 気体の温度が臨界温度より低くても、液体になる圧力は臨界圧力より低くはならない。

解説

1：正しい。臨界温度で気体を圧縮して、完全に液体になる圧力が臨界圧力である。p.166 参照。
2：「臨界温度以下」は誤り。<u>臨界温度以上</u>、臨界圧力以上のとき、気体と液体の区別がない超臨界流体になる。
3：「圧力を十分に高くすれば」は誤り。<u>臨界温度以上</u>では、どんなに圧縮しても超臨界流体のままで通常の<u>液体</u>にはならない。
4：「温度に関係なく」は誤り。臨界圧力以上の状態で、<u>臨界温度以下</u>でなければ液体や固体にならない。
5：「臨界圧力より低くはならない」は誤り。気体の温度が臨界温度より低ければ、<u>液体</u>になる圧力は臨界圧力より<u>低い</u>。　　　　答：1

問4 ある気体が 427℃、1気圧のもとで、1ℓの質量が 5g であった。この気体の分子量はいくらか。
1. 207
2. 227
3. 287
4. 297
5. 407

解説

分子量と質量の関係を示す気体の状態方程式から求める。

$$PV = nRT = \frac{w}{M}RT$$

$$M = \frac{wRT}{PV} = \frac{5\,(\text{g}) \times 0.082\,(\text{atm}\cdot\ell/(\text{K}\cdot\text{mol})) \times (427 + 273)\,(\text{K})}{1\,(\text{atm}) \times 1\,(\ell)}$$

$$= \frac{5(\text{g}) \times 0.082(\text{atm}\cdot\text{\textit{l}}/(\text{K}\cdot\text{mol})) \times (427+273)(\text{K})}{1(\text{atm}) \times 1(\text{\textit{l}})}$$

$= 287\,\text{g/mol}$

答：3

問5 水素 4.0 g、メタン 32.0 g をある容器に入れたところ、0℃で全圧が 0.2 MPa となった。このときの各成分気体の分圧、容器の体積はどれか。

	水素の分圧	メタンの分圧	容器の体積
1	0.15 MPa	0.05 MPa	45.4 l
2	0.05 MPa	0.15 MPa	11.2 l
3	0.10 MPa	0.10 MPa	22.7 l
4	0.15 MPa	0.05 MPa	22.4 l
5	0.10 MPa	0.10 MPa	45.4 l

解説

ドルトンの分圧の法則から、分圧の比は気体の存在比（物質量の比）になる（p.172参照）。水素（H_2）の分子量は 2、メタン（CH_4）の分子量は 16 から、

水素の分圧：メタンの分圧 $= \dfrac{4.0(\text{g})}{2} : \dfrac{32.0(\text{g})}{16} = 2\,\text{mol} : 2\,\text{mol} = 1 : 1$

全圧が 0.2 MPa なので水素とメタンの分圧は、それぞれ **0.10 MPa**。
選択肢 1～5 のうち、これに当てはまるのは、**3 か 5** となる。
次に、容器の体積を求める。状態方程式 $PV = nRT$ を変形して、

$$\frac{PV}{nT} = R \quad (\text{一定}) \quad \text{つまり、} \quad \frac{P_1 V_1}{n_1 T_1} = \frac{P_2 V_2}{n_2 T_2}$$

1 mol の気体は 0℃、0.1013 MPa で 22.4 l であるから、全体で 4 mol、0.2 MPa のとき体積 V_1 は、

$$\frac{0.2(\text{MPa}) \times V_1}{4T} = \frac{0.1013(\text{MPa}) \times 22.4(l)}{1T} \quad (\text{ただし、} T = T_1 = T_2 (= 0℃))$$

$$V_1 = \frac{0.1013(\text{MPa}) \times 22.4(l) \times 4}{0.2(\text{MPa})} = 45.4\,l$$

答：5

アドバイス 後半は、気体定数 R の数値を覚えていれば状態方程式 $PV = nRT$ からも求められる。ただし、Pa の単位（⇨ p.158）に注意する。

§1 物理学

1-4 熱の移動と熱量

　熱は必ず、高温から低温に向かって移動し、温度が等しくなると熱は移動しなくなる。また、物質の温度の上がり方は、物質の種類や質量、熱の量によって決まる。

● 熱の移動

　熱の移動の仕方には、伝導、対流、放射（ふく射）の3つがある。

1）伝導

　熱が物質の中を次々に伝わっていく現象を**伝導**という。フライパンを熱すると取っ手まで熱くなるのは、熱伝導による。熱の伝導のしやすさは、物質によって異なり、伝導の度合いを表す数値が**熱伝導率**（**熱伝導度**）である。

　熱伝導率が**大きい**ほど熱が伝わりやすい。一般に、固体、液体、気体の順に熱伝導率は小さくなる。特に**金属**は熱をよく伝える（熱伝導率が大きい）熱の**良導体**である。一方、液体や気体は熱を伝えにくい（熱伝導率が小さい）熱の**不良導体**である。

■主な物質の熱伝導率　　　　　　　　　　　　　　　　（単位：W/(m·K)）

物　質	温度(℃)	熱伝導率	物　質	温度(℃)	熱伝導率
固体			液体		
銅	0	403	水	20	0.600
アルミニウム	0	236	水	0	0.561
鉄	0	83.5	エタノール	80	0.150
氷	0	2.2	トルエン	80	0.119
アスファルト	常温	1.1〜1.5	気体		
コンクリート	常温	1	空気	0	0.0241
硫黄（斜方）	20	0.27	水蒸気	0	0.0158
木材（乾燥）	18〜25	0.14〜0.18	二酸化炭素	0	0.0145

たとえば、鉄、銅、硫黄（斜方）、水、氷、コンクリート、空気、エタノールを熱伝導度の大きい順に並べると、次のようになる。

> 銅＞鉄＞氷＞コンクリート＞水＞硫黄（斜方）＞エタノール＞空気

2）熱伝導率と危険物

　金属などの熱伝導率が**大きい**物質は、熱の伝導速度が**大きく**、部分的に加熱されても熱が速く広く伝わり熱を逃がすことができる。

　一方、熱伝導率が**小さい**物質は、熱の伝導速度が**小さく**、加熱されると熱が移動しにくく伝わる速度が遅いため、熱が逃げずに温度が上昇して引火点や発火点に達する危険性が高くなる。また、固体であっても**粉末**になると、隙間が生じるため見かけの熱伝導率が**小さく**なり、危険性が高まる。

3）対流

　液体や気体は、部分的に温度が上がると、その部分の密度（比重）が小さくなり上昇しはじめる。上昇した部分には密度が大きい部分が流れ込む。このように、温度差によって液体や気体が移動する現象を**対流**（たいりゅう）という。お風呂などで湯を混ぜずにいると、上が温かく下が冷たくなっているのは、対流現象である。

4）放射（ふく射）

　高温の物体から出る一種の光によりエネルギーが伝えられ、この光の当たる物質がエネルギーを吸収して温度が上がることを**放射**（ほうしゃ）（**ふく射**）（しゃ）という。この熱を放射熱（ふく射熱）といい、この光を熱放射線（ふく射線）という。

　放射（ふく射）は、伝導や対流と異なり、光によって熱が伝わるため、物質のない真空の宇宙や窓ガラスを通しても熱を伝えることができる。日光やストーブにあたると、暖かく感じるのは放射のためである。

● 熱量と比熱

　高温の物質と低温の物質が接触すると、高温の物質から低温の物質に熱エネルギーが伝わる。この熱エネルギーの量を**熱量**（ねつりょう）といい、エネルギーの単位であるジュール（J）を用いて表す。

　高温の物質から低温の物質へ熱エネルギーが移り、やがて同じ温度になったと

ころで見かけ上、熱の移動が起こらなくなる。この状態を**熱平衡**という。

熱量（熱エネルギー）の単位は、以前は1gの水の温度を1℃上げるの必要な熱量を1カロリー(cal)と定義した単位が使われ、今でも食品にカロリー表示が残っている。現在は物理・化学で用いる SI 単位系に従い、エネルギーの単位はジュール(J)が使われている。理工学系で用いる 1cal は 4.186J（約 4.2J）で、この数値は水の比熱 (1g 当たりの熱容量) の 4.186J/(g・℃) と同じである。

1）比熱と熱容量

物質の温度が1℃上がるために必要な熱量を**熱容量**といい、質量1gの熱容量をその物質の**比熱**という。

物体に $Q(J)$ の熱を与えたとき、温度が t_1 から t_2 になったとする。このときの物体の熱容量 C は、次の式で表せる。

$$C = \frac{Q}{(t_2 - t_1)} \,(\text{J/℃ あるいは J/K})$$

質量 $m(g)$ の物体の比熱が $c(\text{J/(g・℃)})$ とすると、熱容量 C は、

$$C = c \times m \,(\text{J/℃})$$

となる。この式から、比熱が**大きい**物体は、温まりにくく、冷めにくいことがわかる。特に水は、比熱が 4.186J/(g・℃) と大きく温まりにくい。これも優れた消火剤として利用される理由の1つである（⇨ p.185「水の比熱と蒸発熱」）。逆に、冷めにくいお湯の性質は湯たんぽなどに利用されている。

■主な固体と液体の比熱　　　　　　　　　　　　　　　　　（単位：J/(g・℃)）

物　質	温度(℃)	比　熱	物　質	温度(℃)	比　熱
水	15	**4.186**	コンクリート	室温	約 0.84
エタノール	21	2.386	アルミニウム	20	0.883
石油	18〜20	1.967	砂	室温	0.80
木材	室温	約 1.25	鉄	0	0.437
氷	-160	1.0	銅	20	0.380

質量 $m(g)$ の物体の温度が $\Delta t(℃)$ だけ変化するとき、この物体に出入りする熱量 $Q(J)$ は、物体の熱容量 $C(\text{J/℃})$ や比熱 $c(\text{J/(g・℃)})$ が、温度に依存しない範囲では、次の式で表せる。

$Q = C \times \Delta t = c \times m \times \Delta t$　（Δ（デルタ）とは、簡単にいえば差を表す物理用語）

> **例▶** 20℃のエタノール100gと50℃の水20gを混合した場合、混合液の温度は何℃になるか計算してみよう。ただしエタノールの比熱を2.3J/(g·℃)、水の比熱を4.2J/(g·℃)とし、混合による発熱、熱の出入り、液体の蒸発はないものとする。
>
> 混合後の液温を T(℃) とすると、$Q = C \times \Delta t = c \times m \times \Delta t$ から、
>
> $2.3 \times 100 \times (T - 20) = 4.2 \times 20 \times (50 - T)$
>
> $(230 + 84)T = 4200 + 4600$　　$T = 28$　──→混合後の液温は28℃である。

2) 気体の比熱

　気体の比熱については、物質量1mol（⇨ p.210）当たりの温度を1℃上げるのに必要な熱量を<u>モル比熱</u>とする。モル比熱は、アボガドロの法則（⇨ p.170）から同じ圧力・温度のもとでは、物質量当たり同一体積を持つので容易に比較できる。ただし、気体のモル比熱は、体積を一定に保った場合と、圧力を一定に保った場合とでは、数値が異なる。

　体積を一定に保ったままで、物質量1molの気体の温度を1℃上げるために必要な熱量を<u>定積モル比熱</u>といい、圧力を一定に保ったままで、物質量1molの気体の温度を1℃上げるために必要な熱量を<u>定圧モル比熱</u>という。

　体積が一定の場合は、外部に対する仕事エネルギーはないが、圧力を一定に保つためには、外気圧に逆らいながら体積を膨張させるのに仕事エネルギー（外圧×体積の増加分）を使う。そのため必ず、

定圧モル比熱＞定積モル比熱

の関係になる。たとえば、空気の定圧モル比熱は29.1J/(mol·K)で、定積モル比熱は20.8J/(mol·K)である。ここでいう仕事エネルギーとは、体積を増減させるような力学的エネルギーを指す。

攻略
- 熱容量 C は、比熱 c と質量 m の積で表すことができる。$C = c \times m$
- 比熱とは、物質1gの温度を1℃上げるのに必要な熱量のこと。
- 気体の比熱には、定積モル比熱と定圧モル比熱がある。

1-5 熱膨張

物体は温度によって体積が変化する。加熱されて体積が膨張すると、密度が小さくなる。

● 熱膨張

物体は、温度が高くなると体積が**増える**。この現象を**熱膨張**という。1℃ (K) 当たりで膨張する割合を示したものが**熱膨張率**で、単位は K^{-1} で表す。熱膨張は、固体、液体、気体によって異なる。

● 固体の膨張

固体の熱膨張には、体膨張と線膨張の2つがある。温度上昇に伴う体積の変化を**体膨張**といい、その割合を体膨張率 (K^{-1}) という。

体膨張において、もとの体積を V_0、体膨張率を α (K^{-1}) とすると、温度が t (℃ または K) 上昇したときの体積 V は、

$$V = V_0(1 + \alpha t)$$

で求められる。

また、温度変化による物体の2点間の距離の長さの変化を**線膨張**といい、その割合を線膨張率 (K^{-1}) という。線膨張は棒状の物体に用いられる。

線膨張において、もとの長さを ℓ_0、線膨張率を β (K^{-1}) とすると、温度が t (℃ または K) 上昇したときの長さ ℓ は、

$$\ell = \ell_0(1 + \beta t)$$

で求められる。

一般に体膨張率は線膨張率の3倍程度である。

● 液体の膨張

1) 液体の体膨張

液体の場合は**体膨張**のみを考えればよい。どのくらい体積が膨張するかは、固体の場合と同様の式で求められる。

液体が容器に収納されている場合、固体の膨張率は液体に比べて1ケタから2ケタ程度小さいため、熱による容器の体積変化は問題にならない。むしろ内容物である液体の体積変化が大きく、注意を要する。

> **例▶** 25℃で98 ℓ であったガソリンは55℃では、およそ何 ℓ になるか計算してみよう。ただし、ガソリンの体膨張率は 1.35×10^{-3} (K^{-1}) とし、ガソリンの蒸発はないものとする。
>
> $V_0 = 98\ell$、$t = 55℃ - 25℃ = 30℃$ (K)、$\alpha = 1.35 \times 10^{-3}$ (K^{-1})（体膨張率）であるから $V = V_0(1 + \alpha t)$ を使って計算すると、
>
> $V = 98(\ell) \times (1 + 1.35 \times 10^{-3}(K^{-1}) \times 30(K)) = 101.969(\ell)$ ──→ **約102 ℓ**

となる。

2) 液体の膨張と危険物

法令の運搬容器（⇨ p.129「収納方法」）の基準として、「液体の危険物は、運搬容器の内容積の98%以下の収容率で、かつ、55℃の温度において漏れないように十分な空間容積をとって収納する」とある。

このような基準が設けられた理由は、仮に熱膨張のない100 ℓ の容器に98%の収容率となるようにガソリン98 ℓ を入れると55℃では体膨張のために2 ℓ ほど漏れたり、容器が破損したりする危険性が発生するからである。逆に55℃で100 ℓ になるには、25℃で96.1 ℓ と計算でき、ガソリンを96 ℓ 以下にしておけば55℃の温度でも、100 ℓ 容器から漏れないようにできる。

● 気体の膨張

気体の場合も体膨張だけを考える。気体の**体膨張率**(K^{-1})は、液体や固体の体膨張率に比べて大きい。気体の体膨張率はほぼ一定で、シャルルの法則（⇨ p.168）から、0℃の体積を基準に1℃当たり約1/273（0.00366）である。

次の表に示した物質の体膨張率から、気体の体膨張率が大きいことがわかる。

■主な物質の体膨張率

物　質	温度(℃)	体膨張率 (K^{-1})	物　質	温度(℃)	体膨張率 (K^{-1})
銀	0～100	0.000057	二硫化炭素	20	0.001218
銅	0～100	0.000050	ガソリン	20	0.001350
アルミニウム	20	0.000069	水銀	20	0.000182
水	20～40	0.000302	空気	0	0.003665
水	60～80	0.000587	水素	0	0.003663
ジエチルエーテル	20	0.001650			

● 気体の断熱変化

1）断熱変化

　外部（容器も含む）との間で熱の出入りがまったくない状態にした場合の気体の変化を**断熱変化**という。このような特殊な状態ならば、気体のエネルギー変化を正確にとらえることができる。

　気体が膨張するときの変化を**断熱膨張**といい、圧縮するときの変化を**断熱圧縮**という。

2）断熱変化と内部エネルギー

　気体の内部エネルギーは、気体分子（粒子）の熱運動エネルギーである。気体の内部エネルギーの増減は気体の温度の上下として現れる。

　断熱膨張では、気体の体積は膨張しながら外部に仕事をするため、内部エネルギーが減少して温度が下がる。

　逆に、断熱圧縮では、気体の体積は減少しながら外部から仕事をされるため、内部エネルギーが増加して温度が上がる。

　気体の断熱圧縮による温度上昇の原理を利用した例として、ディーゼルエンジンがある。トラックなどの軽油（ディーゼル油）を燃料とするディーゼルエンジンは、ガソリンエンジンとは異なり点火プラグがない。エンジンのシリンダー内の空気を約1/20に断熱圧縮して内部の温度を500℃程度に高め、そこに霧状の軽油を吹き込んで点火、爆発させている。

エネルギー保存の法則

　外界から遮断された系のエネルギーの総和は一定である。これを**エネルギー保存の法則**という。エネルギーは、位置エネルギー、運動エネルギー、熱エネルギーと多様に姿を変えながら存在する。

　エネルギー保存の法則に従えば、何かのエネルギーが減った分、何かのエネルギーが増えることになる。

　たとえば、50gの卵がテーブルの上にあり、ここを原点（位置0）とする。10cm程度持ち上げて放すと落ちて割れる。これは、10cmの位置に持ち上げたことで卵に位置エネルギーが与えられる。重力によって落ちる間に運動エネルギーに変わり、テーブルの表面では位置エネルギーがすべて運動エネルギーに変わって卵が割れる。

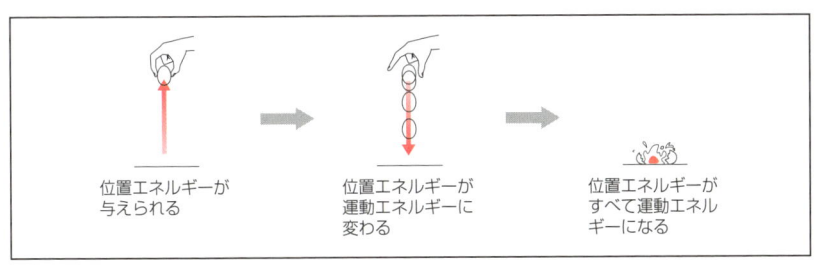

■エネルギー保存の法則

　また、電球のように電気エネルギーを光エネルギーに変えるときは、発熱して熱エネルギーとして逃げたりするが、すべてのエネルギーを合算すると総エネルギーは保存されている。

　一般に、加えたエネルギーから目的としたエネルギーに変換させる割合をエネルギー効率や変換効率という。

攻略

- もとの体積 V_0 と温度が t℃上昇したときの体積 V の関係は、$V = V_0(1 + \alpha t)$ である。
- 気体の体膨張率はほぼ一定で、0℃の体積を基準に1℃当たり約1/273である。
- 断熱膨張では、内部エネルギーが減少して温度が下がる。
- 断熱圧縮では、内部エネルギーが増加して温度が上がる。
- エネルギー保存の法則とは、エネルギーの総和は一定であること。

[§1-4〜§1-5] 復習問題

問6 熱容量と比熱について、次のうち誤っているものはどれか。
1. 物体の温度を1K(ケルビン)上昇させるのに必要な熱量を熱容量という。
2. 熱平衡とは、2つの物体を接触させると、高温の物質から低温の物質へと熱エネルギーが移動して2つの物体の温度が同じになり、熱の移動がなくなった状態になることをいう。
3. 比熱c、質量m、熱容量Cの関係式は、$C = c/m$で表すことができる。
4. 同じ質量であれば、比熱が大きい物質ほど、温まりにくく冷めにくい。
5. 気体の比熱には、定圧モル比熱と定積モル比熱があり、同じ物質でもその値は異なる。

解説

3:「$C = c/m$」は誤り。3つの関係式は、熱容量 _C_ =比熱 _c_ ×質量 _m_ = $c \times m$ である。

1、2、4、5:正しい。p.177〜179 参照。　　　　　　　　　　　　　　　答:3

問7 断熱変化に関する説明として、次のうち誤っているものはどれか。いずれも、気体を熱の不導体で作った特殊な容器に入れた状況とする。
1. 外部との間で熱の出入りがない状態での物質の変化を断熱変化という。
2. 外部との間で熱の出入りがない状態で物質が膨張することを断熱膨張という。
3. 外部との間で熱の出入りがない状態で、物質が圧縮することを断熱圧縮という。
4. 断熱膨張すると、気体の温度は下降し、内部エネルギーは増加する。
5. 断熱圧縮すると、気体の温度は上昇し、内部エネルギーも増加する。

解説

4:「増加する」は誤り。断熱膨張すると外部に対して仕事をし、内部エネルギーは減少して温度は下降する。

1〜3、5:正しい。p.182 参照。　　　　　　　　　　　　　　　　　　　答:4

1-6 水と湿度

§1 物理学

　水は、2個の水素原子と1個の酸素原子からなる化合物（⇨p.201）で、沸点や融点が高く、比熱が大きい物質である。湿度は、空気中に混じっている水蒸気の量で表す。

● 水の性質

　水は二酸化炭素とともにありふれた物質であるが、消火剤として有用性の高い物質である。

1）水の不燃性

　水（H_2O）と二酸化炭素（CO_2）は、有機化合物（⇨p.255）の完全燃焼の際に生じる物質である。どちらも、それ以上燃える（酸化される）ことはない<u>不燃物</u>であるため、<u>窒息効果</u>のある消火剤として有効である。

　ただし、二酸化炭素は蒸気比重が1.53であり、二酸化炭素自体には毒性はないが、二酸化炭素が大量に噴出した際、酸素欠乏による窒息には注意を要する（⇨p.284「消火器具の設置基準」）。

2）水の比熱と蒸発熱

　水の比熱は4.186 J/(g・℃)で、蒸発熱が2,257 J/gである。これらの値は他の液体と比較して特に大きく、水の温度を上げたり水蒸気にしたりするには大きな熱量を必要とすることを表している。逆にいえば、燃焼物から多くの熱を奪うことを意味しており、<u>冷却効果</u>（⇨p.279「冷却消火法」）のある消火剤として有効である。

3）水の気化による体積増加

　水が100℃で水蒸気になる（気化）ときは、体積が約1,700倍になる。たとえば、消火のためにコップ1杯（180 mℓ）の水をかけたとしよう。この水は、熱によって体積が306 ℓ（家庭用の浴槽1杯半程度）の水蒸気になる（例を参照）。

つまり、まわりの空気を押しのけて除去する（酸素濃度を薄める）窒息効果が期待できる（⇨ p.278「窒息消火法」）。実際、このようにバケツ1杯の水なら、さらに消火能力が大きいことがわかる。

> **例▶** コップ1杯 180mℓ の水は、100℃で水蒸気になると体積は何ℓになるか。またコップ何杯分になるか計算してみよう。
>
> 　水は体積 18mℓ（18g）が 1mol（⇨ p.210）である。水 1mol の水蒸気は 22.4ℓ（0℃、1気圧）（アボガドロの法則）。
> 　コップ1杯の水 180mℓ ならば、224ℓ（0℃、1気圧）の水蒸気になる。
> 　100℃の体積 V は、シャルルの法則（⇨ p.168）から、
>
> $$V = 224(ℓ) \times \frac{(100 + 273)(K)}{273(K)} = 306\,ℓ = 306,000\,mℓ$$
>
> $$\frac{306,000\,(mℓ)}{180\,(mℓ)} = 1,700\,杯分 \longrightarrow \mathbf{1,700\,倍}$$

4）水の表面張力と界面活性剤

　液体には表面をできるだけ小さくしようとする性質がある。このとき働く力を表面張力という。液体は表面張力によって表面積が少ない球形になろうとするため、水滴は丸くなるのである。液体の表面張力は液温が上がると低くなる。
　水は、他の液体に比べて表面張力が大きいことも性質の特徴の1つである。

■主な液体の 20℃の表面張力　　　　　　　　　　　　　　　　　　　（単位：mN/m）

液体	水	ベンゼン	アセトン	メタノール	ヘキサン	水銀
表面張力	72.8	28.9	23.3	22.6	18.4	476.0

　界面（表面）とは、2つの性質の異なる物質の境界面のことで、2つの混じり合わない物質間には、必ず界面が存在する。一般に、界面活性剤とは、界面に働いて界面の性質を変える物質のことをいう。水になじみやすい部分（親水基）と油になじみやすい部分（親油基・疎水基）を持つ両親媒性分子であり、たとえば、せっけんや洗剤などがある。界面活性剤は水と油（あるいは空気）との界面で作用し、油を水に溶かすことができる。
　界面活性剤は、液体の表面張力を極端に減らせるため、泡やシャボン玉をつくることができる。合成界面活性剤（化学的に合成した界面活性剤）の水溶液を発泡

させてつくっているのが機械泡消火器（⇨ p.282）である。アルコールやアセトンなどの水溶液の液体は、界面活性剤がつくり出す泡の水膜を溶かすため泡が消滅してしまう。そのため、これらの液体の消火には、普通の泡消火剤ではなく、耐アルコール泡（水溶性液体用泡消火剤）を使用する。

潮解と風解

潮解とは、固体が空気中の水分（湿気）を**吸収して**溶けることをいい、その性質を**潮解性**という。水酸化ナトリウムなどが代表的であるが、危険物の中で、潮解性を有する物質は次の表の通り。潮解性を有する物質は、吸湿しないように密栓して貯蔵する必要がある。

■潮解性を有する危険物

危険物の類	物　　質
第1類	塩素酸ナトリウム、過塩素酸ナトリウム、過酸化カリウム、硝酸ナトリウム、硝酸アンモニウム、過マンガン酸ナトリウム、メタ過よう素酸、三酸化クロム
第5類	ヒドロキシルアミン

風解とは、固体結晶中の水分（結晶水）が**失われる**ことをいう。結晶は壊れて粉末になる。その性質を**風解性**という。たとえば、炭酸ナトリウム十水和物[*]（$Na_2CO_3 \cdot 10H_2O$）の透明な結晶は風解して、白色粉末の炭酸ナトリウム一水和物（$Na_2CO_3 \cdot H_2O$）になる。

風解性を有する物質は、密栓して保管し、結晶表面から解離する水蒸気圧を飽和させておくことによって風解を防げる。

湿度

目に見えないが空気中には水蒸気が混じっており、その量により湿度が決まる。冷えたコップの表面に水滴がついていたり、冬に窓ガラスが結露したりする

用語解説

[*]**水和物**：水と結合した化合物のこと。水分子の数によって一水和物、二水和物などと呼ぶ。

のは、空気中の水蒸気が凝縮するためである。

　湿度は、空気の乾湿の程度を示す尺度である。湿度の表し方には、絶対湿度、相対湿度、実効湿度がある。

　このうち、単位体積当たりの空気中に含まれる水蒸気の質量を**絶対湿度**といい、$1m^3$ の空気中に含まれる水蒸気のグラム数で表す。

1）飽和水蒸気量と相対湿度

　空気に含むことができる最大限の水蒸気の量を**飽和水蒸気量**という。下の表に示すように、飽和水蒸気量（g）は温度に依存して変化し、温度が上がると飽和水蒸気量も大きくなる。つまり、冬に乾燥するのは、気温の低下とともに、空気中に含むことができる水蒸気の量が大幅に減ることが原因の1つである。

■気温と $1m^3$ 中に含みうる飽和水蒸気量

気温（℃）	-10	0	5	10	15	20	25	30
飽和水蒸気量（g）	1.95	4.8	6.8	9.4	12.6	17.3	23.0	30.3

　相対湿度（H）は、ある温度での空気中に含まれる水蒸気量（I）と飽和水蒸気量（E）の比率を百分率で表したものである。換言すれば、飽和水蒸気量は、その温度で相対湿度が100％になるときの絶対湿度である。

$$H = \frac{I}{E} \times 100 (\%)$$

> **例▶** 気温10℃で9.4g（飽和水蒸気量）の水蒸気を含む気体は、20℃では湿度が何％になるか計算してみよう。
>
> 　上の表から、20℃のときの飽和水蒸気量は17.3gである。
>
> $$H = \frac{I}{E} \times 100 = \frac{9.4}{17.3} \times 100 = 54 (\%)$$
>
> 　10℃のときの湿度は100％であるから、湿度は気温によって大きく変化することがわかる。

　飽和水蒸気量と相対湿度の関係をドライヤーで髪を乾かすしくみで説明しよう。ドライヤーは、温風によって飽和水蒸気量を大きくすることで相対湿度を下げて乾いた空気にしている。あわせて、髪を温めて水の飽和蒸気圧を高め、水蒸

気量を増やしている。だから、髪を早く乾かすことができるのである。

2）実効湿度

紙や衣類などのように体積の割に表面積が大きいものは、空気の湿度の変化に応じて湿り具合が変化する。

一方、住宅などに使われる木材や畳などは、乾燥の度合いの変化に時間がかかるため、そのときの湿度のみならずそれまでの湿度も影響する。実際に火災が発生するかどうかは、過去からの湿度を考慮して湿度を計算する必要がある。この湿度を**実効湿度**という。冬場に気象庁から出される「乾燥注意報」は、この実効湿度に基づいている。

湿度と危険物

湿度と危険物との関係は、次の3つにまとめることができる。

- 湿度が下がって空気が乾燥すると、同時に可燃物の乾燥も進む。可燃物が乾燥すると、着火や燃焼が容易になる。
- 冬に静電気（⇨ p.193）に悩まされるように、気温が下がるとともに湿度が低下して空気の電気伝導性が小さくなると、静電気の発生や蓄積量の増加によって、静電気火災の原因になる。
- 第3類危険物に分類される物質の多くは、水と反応すると危険性が高くなる性質を持っている。湿度が高くなると水蒸気や空気中の水分から結露が発生するため、これらの保管場所は乾燥した状態を保つ必要がある。

攻略

- 水は比熱や蒸発熱が大きく、冷却効果が高い。
- 水は気化による体積膨張が大きく、窒息効果が高い。
- 界面活性剤は、液体の表面張力を減少させる。
- 潮解とは、固体が空気中の水分を吸収して溶けること。
- 風解とは、固体結晶中の水分が失われること。
- 湿度には、絶対湿度と相対湿度がある。
- 相対湿度（H）は、$\dfrac{水蒸気量（l）}{飽和水蒸気量（E）} \times 100（\%）$ で求める。

1-7 電気

電気はエネルギーを持っており、電気設備の電気機器からの発熱や火花などが火源となって火災の原因になる。特に引火性液体を取り扱う場所では、注意が必要である。

● 電流と電圧

電気の成分を<u>電荷</u>という。電気は状態により、帯電体（電気を帯びた物体）が持つ電荷の蓄積である静電気（⇨ p.193）と、導体内に生じた電荷が流れる電流に大別できる。

導体の中の電位の差によって電場が生じ、自由に動ける電荷のうち正電荷（＋）は電場の向きに、負電荷（－）は反対の向きに力を受けて移動する。この現象を<u>電気伝導</u>といい、電気の移動を<u>電流</u>という。

電流の強さ（大きさ）は、電線の断面を単位時間に通過する電荷の量（電気量）で表し、単位にはアンペア(A)を用いる。1Aの電流で1秒間に運ばれる電荷の量を<u>1クーロン</u>(C)という。電流の大きさは、次の関係式で求められる。

$$電流\ I\ (A) = \frac{移動した電気量(C)}{移動に要した時間(s)}$$

電流が流れるためには、電気的な高低が必要であり、この高低差を電位差あるいは<u>電圧</u> E(V)といい、単位にはボルト(V)を用いる。

1）オームの法則

同じ導体内に流れる電流は電圧に<u>比例</u>し、次の式で表すことができる。

$$電流\ I(A) = \frac{電圧\ E(V)}{抵抗\ R(\Omega)}$$

この関係を<u>オームの法則</u>という。抵抗 R は、導体の材質や長さ、断面積によって決まる定数で、単位にはオーム(Ω)を用いる。電圧 E(V)にどのくらいの電

流が流れるかは、抵抗値 $R(\Omega)$ で決まる。

電気をよく通す物質を**導体**、通さない物質を**不導体**または**絶縁体**という。ほとんどの金属は導体であり、ゴムなどは不導体である。不導体は非常に大きな電気抵抗を持つ。

2) ジュールの法則

電気抵抗のある物質に電気が流れると、電流と電圧の両方に**比例**した熱が発生する。これを**ジュールの法則**といい、発生する熱を**ジュール熱**という。ヒーターはこのジュール熱を利用している。

電圧 E(V)、電流 I(A) の電気が時間 t(s) 流れた場合、発生するジュール熱 Q(J) は、次の関係式で求められる。

$$Q = EIt$$

ジュール熱は、オームの法則 $E = IR$ から、

$$Q = RI^2 t \quad \text{(電圧一定の場合、抵抗に比例し、電流の2乗に比例する。)}$$

$$Q = \frac{E^2}{R} t \quad \text{(電流一定の場合、電圧の2乗に比例し、抵抗に反比例する。)}$$

のように表すことができる。つまり、ジュール熱 Q(J) は、電圧 E(V)、電流 I(A)、抵抗 $R(\Omega)$ のうち2つを使えば計算できる。

● 電気火花

一般的な電気火花には、放電の仕方によって、スパークとアークなどがある。

電気のスイッチなどから出る微小火花を**スパーク**、比較的電圧の高い所で見られる空間的な弧光放電を**アーク**といい、いずれも放電エネルギー（⇨ p.194）を伴う。第4類危険物の引火性液体からの蒸気は着火エネルギーが小さいため、スパークやアークによる小さな放電エネルギーによって引火し、火災の原因になる。

● 電気設備と危険物

危険物施設にある電気設備からの電気火花やジュール熱による発熱が火源となり、火災が発生するおそれがある。そのため、必要最小限のものを安全に使用で

きる構造にした上で設置する必要がある。

1) 危険箇所

製造所等においては、次のような場所が、わずかな火花でも爆発や火災が起こる**危険箇所**とされている。危険箇所での電気設備は**防爆構造**とする必要がある。

- 引火点が **40℃**以下の危険物を貯蔵し、または取り扱う箇所
- 引火点が40℃を超える危険物であっても、その可燃性液体の**引火点**以上の状態で貯蔵、または取り扱う箇所
- **可燃性微粉**が滞留するおそれのある箇所

2) 防爆構造の種類

防爆構造とは、簡単にいうと、発火や爆発が起こらないよう電気機械器具に施す構造のことで、防爆構造の種類は、次の表の通り。

■防爆構造の種類

種　類	構　造
耐圧防爆構造	内部爆発の圧力に耐え、外部の蒸気に引火のおそれのない構造
油入防爆構造	火花などの点火源となる部分を油中に収めた構造
内圧防爆構造	内部に不燃性ガスなどの保護気体を圧入した構造
安全増防爆構造	危険な部分または温度上昇について安全度を増した構造
特殊防爆構造	外部の可燃ガスへの引火を防止できることが確認された構造
本質安全防爆構造	発生する火花や熱により爆発性ガスに点火しないことが確認された構造

攻略

- 導体に流れる電流は、電圧に比例する。　$I = E/R$
- 金属のような導体では抵抗が小さく、ゴムのような不導体では抵抗が大きい。
- ジュールの法則とは、電流と電圧の両方に比例した熱が発生すること。
- ジュール熱は、電圧、電流、時間で表すことができる。　$Q = EIt$
- 一般的な電気火花には、スパークとアークがある。
- 製造所等の危険箇所の電気設備は防爆構造とする。

§1 物理学

1-8 静電気

　第4類危険物などの引火性液体や乾燥した粉末状の物質を取り扱う場合には、静電気の発生に注意しなければならない。

● 静電気発生のメカニズム

　電気的に絶縁された2つの異なる物質が接触すると、電子（負の電荷を持った粒子）が移動して、一方に正（＋）の電荷が、他方には負（－）の電荷が帯電する。動いている電気を電流というのに対して、この帯電体に発生した静止状態の電気を**静電気**という。2つの物質を摩擦すると接触が促進され、電荷の発生量が増える。静電気が蓄積すると、放電火花が生じ、火災の原因になる。火災が発生した場合は、燃焼物に応じた方法で消火を行う。
　静電気は、固体だけでなく液体でも発生し、次のような場合に蓄積する。

- **接触帯電**：2つの異なる物質が接触したあと、離れることにより帯電する現象。日常経験する最も一般的な静電気の原因で、摩擦電気ともいわれる。
- **流動帯電**：容器内や管内を液体が流動する際に帯電する現象。液体が管内を流れるとき、流れが乱れていたり、高速で流れたりすると静電気が発生しやすい。第4類危険物の引火性液体を移動（運搬・移送）させると、撹拌が原因で流体摩擦が起こり、静電気が発生する。また、ガソリンの給油（注油）ホースでも静電気は発生し、帯電を除去するアースなどの措置が必要である。
- **噴出帯電**：液体が高速でノズルから噴出する際に帯電する現象。
- **沈降帯電**：流体中を他の液体や固体が沈降する際に帯電する現象。

　この他にも、静電気は次のような場合、発生・蓄積が起こりやすい。

- 絶縁抵抗が大きい物質ほど発生しやすい。一般に、引火性液体の抵抗率が 10^{12} Ω・cm より大きい液体では帯電現象が起こる（次ページの表参照）。

- 電気伝導率（電気の通りやすさ）が<u>低い</u>物体。電気伝導率が大きければ、静電気は移動して蓄積しない。
- 湿度が<u>低い</u>とき（⇨ p.189「湿度と危険物」）。

■主な第4類危険物の抵抗率

物　質	抵抗率 (Ω·cm)	相対湿度 (%)	気温 (℃)	物　質	抵抗率 (Ω·cm)	相対湿度 (%)	気温 (℃)
シクロヘキサン	2.1×10^{14}	58	9.0	二硫化炭素	7.5×10^{11}	57	10.0
石油ベンジン	2.7×10^{13}	53	27.7	酢酸エチル	1.7×10^{7}	54	27.7
トルエン	2.5×10^{13}	54	27.0	メタノール	$< 4 \times 10^{6}$	54	27.7
帯電の基準	10^{12} Ω·cm より大きい液体は帯電する。			アセトン	$< 4 \times 10^{6}$	54	27.7

帯電列

　2つの物質が接触したときに発生する電荷の正負は、接触する物質の組合せに依存する。この順序を表したものが<u>帯電列</u>である。

帯電列
⊕ガラス＞人毛＞ナイロン＞羊毛＞木綿＞硬質ゴム＞ポリエチレン＞テフロン⊖

　帯電列にある2種の物質をこすり合わせると、左側のものが正（＋）に、右側のものが負（－）に帯電する。

放電エネルギー

　静電気の帯電量（電気量）Q と電圧 V、静電容量 C の間には、

　　$Q = C \times V$

の関係がある。<u>静電容量</u> C とは、どのくらい電荷が蓄えられるかを表す値で、単位にはファラッド(F)を用いる。帯電量 Q が同じならば、静電容量 C が小さくなると電圧は増加する。静電気では1,000〜10,000 Vの静電電圧が生じる。
　静電気が放電するときは電気エネルギーを放出し、このエネルギーを火花エネルギーまたは<u>放電エネルギー</u>という。放電エネルギー E (J) は、

$$E = \frac{1}{2} \times Q \times V = \frac{1}{2} \times C \times V^2$$

で与えられる。帯電量 Q が同じ場合、電圧 V が**大きく**なると、放電エネルギー E は**大きく**なる。

静電気災害の防止

製造所等において、静電気による災害を防止するためには、静電気を発生させないようにしたり、静電気を蓄積させないようにする必要がある。

1) 発生を少なくする方法

静電気の発生を少なくするには、次のような方法がある。

- 流速・速度の制限（ガソリンなどの液体が給油ホース内を流れる際に発生する静電気を抑制する）。
- 導電性材料の使用（給油ホースでは導電体として導線やカーボンブラックの入ったホースを使用する）。
- 物質の**選択**による抑制効果（接触する2つの物質を選択する）。
- 摩擦を**少なく**する。
- 除電剤を使用する（導電剤の塗布や添加）。

2) 蓄積を防止する方法

静電気を蓄積しないようにするには、次のような方法がある。

- **接地**（アース）をする。
- 湿度を約 **75％** 以上に上げる（空気中の水分を通して放電できる）。
- 静置するなど緩和時間をおいて**放電**させる。
- 静電気は人体にも帯電するため、**帯電防止服**や**帯電防止靴**を着用する。
- 空気を**イオン化**して、電気伝導率を大きくする。

攻略

- 静電気の一般的な発生メカニズムは、2つの物質の接触である。
- 静電気は、絶縁抵抗が大きな物質ほど発生しやすい。
- 湿度を約75％以上にして、静電気の蓄積を防止する。

[§1-7〜§1-8] 復習問題

問8 500gの水に抵抗可変の電熱線を入れ、2Aの電流を20分間流して水温を5℃上昇させるときの抵抗は、次のうちどれか。ただし、水の比熱を4.2J/(g·℃)とする。

1. 13.12 Ω
2. 15.14 Ω
3. 1.08 Ω
4. 0.52 Ω
5. 2.19 Ω

解説

ジュールの法則より、電圧 E(V)、電流 I(A)の電気が時間 t(s)流れるとき、発生するジュール熱 Q は、$Q = EIt$ で求める。

オームの法則（$E = IR$）を使って、ジュール熱 Q を抵抗 R(Ω)と電流 I(A)で表せば $Q = RI^2 t$ となる。p.191 参照。

熱量と比熱の関係式は $Q = c \times m \times \Delta t$ であるから（⇨ p.179）、比熱 4.2J/(g·℃)の水 500gを5℃上昇させるのに必要な熱量 Q はジュール熱 Q と等しい。

$$Q = R(\Omega) \times (2(A))^2 \times 20 \times 60(s) = 4.2(J/(g\cdot℃)) \times 500(g) \times 5(℃)$$
$$R = 2.1875(\Omega) ≒ \mathbf{2.19\ \Omega}$$

答：5

問9 静電気の蓄積と放電による火花を防止する対策として、次のうち誤っているものはどれか。

1. 接地（アース）する。
2. 帯電防止服、帯電防止靴を着用する。
3. 各物質に導電性を与える。
4. 空気をイオン化する。
5. 空気中の湿度を低くする。

解説

5：誤り。空気中の湿度を低くすると静電気は蓄積されやすくなる。湿度を約 75% 以上にすると静電気の蓄積は防げる。

1〜4：正しい。p.195 参照。

答：5

§2 化学

2-1 物質の変化

すでに述べたように、物質は、温度や圧力といった周囲の条件によって変化する。物質の変化は、大きく物理変化と化学変化に分けられる。

● 物理変化

単に物質の**状態**や**形**が変化するだけで、物質そのものの化学的な組成などは変化しない場合を、**物理変化**という。この場合は化学反応式が**かけない**。§1で解説した、融解、気化、凝固、蒸発、凝縮、昇華は、物理変化である。

● 化学変化とその種類

物質の化学的な組成が変化し、異なる物質に変わる場合を、**化学変化**という。この場合は化学反応式が**かける**。主な化学変化には、化合、分解、置換、複分解、重合がある。

1) 化合
2種類以上の物質から、異なる物質を生じる化学変化を**化合**という。化合では、目的や種類が明らかになるよう、**酸化反応**や**付加反応**のように具体的な反応で呼ばれることが多い。

化学反応式	例
A + B → AB	水素と酸素が反応して水になる。水素について考えると**酸化反応**で、酸素について考えると**還元反応**である（⇨ p.244「酸化と還元」）。 　$2H_2 + O_2 → 2H_2O$
	一酸化炭素と酸素が反応して、二酸化炭素になる。 　$2CO + O_2 → 2CO_2$ 一酸化炭素は**酸化**され、酸素は**還元**されている。
	エチレンに水が付加してエタノールになる（**付加反応**）。 　$CH_2=CH_2 + H_2O → C_2H_5OH$

2) 分解

化合物が2種類以上の物質に分かれる化学変化を**分解**という。

化学反応式	例
AB → A + B	水を電気分解すると水素と酸素になる。 　$2H_2O \rightarrow 2H_2 + O_2$ 過塩素酸カリウム（第1類危険物）を約400℃に加熱すると分解して塩化カリウムと酸素になる。 　$KClO_4 \rightarrow KCl + 2O_2$

3) 置換

化合物中の原子（⇨ p.205）または原子団（⇨ p.257）が、他の原子または原子団で置き換わる化学変化を**置換**という。

化学反応式	例
AB + C → AC + B	亜鉛を希硫酸に浸すと水素が発生する。 　$H_2SO_4 + Zn \rightarrow ZnSO_4 + H_2$

4) 複分解

2種類の化合物が、それぞれに含まれる原子または原子団を交換して、2種類の新しい化合物になる化学変化を**複分解**という（⇨ p.226「複分解とルシャトリエの法則」）。

化学反応式	例
AB + CD → AD + CB	食塩（塩化ナトリウム）に硫酸を加えて加熱すると塩化水素を発生し硫酸ナトリウムになる。「↑」は気体の発生を示す。 　$2NaCl + H_2SO_4 \rightarrow Na_2SO_4 + 2HCl \uparrow$ 塩化カリウムに硝酸銀を加えると硝酸カリウムと塩化銀が生じる。「↓」は沈殿の生成を示す。 　$KCl + AgNO_3 \rightarrow KNO_3 + AgCl \downarrow$

5) 重合

重合は高分子をつくるための反応で、付加重合と縮合重合（縮重合）がある。どちらも、分子量（⇨ p.209）の小さな物質が結合を繰り返すことによって、大き

な分子量の化合物になる（⇨ p.261「高分子化合物」）。

付加重合とは、有機化合物の二重結合、三重結合などの不飽和結合（⇨ p.256「有機化合物の分類」）に、水素、ハロゲン、水、アルコール、酸などの原子や原子団が結合する**付加反応**を、単量体（モノマー）がそれ自身で繰り返すことによって高分子（ポリマー）になる反応。また、酸化プロピレンのような環状のエーテルは、不飽和結合を持たないが、環構造が開くことで付加反応を繰り返して高分子になる。これを**開環重合**という。

縮合重合（**縮重合**）とは、官能基（⇨ p.257）を持つ2つ以上の有機化合物が簡単な分子（たとえば水）の脱離を伴って結合する**縮合反応**を、単量体（モノマー）が繰り返すことで高分子（ポリマー）になる反応。

化学反応	例
付加重合	アクリル酸（第4類危険物の第2石油類水溶性液体）の付加重合でポリアクリル酸が生成する。 $n\text{CH}_2=\text{CHCOOH} \rightarrow \{\text{CH}_2-\text{CH(COOH)}\}_n$
	酸化プロピレン（第4類危険物の特殊引火物）の開環重合でポリプロピレンオキサイドが生成する。 $n\text{CH}_3-\text{CH}-\text{CH}_2 \rightarrow \{\text{CH(CH}_3)\text{CH}_2\text{O}\}_n$ 　　　　　＼O／
縮合重合	テレフタル酸とエチレングリコール（第4類危険物の第3石油類水溶性液体）が縮合重合し、ポリエチレンテレフタレート（PET：ペットボトルの材料）と水が生成する。 $n\text{HOOCC}_6\text{H}_4\text{COOH} + n\text{HOCH}_2\text{CH}_2\text{OH} \rightarrow \{\text{OCC}_6\text{H}_4\text{COOCH}_2\text{CH}_2\text{O}\}_n + 2n\text{H}_2\text{O}$

攻略

- 物理変化では、単に物質の状態や形が変化し、化学的な組成などは変化しない。
- 化学変化では、物質の化学的な組成が変化し、異なる物質に変わる。
- 化合とは、2種類以上の物質から異なる物質を生じる化学変化のこと。
- 分解とは、化合物が2種類以上の物質に分かれる化学変化のこと。
- 置換とは、化合物中の原子または原子団が、他の原子または原子団で置換される化学変化のこと。
- 複分解とは、2種類の化合物が、原子または原子団を交換して2種類の新しい化合物になる化学変化のこと。
- 重合は、高分子になる化学変化のことで、付加重合と縮合重合（縮重合）がある。

2-1 物質の変化

2-2 物質の種類

ひとくちに物質といっても、酸素や水素、水のように単一の物質もあれば、空気のように混合した気体もある。物質は、大きく純物質と混合物に分けられる。

● 純物質と混合物

窒素、酸素、二酸化炭素などのように単一の成分からなる物質を**純物質**といい、純物質には、単体と化合物がある。

空気のように2種類以上の純物質が混じり合った物質を**混合物**という。たとえば、空気には窒素や酸素、アルゴンなど、ガソリンには沸点の低いアルカン（⇨ p.259）など、石油ベンジンには主に炭素数6〜7のヘキサンやヘプタンが、それぞれ混合している。混合物の場合は、化学式が**かけない**。混合物は一般に、蒸留、濾過などの分離操作によって2種類以上の成分に分けられる。

物質の分類をまとめると、次の図のようになる。

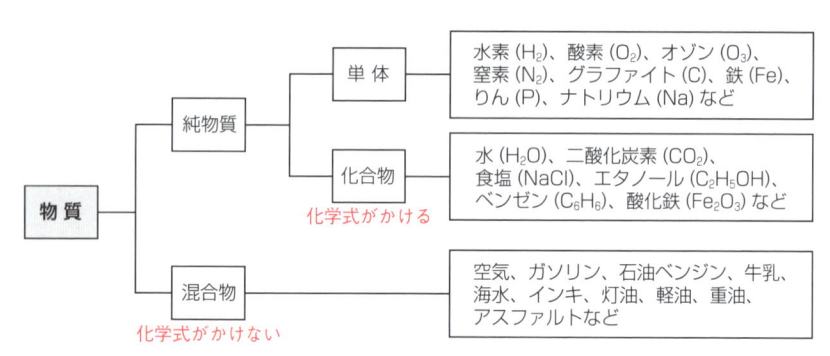

```
                    ┌─ 単体 ─── 水素(H₂)、酸素(O₂)、オゾン(O₃)、
                    │           窒素(N₂)、グラファイト(C)、鉄(Fe)、
          ┌─ 純物質 ─┤           りん(P)、ナトリウム(Na) など
          │         │
          │         └─ 化合物 ── 水(H₂O)、二酸化炭素(CO₂)、
物 質 ────┤           食塩(NaCl)、エタノール(C₂H₅OH)、
          │        化学式がかける  ベンゼン(C₆H₆)、酸化鉄(Fe₂O₃) など
          │
          └─ 混合物 ─────────── 空気、ガソリン、石油ベンジン、牛乳、
             化学式がかけない    海水、インキ、灯油、軽油、重油、
                                アスファルト など
```

■物質の化学的な分類

● 単体と化合物

物質を分解していくと、最後に物質を構成している原子（⇨ p.205）になる。原

子は元素（⇨ p.204）として百種類ほど存在する（⇨前見返し「元素の周期表」）。

水素や窒素のように、1種類の元素からなる純物質を**単体**という。単体はそれ以上の元素に**分解**することができない。

水のように、2種類以上の元素の原子が化学結合してできる純物質を**化合物**という。化合物には有機化合物と無機化合物があるが、第3類危険物の**有機金属化合物**のように中間に位置するものもある。

化合物は**分解**することができ、化学式が**かける**。2種類以上の純物質が混じり合っている混合物との違いは、化学式がかけるか、かけないかである。

● 同素体

同じ元素からなる**単体**でも、原子の結合の仕方によって化学構造や性質の異なるものが2種類以上ある場合は、これらを互いに**同素体**という（表参照）。

たとえば、ダイヤモンドと黒鉛（グラファイト）は同じ炭素原子からなる単体であるが、ダイヤモンドは最も硬く、黒鉛は鉛筆の芯にも使われるほど軟らかい。また、フラーレン（C_{60}）は炭素原子60個からなるサッカーボール型の分子（⇨ p.206）である。

■フラーレン（C_{60}）

■主な同素体

元　素	同素体
りん(P)	黄りん（第3類危険物）と赤りん（第2類危険物）
硫黄(S)	単斜硫黄、斜方硫黄、ゴム状硫黄（硫黄は第2類危険物）
炭素(C)	グラファイト、ダイヤモンド、フラーレン
酸素(O)	酸素、オゾン

● 同族体

同じ官能基（⇨ p.257）を持つため、化学的性質が互いに類似した炭素数の異なる一連の有機化合物のことを、**同族体**という。

たとえば、メタノール、エタノール、プロパノールなどは、互いにアルコールの同族体である。

異性体

同じ分子式（⇨ p.212）を持つ化合物でも、原子の結合の仕方によって分子の構造や性質が異なる物質を<u>異性体</u>といい、構造異性体と立体異性体がある。

1） 構造異性体

炭素骨格の違いや官能基の位置の違いなどにより、分子の構造式が異なる異性体を<u>構造異性体</u>という。

■$C_6H_4(CH_3)_2$の構造異性体
オルトキシレン　メタキシレン　パラキシレン

2） 立体異性体

分子の立体構造が異なるために生じる異性体を<u>立体異性体</u>という。立体異性体には、幾何異性体と光学異性体がある。

<u>幾何異性体</u>とは、内部に炭素-炭素の二重結合を含む化合物の中で、官能基の位置によって生ずる異性体で、シス-トランス異性体が存在する。

■$CH_3CH=CHCH_3$の幾何異性体
シス-2-ブテン　トランス-2-ブテン

<u>光学異性体</u>とは、同じ結合の様式を持ち、鏡に映したときの実像と鏡像の関係になり、光学的な性質のみが異なる異性体。化学的性質や光を除く物理的な性質は同じである。一般に<u>不斉炭素原子</u>（4つの異なる原子団と結合している炭素原子）を持っている。

アラニン　*不斉炭素原子
D-アラニン　鏡　L-アラニン
天然のアミノ酸はL体で、D体は非天然系

■アラニンの光学異性体

攻略

- 物質は、純物質と混合物に分けられ、純物質はさらに単体と化合物に分けられる。
- 化合物は化学式がかけるが、混合物は化学式がかけない。
- 同じ元素からなる単体で、性質などの異なる物質を互いに同素体という。
- 化学的性質が互いに類似した炭素数の異なる有機化合物のことを同族体という。
- 同じ分子式であっても、分子の構造や性質の異なる物質を異性体という。

[§2-1〜§2-2] 復習問題

問10 化学変化と用語の組合せとして、次のうち誤っているものはどれか。

1. 過塩素酸カリウム→塩化カリウム＋酸素 …………………………酸化
2. 亜鉛＋硝酸→硝酸亜鉛＋水素 ………………………………………置換
3. スチレン→ポリスチレン ……………………………………………重合
4. 酸化鉄＋一酸化炭素→鉄＋二酸化炭素 ……………………酸化、還元
5. 塩化ナトリウム＋硫酸→硫酸ナトリウム＋塩化水素 ………複分解

解説

1：誤り。この化学変化は<u>分解</u>。過塩素酸カリウム（第1類危険物）は加熱により分解する。反応式：$KClO_4 \rightarrow KCl + 2O_2$
2：正しい。反応式：$Zn + 2HNO_3 \rightarrow Zn(NO_3)_2 + H_2$
3：正しい。スチレン（$C_6H_5CH=CH_2$）の付加重合でポリスチレンができる。
4：正しい。反応式：$Fe_2O_3 + 3CO \rightarrow 2Fe + 3CO_2$
5：正しい。p.198 参照。

答：1

問11 次のA〜Eのうち、互いに同素体であるものはいくつあるか。

A. 黄りんと赤りん
B. メタノールとエタノール
C. 黒鉛とダイヤモンド
D. パラキシレンとメタキシレン
E. 酸素とオゾン

1. 1つ　　2. 2つ　　3. 3つ　　4. 4つ　　5. 5つ

解説

同素体とは、同じ元素からなる性質の異なる物質のこと。p.201 参照。

A：黄りんと赤りん　──→同素体
B：メタノールとエタノール　──→<u>同族体</u>。p.201 参照。
C：黒鉛とダイヤモンド　──→同素体
D：パラキシレンとメタキシレン　──→<u>異性体</u>。p.202 参照。
E：酸素とオゾン　──→同素体。

答：3

2-3 物質の基本構成

§2 化学

物質の基本的な成分は、元素の粒子である原子から成り立っている。原子は電子を互いに共有することで結合し、分子をつくる。また、原子は、電子を授受することで電荷を帯びた粒子であるイオンになり、そのイオンが電気的に引き合い、食塩のようなイオン性物質をつくる。

● 元素

物質は元素という成分で構成されている。化合物を分解していくと最後はいくつかの単体になる。その単体の名称が**元素**である。

1) 元素記号と元素の周期表

元素の種類を表すアルファベット記号を**元素記号**または**原子記号**という。元素は、元素記号、原子番号、質量数の3つで表す（次ページの図参照）。元素を原子番号順に並べると、性質の類似した元素が周期的に現れる。これを表にまとめたものが元素の周期表（⇨前見返し）で、横の行を**周期**といい、縦の列を**族**という。

2) 同族元素

周期表の同じ族に属する元素を**同族元素**という。族は1～18族まであり、性質の似た元素が同じ族に含まれる。水素を除く1族の元素を**アルカリ金属元素**（リチウム、ナトリウム、カリウムなどの第3類危険物）、ベリリウム、マグネシウム（第2類危険物）を除く2族の元素を**アルカリ土類金属元素**（カルシウム、バリウムなどの第3類危険物）（⇨ p.247）、17族の元素を**ハロゲン元素**（ふっ素、塩素、臭素、よう素など）（⇨ p.248）、18族の元素を**希ガス元素**（ヘリウム、ネオン、アルゴンなど）という。

3) 典型元素と遷移元素

元素は、大きく典型元素と遷移元素に分類される。周期表の1族、2族、12族

～18族までの元素を**典型元素**、3族から11族までの元素を**遷移元素**という。典型元素では、族の番号によって価電子（後述）の数が異なるため元素の性質の違いが大きくなる。遷移元素では、族の番号によって価電子の数があまり異ならないため、性質の違いは緩やかになる。典型元素には、**金属元素**と**非金属元素**があるが、遷移元素はすべて**金属元素**である。

● 原子

物質を構成する基本となる粒子を**原子**という。原子は分割できない最小の要素で、元素はそれぞれ固有の原子を持つ。

1) 原子の構造と質量

原子は、正電荷を持つ**原子核**と負電荷を持つ**電子**からなる。さらに原子核は、正電荷を持つ**陽子**と電荷を持たない**中性子**からなる。原子核に含まれる陽子の数を**原子番号**という。原子番号が同じならば、同じ元素である。

原子核の陽子1個の質量と中性子1個の質量はほぼ等しく、電子1個の質量の約1,840倍もある。したがって、電子の質量は無視することができる。そこで、原子核の「陽子の数（原子番号）＋中性子の数」を原子の**質量数**として表し、原子の質量を比較するときに用いられる。

電子はいくつかの電子殻（原子核に近いものから順に、K殻、L殻、M殻、…という）に分かれて存在し、電子の数は原子核中の陽子の数に等しい。

2) 同位体

原子番号が同じ元素であれば、原子は同じ数の陽子を含むが、中性子の数が異

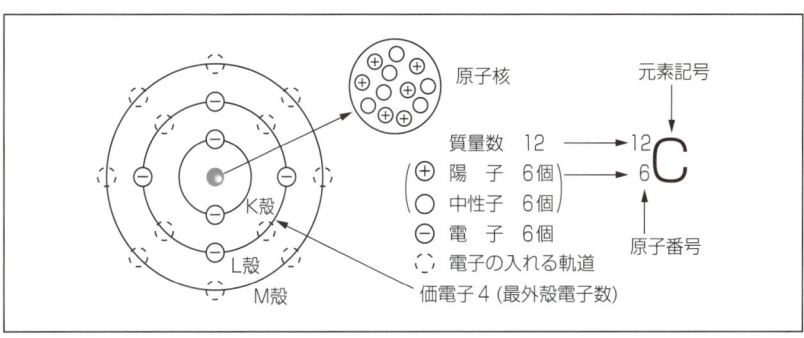

■原子の構造（炭素原子）

なる原子が存在する。これらを互いに**同位体**といい、陽子と中性子の和である質量数が異なる。たとえば、軽水素と重水素は同位体である。

3）価電子

原子の構造で最も外側の電子殻（最外電子殻）にある電子（最外殻電子）は**価電子**と呼ばれ、原子がイオンになるときや他の原子と結合するときに重要な働きをする。価電子は原子の性質を決める要素でもある。周期表で原子番号が8個ごとに周期的に元素の性質が類似した**同族元素**になるのは、同じ価電子数を持つからである。最外殻電子が1～8で周期的に変化することを**オクテット則**という。

● 分子

物質を構成する最小単位は原子であるが、水や二酸化炭素などは複数の原子が結びついた粒子が、物質の特性を示す最小単位であり、これを**分子**という。この原子と原子の結びつきを**共有結合**という。

ヘリウム(He)、ネオン(Ne)、アルゴン(Ar)などの希ガス元素は原子が安定な閉殻構造（後述）をとるため、**1原子分子**（単原子分子）として存在する。これらは反応性が低い**不活性ガス**である。

窒素(N_2)や一酸化炭素(CO)は、どちらも2つの原子が共有結合した**2原子分子**である。窒素は同じ元素からなる2原子分子で、一酸化炭素は異なる元素からなる2原子分子である。一般に、有機化合物は多原子分子であるといえる。

1）価標と原子価

分子の構造式では原子と原子の結合（共有結合）を線で表すことができ、この線を**価標**（⇨ p.213）という。1つの原子から出ている価標の数を、その原子の**原子価**という。

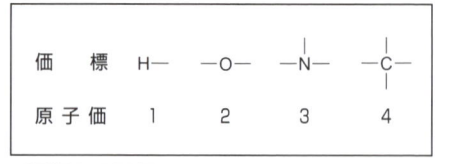

価　標	H—	—O—	—N—	—C—
原子価	1	2	3	4

■価標と原子価

2）閉殻構造

原子の最外殻に注目すると、最外電子殻が**価電子**で満たされた構造を**閉殻構造**という。K殻では2個、L殻では8個の電子で閉殻構造となる。

原子は、他の原子から電子をもらって共有結合をつくると同時に、最外殻を閉

殻構造にして分子を安定させようとする。別の表現をすれば、原子価は最外殻を閉殻構造にするために必要な電子の数ともいえる。

水素とヘリウムはK殻の2個で閉殻構造になるが、それより原子番号の大きい元素の炭素や窒素ではL殻の8個で閉殻構造になる。

図を見ながら説明しよう。L殻の価電子4の炭素は、さらに4つの電子を受け取ることで閉殻構造をとる。受け取った電子が水素の電子であれば、CH_4のメタンとなって閉殻構造をとる。価電子5の窒素では、さらに3つの電子を受け取れる。受け取った電子が水素の電子であればNH_3のアンモニアとなって閉殻構造をとる。

炭素や窒素と結合した水素から見ると、炭素原子や窒素原子と電子を共有することで2電子の閉殻構造となる。

電子配置								
原 子	H							He
価電子数	1							0
電子配置								
原 子	Li	Be	B	C	N	O	F	Ne
価電子数	1	2	3	4	5	6	7	0
電子配置								
原 子	Na	Mg	Al	Si	P	S	Cl	Ar
価電子数	1	2	3	4	5	6	7	0

■原子の電子配置図

● イオン

原子が他の原子と電子を共有して結合をつくると分子になる。一方、原子が電子のみを受け取ったり放出したりして閉殻構造をとり、電荷（正または負）を帯びた安定な粒子になると、これを<u>イオン</u>という。

1) 陽イオンと陰イオン

電気的に中性の状態にある原子または分子は、最外電子殻の電子（価電子）を放出すると、その原子は正（＋）の電気を帯びる。これを<u>陽イオン</u>という。逆に電子を受け取った原子は、負（－）の電気を帯びる。これを<u>陰イオン</u>という。

イオンには1つの原子だけからできた**単原子イオン**と、原子団全体として電荷を持つ**多原子イオン**がある。

陽イオンと陰イオンは電気的に引き合って、全体として電荷的に中性な無機物塩となる。第1類危険物の多くは、このようなイオンからなる。

授受した電子の数は**イオン価数**で表す。電子を1つ放出する（受け取る）と1価の陽（陰）イオン、電子を2つ放出する（受け取る）と2価の陽（陰）イオンといった具合である。イオンも閉殻構造をとり、安定なイオンとなる。

2) イオン化エネルギーと電子親和力

原子が最外電子殻から電子を放出して**陽イオン**になるために必要なエネルギーを、原子の**イオン化エネルギー**という。電子1個を放出するのに必要なエネルギーが第一イオン化エネルギーである。下の図から明らかなように、アルカリ金属元素はイオン化エネルギーが小さく陽イオンになりやすい。一般に、同一周期では、原子番号が**増える**とイオン化エネルギーは**大きく**なる。

逆に、原子が最外電子殻に電子を受け取って**陰イオン**になるときに放出されるエネルギーを、原子の**電子親和力**という。図を見ると、ハロゲン元素は電子親和力が大きく陰イオンになりやすいことがわかる。

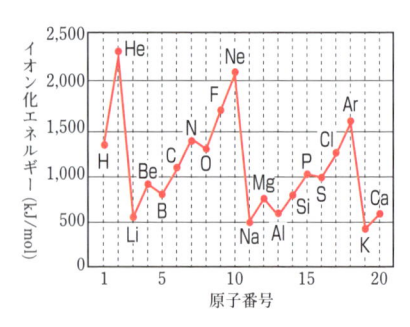

■イオン化エネルギー　　　　■電子親和力

攻略

- 周期表の同じ族に属する元素を同族元素という。
- 典型元素には金属元素と非金属元素があるが、遷移元素はすべて金属元素である。
- 原子番号が同じで、中性子の数が異なるものを同位体という。
- 同一周期では、原子番号が増えるとイオン化エネルギーは大きくなる。
- ハロゲン元素は、電子親和力が大きく陰イオンになりやすい。

§2 化学

2-4 原子量と分子量

原子は、原子量という固有の質量を持ち、化合物は分子量または式量で表される質量を持つ。

原子量

原子の質量は、元素の種類で決まる。ところが、原子の質量はきわめて小さく、そのままの数値で用いることは大変厄介である。そこで、炭素原子の質量数12の値を基準として、その相対的な数値を原子の質量としている。

原子番号6の炭素は陽子を6個持つが、同位体（⇨p.205）として質量数12（中性子6個）のものが98.90％、質量数13（中性子7個）のものが1.10％存在する。その平均値12.01が実際の原子量となる。

このように、同位体の相対的な質量とその存在比から、元素を構成する原子の質量の平均値が、現実的な元素の平均的な質量となり、これを元素の**原子量**という。原子番号は、一般に原子量の順になる。

■主な元素の原子量

	水素	炭素	窒素	酸素	ナトリウム
元素記号	H	C	N	O	Na
原子量	1	12	14	16	23

分子量と式量

分子の中に含まれる元素の原子量の和を**分子量**という。分子量は分子式から求められる。たとえば、二酸化炭素の分子量は、CO_2＝炭素の原子量12＋酸素の原子量 $16 \times 2 = 44$ である。

塩化ナトリウム（NaCl）などの**イオン性化合物**は、溶解するとナトリウムイオンと塩素イオンに分かれてしまい、分子のような粒子単位を持たないため化学式は

組成式（⇨ p.212）でしか表せない。この場合、分子量の代わりに組成式（たとえば NaCl）を用いる。組成式に含まれる元素の原子量の和を<u>式量</u>あるいは<u>イオン式量</u>という。塩化ナトリウムの式量は、NaCl ＝ Na23.0 ＋ Cl35.5 ＝ 58.5 である。

● 物質量（モル）とモル質量

　物質量（モル）は、原子や分子を取り扱う化学において、最も重要な数量の概念である。質量数 12 の炭素原子 12g に含まれる原子の数（6.02×10^{23}）を基準に、これと同じ 6.02×10^{23} 個（アボガドロ数）の粒子（原子や分子、イオン）の集まりを <u>1mol</u>（モル）とし、この量を <u>物質量</u>（モル）と定義する。

　物質量の概念が重要なのは、たとえば目に見えない水素と酸素の分子が 2：1 で反応することも理解できるし、実際に取り扱える量として水素 2mol と酸素 1mol に置き換えることができるからである。

　物質 1mol 当たりの質量は、原子量や分子量（式量）の値に g（グラム）をつけたものになる。物質 <u>1mol</u> 当たりの質量を <u>モル質量</u>（g/mol）という。

　物質量 n (mol)、質量 w (g)、モル質量 M (g/mol) の関係は次の式で表す。

$$物質量\ n\text{(mol)} = \frac{質量\ w\text{(g)}}{モル質量\ M\text{(g/mol)}} \qquad n = \frac{w}{M}$$

　また、アボガドロの法則から、6.02×10^{23} 個の粒子を含む 1mol の気体の体積は、標準状態（0℃、1気圧）で 22.4 ℓ であるから、気体の体積は物質量に<u>比例</u>する。さらに、気体の状態方程式を使うと、気体の質量や分子量が算出できる。

■主な気体の分子量とモル質量

	水素	窒素	酸素	二酸化炭素	水
化学式	H_2	N_2	O_2	CO_2	H_2O
分子量	2	28	32	44	18
モル質量	2 g/mol	28 g/mol	32 g/mol	44 g/mol	18 g/mol

攻略

- 分子量は、分子に含まれる元素の原子量の総和である。
- イオン性化合物の場合は、分子量の代わりに式量またはイオン式量を用いる。
- 1mol 当たりの質量は、原子量・分子量・式量の値に g をつけたものである。

2-5 化学の一般法則と化学反応式

§2 化学

化学では、化学を理解するための基本的で重要な法則と、化学式や化学反応式をかくためのルールや方法がある。

● 化学の一般法則

化学の一般法則には、アボガドロの法則、質量保存の法則、倍数比例の法則、定比例の法則がある。

1) アボガドロの法則

気体は、種類に関係なく、同温同圧のもとで、同じ体積に同じ数の分子を含む。これを**アボガドロの法則**（⇨ p.170）という。

	水素(H_2)	酸素(O_2)	二酸化炭素(CO_2)
アボガドロ数	6.02×10^{23} 個	6.02×10^{23} 個	6.02×10^{23} 個
体積（標準状態）	22.4 ℓ	22.4 ℓ	22.4 ℓ
質量	2 g	32 g	44 g

2) 質量保存の法則

化学反応において、化学変化の前後で物質の質量の総和は一定で変化しない。これを**質量保存の法則**または質量不変の法則という。

たとえば、炭素が酸素中で燃えるとき、炭素と酸素の質量の和は、発生する二酸化炭素の質量に等しい。

反応式：$C + O_2 \rightarrow CO_2$

炭素 12 g ＋ 酸素 (16×2) g ＝ 二酸化炭素 $(12 + 16 \times 2)$ g ＝ 44 g

3) 倍数比例の法則

同じ2つの元素が化合して2種類以上の化合物を生じる場合、一方の元素と化合する他の元素の質量比は簡単な整数の比になる。これを<u>倍数比例の法則</u>という。

たとえば、窒素酸化物には一酸化二窒素(N_2O)、一酸化窒素(NO)、二酸化窒素(NO_2)がある。14gの窒素と化合している酸素の質量はそれぞれ8g、16g、32gで、その質量比は1:2:4と簡単な整数比となる。

4) 定比例の法則

ある化合物の中で、化合している元素の質量の比は一定である。これを<u>定比例の法則</u>という。

たとえば、水(H_2O)をつくっている水素と酸素の質量比は、水素:酸素 = 2:16 = 1:8で、どのような水でも常に一定である。

● 化学式

元素記号を組み合わせて物質の構造を表す式を<u>化学式</u>という。化学式には、組成式、分子式、示性式、構造式がある。組成式から順に、物質の詳しい記述になる。

1) 組成式

化合物を構成している原子の数の割合を最も簡単な整数比で示した化学式を<u>組成式</u>という。ただし、比は元素記号の右下につけ、1の場合は元素記号のみをかく。燃焼などの分析実験で最初に決まる式でもあるため、<u>実験式</u>ともいう。

たとえば、ベンゼン(C_6H_6)もアセチレン(C_2H_2)も、組成式で表すとCHで同じになる。

2) 分子式

分子を構成している原子の数を示した化学式を<u>分子式</u>という。分子中の原子量の総和である分子量を求めることができる。ベンゼン(C_6H_6)とアセチレン(C_2H_2)の区別ができる。

3) 示性式

分子中の化合物の性質を決める官能基(⇨p.257)がわかるように、官能基を抜

き出した化学式を**示性式**という。

たとえば、分子式 C_3H_8O ではエーテルもアルコールも考えられるが、アルコールの水酸基(-OH)を示して、C_3H_7OH と示性式で示すとエーテルではなくアルコールであることが明確になる。つまり、第4類危険物のアルコール類（炭素数が3つ以内）として判断できる。

ただし、炭素3つからなるプロピル基($-C_3H_7$)についての構造情報はなく、n-プロピルアルコールかイソプロピルアルコール（どちらも第4類危険物）かはわからない（⇨ p.256）。

4）構造式

分子内の原子の結合の仕方を直線で表した化学式を**構造式**という。この直線を**価標**といい、単結合は1本の価標で示し、二重結合、三重結合はそれぞれ2本と3本の価標で示す。構造式は原子の結合情報をすべて示しているため、ある分子を構造異性体まで区別して示すことができる。

酢酸を例に挙げて上の4つの式について見てみよう。

CH_2O	$C_2H_4O_2$	CH_3COOH	構造式
①組成式	②分子式	③示性式	④構造式

① **組成式**：ホルムアルデヒド(CH_2O)も同じになる。
② **分子式**：分子量が60と決まるが、どんな酸素の官能基かわからない。
③ **示性式**：カルボキシル基(-COOH)があるとわかる。メチル基($-CH_3$)は異性体がないのでこれで酢酸と決まる。示性式で酢酸と一義的に表すことができる。
④ **構造式**：カルボキシル基がどのような化学結合様式かわかる。

● 化学反応式

化学式を使って化学反応を表したものを**化学反応式**という。化学反応式によって、物質の化学変化や量的な関係が明らかになる。

1) 化学反応式の規則

化学反応式をかくには、次の3つの規則がある。

規則①：反応物を左辺、生成物を右辺として、両辺に2種以上の物質がある場合は間に＋符号をかき、両辺を矢印（→）でつなぐ。
規則②：左辺と右辺のそれぞれの原子数が等しくなるように係数をつける。係数は、最も簡単な整数の比になるようにする。
規則③：触媒のように、反応の前後で変化しない物質は化学反応式中にかき込まない。

2) 化学反応式の係数の求め方

上の②の規則にのっとり、左辺と右辺のそれぞれの原子数が等しくなるように係数をつける。化学反応式の係数の求め方には、分数法と未定係数法がある。

(1) 分数法

<u>分数法</u>とは、単体の分子式の係数を<u>分数</u>で表して原子数を等しくする方法。酸素による金属の酸化などの化学反応式を求めるときに役立つ。酸素 O_2 を酸素原子(O)の数にすると、次のようになる。

$$1O = \frac{1}{2}O_2,\ 3O = \frac{3}{2}O_2,\ 5O = \frac{5}{2}O_2$$

これを利用して、鉄(Fe)が酸素(O_2)と反応して酸化鉄(Fe_2O_3)を生成する反応式を、分数法によって係数を決めて求めてみよう。求める係数を a、b とする。

$$aFe + bO_2 \rightarrow Fe_2O_3$$

両辺の各原子数は等しいことから、

Fe の原子数 $= a$（左辺）$= 2$（右辺）
O の原子数 $= b$（左辺）$= 3$（右辺）

とわかる。

$3O = \frac{3}{2}O_2$ より、分数法を用いて式にまとめると、

$$2Fe + \frac{3}{2}O_2 \rightarrow Fe_2O_3$$

となり、さらに両辺を2倍して

　　$4Fe + 3O_2 \rightarrow 2Fe_2O_3$

のように、反応式ができあがる。

(2) 未定係数法

<u>未定係数法</u>とは、<u>連立方程式</u>を使って係数を求める方法。複雑な反応式でも必ず求められる。

　求める反応式の係数を未知数a～dのように置く。

　　$aAB + bCD \rightarrow cAD + dCB$

次に、各元素A～Dについて左辺＝右辺として連立方程式をつくり、未知数a～dを求める。

　未定係数法を使って、アセトアルデヒド(CH_3CHO)の完全燃焼の化学反応式を求めてみよう。アセトアルデヒドは酸素と反応して二酸化炭素と水になる。求める係数を未知数a、b、c、dとする。

　　$aCH_3CHO + bO_2 \rightarrow cCO_2 + dH_2O$

両辺の各原子数は等しいことから、

　　C：$2a = c$　$\longrightarrow$　cをaで表すと　$c = 2a$
　　H：$4a = 2d$　$\longrightarrow$　dをaで表すと　$d = 2a$
　　O：$a + 2b = 2c + d$　$\longrightarrow$　bを求める式をつくると　$b = c + \frac{1}{2}d - \frac{1}{2}a$

この式に上で求めたcとdを代入して、aで表すと、次の式が成り立つ。

　　$b = 2a + a - \frac{1}{2}a = \frac{5}{2}a$

未知数4個で方程式3つでは比しか求められないが、もともと化学反応式は最も簡単な整数の比を示している。

　　$c = 2a$、$d = 2a$、$b = \frac{5}{2}a$

　　$\longrightarrow$　$a : b : c : d = a : \frac{5}{2}a : 2a : 2a = 2 : 5 : 4 : 4$

となり、アセトアルデヒドの完全燃焼の化学反応式が次のように求められる。

$$2CH_3CHO + 5O_2 \rightarrow 4CO_2 + 4H_2O$$

3) 化学反応式を用いた量的関係

化学反応式は反応物と生成物の化学式を示すだけでなく、反応の前後での各物質の量的関係を表している。

量的関係とは、質量の関係と体積の関係のことで、化学反応式から実際の化学反応のこの2つの量的関係が計算できる。

質量の関係では、反応物の質量の総和と生成物の質量の総和は<u>等しく</u>なる（質量保存の法則）ことを示す。

たとえば、$C + O_2 \rightarrow CO_2$ の化学反応式は、炭素 1 mol と酸素 1 mol から二酸化炭素 1 mol が生成すること、つまり炭素 12 g と酸素 32 g から二酸化炭素 44 g が生成する質量の関係を示す。

体積の関係では、気体の化学反応では化学反応式の各気体の係数の比は<u>体積比</u>を示す。

たとえば、$N_2 + 3H_2 \rightarrow 2NH_3$ の化学反応式は、窒素 1 mol と水素 3 mol からアンモニア 2 mol が生成すること、つまり標準状態の体積として窒素 22.4 ℓ と水素 67.2 ℓ からアンモニア 44.8 ℓ が生成することを表している。体積比でいうと、窒素 1 と水素 3 が反応して、アンモニアが 2 生成することを示す。

攻略

- アボガドロの法則とは、すべての気体は種類に関係なく、同温同圧で同じ体積内に同じ数の分子を含んでいること。
- 質量保存の法則とは、化学変化の前後で物質の質量の総和は一定であること。
- 倍数比例の法則とは、同じ2つの元素からなる化合物が2種類以上あるとき、一方の元素の質量と化合するもう一方の元素の質量比は、簡単な整数の比になること。
- 定比例の法則とは、化合物の中で化合している元素の質量の比は、一定していること。
- 化学式には、組成式、分子式、示性式、構造式がある。
- 化学反応式の左辺と右辺にある、それぞれの原子の数は同じである。
- 化合反応式の係数は、分数法や未定係数法で求められる。
- 化学反応式では、量的な関係がわかる。

[§2-4～§2-5] 復習問題

問12　エタノールの燃焼反応式として、次のうち正しいものはどれか。

1. $C_2H_5OH + O_2 \rightarrow CO_2 + H_2O$
2. $C_2H_5OH + 2O_2 \rightarrow 2CO_2 + H_2O$
3. $C_2H_5OH + 3O_2 \rightarrow 2CO_2 + 3H_2O$
4. $2C_2H_5OH + 2O_2 \rightarrow 3CO_2 + H_2O$
5. $3C_2H_5OH + O_2 \rightarrow CO_2 + 2H_2O$

解説

解き方が2つある。原子の数を数える方法と未定係数法である。

【原子の数を数える方法】

左辺と右辺の原子の数が同じであるかをC、H、Oの順に数える。1つの元素でも左辺≠右辺であれば誤り。

1：左辺のCの数は**C2**で、右辺のCの数は**C1**。左辺≠右辺で誤り。

2：1と同様に、左辺：C2 = 右辺：C2、左辺：**H6** ≠ 右辺：**H2** で誤り。

3：左辺：C2 = 右辺：C2、左辺：H6 = 右辺：H6、左辺：O7 = 右辺：O7で正しい。

4：左辺：**C4** ≠ 右辺：**C3** で誤り。

5：左辺：**C6** ≠ 右辺：**C1** で誤り。

【未定係数法】（⇨ p.215）

求める係数を未知数a、b、c、dとして、エタノールの完全燃焼の化学反応式をかくと、$aC_2H_5OH + bO_2 \rightarrow cCO_2 + dH_2O$ となる。

各元素は左辺=右辺であるので、

C：$2a = c$　　⟶　cをaで表すと、$c = 2a$

H：$6a = 2d$　　⟶　dをaで表すと、$d = 3a$

O：$a + 2b = 2c + d$　　⟶　上で求めたcとdを代入して、bをaで表す。

$$b = c + \frac{1}{2}d - \frac{1}{2}a = 2a + \frac{3}{2}a - \frac{1}{2}a = 3a$$

化学反応式はa：b：c：dを最も簡単な整数の比で示しているので、

$c = 2a$, $d = 3a$, $b = 3a$ ⟶ a：b：c：d = a：3a：2a：3a = 1：3：2：3

つまり、$C_2H_5OH + 3O_2 \rightarrow 2CO_2 + 3H_2O$　と求められる。　　**答：3**

アドバイス　この問題のように、正しい化学反応式を問われる問題などでは実際に原子の数

を数える方法が有効である。甲種危険物取扱者試験は五肢択一だから、候補となる反応式が書かれている場合は、反応式を構成する原子の数が左辺と右辺で一致するかを数え、正しい反応式を選べばよい。未定係数法で連立方程式を解くよりも早い場合もある。最初から化学反応式の係数を求めるには分数法や未定係数法を用いる必要があるが、その場合の検算としても原子の数を数えることは有効である。

問13 十分な量の希硫酸を用いて次の物質1molを溶かした。発生する気体の体積が標準状態で最も大きいものはどれか。

1. アルミニウム
2. マグネシウム
3. 硫化鉄
4. 亜硫酸ナトリウム
5. 炭酸カリウム

解説

標準状態(0℃、1気圧)では、気体の体積は種類によらず、物質量(mol)に比例する。p.210参照。

1:アルミニウム(Al)

$2Al + 3H_2SO_4 \rightarrow Al_2(SO_4)_3 + 3H_2$　アルミニウム1molから**1.5mol**の水素が発生。

2:マグネシウム(Mg)

$Mg + H_2SO_4 \rightarrow MgSO_4 + H_2$　マグネシウム1molから1molの水素が発生。

3:硫化鉄(FeS)

$FeS + H_2SO_4 \rightarrow FeSO_4 + H_2S$　硫化鉄1molから1molの硫化水素が発生。

4:亜硫酸ナトリウム(Na_2SO_3)

$Na_2SO_3 + H_2SO_4 \rightarrow Na_2SO_4 + H_2O + SO_2$　亜硫酸ナトリウム1molから1molの二酸化硫黄が発生。

5:炭酸カリウム(K_2CO_3)

$K_2CO_3 + H_2SO_4 \rightarrow K_2SO_4 + H_2O + CO_2$　炭酸カリウム1molから1molの二酸化炭素が発生。

答:1

2-6 熱化学

物質の化学反応には、ほとんどの場合に熱の出入りを伴う。危険物の化学反応で発生する反応熱が熱源や着火源となり、火災が起こる場合もある。

反応熱と熱化学方程式

化学変化に伴い、1molの反応物質が発生または吸収する熱量を**反応熱**という。また、熱が発生する場合を**発熱反応**といい、熱を吸収する場合を**吸熱反応**という。

化学反応式に反応熱を加え、両辺を等号（＝）で結んだ式を**熱化学方程式**といい、発生する熱量を「＋」、吸収する熱量を「－」で表す。

化学反応式と同様に、熱化学方程式の係数も物質量(mol)に対応するが、反応熱は注目する物質1mol当たりの値で示すため、他の物質の係数が分数になることがある。

熱化学方程式では、熱の出入りに伴い物質の状態が変化することがあるため、気体は「(気)」、液体は「(液)」、固体は「(固)」、水溶液は「aq」（aqua：水の略）を付記して反応前後の物質の状態を示す。ただし、物質の状態が明らかな場合は省略する。

例1 ▶ 水素が酸素と反応して水になる場合の熱化学方程式

$$H_2(気) + \frac{1}{2}O_2(気) = H_2O(気) + 242 \text{kJ} \quad (熱量がプラスで発熱反応)$$

例2 ▶ 食塩が水と反応して食塩水になる場合の熱化学方程式

$$NaCl(固) + aq = NaCl\ aq - 3.88 \text{kJ} \quad (熱量がマイナスで吸熱反応)$$

反応熱の種類

反応熱には、次のような種類がある。

■反応熱の種類

反応熱	説明と例
燃焼熱	1mol の物質が酸素と反応して完全燃焼するときに発生する熱量 例▶ プロパンガスの燃焼熱 　　　$C_3H_8(気) + 5O_2(気) = 3CO_2(気) + 4H_2O(液) + 2,220 kJ$
生成熱	化合物 1mol が構成元素の単体から生成するときに出入りする熱量 例▶ 炭素と水素が反応してメタンになる。 　　　$C(固) + 2H_2(気) = CH_4(気) + 75 kJ$
中和熱	酸と塩基の中和（⇨ p.240）で 1mol の水が生成するときに発生する熱量 例▶ 塩酸と水酸化ナトリウムの水溶液が中和反応で塩と水になる。 　　　$HCl\ aq + NaOH\ aq = NaCl\ aq + H_2O(液) + 56.5 kJ$
溶解熱	1mol の物質が多量の溶媒に溶解（⇨ p.230）するときに出入りする熱量 例▶ 水酸化ナトリウムを溶かして水溶液をつくる。 　　　$NaOH(固) + aq = NaOH\ aq + 44.5 kJ$

● ヘスの法則

　反応熱は、反応物と生成物が同じであれば、反応の経路によらず一定となる。これをヘスの法則または総熱量不変の法則という。

　たとえば、上の反応熱の種類には含めていないが、分解熱は生成熱と同じである。ただし、熱の出入りは逆になる。

　ヘスの法則を利用すると、実際に測定が困難な反応熱を、別の反応熱から計算によって求めることができる。

● 反応熱の求め方

　反応熱は、ヘスの法則を利用して求める。求め方には、熱化学方程式から求める方法と、結合エネルギーから求める方法がある。

1）熱化学方程式から計算

　熱化学方程式によって反応熱を求める場合の具体的な計算方法は、次のように行う。

> **例** 炭素が燃焼して一酸化炭素が生成するときの反応熱 Q を求めてみよう。
>
> $$C(固) + \frac{1}{2}O_2(気) = CO(気) + Q(kJ)$$
>
> 通常、炭素の燃焼では二酸化炭素も同時に生じ、実験的に Q を測定することは困難であるため、炭素と一酸化炭素を別々に燃焼させて反応熱を測定する。
>
> $$C(固) + O_2(気) = CO_2(気) + 394\,kJ \quad \cdots\cdots\cdots\cdots ①$$
> $$CO(気) + \frac{1}{2}O_2(気) = CO_2(気) + 283\,kJ \quad \cdots\cdots ②$$
>
> ②の右辺と左辺を入れ替えると、
>
> $$CO_2(気) = CO(気) + \frac{1}{2}O_2(気) - 283\,kJ \quad \cdots\cdots ②'$$
>
> ①と②'を足して CO_2 を消去すると、
>
> $$C(固) + O_2(気) = \cancel{CO_2(気)} + 394\,kJ \quad \cdots\cdots\cdots ①$$
> $$+\underline{\quad \cancel{CO_2(気)} = CO(気) + \frac{1}{2}O_2(気) - 283\,kJ \quad \cdots\cdots ②' \quad}$$
> $$C(固) + \frac{1}{2}O_2(気) = CO(気) + 111\,kJ$$
>
> となり、反応熱 Q は $111\,kJ$ と求められる。
>
> **＋アドバイス** 炭素と一酸化炭素の燃焼熱を覚えておく必要はない。試験ではたいてい、問題文に燃焼熱など、計算に必要な反応熱が明記されているはずだ。

2) 結合エネルギーから計算

簡単な気体分子中の共有結合を引き離し、気体状の原子にするために必要なエネルギーを**結合エネルギー**といい、結合 $1\,mol$ 当たりの切断に要する熱量(kJ/mol)で表す。

結合エネルギーの値が**大きい**ほど結合は**強い**ことになる。逆にいえば、結合ができるときに放出されるエネルギーでもある。結合を切断する場合は**吸熱反応**で、結合する場合は**発熱反応**である。

主な分子の共有結合とその結合エネルギーを次ページの表にまとめた。

■主な共有結合とその結合エネルギー

結合（分子）	H-H	Cl-Cl	H-Cl	H-C	H-N	H-O	C-O	C-C	C=C
結合エネルギー (kJ/mol)	436	243	432	413	391	463	352	348	588

この結合エネルギーの値を利用して、反応熱を求めることができる。分子の結合を切って個々の原子にするエネルギーと、個々の原子が結合して別の分子ができるときに放出されるエネルギーの差が反応熱となる。

反応熱＝（生成物の結合エネルギーの和）－（反応物の結合エネルギーの和）

> **例▶** 結合エネルギーを使って、塩化水素（HCl）の生成における反応熱 Q を求めてみよう。
>
> H_2（気）＋Cl_2（気）＝$2HCl$（気）＋Q（kJ）
> Q＝（HClの結合エネルギー）×2－[（H_2の結合エネルギー）＋（Cl_2の結合エネルギー）]＝432×2－（436＋243）＝185 kJ
>
> この反応熱は塩化水素2mol分の生成熱になる。2で割れば、塩化水素1molの生成熱を表す熱化学方程式になる。
>
> $\frac{1}{2}H_2$（気）＋$\frac{1}{2}Cl_2$（気）＝HCl（気）＋92.5 kJ

攻略

- 反応熱とは、1molの反応物質が化学変化に伴い発生または吸収する熱量のこと。
- 熱が発生する場合を発熱反応、熱を吸収する場合を吸熱反応という。
- 反応熱には、燃焼熱、生成熱、中和熱、溶解熱などがある。
- ヘスの法則とは、反応物と生成物が同じであれば、反応の経路によらず反応熱は一定であること。
- 反応熱の求め方には、熱化学方程式による計算と、結合エネルギーによる計算の2通りがある。
- 結合エネルギーとは、気体分子中の共有結合を引き離すために必要なエネルギーのこと。
- 結合エネルギーは、結合1mol当たりの切断に要する熱量で表す。

2-7 化学反応の速度

化学反応には速度があり、この速度は活性化エネルギーの高さ・低さによって決まる。

● 反応速度

反応の速さを**反応速度**といい、単位時間当たりの反応物質の**濃度変化**で表す。$A + B \rightarrow C + D$ の反応であれば、反応速度 v は次の式で表される。

$$v = k[A][B]$$

（k は反応速度定数、$[A][B]$ は物質 A、B のモル濃度（⇒ p.231））

1) 活性化エネルギー

化学反応は、反応物から生成物に変化するときに最もエネルギーの高い活性化状態（遷移状態ともいう）を経て進行する。この遷移状態を超えるのに必要な最小のエネルギーを**活性化エネルギー**という。

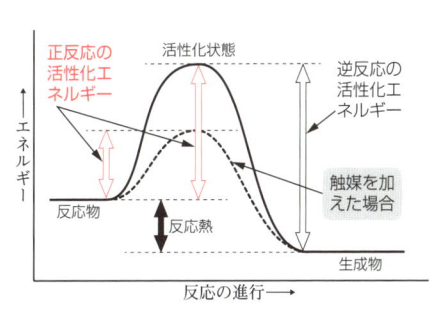

■活性化エネルギー

2) 反応速度に関与する条件

反応速度は、濃度、圧力、温度、**触媒**の有無などによって変化する。

化学反応は反応物質の粒子が衝突して起こるため、濃度や圧力が**高い**ほど衝突頻度が高くなり、反応は**速く**なる。また、温度が**高く**なるほど、反応物質の粒子の熱運動が激しくなるため、活性化エネルギーより大きなエネルギーを持つ粒子の割合が大きくなり、反応が**速く**なる。

触媒は、反応の活性化エネルギーを**下げる**働きをすることで反応速度を**速く**する。逆に、反応速度を遅くするための触媒を**負触媒**という。ハロゲン化物消火剤は、ハロゲン元素の負触媒作用を利用したものである（⇒ p.282）。触媒は反応

前後で自らは変化しないし、触媒によって反応熱の値や化学平衡が変化することもない。

● アレニウスの式

反応速度定数と活性化エネルギーとの関係を示すのが、アレニウスの式である。アレニウスの式から、温度と触媒による反応速度の変化がわかる。気体定数を $R\,(8.31\,\mathrm{J/(K\cdot mol)})$、活性化エネルギーを $E\,(\mathrm{J/mol})$、絶対温度を $T\,(\mathrm{K})$ とすると、反応速度定数 k を求めるアレニウスの式は、

$$k = Ae^{-\frac{E}{RT}} \quad (e^x は e(=2.718\cdots) を底とする指数関数である。)$$

となる。A は頻度因子と呼ばれ、反応が起こる割合を示す数値である。

触媒作用により活性化エネルギー E が小さくなると $e^{-\frac{E}{RT}}$ は大きくなり、反応速度定数も大きくなる。反応速度定数が大きくなれば、反応速度は速くなる。

逆に、活性化エネルギー E が大きくなると、反応速度は遅くなる。

同様に、反応温度 T が上がると $e^{-\frac{E}{RT}}$ も大きくなり、反応速度が速くなる。一般に反応温度が $10\,℃$ 上がると反応は $2\sim 3$ 倍程度速くなるといわれる。

> **例** ▶ アレニウスの式を用いて、活性化エネルギーが $50\,\mathrm{kJ/mol}$ の反応において、反応温度が $27\,℃$ から $37\,℃$ に上がると反応速度は何倍になるかを計算してみよう。
>
> 反応速度定数の比 $\dfrac{k(37)}{k(27)}$
> $= e^{-\frac{50000\,\mathrm{(J/mol)}}{8.31\,\mathrm{(J/(K\cdot mol))}}\left(\frac{1}{310\,\mathrm{(K)}} - \frac{1}{300\,\mathrm{(K)}}\right)} = 1.91$
>
> したがって 1.91 倍でおよそ 2 倍である。仮に、活性化エネルギーを $10\,\mathrm{kJ/mol}$ として計算すると 1.1 倍、$100\,\mathrm{kJ/mol}$ では、3.6 倍と変化する。多くの化学反応の活性化エネルギーは $50\sim 100\,\mathrm{kJ/mol}$ 程度であるから、反応温度を $10\,℃$ 上げることで反応速度は $2\sim 3$ 倍程度速くなることがわかる。

攻略
- 反応速度は、濃度、圧力、温度、触媒の有無などによって変化する。
- アレニウスの式から、活性化エネルギーが小さくなったり温度が上がったりすると、反応速度は速くなることがわかる。

2-8 化学平衡

化学反応においては、見かけ上反応が進行していない化学平衡という状態がある。平衡状態は、温度や圧力、濃度によって移動する。

化学平衡

化学反応式では、左辺から右辺へ進行する反応（矢印 → で示す）を**正反応**といい、右辺から左辺へ進行する反応を**逆反応**（矢印 ← で示す）という。正反応と逆反応が同時に進行する反応を**可逆反応**といい、両方の矢印（⇄）で表す。正反応のみが進行し、逆反応が起こらない反応を**不可逆反応**という。

可逆反応では、正反応と逆反応の反応速度の**差**が見かけの反応速度になる。

また、可逆反応において正反応の速さと逆反応の速さが**等しく**なり、見かけ上反応が進行していない状態を**化学平衡**という。

可逆反応 A + B ⇄ C + D において、A、B、C、D のモル濃度（⇨ p.231）を [A]、[B]、[C]、[D] とすると、正反応の速度 v_1 および逆反応の速度 v_2 は、次の関係式で表すことができる。

$v_1 = k_1[A][B]$
$v_2 = k_2[C][D]$　　（k_1、k_2 は反応速度定数）

平衡状態では正反応と逆反応の速度は等しくなり、

$v_1 = v_2$　すなわち、$k_1[A][B] = k_2[C][D]$

平衡定数 K は、

$$K = \frac{[C][D]}{[A][B]} = \frac{k_1}{k_2} \quad （一定）$$

の関係が成り立つ。この関係を**化学平衡の法則**および**質量作用の法則**という。

● ルシャトリエの法則

　一般に化学平衡は、成立しているときの条件（温度、圧力、濃度）を変えると、その条件変化による影響を緩和する方向に平衡が移動する。これを<u>ルシャトリエの法則</u>あるいは<u>平衡移動の原理</u>という。

1）濃度による平衡移動

　化学平衡の状態に達しているとき、ある成分の濃度を<u>増加</u>させると、増加した成分の濃度を<u>減少</u>させる方向へ反応が進行して新しい平衡状態になる。

　逆に、ある成分の濃度を<u>減少</u>させると、減少した成分の濃度を<u>増加</u>させる方向に平衡が移動する。

> **例▶** 窒素（N_2）と水素（H_2）からアンモニア（NH_3）ができる化学反応で、濃度による平衡移動を見てみよう。
>
> $$N_2 + 3H_2 \rightleftarrows 2NH_3$$
>
> 左辺にある N_2 を加えると、N_2 の濃度の増加を緩和するように左辺から右辺へ進む反応の割合が増加して新しい平衡に達する。

2）複分解とルシャトリエの法則

　複分解の例で取り上げた反応（⇨ p.198）とルシャトリエの法則との関係は、次のように説明できる。

> **例▶** 食塩（塩化ナトリウム）に硫酸を加えて加熱すると、塩化水素を発生し硫酸ナトリウムになる。
>
> $$2NaCl + H_2SO_4 \rightarrow Na_2SO_4 + 2HCl \uparrow \qquad （「↑」は気体の発生を示す。）$$
>
> 硫酸は不揮発性であるが、塩化水素は揮発性があるため気体として反応系から逃げていき、塩化水素の濃度が下がる。塩化水素の濃度減少を緩和するように左辺から右辺への正反応が進むため、不可逆的に複分解が進行する。

3）圧力による平衡移動

　化学平衡の状態にある気体混合物の圧力を<u>高く</u>すると、圧力を下げるように気

体の分子の数が<u>少なく</u>なる方向へ反応が進行し、新しい平衡状態になる。逆に、圧力を<u>低く</u>すると気体の分子数が<u>多く</u>なる方向に平衡が移動する。

窒素と水素からアンモニアができる平衡反応（$N_2 + 3H_2 \rightleftarrows 2NH_3$）では、平衡混合物を圧縮して体積を半分にすると、圧力は2倍になるはずであるが（ボイルの法則）、圧力が大きくなる影響を緩和するために、気体分子の総数が少なくなる方向である正反応（左辺は気体4分子、右辺は2分子）がより進行する。

4）温度による平衡移動

ある反応が化学平衡の状態にあるとき、<u>冷却</u>すると<u>発熱反応</u>の方向へ平衡が移動し、<u>加熱</u>すると、<u>吸熱反応</u>の方向に平衡が移動する。

窒素と水素からアンモニアができる反応は、次の熱化学方程式が示すように、発熱反応である。

$$N_2 + 3H_2 = 2NH_3 + 92kJ$$

この熱化学方程式から、化学平衡の状態にある窒素・水素・アンモニアの混合物を冷却すると、冷却の影響を緩和する正反応の方向に平衡が移動することがわかる。

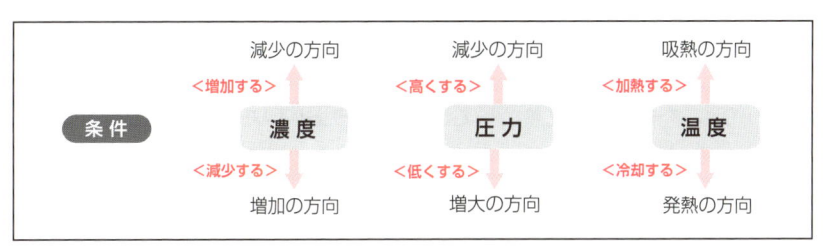

■条件変化による化学平衡の移動（ルシャトリエの法則）

攻略

- 可逆反応とは、正反応と逆反応が同時に進行する反応のこと。
- 不可逆反応とは、正反応のみが進行し、逆反応が起こらない反応のこと。
- 可逆反応では、正反応と逆反応の反応速度の差が見かけの反応速度になる。
- 化学平衡とは、可逆反応において正反応の速さと逆反応の速さが等しくなり、見かけ上反応が進行していない状態のこと。
- ルシャトリエの法則とは、化学平衡が成立しているときの条件を変えると、その条件変化による影響を緩和する方向に化学平衡が移動すること。

[§2-6〜§2-8] 復習問題

問 14 炭素が燃焼して二酸化炭素を生成するときの反応熱は 394 kJ である。
$$C + O_2 = CO_2 + 394\,kJ$$
発生した熱量が 985 kJ であった場合、炭素は何 g 完全燃焼したこととなるか。ただし、炭素の原子量は 12 とする。

1. 12 g
2. 24 g
3. 30 g
4. 48 g
5. 60 g

解説

熱化学方程式は 1 mol 当たりの熱量を示している。p.219 参照。
発生した熱量が 985 kJ ならば、

$$\frac{985\,(kJ)}{394\,(kJ)} = 2.5 \longrightarrow 2.5\,mol\,分である。$$

炭素の原子量は 12 だから、モル質量は 12 g/mol。p.210 の式から、
炭素の質量＝モル質量×物質量＝ 12 (g/mol) × 2.5 (mol) ＝ **30 g**　　**答：3**

問 15 エタノールの生成熱として、次のうち正しいものはどれか。ただし、エタノールの燃焼熱は 1,368.9 kJ、二酸化炭素及び水の生成熱をそれぞれ 406.4 kJ 及び 286.2 kJ とする。

1. 286.2 kJ
2. 302.5 kJ
3. 406.4 kJ
4. 605.0 kJ
5. 676.3 kJ

解説

計算方法は、p.221 を参照しながら、まずエタノール (C_2H_5OH) の完全燃焼の式をかく。

$$C_2H_5OH + 3O_2 = 2CO_2 + 3H_2O + 1{,}368.9\,kJ \cdots\cdots①$$

右辺と左辺を入れ替えると、

$$2CO_2 + 3H_2O = C_2H_5OH + 3O_2 - 1,368.9 \text{ kJ} \quad \cdots\cdots\cdots\cdots ①'$$

二酸化炭素と水の生成熱を式で表す。

$$C + O_2 = CO_2 + 406.4 \text{ kJ} \quad \cdots\cdots\cdots\cdots\cdots\cdots\cdots\cdots\cdots ②$$

$$H_2 + \frac{1}{2}O_2 = H_2O + 286.2 \text{ kJ} \quad \cdots\cdots\cdots\cdots\cdots\cdots\cdots\cdots ③$$

①′では二酸化炭素2mol、水3molであるから、②、③の係数を合わせて、②×2＋③×3＋①′を計算すると、

$$2C + 2O_2 = 2CO_2 + 812.8 \text{ kJ} \quad \cdots\cdots\cdots\cdots\cdots ②$$

$$3H_2 + \frac{3}{2}O_2 = 3H_2O + 858.6 \text{ kJ} \quad \cdots\cdots\cdots\cdots ③$$

$$+\underline{) \quad 2CO_2 + 3H_2O = C_2H_5OH + 3O_2 - 1,368.9 \text{ kJ} \quad \cdots\cdots ①'}$$

$$2C + 3H_2 + \frac{1}{2}O_2 = C_2H_5OH + \mathbf{302.5 \text{ kJ}}$$

答：2

問 16 可逆反応における化学平衡に関する説明として、次のうち誤っているものはどれか。

1. 化学平衡とは、正逆の反応速度が互いに等しくなり、見かけ上、反応が停止している状態のことをいう。
2. ある一部の成分を取り除くと、その成分が増加する方向に反応が進み、新たな平衡状態になる。
3. 化学反応式で、左辺から右辺へ進行する反応を正反応といい、右辺から左辺へ進行する反応を逆反応という。
4. 加熱すると発熱する方向に反応が進み、新たな平衡状態になる。
5. 逆反応が起こらずに正反応のみが起こり、一方向のみに進行する反応を不可逆反応という。

解説

4：「発熱」は誤り。加熱するとこの変化を緩和する<u>吸熱</u>の方向へ平衡が移動し、新たな平衡状態になる。

1～3、5：正しい。p.225、p.227 参照。

答：4

§2 化学

2-9 溶液

物質が液体に変化するのは、2つの場合がある。1つは三態変化により液体となる場合、もう1つは別の液体に溶けて液体になる場合である。この後者の混合物を溶液という。危険物を安全に取り扱うには、溶液についてしっかり理解することは重要である。

● 溶液と溶解度

物質が液体に溶けて均一な液体になることを溶解といい、その混合液体を溶液という。溶けている物質を溶質、溶かしている液体を溶媒という。食塩水でいえば、食塩が溶質で水が溶媒である。特に溶媒が水の場合を水溶液という。

溶媒にどのくらいの溶質が溶けるかを表す度合いを溶解度という。

1）固体の溶解度

固体の溶解度は、ある温度において溶媒100gに溶ける溶質の最大量のg数のことである。一般に、温度が高くなると固体の溶解度は大きくなるが、塩化ナトリウム（NaCl）のようにあまり変化しないものや、水酸化カルシウム（Ca(OH)$_2$）などのように温度が高くなると小さくなるものもある。温度に対する溶解度をグラフに示したものが溶解度曲線である。

ある溶質が溶解度に達している溶液を飽和溶液といい、達していない溶液を不飽和溶液という。

飽和溶液の温度を下げて溶解度を低くすると溶質の結晶が析出する。このような結晶化を利用して物質を精製することを再結晶という。

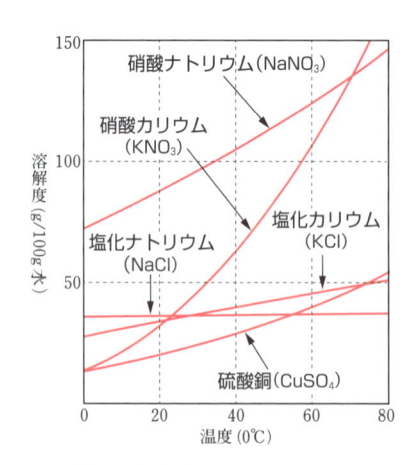

■固体の溶解度曲線

2) 気体の溶解度

気体の場合は、固体とは逆に温度が<u>上がる</u>と溶解度は<u>減少</u>する。
ある温度での気体の溶解度の表し方には、次の2通りがある。

① 気体の分圧が1atmのとき、溶媒1ℓに溶けている物質量(mol)で表す。
② 分圧が1atmのとき、一定の溶媒（1ℓや1mℓ）に溶ける気体の体積を標準状態（0℃、1atm）に換算したもので表す。

また、一定温度において、一定量の溶媒に溶ける気体の質量は<u>分圧</u>に比例する。これを<u>ヘンリーの法則</u>という。混合気体における分圧は、ドルトンの法則（⇨ p.172）から求められる。

溶液の濃度

溶液にどのくらいの溶質が溶けているかを表すのが<u>濃度</u>である。溶液の濃度の表し方には、質量百分率濃度、モル濃度、質量モル濃度がある。

1) 質量百分率濃度（質量パーセント濃度）

溶液の質量中の溶質の質量の割合をパーセントで表したものを<u>質量百分率濃度</u>（<u>質量パーセント濃度</u>）という。

$$質量百分率濃度(\%) = \frac{溶質の質量(g)}{溶液の質量(g)} \times 100$$

$$= \frac{溶質の質量(g)}{溶質の質量(g) + 溶媒の質量(g)} \times 100 (\%)$$

> **例▶** 塩化ナトリウム(NaCl) 20gを、80gの水に溶かしてできる塩化ナトリウム水溶液の質量パーセント濃度を求めてみよう。
>
> $$質量百分率濃度(\%) = \frac{溶質の質量(g)}{溶液の質量(g)} \times 100$$
>
> $$= \frac{20(g)}{(20+80)(g)} \times 100 = \mathbf{20\%}$$

2) モル濃度

溶液<u>1ℓ</u>中に溶けている溶質の<u>物質量(mol)</u>で表した濃度を<u>モル濃度</u>といい、

単位は mol/ℓ で表す。溶液状態での化学反応を示すときに使われ、化学で最も大切な濃度である。

$$モル濃度(mol/ℓ) = \frac{溶質の物質量(mol)}{溶液の体積(ℓ)}$$ （mol/ℓ の単位は、M とも表示する）

> **例▶** 2.0g の水酸化ナトリウム（NaOH）を水に溶かして 250mℓ にした。この溶液のモル濃度を求めてみよう。
> NaOH の式量は 40 で、2.0g の NaOH の物質量は 2.0/40 = 0.050mol となる。したがって、モル濃度は、0.050/0.25 = 0.20mol/ℓ である。

3）質量モル濃度

溶媒 <u>1kg</u> 中に溶けている溶質の物質量(mol)で表した濃度を**質量モル濃度**という。モル沸点上昇やモル凝固点降下などを求めるときに限定して使う。

$$質量モル濃度(mol/kg) = \frac{溶質の物質量(mol)}{溶媒の質量(kg)}$$

4）グラム当量と規定度

水素イオン H^+（水酸化物イオン OH^-）1mol に相当する**酸（塩基）**（⇨ p.236）の質量を**グラム当量**という。言い換えれば、グラム当量とは、酸（塩基）の 1mol の質量を酸（塩基）の価数（⇨ p.236）で割った質量でもある。

$$1グラム当量 = \frac{酸（塩基）の1molの質量}{酸（塩基）の価数}$$

酸または塩基の水溶液の濃度は、**グラム当量数**（グラム当量の数）を用いて表すこともできる。グラム当量数とは、質量をグラム当量で割った値である。溶液 1ℓ 中の溶質のグラム当量数を**規定度**または**規定濃度**といい、記号 N で表す。溶液 <u>1ℓ</u> 当たりグラム当量数 1 の溶質を含むとき、<u>1 規定濃度</u>(N) の溶液であると

■酸・塩基の1グラム当量

	酸			塩基		
	HCl	H_2SO_4	H_3PO_4	NaOH	$Ca(OH)_2$	$Al(OH)_3$
式量	36.5	98	98	40	74	78
価数	1	2	3	1	2	3
1グラム当量(g)	36.5	49	32.7	40	37	26

いう。規定度は、溶液中に含まれるH⁺（OH⁻）の濃度を示すことから、中和反応（⇨ p.240）を考えるとき有効である。

また、n 価の酸（塩基）のモル濃度 c（mol/ℓ）の溶液のようにあらかじめモル濃度がわかっている場合は、<u>$n × c =$ N</u> として規定度を直接計算できる。

たとえば、硫酸（H_2SO_4）は式量98の2価の酸であるから、1グラム当量は49g（98g/2）となる（表参照）。1ℓの硫酸水溶液中に硫酸が147g溶けている場合、この水溶液は1グラム当量（49g）の3倍なので3Nとなる。一方、硫酸水溶液のモル濃度1.5（mol/ℓ）を求めてから、価数2をかけても規定度3Nが計算できる。

＋アドバイス　質量を表す「グラム当量」と、酸・塩基が授受する水素イオン（H⁺）の物質量（mol）に相当する「グラム当量数」を混同しないよう注意する。

沸点上昇と凝固点降下

不揮発性の物質を溶かした溶液の沸点は、溶媒自身の沸点よりも<u>高く</u>なる。この現象を<u>沸点上昇</u>という。簡単にいうと、食塩水は水よりも沸点が高くなる。一方、溶液の凝固点は、溶媒自身の凝固点よりも<u>低く</u>なる。この現象を<u>凝固点降下</u>という。

質量モル濃度 <u>1 mol/kg</u> の溶液が示す沸点上昇と凝固点降下の割合を、それぞれ溶媒の<u>モル沸点上昇</u>、<u>モル凝固点降下</u>といい、単位は K・(kg/mol) で表す。

ラウールの法則*から、希薄な溶液では、沸点や凝固点の変化の程度を表す沸点上昇度 Δt（凝固点降下度 Δt）(K)は、モル沸点上昇 K_b（モル凝固点降下 K_f）(K・(kg/mol))と質量モル濃度 m (mol/kg) の<u>積</u>で表される。

沸点上昇度 $\Delta t =$ モル沸点上昇 $K_b ×$ 質量モル濃度 m
凝固点降下度 $\Delta t =$ モル凝固点降下 $K_f ×$ 質量モル濃度 m

沸点上昇や凝固点降下で注意することは2つ。

1つは、沸点上昇度や凝固点降下度は、液体（溶媒）に<u>固有の値</u>であり、溶かす物質（溶質）の種類に依存しないこと。もう1つは、<u>電解質</u>（⇨ p.237）の溶質では、沸点上昇度や凝固点降下度は、単に溶液の質量モル濃度に比例するのでは

用語解説
＊ラウールの法則：不揮発性物質を溶かした溶液の蒸気圧は、純溶媒の蒸気圧と溶液中の溶媒のモル分率の積で表される。

■モル沸点上昇

溶　媒	沸点 (℃)	モル沸点上昇 (K・(kg/mol))
水	100	0.52
二硫化炭素	46	2.37
ベンゼン	80	2.63
メタノール	65	0.83
エタノール	78	1.20
アセトン	56	1.72

■モル凝固点降下

溶　媒	凝固点 (℃)	モル凝固点降下 (K・(kg/mol))
水	0	1.86
ベンゼン	5.4	5.12
シクロヘキサン	6.5	20.20
ニトロベンゼン	5.8	6.90
アセトン	-94.7	2.40
酢酸	16.6	3.90

なく、溶質の粒子の数に比例する。

溶質が**電解質**の場合、電解質の溶液は電離により陽イオンと陰イオンに分かれる。粒子としてのイオン数が増えるため、電離後の**全イオン**の質量モル濃度で計算する必要がある。たとえば、水酸化ナトリウム（NaOH）を水に溶かすとナトリウムイオン（Na^+）と水酸化物イオン（OH^-）になるので、全イオンの質量モル濃度は溶かした水酸化ナトリウムの2倍になる。つまり、沸点上昇度や凝固点降下度は、溶解後の電離して生じる陽イオンと陰イオンの合計の**全イオン**の質量モル濃度に比例することである。

> **例▶** スパゲティーをゆでるため鍋に水 4 kg（4 ℓ）を入れ、食塩（NaCl）29.2 g を加えて加熱した。沸点は何℃上昇するか計算してみよう。ただし、水のモル沸点上昇 0.52（K・(kg/mol)）、NaCl の式量は 58.4、食塩は完全にイオンに電離し、大気圧は1気圧とする。
>
> $$\text{食塩水の質量モル濃度 (mol/kg)} = \frac{\text{溶質の物質量 (mol)}}{\text{溶媒の質量 (kg)}}$$
>
> $$= \frac{29.2\,(\text{g}) / 58.4\,(\text{g/mol})}{4\,(\text{kg})} = 0.125\,\text{mol/kg}$$
>
> 食塩は $NaCl \rightarrow Na^+ + Cl^-$ と2つのイオンに分かれるため、食塩の電離後の全イオンの質量モル濃度は、0.125 (mol/kg) × 2 = 0.25 mol/kg である。
>
> 沸点上昇度 $\Delta t = K_b m = 0.52\,(\text{K}\cdot(\text{kg/mol})) \times 0.25\,(\text{mol/kg}) = 0.13\,\text{K}$
>
> 沸点は 0.13℃上昇する。スパゲティーをゆでるとき、1 ℓ 当たり 5 〜 10 g の食塩を加えるが、この程度の量では沸点がほとんど上がらないことも、食塩を加える目的は塩味を付けるだけだということもわかる。

浸透圧

セロファンなどの半透膜(溶媒のみを通し溶質は通さない物質)で、溶液と溶媒を仕切っておくと、溶媒が半透膜を通って溶液に拡散する。この現象を浸透といい、浸透してくる溶媒の圧力を浸透圧という。

溶液が非電解質の場合の浸透圧 Π (Pa) は、溶液のモル濃度 c (mol/ℓ) と、絶対温度 T (K) に比例する。溶液が電解質の場合、電離後の全イオンのモル濃度と絶対温度に比例する。これをファントホッフの法則といい、次式で表せる。

$\Pi = cRT$

R は溶質の種類とは無関係で、気体定数 (8.31×10^3 Pa·ℓ/(K·mol)) に等しい。

> **例▶** ヒトの血液も溶液であり浸透圧を持っている。点液や注射用医薬品には、血液と同じ浸透圧になるように生理食塩水が用いられ、生理食塩水は1ℓ中に塩化ナトリウム(NaCl)9gを含んでいる。37℃における浸透圧を計算してみよう。ただし、NaClの式量は58.4、気体定数は 8.31×10^3 Pa·ℓ/(K·mol) とする。
>
> $$\text{NaClのモル濃度} = \frac{9(\text{g})/58.4(\text{g/mol})}{1(\ell)} = 0.154\,\text{mol}/\ell$$
>
> である。水溶液中ではNaClは完全に電離している (NaCl → Na⁺ + Cl⁻) から、全イオンのモル濃度 c は NaCl のモル濃度の2倍で、0.308 mol/ℓ となる。37℃は $T = (37 + 273)(\text{K}) = 310\,\text{K}$ であるから、
>
> $\Pi = cRT$
> $\quad = 0.308\,(\text{mol}/\ell) \times 8.31 \times 10^3\,(\text{Pa}\cdot\ell/(\text{K}\cdot\text{mol})) \times 310\,(\text{K})$
> $\quad = 7.93 \times 10^5\,\text{Pa}$
>
> 37℃における浸透圧は、およそ 7.9×10^5 Pa である。

攻略

- モル濃度は、溶液1ℓ中に溶けている溶質の物質量(mol)で表した濃度。
- 質量モル濃度は、溶媒1kg中に溶けている溶質の物質量(mol)で表した濃度。
- グラム当量は、酸や塩基の1molの質量を価数で割った質量。
- モル沸点上昇度・モル凝固点降下度は、質量モル濃度に比例する。
- 浸透圧は、溶液のモル濃度と絶対温度 T(K)に比例する。

2-10 酸と塩基

§2 化学

危険物には、酸や塩基（アルカリ）と反応して危険性が増大するものが多い。前項の溶液や次項の酸化と還元とも密接に関連している。

● 酸と塩基

酸と塩基には、2つの定義がある。1つはアレニウスの酸・塩基の定義で、もう1つはブレンステッドの酸・塩基の定義である。

1) 酸

酸とは、水に溶けると電離して**水素イオン H^+** を生じる物質（アレニウスの定義）、または、他の物質に水素イオンを**与える**物質のこと（ブレンステッドの定義）。水溶液は**酸性**を示す。

例▶ $HCl \rightarrow H^+ + Cl^-$

2) 塩基（アルカリ）

塩基（アルカリ） とは、水に溶けると電離して**水酸化物イオン OH^-** を生じる物質（アレニウスの定義）、または、他の物質から水素イオンを**受け取る**物質のこと（ブレンステッドの定義）。水溶液は**塩基性**を示す。

例▶ $NaOH \rightarrow Na^+ + OH^-$　　　$NH_3 + H^+ \rightarrow NH_4^+$

3) 価数

電離したとき生じる水素イオン H^+ の数を**酸の価数**（塩基度）、水酸化物イオン OH^- の数を**塩基の価数**（酸度）という。1価の酸を1塩基酸、1価の塩基を1酸塩基と呼ぶことがある。n 価の酸は n 塩基酸、n 価の塩基は n 酸塩基となる。酸・塩基は価数によって分類される。

例▶　1価の酸　$HCl \rightarrow H^+ + Cl^-$　　　1価の塩基　$NaOH \rightarrow Na^+ + OH^-$
　　　2価の酸　$H_2SO_4 \rightarrow 2H^+ + SO_4^{2-}$　　2価の塩基　$Ca(OH)_2 \rightarrow Ca^{2+} + 2OH^-$

■主な酸・塩基の価数

酸			塩基		
1価	塩酸	HCl	1価	アンモニア	NH_3
	酢酸	CH_3COOH		水酸化ナトリウム	NaOH
	硝酸	HNO_3		水酸化カリウム	KOH
2価	硫酸	H_2SO_4	2価	水酸化カルシウム	$Ca(OH)_2$
	硫化水素	H_2S		水酸化バリウム	$Ba(OH)_2$
3価	ほう酸	H_3BO_3	3価	水酸化アルミニウム	$Al(OH)_3$

● 電離度

　水溶液中で溶質がイオン（陽イオンと陰イオン）になる現象を電離といい、電離する物質を電解質、電離しない物質を非電解質という。
　イオン性の溶質が水溶液中で電離した割合を電離度といい、次の式で求めることができる。

$$電離度\ \alpha = \frac{電離している電解質の物質量}{溶けている電解質全体の物質量}$$

　酸や塩基の強さは電離度で表し、電離度の大きい酸（塩基）を強酸（強塩基）といい、電離度の小さい酸（塩基）を弱酸（弱塩基）という。たとえば、25℃でモル濃度 0.05 mol/ℓ の酢酸の電離度 α は 0.0232 しかない弱酸である。

■主な酸・塩基の強弱

強酸	塩酸(HCl)、臭化水素酸(HBr) よう化水素酸(HI)、過塩素酸($HClO_4$) 硝酸(HNO_3)、硫酸(H_2SO_4)	強塩基	水酸化ナトリウム(NaOH) 水酸化カリウム(KOH) 水酸化カルシウム($Ca(OH)_2$) 水酸化バリウム($Ba(OH)_2$)
弱酸	ふっ化水素酸(HF)、硫化水素(H_2S) シアン化水素(HCN)、炭酸(H_2CO_3) ほう酸(H_3BO_3)、酢酸(CH_3COOH) しゅう酸$((COOH)_2)$	弱塩基	アンモニア(NH_3) 水酸化鉄(Ⅲ)($Fe(OH)_3$) アニリン($C_6H_5NH_2$)

● 水素イオン濃度

　ある溶液が酸性であるか塩基性であるかは、水素イオン濃度指数（pH）によ

って判定できる。

1) 水素イオン濃度指数

溶液中に存在する水素イオン(H^+)の濃度を**水素イオン濃度**$[H^+]$（モル濃度：mol/ℓ）という。水素イオン濃度の逆数を常用対数（log）で表したものを**水素イオン濃度指数**、**pH**（ペーハーまたはピーエイチ）という。

$$pH = -\log[H^+] = \log\frac{1}{[H^+]}$$

溶液が弱酸の場合、pHは電離度を考慮する必要がある。モル濃度c(mol/ℓ)の弱酸水溶液中に存在する水素イオン濃度$[H^+]$は、電離度αとcの**積**で表されるので、pHは次の式のようになる。

$$弱酸のpH = -\log[H^+] = -\log c\alpha = \log\frac{1}{c\alpha}$$

水素イオン濃度$[H^+]$は、塩基（たとえば、水酸化ナトリウム(NaOH)）の水溶液であっても指標できる。これは水がごくわずか電離するからである。

$$H_2O \rightleftarrows H^+ + OH^-$$

水中の水素イオンの濃度$[H^+]$と水酸化物イオンの濃度$[OH^-]$の積を**イオン積**といい、$[H^+][OH^-] = 10^{-14}(mol/\ell)^2$で表され、温度が一定であれば、イオン積は**一定**である。したがって、酸性、中性、塩基性であっても水素イオン濃度がわかれば、一方の水酸化物イオンの濃度がわかることになる。

たとえば、塩基が水に溶解して$[OH^-]$が増えた場合、ルシャトリエの法則（平衡移動の原理）(⇨p.226)により、水自身の電離は小さくなり$[H^+]$が減ることで$[H^+][OH^-] = 10^{-14}(mol/\ell)^2$を保つ。同様に、酸が水に溶解して$[H^+]$が増えた場合も、水の電離が小さくなり$[OH^-]$が減ることで$[H^+][OH^-] = 10^{-14}(mol/\ell)^2$を保つ。

中性では、$[H^+] = [OH^-] = 10^{-7}(mol/\ell)$となり、**pH** $= -\log 10^{-7} =$ **7**を示す。

つまり、水素イオン濃度$[H^+]$が、$1(=10^0)(mol/\ell)$から$10^{-14}(mol/\ell)$まで変化するとき、pHは0から14まで変化する。

2) pH指示薬

溶液の酸性・塩基性を調べるには、pHによって色が変わる**pH指示薬**を用いる。pH指示薬は、中和滴定（後述）の中和点を知るためにも用いられる。

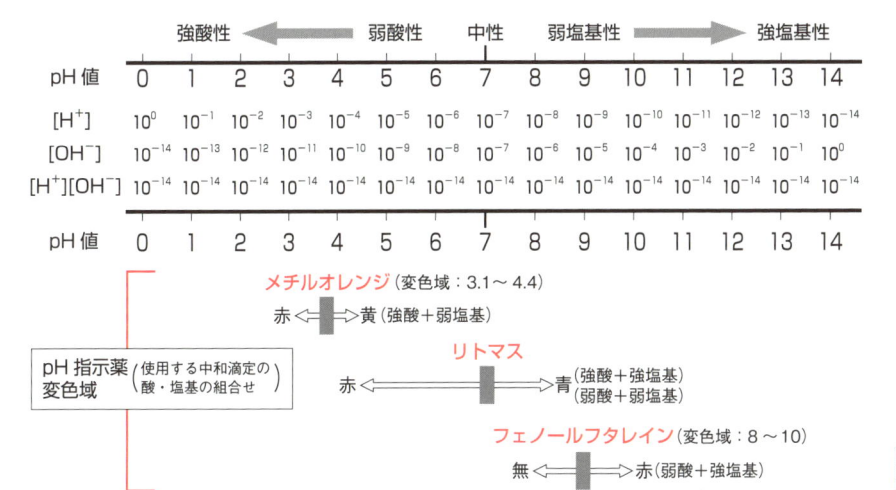

pH値	0	1	2	3	4	5	6	7	8	9	10	11	12	13	14
	強酸性 ←				弱酸性			中性		弱塩基性			→ 強塩基性		
$[H^+]$	10^0	10^{-1}	10^{-2}	10^{-3}	10^{-4}	10^{-5}	10^{-6}	10^{-7}	10^{-8}	10^{-9}	10^{-10}	10^{-11}	10^{-12}	10^{-13}	10^{-14}
$[OH^-]$	10^{-14}	10^{-13}	10^{-12}	10^{-11}	10^{-10}	10^{-9}	10^{-8}	10^{-7}	10^{-6}	10^{-5}	10^{-4}	10^{-3}	10^{-2}	10^{-1}	10^0
$[H^+][OH^-]$	10^{-14}	10^{-14}	10^{-14}	10^{-14}	10^{-14}	10^{-14}	10^{-14}	10^{-14}	10^{-14}	10^{-14}	10^{-14}	10^{-14}	10^{-14}	10^{-14}	10^{-14}

pH指示薬変色域（使用する中和滴定の酸・塩基の組合せ）

- メチルオレンジ（変色域：3.1〜4.4）赤 ← → 黄（強酸＋弱塩基）
- リトマス 赤 ← → 青（強酸＋強塩基／弱酸＋弱塩基）
- フェノールフタレイン（変色域：8〜10）無 ← → 赤（弱酸＋強塩基）

■酸・塩基の濃度とpH関係：中和と指示薬

　代表的なpH指示薬には、メチルオレンジ、リトマス、フェノールフタレインがある。pH指示薬の種類によって色が変わるpH領域（<u>変色域</u>という）が異なるため、酸・塩基の組合せで適切なものを選ぶ。

　pH値を軸に、溶液の酸性・塩基性の強弱、そのときの水素イオン濃度$[H^+]$と水酸化物イオン濃度$[OH^-]$の関係（イオン積）、適応pH指示薬を図にまとめると上の図のようになる。

酸性酸化物・塩基性酸化物

　水に溶けて<u>酸性</u>を示したり、塩基との反応で塩を生じる酸化物（酸素との化合物）を<u>酸性酸化物</u>という。たとえば、次のような物質が酸性酸化物である。

二酸化炭素　　　$CO_2 + H_2O \rightleftarrows HCO_3^- + H^+$（炭酸水、弱酸性）
二酸化硫黄　　　$SO_2 + H_2O \rightleftarrows HSO_3^- + H^+$（酸性雨の原因）
三酸化硫黄　　　$SO_3 + 2NaOH \rightarrow Na_2SO_4 + H_2O$（塩基との反応：中和反応）

　一方、水に溶けて<u>塩基性</u>を示したり、酸との反応で塩を生じる酸化物を<u>塩基性酸化物</u>という。たとえば、次のような物質が塩基性酸化物である。

酸化カルシウム　　$CaO + H_2O \rightarrow Ca^{2+} + 2OH^-$（石灰水、塩基性）
酸化ナトリウム　　$Na_2O + 2HCl \rightarrow 2NaCl + H_2O$（酸との反応：中和反応）

中和・塩

1) 中和反応

酸〔H^+〕と塩基〔OH^-〕が反応して、<u>塩</u>と<u>水</u>を生成する反応を<u>**中和反応**</u>または<u>**中和**</u>という。

酸 ＋ 塩基 → 塩 ＋ 水

酸、塩基の 1 グラム当量（⇨ p.232）は、同じ数（6.02×10^{23} 個）の H^+ または OH^- を含んでいるので、中和は同じグラム当量の酸と塩基で起こる。

酸からの H^+ の物質量(mol) ＝ 塩基からの OH^- の物質量(mol) ……①

前述の 1 価の酸は、1 価の塩基と過不足なく反応するため 1 塩基酸と呼ばれ、同様に 1 価の塩基は、1 酸塩基と呼ばれるのである。

H^+ の物質量(mol)は、「<u>酸の価数×酸の物質量</u>」で求めることができる。また、モル濃度 c (mol/ℓ) の n 価の酸 V (mℓ) が放出する H^+ の物質量は、次のように表すことができる。

$$H^+ \text{の物質量(mol)} = \frac{ncV}{1000}$$

同様にモル濃度 c' (mol/ℓ) の n' 価の塩基 V' (mℓ) が放出する OH^- の物質量は $n'c'V'/1000$ (mol) である。中和反応の関係式①から、酸と塩基には次の関係式が成り立つ。

$$\frac{ncV}{1000} = \frac{n'c'V'}{1000} \quad \text{または} \quad ncV = n'c'V' \quad \cdots\cdots ②$$

また、規定度を用いると、モル濃度 c (mol/ℓ) の n 価の酸の規定度は $N = nc$ である（⇨ p.233）。酸（塩基）の規定度を N（N'）とすると、関係式②から、次のように表すことができる。

$$\frac{NV}{1000} = \frac{N'V'}{1000} \quad \text{または} \quad NV = N'V' \quad \cdots\cdots ③$$

式①〜③を中和反応の関係式という。この式から、酸や塩基の物質量を求めることができる。

中和反応を利用して、酸や塩基の濃度を求めることを、<u>**中和滴定**</u>という。

> **例▶** モル濃度 $0.1\,\mathrm{mol}/\ell$ の硫酸 $30\,\mathrm{m}\ell$ を中和するのに必要なモル濃度 $0.3\,\mathrm{mol}/\ell$ の水酸化ナトリウムは何 $\mathrm{m}\ell$ か計算してみよう。
>
> 　硫酸の価数 $n=2$、水酸化ナトリウムの価数 $n'=1$ である。水酸化ナトリウムの体積を V' とすると②式から
>
> $$V' = \frac{ncV}{n'c'} = \frac{2 \times 0.1\,(\mathrm{mol}/\ell) \times 30\,(\mathrm{m}\ell)}{1 \times 0.3\,(\mathrm{mol}/\ell)} = 20\,\mathrm{m}\ell$$
>
> となり、$20\,\mathrm{m}\ell$ の水酸化ナトリウムで中和できる。
>
> 　次に、規定度を使って計算してみよう。$N=nc$ から、2 価の硫酸 $0.1\,\mathrm{mol}/\ell$ 水溶液は 0.2 規定(N) であり、1 価の水酸化ナトリウム $0.3\,\mathrm{mol}/\ell$ 水溶液は 0.3 規定(N) である。③式に当てはめて計算すると、やはり $20\,\mathrm{m}\ell$ となる。
>
> $$V' = \frac{NV}{N'} = \frac{0.2\,(\mathrm{N}) \times 30\,(\mathrm{m}\ell)}{0.3\,(\mathrm{N})} = 20\,\mathrm{m}\ell$$

2) 塩

酸の水素原子を他の陽イオンで置き換えた化合物、あるいは塩基の OH 基を他の陰イオンで置き換えた化合物を<u>塩</u>という。塩は組成により次のように分類できる。

- **正塩（中性塩）**：酸の H も塩基の OH も残っていない塩
    - **例▶** 塩化ナトリウム($NaCl$)、硫酸アンモニウム($(NH_4)_2SO_4$)
- **酸性塩**：2 価以上の酸の塩で H が残っている塩
    - **例▶** 炭酸水素ナトリウム($NaHCO_3$)、硫酸水素ナトリウム($NaHSO_4$)
- **塩基性塩**：2 価以上の塩基の塩で OH が残っている塩
    - **例▶** 塩化水酸化マグネシウム($MgCl(OH)$)

＋アドバイス　それぞれの塩の水溶液が中性、酸性、塩基性を示すわけではないことに注意する。たとえば、酸性塩の炭酸水素ナトリウム水溶液は塩基性を示す。

攻略

- 水に溶けると電離して水素イオン H^+ を生じる物質、または、他の物質に水素イオンを与える物質を酸という。
- 水に溶けると水酸化物イオン OH^- を生じる物質、または、他の物質から水素イオンを受け取る物質を塩基という。
- 酸と塩基が反応して、塩と水を生成する反応を中和という。

[§2-9〜§2-10] 復習問題

問17 過酸化水素水 200 g が完全に水と酸素に分解した。ここで発生した酸素を捕集したところ、標準状態で 22.4 ℓ であった。この過酸化水素水中の過酸化水素の質量パーセント濃度は、次のうちどれか。ただし、過酸化水素の分子量は 34 とする。

1. 17.0%
2. 34.0%
3. 68.0%
4. 75.0%
5. 100%

解説

過酸化水素水の水と酸素への分解反応式は、次の通り。

$$2H_2O_2 \rightarrow 2H_2O + O_2$$

標準状態で 22.4 ℓ の酸素は 1 mol なので、過酸化水素は過酸化水素水 200 g に 2 mol 含まれていることになる。過酸化水素の質量は、分子量×物質量(mol)で求められる。

過酸化水素の分子量 34 × 2 mol = 68 g

これを、p.231 の質量パーセント濃度を求める式に当てはめると、

$$質量パーセント濃度(\%) = \frac{溶質の質量}{溶液の質量} \times 100$$

$$= \frac{68}{200} \times 100 = \mathbf{34.0\%}$$

答：2

問18 次の物質をそれぞれ 20 g ずつ一定量の同じ溶媒に溶かしたとき、凝固点降下の最も大きいものはどれか。

1. トルエン
2. ベンゼン
3. アセトン
4. 酢酸エチル
5. ナフタリン

> **解説**

　p.233 の式から、凝固点降下度は、質量モル濃度に比例する。一定量の同じ溶媒の場合、質量モル濃度が最も大きくなるのは、物質 20 g の物質量 (mol) が最大のものである。物質量 (mol) は、「質量 (g)／モル質量 (g/mol)」で求められることから（⇨ p.210）、分母に当たるモル質量 (g/mol) が**最小**のものを探せばよい。モル質量 (g/mol) は、分子量（式量）に単位をつけたもので、分子量と同じである。

1：トルエン $C_6H_5CH_3$ の分子量：C_7H_8　$12 \times 7 + 1 \times 8 = 92$
2：ベンゼン C_6H_6 の分子量：$12 \times 6 + 1 \times 6 = 78$
3：アセトン CH_3COCH_3 の分子量：C_3H_6O　$12 \times 3 + 1 \times 6 + 16 \times 1 = \mathbf{58}$
4：酢酸エチル $CH_3COOC_2H_5$ の分子量：$C_4H_8O_2$
　　　$12 \times 4 + 1 \times 8 + 16 \times 2 = 88$
5：ナフタリン $C_{10}H_8$ の分子量：$12 \times 10 + 1 \times 8 = 128$

答：3

> **アドバイス**　直接分子量を覚えるのは無理なので、化合物の構造から分子式を書いて計算する。つまり、化合物の構造式を覚えることが大切である。

問 19　0.01 mol/ℓ の濃度の酢酸水溶液がある。この水溶液のおおよその pH は、次のうちどれか。ただし、酢酸は水溶液中で 1%電離しているものとする。

1. 1
2. 2
3. 3
4. 4
5. 5

> **解説**

酢酸（弱酸）が電離すると、

　　$CH_3COOH \rightleftarrows H^+ + CH_3COO^-$

となる。p.238 より、弱酸の水素イオン濃度は、モル濃度 c (mol/ℓ) と電離度 α の積で表される。

　　$[H^+] = c\alpha = 0.01 \,(mol/ℓ) \times 0.01 = 0.0001 = 10^{-4}$
　　$pH = -\log[H^+] = -\log 10^{-4} = \mathbf{4}$

答：4

2-11 酸化と還元

酸化と還元には、広義と狭義の概念がある。狭義の概念のみで理解しないことが、その危険物が酸化剤になるのか、還元剤になるのかを知る決め手である。

● 酸化と還元

酸化と還元の概念には、次の2つがある。

1つは、<u>酸素</u>と<u>水素</u>の授受で考える概念。これは見た目に簡単であるが狭い概念である。もう1つは、<u>電子</u>(e^-)の授受で考える概念。これがどの酸化還元反応にも当てはまる広義の概念。

ある物質が酸素(O)と化合したり、水素(H)が奪われたりすること、または、電子を失うことを<u>酸化</u>といい、ある物質が酸素を奪われたり、水素と化合したり、または、電子を受け取ることを<u>還元</u>という。

酸化と還元は必ず<u>同時</u>に起こる。これをまとめて<u>酸化還元反応</u>という。つまり、ある物質に注目して酸化反応と思える反応式においても、必ず同時に還元されている物質が反応式に含まれている。

例 ▶ 酸素・水素の授受による酸化・還元

$2Cu + O_2 \rightarrow 2CuO$　　（銅は酸化され、酸素分子が還元されている。）
$H_2S + Cl_2 \rightarrow 2HCl + S$　（硫化水素は酸化され、塩素分子が還元されている。）

例 ▶ 電子の授受による酸化・還元

$2Cu \rightarrow 2Cu^{2+} + 4e^-$　（酸化反応）　⎫ 同時に起こっているので、
$O_2 + 4e^- \rightarrow 2O^{2-}$　　（還元反応）　⎭ $2Cu + O_2 \rightarrow 2CuO$ となる。

$H_2S \rightarrow 2H^+ + S + 2e^-$　（酸化反応）　⎫ 同時に起こっているので、
$Cl_2 + 2e^- \rightarrow 2Cl^-$　　（還元反応）　⎭ $H_2S + Cl_2 \rightarrow 2HCl + S$ となる。

● 酸化数

酸化還元反応において、酸化されているかどうかは、原子の形式的な電荷が、

単体であるときと比較してどれくらい変化しているかで決まる。この値を**酸化数**という。

イオンなどの酸化還元反応では電子の授受がはっきりしているが、分子どうしの反応（例▶ $2CO + O_2 \rightarrow 2CO_2$）では、電子の授受がわかりにくい。分子反応では、酸化数の変化によって、増えれば**酸化**、減れば**還元**と判断する。

酸化数の決め方には、次のような規則がある。

- 単体元素の酸化数は「0」とする。
- 化合物中の酸素の酸化数は通常「−2」とし、水素の酸化数は「+1」とする。
  （例外は、H−O−O−H の酸素は −1、Na−H の水素は −1、などである。）
- 化合物が電気的に中性であれば、化合物中の成分元素の酸化数の総和は「0」である。　　例▶ H_2O では $(+1) \times 2 + (-2) = 0$。NH_3 では $(-3) + (+1) \times 3 = 0$、ここで水素が +1 で総和が 0 であることから、窒素の酸化数は −3 と決まる。
- 単原子イオンの酸化数は、イオン価数（⇨ p.208）に等しい（陽イオンでは「+」、陰イオンでは「−」）。
  例▶ Na^+ は「+1」、Ca^{2+} は「+2」、Cl^- は「−1」、S^{2-} は「−2」である。
- 多原子イオンの元素の酸化数の総和は、イオン価数の総和に等しい（陽イオンでは「+」、陰イオンでは「−」）。
  例▶ NH_4^+ では $(-3) + (+1) \times 4 = +1$。$SO_4^{2-}$ では $(+6) + (-2) \times 4 = -2$、ここで酸素が −2 で総和が −2 であることから、硫黄の酸化数は +6 と決まる。

● 酸化剤と還元剤

相手の物質を酸化する目的で使用する反応試剤を**酸化剤**、相手の物質を還元する目的で使用する反応試剤を**還元剤**という。このとき、酸化剤自身は還元され、還元剤自身は酸化されている。

■代表的な酸化剤と還元剤

酸化剤	酸素、塩素酸カリウム、硝酸 第1類および第6類危険物は酸化性物質
還元剤	水素、一酸化炭素、鉄、ナトリウム 第2類および第4類危険物は還元性物質

攻略

- 酸化とは、酸素と化合したり、水素が奪われたり、電子を失ったりすること。
- 還元とは、酸素を奪われたり、水素と化合したり、電子を受け取ったりすること。
- 酸化と還元は、同時に起こる。

2-12 金属と非金属

金属は生活に欠かせないものであるが、危険物に含まれる金属もある。金属の性質を理解することで危険を予知し、回避することができる。

● 金属元素と非金属元素

1) 金属と非金属の性質

元素は、**金属元素**と**非金属元素**に大別できる。金属元素の原子は**陽イオン**になりやすく、非金属元素の原子は**陰イオン**になりやすい。中間的な元素としてアルミニウム(Al)、亜鉛(Zn)、すず(Sn)、鉛(Pb)などがあり、これらを**両性元素**という。金属と非金属の一般的な性質の比較を次の表にまとめた。

■金属元素と非金属元素の比較

	金属元素	非金属元素
状態	常温で固体	常温では固体、液体、気体がある
光沢	金属光沢がある	金属光沢がない
酸性・塩基性	塩基性酸化物：水に溶けて塩基性を示す	酸性酸化物：水に溶けて酸性を示す
比重	大きい	小さい
イオン化	陽イオンになりやすい	陰イオンになりやすい
熱や電気の伝導性	良導体	不良導体
その他の性質	一般に融点が高い 展性や延性がある 無機酸*と反応し、水素を発生して溶ける	固体はもろい 無機酸に溶けない

> **用語解説**
>
> * **無機酸**：鉱酸ともいう。塩酸、硫酸、硝酸、りん酸などの炭素を含まない酸。炭酸は炭素を含んでいるが、無機酸に含まれる。

2) 金属の比重と融点

金属のうち比重が <u>4以下</u> のものは <u>軽金属</u> に分類され、4より <u>大きい</u> ものは <u>重金属</u> に分類される。

■危険物中の代表的な軽金属

危険物の類	軽金属		比 重
第2類	アルミニウム(Al)		2.7
	マグネシウム(Mg)		1.7
第3類	アルカリ金属	リチウム(Li)	0.5
		カリウム(K)	0.9
		ナトリウム(Na)	0.97
	アルカリ土類金属	カルシウム(Ca)	1.6
		バリウム(Ba)	3.6

　金属の融点は一般に非常に <u>高い</u> が、融点の低い金属にはナトリウム（98℃）、カリウム（64℃）がある。水銀は常温で液体であり例外である。
　2種類以上の金属を混合してつくる合金の融点は、成分金属の融点より一般に低い。

例▶ 電気部品の接続に使うハンダは、すず（Sn：融点232℃）と鉛（Pb：融点327℃）の合金で融点は組成比により異なるが183℃くらいまで下がる。

● アルカリ金属とアルカリ土類金属

　アルカリ金属とアルカリ土類金属は、どちらも第3類危険物に分類される。水と反応して <u>水素</u> を発生し、水酸化物となって強い <u>塩基</u> 性を示す（⇨ p.349）。

1) アルカリ金属

　元素の周期表（⇨前見返し）の1族元素のうち、水素(H)を除く <u>リチウム</u>(Li)、<u>ナトリウム</u>(Na)、<u>カリウム</u>(K)、<u>ルビジウム</u>(Rb)、<u>セシウム</u>(Cs)などを <u>アルカリ金属</u> という。価電子（⇨ p.206）を1個持ち、この電子を放出して1価の <u>陽イオン</u>（⇨ p.207）になりやすい（イオン化傾向（後述）が大きい）。

2) アルカリ土類金属

　元素の周期表の2族元素のうち、ベリリウム(Be)とマグネシウム(Mg)を除く

カルシウム(Ca)、ストロンチウム(Sr)、バリウム(Ba)などをアルカリ土類金属という。価電子を2個持ち、この電子を放出して2価の陽イオンになりやすい（イオン化傾向が大きい）。

3）炎色反応

アルカリ金属やアルカリ土類金属、銅などを炎の中に入れるとその金属特有の色を発する。この現象を炎色反応（えんしょくはんのう）という。原子内の電子は、熱によって高いエネルギーの電子軌道に移動（励起という）するが、安定な状態になろうとして再び低いエネルギーの電子軌道に戻る。このとき余分なエネルギーが光として放出される。炎色反応は含まれる金属を調べるときや花火に使われる。

炎色反応による金属と光の色は、Li：赤、Na：黄、K：紫、Cu：青緑、Ca：橙、Sr：赤、Ba：緑、である。次のようなゴロ合わせで覚えるとよい。

「リアカーなきK村、動力借ろうとするも、貸してくれない馬力」

リ（チウム）アカ（赤）ー、な（トリウム）き（黄）、K（カリウム）村（むらさき）、動（銅）力（緑*）、借（ルシウム）ろうと（橙）、す（トロンチウム）るも貸してくれない（紅：赤）、馬（リウム）力（緑）　　　　　　　＊銅は正確には青緑色である。

K村にはリアカーがなく、動力（エンジン）のついたトラックを借りようとしたら、貸してくれずに馬（馬力）をわたされた、とイメージすると早く覚えられる。文中に元素と炎色反応での色が順に並んでいる。

● ハロゲン元素

元素の周期表の17族に属するふっ素(F)、塩素(Cl)、臭素(Br)、よう素(I)をハロゲン元素という。ハロゲン元素は単体の2原子分子（⇨ p.206）で、電子を受け取り陰イオンになりやすいため、強い酸化作用を示し、水素や金属と反応しやすい。酸化力や反応性、電気陰性度（後述）は、次の順で低くなる。

ふっ素＞塩素＞臭素＞よう素

第6類危険物には、異なるハロゲン原子が結合したハロゲン間化合物（三ふっ化臭素、五ふっ化臭素、五ふっ化よう素）が含まれる（⇨ p.414～415）。ハロゲン間化合物の反応性の高低は、電気陰性度や酸化数から説明できる。

ハロゲン間化合物の形式的な酸化数（⇨ p.244）を見ると、三ふっ化臭素より五ふっ化臭素のほうが反応性に富むことがわかる。三ふっ化臭素（BrF_3）ではふっ素の酸化数は -1 で臭素の酸化数は $+3$、五ふっ化臭素（BrF_5）では臭素の酸化数は $+5$ である。五ふっ化臭素のほうが酸化数が多いため反応性に富むのである。

ハロゲン間化合物と電気陰性度については、p.252 参照。

■ハロゲン元素の特性

	形状（常温）	融点（℃）	沸点（℃）	水・水素との反応
ふっ素（F_2）	淡黄色の気体	-220	-188	●水と激しく反応して酸素を発生する。 ●冷暗所でも水素と爆発的に反応する。
塩素（Cl_2）	黄緑色の気体	-101	-35	●水とは一部反応する。 ●光によって水素と爆発的に反応する。
臭素（Br_2）	赤褐色の液体	-7	59	●水との反応は塩素より弱い。 ●加熱や触媒によって水素と反応する。
よう素（I_2）	黒紫色の固体	114	184	●水に溶けにくく反応しにくい。 ●加熱や触媒によって水素とわずかに反応する。

金属のイオン化傾向

単体の金属原子は、水または水溶液中で電子を放出して陽イオンになる。また、金属が化合物になるときも、その金属は陽イオンになる。金属の陽イオンになる性質を、イオン化傾向という。イオン化傾向の大きな金属は電子を失って陽イオンになりやすい。言い換えると、イオン化傾向の大きな金属は、酸化されやすく、電子を相手に与える還元作用が強い。

イオン化傾向の大きいものから順に並べた列をイオン化列という。イオン化列は、金属の腐食、酸化還元反応、電池のしくみなどを理解する基礎となるため、まるごと覚えておく。

イオン化列は、次のページのようなゴロ合わせで覚えるとよい。

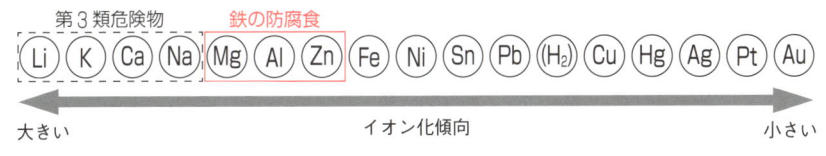

第3類危険物： Li K Ca Na
鉄の防腐食： Mg Al Zn

Li K Ca Na Mg Al Zn Fe Ni Sn Pb (H_2) Cu Hg Ag Pt Au

大きい ← イオン化傾向 → 小さい

■イオン化列

「リッチ借りかな？まあ会えん！手にするな！ひどすぎる借金」

リッチ(リチウム)、カリ(ウム)、カ(ルシウム)、ナ(トリウム)？マ(グネシウム)、ア(ルミニウム)、アエン[亜鉛]！テ(ツ)[鉄]、ニ(ッケル)、ス(ズ)[錫]、ル*、ナ(マリ)[鉛]、ヒ(Hから水素)、ド(ウ)[銅]、ス(イギン)[水銀]、ギ(ン)[銀]、ル*、シャッ(借金から白金)、キン[金]。

*「ル」は、ゴロ合わせで意味なし。

＋アドバイス 「リッチ借りかな？」(Li、K、Ca、Na) は第3類危険物。「まあ会えん！」(Mg、Al、Zn) は、鉄の配管の腐食を防ぐ金属。甲種危険物取扱者試験で問われるイオン化傾向の中で一番重要な部分である。

● 電池の原理

電池は、金属のイオン化傾向を利用したものである。イオン化傾向の異なる金属を組み合わせると電位（または電圧）が生じ、電子(e^-)はイオン化傾向の<u>大きい</u>金属から<u>小さい</u>金属へ流れ、電気エネルギーを取り出すことができる。これが<u>電池</u>のしくみである。イオン化傾向の差が大きいほど、大きな起電力を持つ。

電池の電極は、外部回路に電子が流れ出るほうを<u>負極</u>、外部回路から電子が流れ込むほうを<u>正極</u>と定義されている。電子の流れる方向と逆の方向を電流というので、電流は外部回路を正極から負極に向かって流れる。

また、電池の電極反応は<u>酸化還元反応</u>である。負極では電子を生じるため酸化反応が起こり、正極では電子を受け取っているため還元反応が起こる。ここでも酸化と還元が同時に起こっている。

代表的な電池には、ボルタ電池、鉛蓄電池がある。

1）ボルタ電池

ボルタ電池のしくみ　⊖ Zn ｜ H_2SO_4 aq ｜ Cu ⊕

希硫酸中に亜鉛板と銅板とを離して浸したものを連結して電気エネルギーを取り出すものを<u>ボルタ電池</u>と呼ぶ。

負極：$Zn \rightarrow Zn^{2+} + 2e^-$
　　　　　　　　↓　　（外部回路）
正極：　　　$2H^+ + 2e^- \rightarrow H_2$

ボルタ電池では正極の銅の表面で水素が発生し、起電力は1.1 Vから0.5 Vへ低下する。水素の発生を抑えるために改良したものがダニエル電池である。

2) 鉛蓄電池

鉛蓄電池のしくみ　⊖ Pb｜H_2SO_4 aq｜PbO_2 ⊕

希硫酸（比重1.2～1.3）に鉛Pbの電極（負極）と酸化鉛(Ⅳ)PbO_2の電極（正極）を浸したものを<u>鉛蓄電池</u>という。2 Vの起電力を生じる。ちなみに、酸化鉛(Ⅳ)PbO_2は二酸化鉛のことで、第1類危険物。

負極：$Pb + SO_4^{2-} \rightarrow PbSO_4 + 2e^-$

　　　　　　　↓　　（外部回路）

正極：$PbO_2 + 4H^+ + SO_4^{2-} + 2e^- \rightarrow PbSO_4 + 2H_2O$

放電するにつれて両極とも硫酸鉛(Ⅱ)$PbSO_4$で覆われる。同時に硫酸が消費されるため、希硫酸の比重は<u>小さく</u>なる。外部電源の正極・負極に、電圧の下がった鉛蓄電池の正極・負極をつなぎ、放電のときとは逆向きに電流を流すと、負極の$PbSO_4$はPbに、正極の$PbSO_4$はPbO_2に戻る。この操作が充電である。

電極での反応をまとめると次のようになる。右への正反応は<u>放電</u>、左への逆反応が<u>充電</u>に対応する。

$Pb + PbO_2 + 2H_2SO_4 \rightleftarrows 2PbSO_4 + 2H_2O$

鉛蓄電池のように、放電・充電を繰り返し行える電池を<u>二次電池</u>といい、他にはリチウムイオン電池、ニッケル・カドミウム電池などがある。一方、充電できない電池を<u>一次電池</u>といい、マンガン乾電池がある。

● 電気陰性度

2つの異なる原子が共有結合しているとき、それぞれの原子は電子を引きつける強さが異なる。この強さを相対的に示す尺度を<u>電気陰性度</u>という。電気陰性度は、リチウム(Li)を1.0とした場合の相対値で表す。電気陰性度の大きいほうの原子は電子を強く引きつけるため部分的な負電荷を帯びる。一方、電気陰性度の小さいほうの原子は正電荷を帯びる。

塩化水素(HCl)の結合で説明しよう。水素(H)の電気陰性度は2.2、塩素(Cl)の電気陰性度は3.0である。H–Clの結合では、塩素の電気陰性度が大きく、電子

を引きつける強さも大きいため、H$^{\delta+}$-Cl$^{\delta-}$ とかける。δ（デルタ）は「わずか」という意味で、δ＋ はわずかに正（＋）に帯電していることを示し、δ－ はわずかに負（－）に帯電していることを示す。このように、異なる元素の結合では、<u>電子のかたより</u>を生じる。

同じ元素の2原子分子である水素(H–H)や塩素(Cl–Cl)では、電子のかたよりはなく、電気陰性度を考える必要はない。

元素の周期表の中から、危険物に関連する重要な元素の電気陰性度を抜粋して次の表に示す。

■危険物関連の元素の電気陰性度

周期＼族	1	2	13	14	15	16	17
1	H : 2.2						
2	Li : 1.0		B : 2.0	C : 2.5	N : 3.0	O : 3.5	F : 4.0
3	Na : 0.9	Mg : 1.2	Al : 1.5	Si : 1.8	P : 2.1	S : 2.5	Cl : 3.0
4	K : 0.8	Ca : 1.0					Br : 2.8
5		Sr : 1.0					I : 2.5
6		Ba : 0.9					

一般に、元素の周期表では希ガスを除く<u>右上</u>側にある元素ほど電気陰性度は<u>大きく</u>、電子を引きつける力が強い（陰性になる）。

ハロゲン元素の電気陰性度は水素よりも大きく、ハロゲン化水素（HCl、HBrなど）では、ハロゲン元素が負電荷を帯びて<u>陰イオン</u>になりやすい。同様にふっ素と塩素のような異なるハロゲン元素どうしが結合すると、それぞれの電気陰性度はふっ素(F) 4.0、塩素(Cl) 3.0 であるから、Cl$^{\delta+}$-F$^{\delta-}$ となる。

ハロゲン間化合物では、電気陰性度の大きさはF＞Cl＞Br＞Iの順であるから、左側に位置するハロゲンのほうが陰イオンになりやすい。陽イオンは左に、陰イオンは右に書くので、F-Cl ではなく Cl-F とかく。

これらのふっ素を含むハロゲン間化合物が水(H$_2$O)と反応すると、臭素化水素(H-Br)やよう化水素(H-I)でなく、ふっ化水素(H-F)が発生するのは、ふっ素原子の電気陰性度が<u>大きい</u>ためである。

化学結合や化学反応のしくみは、電気陰性度によって調べるとわかりやすい。

たとえば、水(H$_2$O)のH-O結合では、水素の電気陰性度は2.2、酸素の電気陰性度は3.5で、酸素が電子を引きつけるため、H$^{\delta+}$-O$^{\delta-}$ となっている。この電気

陰性度の差が、水は水素イオン（H^+）と水酸化物イオン（OH^-）に電離することを示している。

禁水性の第3類危険物の水素化ナトリウム（NaH）のNa-Hの結合では、それぞれの電気陰性度はナトリウム0.9、水素2.2で、水素が電子を引きつけるため、$Na^{\delta+}$-$H^{\delta-}$となっている。水（H_2O）と反応すると正に帯電している$H^{\delta+}$と、負に帯電している$H^{\delta-}$が電荷を打ち消すように反応して水素分子が発生する。

また、同じ禁水性の第3類危険物のノルマルブチルリチウム（C_4H_9Li）やトリエチルアルミニウム（$(C_2H_5)_3Al$）などでは、リチウム1.0、アルミニウム1.5、炭素2.5で、炭素が電子を引きつけるため、$Li^{\delta+}$-$C^{\delta-}$や$Al^{\delta+}$-$C^{\delta-}$で表せる。したがって、水（H_2O）と反応すると、$H^{\delta+}$と$C^{\delta-}$からH-C結合ができるのでブタン（C_4H_{10}）やエタン（C_2H_6）が発生する。

> **アドバイス** 危険物試験では電気陰性度の数値に関する直接の出題はないので、数字を覚える必要はない。しかし、化学の現象に説明がつくことから、電気陰性度を理解しておくと試験に役立つ。

金属の腐食

危険物が金属性の缶やタンクに保管されたり、金属性の配管が用いられていたりすると、金属が腐食した場合は危険物の流出につながる。

1) 腐食の原因

一般に**金属の腐食**とは、金属がイオンとして溶け出したり、さびなどの**金属酸化物**になることをいう。つまり、金属の腐食の原因は、金属が電子を失って**イオン化**することである。

鉄の腐食は一般にさびとして現れ、**赤さび**（Fe_2O_3）は内部まで進行する。一方、鉄の表面を高温で酸化すると表面に黒い酸化鉄（Fe_3O_4）の膜が生じる。これが**黒さび**である。黒さびは内部まで進行しない。黒さびをつくって内部まで進行する赤さびを防ぐ方法もある。

2) 腐食の進みやすさ

一般に、金属の腐食が進行するのは、次のような場合である。

- 鉄の配管では、鉄よりイオン化傾向の**小さい**金属と接続すると、鉄は腐食を

受けやすくなる。
- <u>酸性</u>の強い土壌では腐食が進む。
- 乾燥した土と湿った土など<u>土質</u>が違う場所を配管などが貫通している場合は、腐食の影響を受けやすい。
- <u>空気</u>と<u>水分</u>が存在する場所では腐食が進む。
- <u>塩分</u>が存在する場所では鉄の腐食が進む。
- 直流電気鉄道の近くでは、<u>迷走電流</u>（回路から漏れた電流）により土中の鉄の腐食が進む。
- <u>中性化</u>の進んだコンクリートでは、鉄筋の腐食が進む。

3) 腐食の防止方法

金属の腐食を防ぐには、次のような方法がある。

- 防錆剤を塗覆し、施工時に塗覆を傷つけない。
- 鉄の配管では、マグネシウム、アルミニウム、亜鉛などの鉄よりイオン化傾向の<u>大きい</u>金属と接続すると、それらの金属が鉄の代わりに腐食を受けるため、鉄は防食作用を受ける。
- 腐食しない<u>プラスチック</u>を用いる。
- <u>地下水</u>との接触を避ける。
- 配管を<u>ピット</u>内に設ける。
- 電気防食設備を設ける。または防食剤を活用する。
- コンクリート貫通部には<u>さや管</u>を設ける。
- pH12以上の強塩基性に保たれた正常な<u>コンクリート</u>中に埋設する。pH12以上のコンクリートであれば、鉄筋などは安定な<u>不動態</u>（⇨ p.413）を形成し腐食が進行しない。

攻略

- イオン化傾向は、金属原子が陽イオンに変わるときの変わりやすさを示す。
- 電池は、金属のイオン化傾向を利用してつくられている。
- 電気陰性度は、元素の周期表の右上にいくほど大きい。
- 酸性の土壌や土質が異なる場所、空気中の湿気が多い場所では、金属は腐食しやすい。
- 鉄よりイオン化傾向の大きい金属と接続すると、鉄の腐食が防止できる。

2-13 有機化合物

§2 化学

簡単にいうと、炭素を含む化合物が有機化合物であり、炭素を含まない塩や金属化合物が無機化合物である。

有機化合物と原子価

炭化水素（後述）を構造の基本骨格とし、決まった分子構造を持つ化合物を<u>有機化合物</u>という。有機化合物には必ず<u>炭素</u>と<u>水素</u>が含まれている。一般には、これに<u>窒素</u>や<u>酸素</u>を含むことがあり、さらに他の元素が加わっていることもある。有機化合物は、昔は生物だけがつくり出せると考えられていたため、一酸化炭素や二酸化炭素、炭酸塩、炭化ケイ素などは炭素を含んでいるが、<u>無機化合物</u>に分類されている。

有機化合物の構造では、他の原子と共有結合する<u>原子価</u>にルールがある。共有結合を示す線（価標）の数が原子価である。結合を示す線は、しばしば省略されるが、炭素や水素、窒素、酸素の原子価（数）は守られている。

具体的には、炭素の原子価は 4、水素の原子価は 1、窒素の原子価は 3、酸素の原子価は 2 であり、その数だけ結合がある。「炭素は手が 4 つ」といわれるのはこのことである。

たとえば、酢酸は CH_3COOH や CH_3CO_2H とかくが、構造式でかくと右のようになる。水素 1、炭素 4、酸素 2 の原子価が守られていることがわかる。

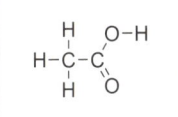

■酢酸の構造式

有機化合物の性質

有機化合物には、次のような性質がある。

- 構成元素は炭素（C）、水素（H）、窒素（N）、酸素（O）が主体である。
- 一般に、<u>可燃性</u>を有し、空気中で完全燃焼すると<u>二酸化炭素</u>（CO_2）と<u>水</u>

(H_2O)を生じ、不完全燃焼では有毒な一酸化炭素（CO）を生じる。
- 一般に、融点や沸点が低い。ただし分子量が大きくなると沸点は高くなる。
- 多くは非電解質であるが、カルボン酸（後出）のような官能基ではイオン化する。
- 有機溶媒（アセトン、酢酸エチル、ジエチルエーテルなど）によく溶ける。
- 一般に水に溶けにくいが、分子量の小さい極性の分子（炭素数3以下のアルコール、アセトン、ピリジン、酢酸など）は水によく溶ける。
- 一般に、反応は遅く、多様な反応があり反応機構も複雑である。
- 同じ組成であっても異なる結合の仕方があり、性質の異なる構造異性体が数多く存在する。

  例▶ C_3H_8O の組成を持つ分子として、$CH_3(CH_2)_2OH$（n-プロピルアルコール）、$(CH_3)_2CHOH$（イソプロピルアルコール）、$CH_3OCH_2CH_3$（エチルメチルエーテル）の3つがある。

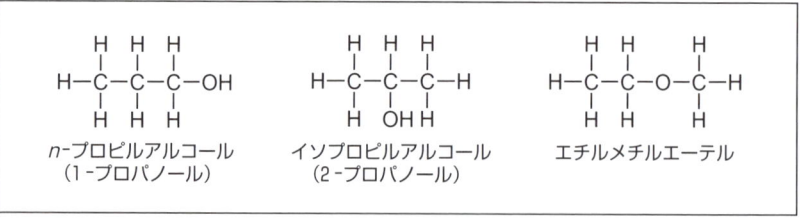

■C_3H_8Oの構造異性体

有機化合物の分類

有機化合物には、炭化水素の構造による分類と、官能基による分類がある。

1）炭化水素の構造による分類

有機化合物の分類の1つは、炭化水素の骨格の結合の仕方による分類である（次ページの図参照）。
分子が鎖状構造のものを鎖式化合物または脂肪族化合物といい、環状構造のものを環式化合物という。環式化合物のうち、ベンゼン環を持つものを芳香族化合物といい、芳香族化合物以外の環式化合物を脂環式化合物という。
また、結合がすべて単結合の有機化合物を飽和化合物といい、二重結合や三重結合などを含むものを不飽和化合物という。

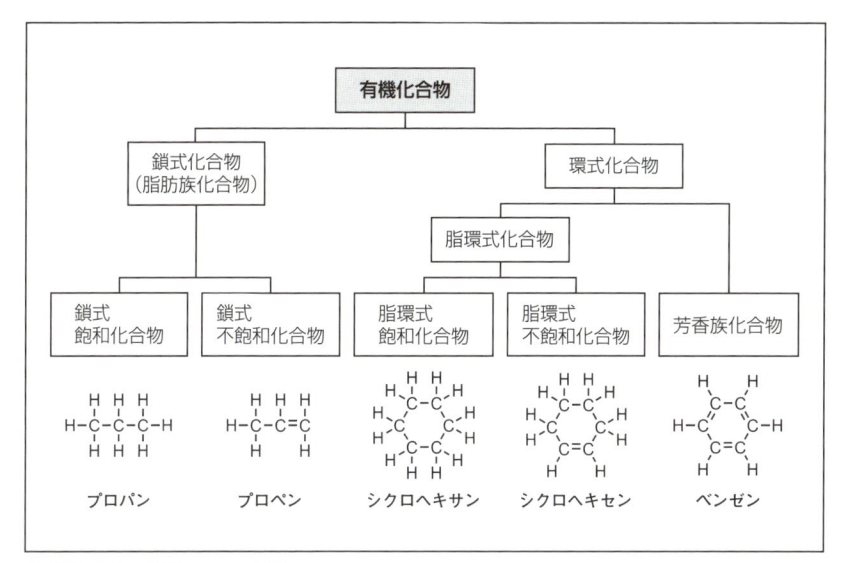

■炭化水素の構造による分類

2）官能基による分類

　有機化合物の分子構造に含まれる原子や原子団（共有結合によって結ばれた原子の集団）のうち、その化合物の性質を特徴づけるものを<u>官能基</u>という。したがって、同じ官能基を持つ有機化合物は似たような性質を持つ。

　有機化合物を官能基によって分類すると、次の表のようになる。なお、表中の親水性とは水に溶けやすい性質のことで、疎水性（あるいは親油性）とは、水に溶けにくく油に溶けやすい性質のことである。

■官能基による分類（その1）

官能基	式	構造	性質
メチル基	$-CH_3$	$-\overset{H}{\underset{H}{C}}-H$	疎水性
エチル基	$-C_2H_5$	$-\overset{H}{\underset{H}{C}}-\overset{H}{\underset{H}{C}}-H$	疎水性

2-13 有機化合物

■官能基による分類（その2）

官能基	式	構　造	性　質
フェニル基	—C_6H_5	(ベンゼン環)	疎水性
水酸基 （ヒドロキシル基）	—OH	—O—H	親水性。アルコールは中性、フェノールは弱酸性
カルボニル基 （アルデヒド基）	—CHO	—C(=O)H	中性。還元性
カルボニル基 （ケトン基）	\>CO	\>C=O	中性
カルボキシル基	—COOH	—C(=O)O—H	親水性。弱酸性
ニトロ基	—NO_2	—$N^{+}(=O)O^{-}$	中性
アミノ基	—NH_2	—N(H)H	弱塩基性
スルホ基 （スルホン酸基）	—SO_3H	—S(=O)(=O)—O—H	酸性

有機化合物の種類

有機化合物の化合物群には、次のような種類がある。

炭化水素：炭素と水素からなり、有機化合物の骨格をつくる。単結合のみのものは<u>アルカン</u>と呼ばれ、メタン、エタン、プロパンなどがあり、ガソリンは炭素数 4～12 程度のアルカンの混合物である。二重結合を含むものは<u>アルケン</u>、三重結合を含むものは<u>アルキン</u>と呼ばれる。官能基として扱うときは、<u>炭化水素</u>基、アルカンは<u>アルキル</u>基（$-C_nH_{2n+1}$）、メタンは<u>メチル</u>基（$-CH_3$）、エタンは<u>エチル</u>基（$-C_2H_5$）、ベンゼンは<u>フェニル</u>基（$-C_6H_5$）となる。

例 ▶ プロパン　C_3H_8

アルコール：アルカンの H が<u>水酸</u>基（<u>-OH</u>）に置き換わった化合物。OH が 1 つであれば 1 価のアルコール、OH が 2 つであればエチレングリコール（$C_2H_4(OH)_2$）のように 2 価のアルコール。アルカン部分が小さければ水溶性。炭素数 3 以下の 1 価のアルコールは第 4 類危険物のアルコール類、炭素数 4 以上は性質に応じて石油類に分類する。

例 ▶ エタノール　C_2H_5OH

フェノール：ベンゼンの H が<u>水酸</u>基（<u>-OH</u>）に置き換わった化合物。弱酸性を示す。

例 ▶ フェノール　C_6H_5OH

アルデヒド：<u>カルボニル</u>基（<u>アルデヒド</u>基：<u>-CHO</u>）を持つカルボニル化合物の 1 つ。カルボン酸（後述）に酸化され、自らは還元性を示す。

例 ▶ アセトアルデヒド　CH_3CHO

アセトアルデヒド（第 4 類危険物の特殊引火物）は、第 1 級アルコールであるエタノールを酸化して得られる。

反応式：$RCH_2OH + O$（酸化剤）$\rightarrow RCH=O + H_2O$　　（R はアルキル基）

2-13 有機化合物

ケトン：カルボニル基（ケトン基：=CO）に2つの炭化水素基がついたカルボニル化合物の1つ。

例▶ アセトン　CH_3COCH_3

アセトン（第4類危険物の第1石油類水溶性液体）は、第2級アルコールを酸化して得られる。
反応式：$RCH(OH)R' + O（酸化剤） \rightarrow RR'C=O + H_2O$

エーテル：酸素原子に2つの炭化水素基がついた化合物（–O–）。

例▶ ジエチルエーテル　$C_2H_5OC_2H_5$

（第4類危険物の特殊引火物）

カルボン酸：カルボキシル基(–COOH)を持つ化合物。弱酸性を示す。

例▶ 酢酸　CH_3COOH

酢酸（第4類危険物の第2石油類水溶性液体）は、アルデヒドまたは第1級アルコールを酸化して得られる。
反応式：$RCH=O + O(酸化剤) \rightarrow RCOOH$
　　　　$RCH_2OH + 2O(酸化剤) \rightarrow RCOOH + H_2O$

スルホン酸：スルホ基（スルホン酸基：$-SO_3H$）を持つ化合物。酸性を示す。

例▶ ベンゼンスルホン酸　$C_6H_5SO_3H$

アミン：NH_3のHが炭化水素基に置き換わった化合物。または、炭化水素の水素原子(H)がアミノ基($-NH_2$)に置き換わった化合物。弱塩基性を示す。

例▶ アニリン　$C_6H_5NH_2$

（第4類危険物の第3石油類非水溶性液体）

アミノ酸：<u>アミノ</u>基と<u>カルボキシル</u>基を持つ化合物。たんぱく質を構成する。

　例▶グリシン　H_2NCH_2COOH

ニトロ化合物：<u>ニトロ</u>基（<u>$-NO_2$</u>）を持つ化合物で、炭化水素の水素原子（H）がニトロ基に置き換わったもの。

　例▶ニトロベンゼン　$C_6H_5NO_2$

　　ニトロベンゼン（第4類危険物の第3石油類非水溶性液体）は、名前にニトロがつくが第5類でないことに注意。

エステル：アルコールとカルボン酸が縮合（⇨ p.199）してできる化合物（–COO–）。カルボン酸以外の酸（たとえば硝酸やスルホン酸）の場合もある。

　例▶酢酸エチル　$CH_3COOC_2H_5$

　　（第4類危険物の第1石油類非水溶性液体）

高分子化合物：単量体（モノマー）が付加重合や縮合重合によって高分子量になった化合物。通常分子量が 10,000 程度以上のものをいう。

　例▶ポリスチレン　$(C_6H_5CHCH_2)_n$　　　　（n は重合度）

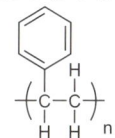

攻略

- 有機化合物は、主に炭素、水素、窒素、酸素からなる。
- 有機化合物は一般に、水に溶けにくく、有機溶媒にはよく溶ける。
- 炭化水素による分類には、鎖式化合物と環式化合物がある。
- 官能基とは、有機化合物の性質を特徴づける原子または原子団のこと。
- アルデヒドやケトンのように、カルボニル基を持つ化合物を総称してカルボニル化合物という。

[§2-11〜§2-13] 復習問題

問20 亜鉛板と銅板を希硫酸の中に入れ、それを導線で接続した。このときに起きる現象の説明として、次のうち正しいものはどれか。

1. 亜鉛板、銅板も同時に溶ける。
2. 亜鉛板が溶ける。
3. 銅板が溶ける。
4. 亜鉛板から酸素が発生する。
5. 銅板から酸素が発生する。

解説

問題文の現象（ボルタ電池）を説明すると、次のようになる。

イオン化傾向の大きい亜鉛板が2価のイオンになって溶け、電子を残して亜鉛板は負極となる。この電子は導線を伝って正極（銅板）へ移動する。正極の表面では、希硫酸中の水素イオンが電子を受け取り、水素を発生する。亜鉛板の表面では酸化反応、銅板の表面では還元反応が起こっている。

上の説明から、1、3、4、5は誤りとわかる。p.250 参照。　　　　答：2

問21 反応名と反応式の組合せとして、次のうち誤っているものはどれか。

1. ニトロ化　………$C_6H_6 + HNO_3 \rightarrow C_6H_5NO_2 + H_2O$
2. スルホン化　……$C_6H_6 + H_2SO_4 \rightarrow C_6H_5SO_3H + H_2O$
3. ジアゾ化　………$C_6H_5NH_2 + NaNO_2 + 2HCl \rightarrow C_6H_5N_2Cl + NaCl + 2H_2O$
4. エステル化　……$C_3H_5(OH)_3 + 3HNO_3 \rightarrow C_3H_5(ONO_2)_3 + 3H_2O$
5. アセチル化　……$C_6H_5NO_2 + 3H_2 \rightarrow C_6H_5NH_2 + 2H_2O$

解説

5：誤り。反応式は、ニトロベンゼン（$C_6H_5NO_2$）からアニリン（$C_6H_5NH_2$）への還元である。アセチル化には、$CH_3COOH + C_2H_5OH \rightarrow CH_3COOC_2H_5 + H_2O$ のように、アセチル基（CH_3CO-）が導入される。この反応式はカルボン酸（酢酸）とアルコール（エタノール）からエステル（酢酸エチル）を生じるエステル化ともいえる。

1、2、4：正しい。p.260 〜 261 参照。

3：正しい。ジアゾ化とは、ジアゾ基が導入される反応をいう。　　答：5

§3 燃焼・消火の基礎理論

3-1 燃焼

　燃焼の原理がわかると、危険物による火災がいかに危険であるかが明らかになる。燃焼の仕方は、燃焼物の状態、つまり気体か液体か固体かによって異なる。

● 燃焼の三要素と四要素

　物質が酸素と化合することを酸化といい、できた化合物を酸化物という。酸化反応において、熱と光の発生を伴う場合を燃焼という。たとえば、炭素と水素を含む有機物（有機化合物）が燃焼すると、燃焼熱と炎の発生を伴い、炭素と水素の酸化物である二酸化炭素（CO_2）と水（H_2O）が生じる。

　燃焼は、可燃性物質（可燃物）、酸素供給体（支燃物）、熱源（点火源）の3つの要素が同時に存在すると起こる。この3つを燃焼の三要素という。

1) 可燃性物質（可燃物）

　燃焼は酸化反応であるから、木材、紙、石炭、ガソリンなどの酸化されやすい物質が燃焼しやすい。つまり、酸化されやすい物質が可燃物に含まれるといえる。有機物はほとんどが可燃物であり、硫黄（S）や硫化物も可燃物である。

　一方、酸化されにくいものや反応熱が小さいものは可燃物に加えない。たとえば、鉄のかたまりは表面しか酸化できず、発生する反応熱が全体に対して小さいため可燃物とは考えない。しかし、同じ鉄でも目開きが 53 μm の網ふるいを50％以上が通過する鉄粉は、全体の体積に対する表面積の割合が増え、酸化されるときの反応熱が大きくなって燃焼が起こりやすくなる。これが、鉄粉が第2類危険物の可燃性固体に分類される理由である。このように、同じ物質でも形態により、可燃物となったり、ならなかったりする場合がある。

2) 酸素供給体（支燃物）

　通常の燃焼や火災では空気が酸素供給体である。空気には、体積の約20％を占める酸素が含まれる。

また、化合物の中に酸素を含む<u>第 1 類</u>危険物の<u>酸化性固体</u>や<u>第 6 類</u>危険物の<u>酸化性液体</u>も酸素供給体となる。他にも、<u>第 5 類</u>危険物の<u>自己反応性物質</u>は、内部に酸素を含む構造をしており、酸素の供給がなくても燃焼する。

酸素の性質をまとめると、次のようになる。

- 比重：1.105（空気＝1）
- 融点：−218℃
- 沸点：−183℃
- 色：無色（液体酸素は淡青色（たんせいしょく））
- におい：無臭
- 実験的には、過酸化水素（H_2O_2：第 6 類危険物）を分解して得られる。
- 水にあまり溶けない。
- 酸化物をつくる。
- 酸素自体は<u>不燃性</u>であるが、<u>支燃性</u>（助燃性）があり、酸素濃度が<u>高く</u>なると可燃物が激しく燃焼する。
- 白金、金、銀、不活性ガス、ハロゲンなどとは直接化合しない。

可燃物の燃焼には、ある濃度以上の酸素が必要である。この酸素の濃度を<u>限界酸素濃度</u>（さんそのうど）（％）という。限界酸素濃度は可燃物の種類によって異なる。

メタンやプロパンなどの多くの可燃性ガスでは、不燃性の窒素で酸素濃度を希釈（しゃく）し、10〜12％以下にすると燃焼しなくなる。

また、不燃性の二酸化炭素を添加して消火する場合は、酸素濃度を 14〜15％以下にすると燃焼しなくなる。一方、限界酸素濃度が数％の水素、一酸化炭素、

■限界酸素濃度（％）

可燃ガス	希釈ガス	
	窒素	二酸化炭素
水素	5.0	5.9
一酸化炭素	5.6	5.9
メタン	12.1	14.6
エタン	11.0	13.4
プロパン	11.4	14.3

アセチレンでは容易に燃焼が起こるため、酸素を希釈する窒素や二酸化炭素を増やす必要がある。

不燃性ガスで希釈したときの限界酸素濃度は、前ページの表の通り。

3）熱源（点火源）

可燃物と酸素が結びついて燃焼（酸化反応）を起こすのに必要な着火エネルギーが、<u>熱源（点火源）</u>である。熱源（点火源）には炎や熱などはもちろん、電気、静電気による火花や自然発火における酸化熱（⇨ p.273）の蓄積も含まれる。熱源は点火エネルギーや熱エネルギーとも呼ばれる。

4）燃焼の継続

燃焼の三要素がそろうと燃焼が起こるが、それだけでは爆発のように一瞬で終わる場合もある。燃焼の4番目の要素として、<u>燃焼の継続</u>を加えることがある。これを含めて<u>燃焼の四要素</u>という。

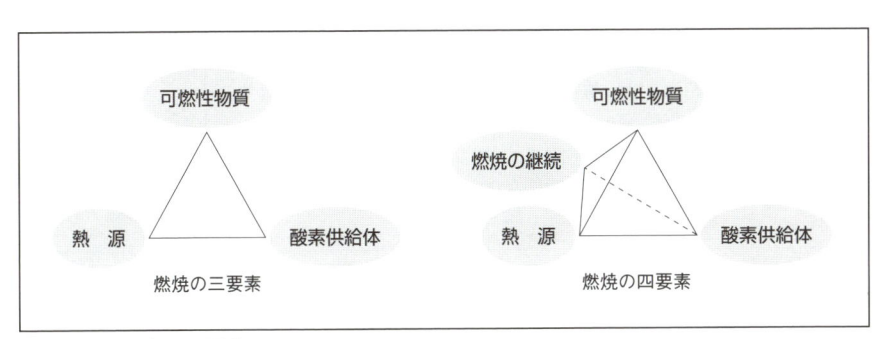

■燃焼の三要素と四要素

燃焼の仕方

可燃物は、気体、液体、固体に大別でき、これら三態に応じた燃え方をする。

1）気体の燃焼

気体が燃焼するには、可燃性気体と空気がある濃度範囲で混合している必要がある。この濃度範囲を<u>燃焼（爆発）範囲</u>（⇨ p.269）という。気体の燃焼には、<u>予混合燃焼</u>と<u>拡散燃焼</u>がある。

<u>予混合燃焼</u>では、可燃性気体と空気が<u>あらかじめ</u>燃焼範囲内の混合ガスを形成

したところで着火する。予混合燃焼は、炎の伝播、温度や圧力の上昇がきわめて速く、音（爆音）を伴って燃焼する。いわゆる、爆発である。

拡散燃焼では、ガスコンロのように可燃性気体が連続的に供給され、空気と混合しながら燃焼範囲に達して定常的に炎を出して燃焼する。

2）液体の燃焼

液体の燃焼は、液体が直接燃えるのではなく、液面から蒸発した可燃性気体が空気と燃焼範囲で混合して燃える。これを蒸発燃焼という。

3）固体の燃焼

固体の燃焼の仕方には、表面燃焼、分解燃焼、蒸発燃焼の3つがある。

■固体の燃焼

燃焼の種類	燃焼の仕方	物質例
表面燃焼	表面で直接酸素と反応して、高温を保ちながら燃焼する。	木炭、コークス、練炭
分解燃焼	加熱により分解され、その際に発生する可燃性気体が燃焼する。 第5類危険物の固体で分子内に多くの酸素原子を含むものは空気がなくても分解して燃焼する。これを自己燃焼または内部燃焼という。	木材、石炭、プラスチック、第5類危険物のニトロセルロース
蒸発燃焼	加熱により液体となり、液面から蒸発した気体が燃焼する。また、昇華性の可燃性固体は、固体から直接気体になって燃焼する。	第2類危険物の硫黄、ナフタリン

4）完全燃焼と不完全燃焼

燃焼の際、酸素の供給が十分であれば完全燃焼するが、不十分であれば不完全燃焼を起こす。この現象は、気体、液体、固体にかかわらず共通している。

炭素は完全燃焼すれば二酸化炭素（CO_2）になるが、不完全燃焼であれば一酸化炭素（CO）が生じる。不完全燃焼では、炭素の微粒子である煤を生じることもある。

一酸化炭素と二酸化炭素の性質の比較を次ページの表に示した。

5）燃焼のしやすさ

燃焼しやすい物質の性状や周囲の条件をまとめると、次のようになる。

■一酸化炭素と二酸化炭素の比較

性質＼ガス	一酸化炭素（CO）	二酸化炭素（CO_2）
常温の形状	無色、無臭の気体	無色、無臭の気体
蒸気比重	0.97	1.53
燃焼性	空気中で青白い炎を上げて燃える	燃えない
液化	しにくい	しやすい
毒性	有毒（血液中のヘモグロビンと結合し、中毒を起こす）	一酸化炭素のような毒性はない
水溶性	ほとんど溶けない	かなり溶ける（水溶液は弱酸性）
酸化・還元性	還元性	酸化性

- 酸化されやすいものほど燃焼しやすい。
- 燃焼熱（発熱量）が大きいほど温度が上がり、燃焼しやすい。
- 可燃性気体が発生しやすいほど燃焼しやすい。
- 熱伝導率が小さいほど温度が上がり、燃焼しやすい。
- 可燃物の粒子が小さいほど表面積が大きくなり、空気と接触面積が増えるため燃焼しやすい。たとえば、微粉状の固体や霧状の液体では、表面積が大きくなると熱の交換がよくなり、加熱時の温度上昇が速くなる。また、粒子が小さくなると熱容量が小さくなり温度が上昇しやすい。
- 乾燥しているほど水分が少なく燃焼しやすい。
- 周囲の温度が高いほど燃焼しやすい。
- 蒸気圧が高いほど気体になりやすくまた多くの蒸気を発生し、燃焼しやすい。

攻略

- 燃焼は、熱と光を伴う酸化反応である。
- 可燃性物質、酸素供給体（支燃物）、熱源（点火源）を燃焼の三要素という。これに燃焼の継続を加えて燃焼の四要素という。
- 気体の燃焼には、予混合燃焼（爆発）と拡散燃焼がある。
- 液体の燃焼は、蒸発燃焼である。
- 固体の燃焼には、表面燃焼、分解燃焼、蒸発燃焼がある。
- 可燃物が酸化されやすく、燃焼熱・表面積・蒸気圧が大きいほど、また熱伝導率が小さいほど燃焼しやすい。

[§3-1] 復習問題

問22 燃焼に必要な要素の組合せとして、次のうち正しいものはどれか。

1. 水…………酸素…………直射日光
2. ナトリウム……水素…………湿度
3. 二硫化炭素……空気…………電気火花
4. 硝酸…………二酸化炭素……磁力
5. 硫化水素………窒素…………放射線

解説

燃焼の3要素は、可燃物、酸素供給体、熱源である。選択肢1～5の左から順に当てはまるものを○、そうでないものを×で示す。p.263～265参照。

1：誤り。可燃物×、酸素供給体○、熱源○
2：誤り。可燃物○、酸素供給体×、熱源×
3：正しい。可燃物○、酸素供給体○、熱源○
4：誤り。可燃物×、酸素供給体×、熱源×
5：誤り。可燃物○、酸素供給体×、熱源×

答：3

問23 次のA～Fのうち、主な燃焼形態が蒸発燃焼のものはいくつあるか。

A. ジエチルエーテル
B. 水素
C. 軽油
D. プロパンガス
E. 木炭
F. ナフタリン

1. なし　2. 1つ　3. 2つ　4. 3つ　5. 4つ

解説

蒸発燃焼するのは液体と固体であるから、常温常圧で気体であるBの水素とDのプロパンガスは蒸発燃焼を考える必要はない。また、Eの木炭は表面燃焼である。したがって、蒸発燃焼するものは、Aジエチルエーテル、C軽油、Fナフタリン。p.266参照。

答：4

§3 燃焼・消火の基礎理論

3-2 危険物の物性

燃焼範囲、引火点、燃焼点、発火点の定義をおさえておくことは、危険性を知る上で欠かせない。次の科目「危険物の性質ならびにその火災予防および消火の方法」に直接つながる。

● 燃焼範囲（爆発範囲）

蒸発燃焼においては、可燃性蒸気と空気が一定の割合で混合していなければ燃焼しない。この濃度範囲を燃焼範囲あるいは爆発範囲といい、混合気体中の可燃性気体の容量パーセント（vol％）で表す。

$$容量パーセント(vol\%) = \frac{可燃性気体(\ell)}{可燃性気体(\ell)+空気(\ell)} \times 100$$

$$= \frac{可燃性気体(\ell)}{混合気体全体(\ell)} \times 100 \, (vol\%)$$

右下の図を見ながら説明しよう。可燃性液体の表面では、液体が気化して発生する蒸気で飽和している（飽和層）。そこから空気と混合しながら拡散し、可燃性蒸気の高濃度側にある燃焼（爆発）上限界（B）に達する。さらに拡散して空気との混合が進むと、可燃性蒸気の低濃度側にある燃焼（爆発）下限界（A）に達する。この燃焼（爆発）下限界（A）と上限界（B）の間が燃焼（爆発）範囲である。燃焼範囲でなければ、燃焼は起こらない。下限界、上限界は、それぞれ下限値、上限値ともいう。

燃焼（爆発）範囲の下限値が低いほど、また、燃焼（爆発）範囲の広いものほど危険性が高い。

次ページの表に、主な第4類危険物を中心にまとめた燃焼範囲を示す。

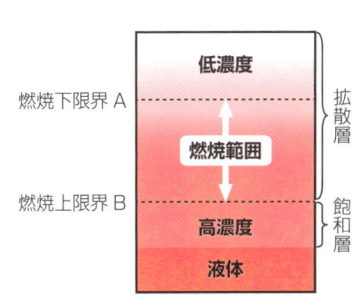

■液面上の蒸気層

■ 主な物質の燃焼範囲

気体（蒸気）	燃焼範囲（爆発範囲）（vol%）下限値〜上限値	気体（蒸気）	燃焼範囲（爆発範囲）（vol%）下限値〜上限値
二硫化炭素	1.3〜50	ジエチルエーテル	1.9〜36(48)
灯油	1.1〜6.0	アセトン	2.2〜13
トルエン	1.1〜7.1	エタノール	3.3〜19
n-ヘキサン	1.1〜7.5	水素	4〜75
ベンゼン	1.2〜7.8	メタノール	6.0〜36
ガソリン	1.4〜7.6	一酸化炭素	12〜75

引火点

　液体から発生する可燃性蒸気が空気と混合し、点火源によって燃え出すのに十分な蒸気を発生するときの液温を引火点という。つまり、燃焼（爆発）範囲の下限値が生じる最低の液温のことである。引火点では、点火源の炎を取り除くと燃焼はすぐに止むので、燃焼の継続には少し高い温度（燃焼点）が必要である。

　引火点は、引火点測定器により測定され、測定方法や装置の形、試料の量などに影響されるため、物質固有に定まった数値ではない。

第4類危険物の引火点測定方法

　第4類危険物は引火点により区分され、引火点が未知な液体や混合物などでは引火点を測定して区分を決めるため、試験方法が定められている。引火点測定には3種類の測定器が使われるが、最初にタグ密閉式引火点測定器で測定し、その引火点に応じてセタ密閉式引火点測定器とクリーブランド開放式引火点測定器を組み合わせる。正確にはどの引火点測定器で測定した引火点であるかを示す必要がある。

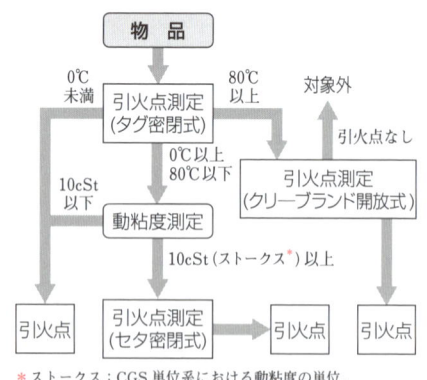

＊ ストークス：CGS単位系における動粘度の単位。
［cSt］はストークスの100分の1のセンチストークス。

■ 第4類危険物の引火点試験方法

● 燃焼点

1秒間程度の点火炎で、5秒間燃焼が継続する最低の試料温度を燃焼点という。燃焼点も引火点測定器により測定され、測定方法や装置の形式、試料の量などに影響されるため、物質固有に定まった数値ではない。同じ液体であれば、燃焼点は引火点より高くなる。

● 発火点

空気中で可燃物を加熱した場合、点火源がなくても発火して燃焼を開始する最低の温度を発火点という。発火点は、固体だけでなく、液体や気体でも測定できる。主な物質の発火点は、右の表の通り。

発火点も引火点測定器で測定するため、その物質固有の値ではなく、加熱時間や装置の形式などの測定方法や試料の形状などで変動する。発火点は、着火源がなくても燃焼が始まる温度であるから、引火点や燃焼点よりも高い。

引火点と発火点を混同しないよう、違いを右の表にまとめておく。

■主な物質の発火点

物質	発火点(℃)	物質	発火点(℃)
黄りん	約50	木炭	320～370
二硫化炭素	90	硫黄	約360
三硫化りん	100	木材	400～470
ニトロセルロース	160	水素	585
赤りん	260	一酸化炭素	651

■引火点と発火点の違い

	測定対象	火源	ガソリン
引火点	液体の可燃物と固体の可燃物	必要	-40℃以下
発火点	固体、液体、気体の可燃物	不要	約300℃

攻略

- 燃焼範囲とは、点火により燃焼する可燃性蒸気と空気の混合ガスの濃度の範囲。
- 引火点とは、燃え出すのに十分な蒸気を発生するときの最低の液温（点火源あり）。
- 発火点とは、可燃物を加熱した場合、点火源なしに発火して燃焼を開始する最低の温度。
- 発火点、引火点、燃焼点は、引火点＜燃焼点＜発火点、の順に高くなる。

[§3-2] 復習問題

問24 次の性質を有する可燃性液体の説明として、次のうち正しいものはどれか。

蒸気比重	2.0
液比重	0.8
引火点	−20℃
発火点	465℃
沸点	56℃
燃焼範囲	2.2〜13.0 vol%

1. この液体の蒸気は、水蒸気の2倍の重さを持っている。
2. この液体2kgの容量は1.6ℓである。
3. 液温が56℃のときに、飽和蒸気圧を示す。
4. 液温が−20℃のとき、液面付近に濃度2.2vol%の蒸気を発生する。
5. 火気を近づけても、液温が465℃になるまでは火がつかない。

解説

1：「水蒸気」は誤り。蒸気比重は**空気**との比較である。p.159参照。

2：誤り。液比重は**密度**と同じ。容量を$X(\ell)$とすると密度は$2(\mathrm{kg})/X(\ell) = 0.80(\mathrm{kg}/\ell)$。容量$X = 2.5\,\ell$。p.159参照。

3：誤り。飽和蒸気圧は温度に依存し、それぞれの温度での飽和蒸気圧がある。ただし、沸点での飽和蒸気圧は**大気圧**と同じ（約0.1 MPa）になる点で特別な意味を持つ。p.163参照。

4：正しい。引火点は液面付近の蒸気濃度が、その蒸気の燃焼範囲（爆発範囲）の下限界に達するときの液温である。p.270参照。

5：誤り。発火点は**火気**がなくても発火する温度である。引火点以上では、火気があると発火する。p.271参照。

ちなみに、問題文の可燃性液体はアセトン（第4類危険物の第1石油類水溶性液体）である。

答：4

アドバイス 引火点と発火点の違いに注意！ 発火点は火源がなくても着火する温度である。

§3 燃焼・消火の基礎理論

3-3 発火・爆発

　火災の危険性につながる自然発火や爆発、混合危険のしくみを知ることは、火災予防上の貯蔵・取扱い方法に直結する。

● 自然発火

　空気中で、物質が酸化や分解などの原因で発熱し、その熱が長時間蓄積されることによって発火点に達し、点火源なしに燃焼することを自然発火という。

1) 自然発火の原因
　自然発火を引き起こす発熱や蓄熱の原因には、次のようなものがある。

■自然発火の発熱の原因と例

発熱の原因	例
分解熱	第5類危険物（自己反応性物質）のニトロセルロースなどの場合、分解により発熱する。
酸化熱	乾性油、ゴム粉、石炭などに含まれる不飽和結合（炭素－炭素二重結合）は徐々に酸素と反応し酸化される。油を含んだウェスや天ぷらの揚げかすなどごくありふれたものが空気酸化により蓄熱する。
吸着熱	活性炭や木炭粉末のような表面積の大きい可燃物は、物質の吸着が起こると、その物質の運動エネルギーや結合エネルギー（⇨ p.221）が熱エネルギーに変わり蓄熱する。
微生物による発熱	たい肥やゴミなどは、内部の微生物が発酵したり、腐敗したりするときに発熱する。
その他	スチレンなどの高分子原料であるモノマーが、ひとたび付加重合（⇨ p.199）を開始すると、連鎖的に反応が進行して重合反応熱が蓄熱する。

2) 自然発火が起こりやすい条件
　次のような状態の場合、自然発火が起こりやすい。

273

■自然発火の起こりやすさ

条　件	蓄熱のしくみ
熱伝導率が小さい	物質の熱伝導率が小さい場合、熱の移動が起こりにくくなるため、熱が蓄積されやすくなる。同じ物質でも粉末状や繊維状のもので隙間に空気を含んでいると見かけの熱伝導率は小さくなり、自然発火しやすい。
堆積状態	薄く拡げられていれば熱の発散はよくなるが、粉末状態のものを積み重ねて堆積された状態では内部に熱がこもり、自然発火しやすい。
風通しの悪い場所	風通しのよい場所では空気の流動により熱が運ばれて冷却されるが、風通しの悪い場所では冷却されないため蓄熱が進み、自然発火しやすい。

アドバイス　危険物の貯蔵・取扱いで、自然発火しやすい物質は、特に「通風のよい場所」「直射日光を避ける」などとあることが、ここからよくわかる。

爆発

急激な化学反応を起こすと多量のガスと熱が発生する。その熱エネルギーの放出によって気体の温度と圧力が上昇し、爆発音を伴って燃焼する現象を<u>爆発</u>という。爆発は、可燃性気体の予混合燃焼（⇨ p.265）や第5類危険物の自己反応性物質の分解燃焼で見られる。

粉塵爆発

可燃性固体は、<u>微粉末</u>となって空気中に浮遊している状態で着火すると爆発を起こすことがある。これが<u>粉塵爆発</u>である。微粉末となった可燃性固体は、空気（酸素）との接触面が<u>大きく</u>なるため、粉塵爆発が起こりやすい。炭鉱で起こる事故として知られる。

粉塵爆発にも可燃性蒸気の燃焼（爆発）と同様に、物質の種類による<u>爆発範囲</u>（⇨ p.269）がある。主な物質の爆発下限界は右の表の通り。

第2類危険物の中で、赤りん、粉末状の硫黄、鉄粉、アルミニウム粉、亜鉛粉、マグネシ

■粉塵爆発の下限値

可燃性粉体	爆発下限値（空気中 g/m³）
ポリエチレン	25
石炭	35
硫黄	35
アルミニウム	35
せっけん	45

ウムは、粉塵爆発を起こしやすい。

混合危険

2種類以上の物質が混合・混触することで、発火や爆発のおそれがあることを混合混触危険、あるいは混合危険という。

混合危険には、①酸化性物質と還元性物質の混合、②酸化性塩類と強酸の混合、③敏感な爆発性物質を生成する場合、④水分と接触した場合がある。

1) 酸化性物質と還元性物質の混合

酸化性物質と還元性物質を混合した場合、すぐに発火するものや発熱後しばらくして発火・爆発するものがある。また、混合後に加熱・衝撃を加えることで発火・爆発するものもある。危険物を含め、次のような酸化性物質と還元性物質の混合では危険性が高い。

■主な酸化性物質と還元性物質

酸化性物質	還元性物質
●第1類：塩素酸塩類、過塩素酸塩類、過マンガン酸塩類、硝酸塩類、重クロム酸塩類、三酸化クロムなど ●第6類：硝酸、発煙硝酸、過塩素酸 ●第5類：有機過酸化物 ●その他：次亜塩素酸溶液、塩素ガスなど	●第2類：硫黄、金属の粉末、りん ●第4類のすべて ●第3類：ナトリウム、カリウム ●第5類：ヒドラジンおよび、その水和物 ●その他：金属類、硫化水素、りん化水素、水素、メタン、アセチレンなど

2) 酸化性塩類と強酸の混合

酸化性塩である塩素酸塩や過塩素酸は、硫酸のような強酸と接触すると、不安定な酸を遊離したり、あるいはその無水物を生成し、きわめて強い酸化性を示す。可燃物が接触すると着火したり、それ自身が自然分解して爆発したりする原因になる。

たとえば、次のような第1類危険物は酸化性塩の物質が多く、強酸と混合すると不安定な酸を遊離する。

● 塩素酸カリウム＋硫酸──→塩素酸から二酸化塩素(ClO_2)を遊離

- 過塩素酸カリウム＋硫酸──→過塩素酸（$HClO_4$）を遊離
- 過マンガン酸カリウム＋硫酸──→過マンガン酸から七酸化マンガン（Mn_2O_7）を遊離
- 重クロム酸カリウム＋硫酸──→重クロム酸から三酸化クロム（CrO_3）を遊離

3）敏感な爆発性物質を生成する場合

物質が互いに化学反応を起こし、不安定な物質や敏感な爆発性物質をつくる場合がある。例として、次のような混合が挙げられる。

- アンモニア＋塩素──→三塩化窒素（NCl_3）
- アンモニア＋塩素酸カリウム（第1類）──→塩素酸アンモニウム（第1類）
- アンモニア＋よう素──→三よう化窒素（NI_3）
- ピクリン酸（第5類）＋金属──→ピクリン酸の金属塩
- アジ化ナトリウム（第5類）＋重金属──→重金属のアジド（アジ化物）

4）水分と接触した場合

水との接触により激しく反応したり、可燃性の気体を発生したりして発火・爆発するものがある。禁水性の金属や化合物では、水と反応して<u>水酸化物</u>になり、水の<u>水素</u>が還元されて気体分子が生成することが共通している。

たとえば、第1類危険物のアルカリ金属の過酸化物や、カリウム、ナトリウムのような第3類危険物と水との接触は、酸素や水素を発生し、その反応熱で発火する危険性がある（⇨ p.349「水との反応式」）。

アドバイス　水との接触に関する問題は、法令でも次の性消でもよく出題される。しっかり覚えておくこと。

攻略

- 自然発火とは、物質が空気中で発熱し、その熱が蓄積されて発火点に達し燃焼すること。
- 粉塵爆発とは、可燃性固体が微粉末となって空気中に浮遊している状態で着火し爆発すること。
- 粉塵爆発にも爆発範囲があり、この範囲でなければ爆発は起こらない。
- 混合危険には、①酸化性物質と還元性物質の混合、②酸化性塩類と強酸の混合、③敏感な爆発性物質を生成する場合、④水分と接触した場合がある。

[§3-3] 復習問題

問25 次の文の（　）内のA～Cに当てはまる語句の組合せとして、正しいものはどれか。

「自然発火とは、他から点火源なしに、物質が空気中で自然に（ A ）し、その熱が長時間（ B ）されて（ C ）に達し、燃焼に至る現象である。」

	A	B	C
1	吸熱	放出	引火点
2	吸熱	蓄積	発火点
3	発熱	蓄積	発火点
4	発熱	放出	発火点
5	発熱	蓄積	引火点

解説

自然発火とは、物質が空気中で酸化や分解などを原因として発熱し、その熱が長時間蓄積されて発火点に達し、燃焼することをいう。p.273参照。

選択肢1～5のうち、これに当てはまるものは**3**。　　　　**答：3**

問26 混合または接触することにより、発火、爆発などのおそれがあるものについて、次の組合せのうち誤っているものはどれか。
1. 酸化性物質と還元性物質
2. 酸化性塩類と強酸
3. アンモニアと塩素酸カリウム
4. 金属ナトリウムと水
5. エチレングリコールとグリセリン

解説

5：誤り。エチレングリコール（$HOCH_2CH_2OH$）は2価のアルコールで、グリセリン（$HOCH_2CH(OH)CH_2OH$）は3価のアルコールである。ともに第4類危険物の第3石油類水溶性液体であり、混合しても反応しない。

1～4：正しい。p.275～276参照。　　　　**答：5**

3-4 消火方法

消火は、燃焼と相対的に関係する。燃焼の理論を踏まえた上で消火の理論をおさえる必要がある。

● 消火の四要素

消火とは、燃焼を中止させることである。したがって、燃焼の三要素（**可燃性物質**、**酸素供給体**、**熱源**）のどれか１つを除けば消火することができる。

燃焼の三要素のそれぞれに対応して、**除去消火**、**窒息消火**、**冷却消火**があり、この３つを**消火の三要素**という。さらに、燃焼の４つ目の要素の燃焼の継続に対応した**燃焼の抑制**を加えて、**消火の四要素**という。燃焼の４つの要素との対応で消火の四要素を見ていこう。

● 除去消火法

燃焼の四要素の１つ目、**可燃性物質**（**可燃物**）を取り去って消火する方法を**除去消火法**という。たとえば、ガスの元栓を閉めて炎を消すこと、ろうそくの火に息を吹きかけて炎を消すこと、油田火災で爆発を用いて発生する爆風によって可燃性蒸気を吹き飛ばすこと、可燃性の液体が燃焼しているとき不燃性の液体を加えて燃焼下限値以下にして消火すること、などが挙げられる。

● 窒息消火法

燃焼の２つ目の要素である**酸素**の供給を断って消火する方法を**窒息消火法**という。窒息消火では、次のような方法で空気を遮断する。

- 泡消火剤や粉末消火剤などで、燃焼している可燃物を覆い**酸素**を遮断する。
- 比重の大きいハロゲン化物（ハロン類）の気体で、燃焼面付近の酸素を**置き**

換えて遮断する。
- 不燃性の二酸化炭素（蒸気比重：1.53）を放射して酸素を希釈する（⇨ p.264）。
- 水消火剤では、水蒸気は気化する際に体積が 1,700 倍に増加することを利用して、燃焼面付近の酸素濃度を薄める（⇨ p.185「水の気化による体積増加」）。

冷却消火法

　燃焼物の温度を下げて、燃焼の 3 つ目の要素である熱源から熱を奪うことで消火する方法を冷却消火法という。また、冷却により、酸化性の危険物や自己反応性物質の分解を抑えることができる。

　水のように蒸発熱（気化熱）や比熱の大きい消火剤は、冷却消火の効果が高い。100℃における水の蒸発熱はグラム当たり 2,257 J/g、物質量のモル当たり 40.7 kJ/mol と非常に大きく可燃物から熱を奪う（⇨ p.185）。

抑制消火法

　燃焼の四要素の 4 つ目、燃焼の継続に対応するのは燃焼の連鎖反応を抑制する消火方法で、これを抑制消火法という。抑制消火法の 1 つとしてハロゲン化物であるハロン類に特有の負触媒作用が用いられる。ハロゲン元素は、高温で起こる可燃物の原子の活性化を抑制して燃焼の連鎖反応を遮断する効果がある。これを負触媒作用（抑制作用）という。

　ふっ素(F)、塩素(Cl)、臭素(Br)、よう素(I)の 4 種類のハロゲン元素は、原子量の大きい順に抑制効果が大きく、炭化水素の燃焼に対する消火効力は、F：Cl：Br：I ＝ 1：2：10：16 の比になる。ただし、よう素は抑制作用が最も強いが、沸点、腐食性、価格などに難点があり消火剤に利用されていない。

攻略

- 除去消火法は、可燃物を取り除く方法。例：ろうそくの火を吹き消す。
- 窒息消火法は、酸素を遮断する方法。例：可燃物を覆って酸素を遮断する。酸素を置き換える消火剤を用いる。酸素濃度を薄める消火剤を用いる。
- 冷却消火法は、熱源から熱を奪う方法。特に水による消火効果が高い。
- 抑制消火法は、ハロン類（ハロゲン化物）により可燃物の原子を不活性化する方法で、これを負触媒作用という。

3-5 消火設備

危険物火災では、いったん火災が発生すると消火困難になることがあるため、消火設備の設置に関する規制が設けられている（⇨ p.114「消火設備の設置基準」）。

● 消火設備の概要

製造所等に設置する消火設備の区分、種類、概要は次の表の通り。

■消火設備の区分・種類とその概要

区　分	消火設備の種類	消火設備の概要
第1種消火設備	屋内消火栓設備、屋外消火栓設備	屋内消火栓設備は、建物内部の火災を消火する設備で、水源、消火ポンプ、起動装置、消火用具、配管などで構成されている。屋外消火栓設備には地上式消火栓と地下式消火栓がある。屋外消火栓設備の構成は、屋内消火栓設備に準ずる。
第2種消火設備	スプリンクラー設備	防火対象物の天井などに配置されたスプリンクラーヘッド、壁面に設置された補助散水栓により、火災感知から放水までを自動的に行う。
第3種消火設備	水蒸気消火設備、水噴霧消火設備、泡消火設備、不活性ガス消火設備、ハロゲン化物消火設備、粉末消火設備	固定された放射口から消火剤を放射する設備で、全固定式、半固定式、移動式がある。
第4種消火設備	大型消火器	車輪に固定積載されており、小型消火器と比較して、放射時間が長く、放射範囲が広い。構造や適応火災などは第5種消火設備に準ずる。
第5種消火設備	小型消火器、水バケツ、水槽、乾燥砂、膨張ひる石、膨張真珠岩	p.281以降を参照。

また、どの消火設備が何類の危険物などに対応するかは、「危険物の規制に関する政令」の別表第五に掲げられている（⇨後見返し「消火設備と消火対象物」）。

● 第5種消火設備

第5種消火設備は一般に<u>小型消火器</u>と呼ばれており、<u>小規模火災</u>の初期段階の消火に適応するようにつくられた設備である。また、第5種消火設備には、簡易消火用具と呼ばれる水バケツ、水槽、乾燥砂、膨張ひる石（バーミキュライト）、膨張真珠岩（パーライト）がある（⇨ p.113「能力単位」）。

1) 火災の区分

小型消火器では、火災の種類に応じて使用できる消火剤が異なることから、火災は次の3つに区分されている。

① 普通火災（A 火災）：普通可燃物（木材、紙、繊維など）の火災。一般火災ともいう。
② 油火災（B 火災）：引火性液体などの油の火災
③ 電気火災（C 火災）：電気設備（電線、変圧器、モーターなど）の火災

2) 小型消火器の表示

小型消火器には適応する火災のマークを付けることが義務づけられている。平成23年（2011年）に消火器の適応色別標識が改正になり、絵表示が追加された。（経過措置により、改正前の表示も平成33年まで使用が許可されている。）

■適応消火器の表示

火災区分	A火災	B火災	C火災
絵表示	（炎と可燃物の絵）	（炎と油容器の絵）	（稲妻の絵）
絵表示の色	炎は赤色、可燃物は黒色、地色は白色	炎は赤色、可燃物は黒色、地色は黄色	電気の閃光は黄色、地色は青色
改正前	普通火災用	油火災用	電気火災用

3）小型消火器の種類

　小型消火器（第5種消火設備）の種類や成分、消火作用、適応火災などは、次の表の通り。

■小型消火器（その1）

消火器の種類		主成分	消火作用	適応火災	備　考
水消火器		水または水に界面活性剤などを添加	冷却作用	普通火災（電気火災）	
酸・アルカリ消火器		炭酸水素ナトリウム（$NaHCO_3$）と硫酸（H_2SO_4）	冷却作用	普通火災（電気火災）	
強化液消火器		炭酸カリウム（K_2CO_3）の濃厚な水溶液	冷却作用（抑制作用）	普通火災（油火災、電気火災）	再燃防止作用もある。棒状では普通火災にのみ有効。
泡消火器	化学泡	炭酸水素ナトリウム（$NaHCO_3$）と硫酸アルミニウム（$Al_2(SO_4)_3$）	冷却作用 窒息作用	普通火災 油火災	放出された泡の冷却作用と窒息作用により普通火災に適応する。二酸化炭素の泡が燃焼面を覆うため、窒息作用で油火災にも有効。
	機械泡（空気泡）	合成界面活性剤泡や水成膜泡			放出時に空気を混入して発泡する。放出された泡の冷却作用と窒息作用により普通火災に適応。水成膜泡は、安価で大量に放出でき、拡散性に優れることから広範囲の油火災に適応する。
ハロゲン化物消火器	ハロン2402	二臭化四ふっ化エタン（ジブロモテトラフルオロエタン：$C_2F_4Br_2$）	窒息作用 抑制作用（負触媒作用）	油火災 電気火災	蒸気比重が大きいため窒息作用とハロゲン元素の抑制作用（負触媒作用）により油火災に適応する。また、電気の不良導体であるため、電気火災にも有効。
	ハロン1211	一塩化一臭化二ふっ化メタン（ブロモクロロジフルオロメタン：CF_2ClBr）			
	ハロン1301	一臭化三ふっ化メタン（ブロモトリフルオロメタン：CF_3Br）			

■ **小型消火器**（その2）

消火器の種類		主成分	消火作用	適応火災	備　考
二酸化炭素消火器		二酸化炭素	冷却作用 窒息作用	油火災 電気火災	圧縮液化された二酸化炭素をガス状に放出する。電気の不良導体であるため、電気火災にも有効。
粉末消火器	粉末ABC (サーモンピンク色)	りん酸アンモニウム$((NH_4)_3PO_4)$	窒息作用 抑制作用	普通火災 油火災 電気火災	電気の不良導体であるため、電気火災にも有効。
	粉末Na (白色)	炭酸水素ナトリウム$(NaHCO_3)$		油火災 電気火災	
	粉末K (紫色)	炭酸水素カリウム$(KHCO_3)$			
	粉末Ku (灰色)	炭酸水素カリウム$(KHCO_3)$と尿素(urea：ウレア)			

＊適応火災の（　）内は、霧状に放射する場合。

　化学反応などの説明を加えると、<u>**酸・アルカリ**</u>消火器では、炭酸水素ナトリウムの水溶液と硫酸が反応して発生する二酸化炭素の圧力で薬剤が放出される。

$$2NaHCO_3 + H_2SO_4 \rightarrow Na_2SO_4 + 2H_2O + 2CO_2$$

<u>**化学泡**</u>消火器では、使用時に炭酸水素ナトリウムの水溶液と硫酸アルミニウムの水溶液が反応し、発生する二酸化炭素の圧力で二酸化炭素を含んだ多量の泡が放出される。

$$6NaHCO_3 + Al_2(SO_4)_3 \rightarrow 2Al(OH)_3 + 3Na_2SO_4 + 6CO_2$$

　特に、消火泡の<u>**粘着性**</u>から、木材その他の固体の火災の消火にも優れている。化学泡消火器の泡は、燃焼物より比重が小さいため石油類などの可燃性液体の表面を流動して広がる、熱や加水分解に対して安定している、といった特徴がある。
　また、一般の機械泡（空気泡）消火剤に、エタノールのような水溶性の有機溶媒が加わると、界面活性剤（⇨ p.186）がつくり出す泡の水膜を溶かすため、消泡して効果がなくなる。そのため、ふっ素界面活性剤、気泡安定剤、水溶性高分子などを成分とする<u>耐</u>アルコール泡（水溶性液体用泡消火剤）が使われる。

アドバイス　「〜消火剤」として出題されたら、上の「〜消火器」に対応させて答えればよい。

消火器具の設置基準

消火器具の基準には、設置場所、配置、標識などに関するものがある。また、消火器具は、含まれる消火剤の種類や特性に応じて適応性が異なるため、対象物に応じた適切な消火器具を設置しなければならない。

- **設置場所**：通行または避難に支障がなく、容易に持ち出すことができる場所で、床面から高さが 1.5 m 以下の箇所に設置する。
- **配置**：防火対象物の階ごとに設置し、建築物その他の工作物に対して設置する場合は、防火対象物から消火器までの歩行距離が 20 m 以下となるように設置する。電気設備のある場所でも同様とする。ただし、大型消火器を設置する場合は 30 m 以下とする。
- **二酸化炭素消火器またはハロゲン化物消火器に対する制限**：二酸化炭素やハロゲン化物には、窒息作用による消火効果があるため、使用すると酸欠状態となる危険性がある。したがって、地下街や準地下街、および換気のための有効な開口部の面積が床面積に対して 30 分の 1 以下である地階、窓のない階または居室で床面積が 20 m^2 以下の場所には、二酸化炭素消火器やハロゲン化物消火器は設置できない。また、二酸化炭素消火器の色は緑色と赤色で仕上げ、ハロゲン化物消火器は赤色とねずみ色で仕上げることになっている。
- **標識**：消火器具を設置した箇所には、見やすい位置に標識を設けなければならない。標識は、地を赤色とした 8 cm × 24 cm 以上（長辺と短辺の比は 3）の板に文字を白色とする。

　文字の表示は、設置した消火器具の種類に応じて、消火器の場合は「消火器」、水バケツは「消火バケツ」、水槽は「消火水槽」、乾燥砂は「消火砂」、膨張ひる石または膨張真珠岩は「消火ひる石」とする。

攻略

- 小型消火器に対応する火災は、普通火災（A）、油火災（B）、電気火災（C）に区分される。
- 小型消火器の種類には、水消火器、酸・アルカリ消火器、強化液消火器、泡消火器、ハロゲン化物消火器、二酸化炭素消火器、粉末消火器がある。
- 二酸化炭素消火器やハロゲン化物消火器には、酸欠状態となる危険性があるため、制限が設けられている。

[§3-5] 復習問題

問27 消火器が適応する火災として、次のうち誤っているものはどれか。
1. 水消火器や酸・アルカリ消火器は、霧状に放射すると、電気火災に有効である。
2. 泡消火器は、一般火災と油火災に有効である。
3. ハロゲン化物消火器は、一般火災と電気火災に有効である。
4. 二酸化炭素消火器は、油火災と電気火災に有効である。
5. 粉末（ABC）消火器は、すべての火災に有効である。

解説

3：「一般火災」は誤り。ハロゲン化物消火器は、<u>油</u>火災（<u>B</u>火災）と<u>電気</u>火災（<u>C</u>火災）に有効。二酸化炭素消火器も同様に、油火災と電気火災に有効である。ハロゲン化物も二酸化炭素も不燃性の気体で、窒息効果は共通している。ただし、ハロゲン化物消火器には負触媒による抑制効果があり、二酸化炭素消火器には冷却効果がある。

1、2、4、5：正しい。p.282〜283 参照。　　　　　　　　　　　　　**答：3**

問28 消火剤として使用する泡に必要な一般的性質として、次のうち誤っているものはどれか。
1. 燃焼物より比重が小さいこと。
2. 粘着性がないこと。
3. 加水分解を起こさないこと。
4. 流動性があること。
5. 熱に対して安定であること。

解説

2：誤り。泡消火剤の泡は、石油類その他の可燃性液体の表面を流動展開し、かつ木材その他の固体の表面に付着するものであることとされている。<u>粘着性</u>は泡消火剤として必要な性質。

1、3〜5：正しい。p.283 参照。　　　　　　　　　　　　　　　　　**答：2**

物理学および化学

練習問題

> **問1** 下表のような組成ガスのうち、比重の最も大きいものはどれか。ただし、組成は体積%で示してある。
>
> | | CO | CO_2 | H_2 | CH_4 | N_2 |
> |---|----|--------|-------|--------|-------|
> | 1 | 4 | 8 | 44 | 38 | 6 |
> | 2 | 13 | 2 | 36 | 32 | 17 |
> | 3 | 35 | 6 | 40 | 14 | 5 |
> | 4 | 42 | 8 | 36 | 6 | 8 |
> | 5 | 27 | 8 | 11 | 1 | 53 |

解説

気体の比重を算出する場合、次の2つの考え方が必要である。①気体の比重は、温度と圧力が同じならば、気体の分子量と空気の平均分子量との比に等しい、②混合気体は平均分子量（見かけの分子量）を使う。

1モル当たりの体積は同じ22.4ℓとなるので、1モル当たりの重さである見かけの分子量（平均分子量）の重いものを選ぶ。

H、C、N、Oのそれぞれの原子量1、12、14、16から、気体の分子量は、CO：$12+16=28$、CO_2：$12+16\times2=44$、H_2：$1\times2=2$、CH_4：$12+1\times4=16$、N_2：$14\times2=28$である。

1：$28\times0.04+44\times0.08+2\times0.44+16\times0.38+28\times0.06=13.28$
2：$28\times0.13+44\times0.02+2\times0.36+16\times0.32+28\times0.17=15.12$
3：$28\times0.35+44\times0.06+2\times0.40+16\times0.14+28\times0.05=16.88$
4：$28\times0.42+44\times0.08+2\times0.36+16\times0.06+28\times0.08=19.20$
5：$28\times0.27+44\times0.08+2\times0.11+16\times0.01+28\times0.53=$ **26.30**

こういった問題の場合、もっと簡単な考え方でも解ける。まず分子量の重いものに注目すると、CO_2が一番重く44、次に重いのがCOとN_2の28である。選択肢1～5のうち、CO_2が多いのは8%の**1**、**4**、**5**と先におさえて、次に2番目に重いCOとN_2の体積%を合計すると80%となる**5**が重いと見当がつく。

答：5

アドバイス 計算に3分以上かかりそうな問題は後回しにする。

問2　次の物質の1g当たりの沸点における蒸発熱がわかっている。このうち、1mol当たりの蒸発熱の最も大きいものはどれか。
ただし、原子量は O = 16、H = 1、C = 12、N = 14、S = 32とする。

1. NH_3　　　　　1,362 J/g
2. $C_2H_5OC_2H_5$　352 J/g
3. CS_2　　　　　355 J/g
4. C_6H_6　　　　394 J/g
5. C_2H_5OH　　 858 J/g

解説

分子量は、モル質量と同じ数値だから、1g当たりの蒸発熱にモル質量(g/mol)を掛ければ、1mol当たりの蒸発熱が算出できる。

1：NH_3 の分子量は、$14 + 1 \times 3 = 17$ だから、蒸発熱は、$1,362 (J/g) \times 17 (g/mol) = 23,154 J/mol$ となる。
2：$C_2H_5OC_2H_5$ を分子式で表すと $C_4H_{10}O$：$12 \times 4 + 16 + 1 \times 10 = 74$　　$352 (J/g) \times 74 (g/mol) = 26,048 J/mol$
3：CS_2：$12 \times 1 + 32 \times 2 = 76$　　$355 (J/g) \times 76 (g/mol) = 26,980 J/mol$
4：C_6H_6：$12 \times 6 + 1 \times 6 = 78$　　$394 (J/g) \times 78 (g/mol) = 30,732 J/mol$
5：C_2H_5OH：$12 \times 2 + 16 + 1 \times 6 = 46$　　$858 (J/g) \times 46 (g/mol) = \mathbf{39,468 J/mol}$

答：5

問3　20℃、2気圧の酸素1molの体積として、次のうち最も近いものはどれか。

1. 10 ℓ
2. 11 ℓ
3. 12 ℓ
4. 13 ℓ
5. 14 ℓ

解説

気体の状態方程式 $PV = nRT$ を使い、温度は絶対温度に換算して計算する。

絶対温度は、20 + 273 = 293K となり、気体定数 R は 0.082 atm·ℓ/(K·mol)。

$$V = \frac{nRT}{P}$$

$$= \frac{1(\text{mol}) \times 0.082(\text{atm·}\ell/(\text{K·mol})) \times (20 + 273)(\text{K})}{2(\text{atm})}$$

$$= \frac{1(\cancel{\text{mol}}) \times 0.082(\cancel{\text{atm·}}\ell/(\cancel{\text{K·mol}})) \times (20 + 273)(\cancel{\text{K}})}{2(\cancel{\text{atm}})} = 12\,\ell$$

【別解】

この問題は、ボイルの法則とシャルルの法則を使って答えることもできる。

標準状態（0℃、1気圧）で気体1molは22.4 ℓ なので、ボイルの法則から圧力が2倍（2気圧）になると体積は2分の1で11.2 ℓ になる。

次にシャルルの法則から、体積は1K（1℃）あたり0℃のときの273分の1ずつ変化するので、20℃では273分の20で1割も増えない。仮に1割増えたとして11.2 + 1.12 = 12.32 ℓ で、およそ **12 ℓ** となる。

答：3

＋アドバイス 余裕があれば、状態方程式が確実だが、時間がないときは検算を含め、ざっくり計算できることも大切。気体定数を使わず、1molは22.4 ℓ から考えると楽な場合も多い。解答時間に余裕があるときは、違う方法で再計算できれば、より確実に正解になる。

問4 熱伝導率について、次のうち誤っているものはどれか。

1. 一般に可燃性固体において、熱伝導率が燃焼に大きく影響するのは、熱の伝導速度が燃焼の持続に重要な要因となるからである。
2. 熱伝導率の小さい物質は燃焼しやすい。
3. 熱伝導率が大きい物質は可燃性であっても燃焼しにくい。
4. 熱伝導率は、固体が粉末になっても変わらない。
5. 金属は、非金属より熱伝導率が大きく、熱の良導体という。

解説

1〜3：正しい。熱伝導率が小さいと、熱の伝導速度が小さくなり可燃性固体の温度が高くなる。逆に熱伝導率が大きいと熱の伝導が進むので燃焼しにくい。

4：「変わらない」は誤り。熱伝導率は、固体が粉末になると隙間に空気を含んで見かけ上<u>小さく</u>なる。粉末状では熱がこもり、危険性が高くなる。

5：正しい。一般に金属は、非金属より熱伝導率が大きく（熱をよく伝える）、熱の良導体である。

答：4

問5　比熱が 2.5 J/(g·K) である液体 200 g の温度を 20℃から 30℃まで上昇させるのに要する熱量は、次のうちどれか。

1. 2.5 kJ
2. 5.0 kJ
3. 7.5 kJ
4. 10.0 kJ
5. 12.5 kJ

解説

比熱は、物質 1 g の温度を 1 K（℃）上げるのに必要な熱量である。液体 200 g を温度 20℃から 30℃までの 10℃（10 K）上昇させるのに要する熱量 Q は、

$$Q = C \times \Delta t = c \times m \times \Delta t$$

に当てはめて計算する。

$$Q = 2.5\,(\text{J}/(\text{g·K})) \times 200\,(\text{g}) \times 10\,(\text{K}) = 2.5\,(\text{J}/(\text{g·}\cancel{\text{K}})) \times 200\,(\cancel{\text{g}}) \times 10\,(\cancel{\text{K}})$$
$$= 5{,}000\,(\text{J}) = \mathbf{5.0\,kJ}$$

答：2

問6　水の物理的性質について、次のうち誤っているものはどれか。

1. 尿素を溶解すると、沸点は上昇する。
2. 炭酸カリウムを溶解すると、凝固点は降下する。
3. 水の蒸発熱は二硫化炭素の蒸発熱より大きい。
4. 界面活性剤を添加すると、表面張力は大きくなる。
5. 水温を上昇すると、二酸化炭素の溶解度は小さくなる。

解説

1、2：正しい。水などの溶媒は他の物質が溶け込むと沸点は上昇し、凝固点は降下する。これをそれぞれ沸点上昇、凝固点降下という。
3：正しい。水の蒸発熱は 2,257 J/g（40.7 kJ/mol）、二硫化炭素の蒸発熱は 355 J/g（27.0 kJ/mol）である。水の蒸発熱は一般の有機溶媒よりも大きい。
4：「大きくなる」は誤り。界面活性剤を添加すると、表面張力は<u>小さく</u>なる。また、液温が上昇しても表面張力は小さくなる。
5：正しい。一般に、溶媒の温度を上げると、固体の溶質の溶解度は上がる。たとえば、砂糖は氷水よりお湯によく溶ける。ところが、気体が溶質の場合は、温度を上げると溶解度は下がる。

答：4

問7　静電気に関する説明として、次のうち誤っているものはどれか。

1. 静電気の発生は、接触する電気不良導体間の自由電子の移動に関する現象である。
2. 電気的に絶縁された2つの異なる物質が接触して離れるときには、一方が正（＋）、他方が負（－）に帯電する。
3. 絶縁抵抗が小さいものほど静電気の逃げる量が少ない。
4. 発生した静電気は、すべて物質に蓄積するわけではない。
5. 引火性の液体や乾燥した粉末を取扱う際は、静電気の発生に注意しなければならない。

解説

1：正しい。静電気は、電気的に絶縁された2つの物体が接触すると、電子が移動してそれぞれの物体に電荷が発生する現象である。
2：正しい。帯電列でいえば、ガラスと木綿をこすり合わせたとき、ガラスは＋に木綿は－に帯電する。
3：「逃げる量が少ない」は誤り。絶縁抵抗が小さいものほど<u>電気伝導率</u>が大きく、静電気の逃げる量が<u>多い</u>。
4：正しい。電気伝導率が大きければ、静電気は移動して蓄積しない。
5：正しい。引火性の液体や乾燥した粉末は静電気が蓄積しやすく、発火の危険性につながる。

答：3

問8　化合物と混合物の説明として、次のうち誤っているものはどれか。

1. 化合物とは2種以上の元素からできている純物質であり、混合物とは2種以上の純物質が混合したものである。
2. 化合物は、有機化合物と無機化合物に大別されるが、両方の中間に位置するものもある。
3. 化合物ごとに、その成分元素の質量比は一定である。
4. 液体の混合物は、必ず液体のみから成り立っているが、気体の混合物は必ずしも気体であるとは限らない。
5. 一般に混合物は、蒸留、ろ過などの簡単な操作によって、2種類以上の成分に分けられる。

解説

1：正しい。2種類以上の元素の原子が化学結合してできる純物質が化合物で、2種類以上の純物質が混じり合ったものが混合物。
2：正しい。たとえば、第3類危険物のノルマルブチルリチウムやアルキルアルミニウムは、有機物である炭化水素と無機物である金属が結合しているので、有機金属と呼ばれ、有機化合物と無機化合物の中間に位置する。
3：正しい。これを定比例の法則という。
4：誤り。液体の混合物は必ず、液体のみから成り立っているわけではない。たとえば、食塩水は水（液体）と食塩（固体）の混合物である。気体の混合物は必ず、それぞれの分圧に応じた比率で気体が混合したものである。
5：正しい。蒸留、濾過などの操作を分離という。

答：4

アドバイス 化合物は化学式がかけるが、混合物は化学式がかけないので区別することができる。

問9 イオン化エネルギーと電子親和力について、次のうち誤っているものはどれか。

1. 原子の第一イオン化エネルギーは原子番号に伴い、ほぼ周期的に変化する。
2. リチウムのイオン化エネルギーは小さいため、陽イオンになりやすい。
3. ナトリウム原子の第一イオン化エネルギーは、ネオンより大きい。
4. 原子が1個の電子を得て、陰イオンになるときに放出されるエネルギーが電子親和力である。
5. 塩素の電子親和力はアルゴンより大きい。

解説

1：正しい。アルカリ金属から希ガス元素に向かうにつれて第一イオン化エネルギーは大きくなる。これが各周期で繰り返される。
2：正しい。陽イオンになりやすいものは、イオン化エネルギーが小さい。陽イオンのなりやすさは、イオン化傾向でも示される。イオン化列の覚え方（⇒ p.250）で、最初は「リッチ」のリチウム。
3：「大きい」は誤り。アルカリ金属であるナトリウムはイオンになりやすく、イオン化エネルギーは希ガス元素のネオンより小さい。ネオンは、安定な閉殻構造であるため、電子を取り去ってイオンにするには大きなエネルギーが必要である。
4：正しい。電子親和力は原子が1個の電子を受け取って陰イオンになるときに放出さ

れるエネルギーである。

5：正しい。ハロゲン元素である塩素は1個の電子を受け取って陰イオンになる。このとき閉殻構造になり安定になるので、大きなエネルギーを放出する（電子親和力が大きい）。一方、アルゴンのような希ガス元素は閉殻構造であり、電子を受け取ることはできず電子親和力はほとんどない。

答：3

問10 気体状態の化合物1ℓが完全燃焼したときに同温同圧の酸素2ℓを消費した。この化合物に該当するものは、次のうちどれか。

1. アセチレン
2. 酢酸
3. ジエチルエーテル
4. 酸化プロピレン
5. エタン

解説

解答への手順は以下の通り。
①完全燃焼の式を求める。
　　a 燃焼物 + bO_2 → cCO_2 + dH_2O
とおいて、未定係数法により係数a〜dを求める。
②アボガドロの法則から、気体の体積は種類によらず物質量(mol)に比例することがわかっているので、問題文から完全燃焼の燃焼式で燃焼物1molに対して酸素が2molの式が成り立つ。係数がこの比に該当する化合物を見つける。

1：アセチレン(C_2H_2)
　係数a〜dを用いて燃焼の式を表す。

　　aC_2H_2 + bO_2 → cCO_2 + dH_2O

各元素について左辺＝右辺であるので、

C：$2a = c$　⟶　$c = 2a$
H：$2a = 2d$　⟶　$d = a$
O：$2b = 2c + d$　⟶　$b = c + \frac{1}{2}d = 2a + \frac{1}{2}a = \frac{5}{2}a$

したがって、

$a : b : c : d = a : \frac{5}{2}a : 2a : a = 1 : \frac{5}{2} : 2 : 1 = 2 : 5 : 4 : 2$

$2C_2H_2 + 5O_2 \rightarrow 4CO_2 + 2H_2O$

アセチレン：酸素＝1：2.5となり、該当しない。
選択肢2～5まで、同様に未定係数法で完全燃焼の式を求める。

2：酢酸(CH_3COOH)の完全燃焼の式：$CH_3COOH + 2O_2 \rightarrow 2CO_2 + 2H_2O$
酢酸：酸素＝1：2となり、該当する。

3：ジエチルエーテル($C_2H_5OC_2H_5$)の完全燃焼の式：$C_2H_5OC_2H_5 + 6O_2 \rightarrow 4CO_2 + 5H_2O$
ジエチルエーテル：酸素＝1：6となり、該当しない。

4：酸化プロピレン(C_3H_6O)の完全燃焼の式：$C_3H_6O + 4O_2 \rightarrow 3CO_2 + 3H_2O$
酸化プロピレン：酸素＝1：4となり、該当しない。

5：エタン(C_2H_6)の完全燃焼の式：$2C_2H_6 + 7O_2 \rightarrow 4CO_2 + 6H_2O$
エタン：酸素＝1：3.5となり、該当しない。

答：2

問11 液体燃料であるメタノール1molが完全燃焼するとき、消費する酸素の常温（20℃）、1.013×10^5Pa（1気圧）における体積として、次のうち最も近い値はどれか。ただし、標準状態（0℃、1.013×10^5Pa）における酸素の体積を22.4ℓ/molとする。

1. 16.8ℓ
2. 33.6ℓ
3. 36.1ℓ
4. 67.2ℓ
5. 72.1ℓ

解説

メタノールの完全燃焼の式は、$2CH_3OH + 3O_2 \rightarrow 2CO_2 + 4H_2O$
メタノール1molを完全燃焼させるには1.5molの酸素が必要だとわかる。
0℃、1.013×10^5Pa（1気圧）では、酸素1.5molの体積は$22.4 \times 1.5 = 33.6$ℓとなる。

酸素の20℃での体積Vは、シャルルの法則（$V_2 = V_1 \times \dfrac{T_2}{T_1}$）から、

$$V = 33.6(ℓ) \times \dfrac{(20+273)(K)}{273(K)} = 36.06ℓ ≒ \mathbf{36.1\ ℓ}$$

答：3

問 12　下記の熱化学方程式に関する記述として、次のうち誤っているものはどれか。

2H₂(気) + O₂(気) = 2H₂O(気) + 484.0 kJ

ただし、水素の原子量は 1、酸素の原子量は 16 とする。

1. 水素の燃焼熱は 242.0 kJ の発熱である。
2. 水素 6 g と酸素 48 g とが反応して、水蒸気 54 g ができる反応では 726.0 kJ の発熱がある。
3. 水素が 44.8 ℓ と酸素が 22.4 ℓ の予混合気体が爆発すると 67.2 ℓ の水蒸気が発生する。ただし、気体はすべて標準状態（0℃、1 気圧）である。
4. この反応の結果、生成した水蒸気が液体となるときは一定量の熱が放出される。
5. 水素 2 mol と酸素 1 mol が反応して、水蒸気 2 mol ができる反応である。

解説

1：正しい。水素 1 mol の燃焼熱は、484.0 kJ の 1/2 の 242.0 kJ である。
2：正しい。上の式は、水素 2 mol（4 g）と酸素 1 mol（32 g）から水蒸気 2 mol が生成するときの熱化学方程式。水素 6 g と酸素 48 g ならば、1.5 倍に相当する。したがって、484.0 kJ × 1.5 = 726.0 kJ の発熱がある。
3：誤り。2 mol の水蒸気が発生するので 44.8 ℓ である。
4：正しい。水蒸気が液体になるときは、凝縮熱を放出する。
5：正しい。係数を見れば明らかである。

答：3

問 13　同温、同圧で最も浸透圧が大きい水溶液は、次のうちどれか。

1. 0.3 mol/ℓ の塩化カルシウム（CaCl₂）水溶液
2. 0.5 mol/ℓ のグルコース（C₆H₁₂O₆）水溶液
3. 0.2 mol/ℓ の塩化ナトリウム（NaCl）水溶液
4. 0.1 mol/ℓ の硝酸銀（AgNO₃）水溶液
5. 0.4 mol/ℓ のショ糖（C₁₂H₂₂O₁₁）水溶液

解説

浸透圧は、$\Pi = cRT$ で表され、溶液のモル濃度（c）に比例する。ここで注意を要するのは、非電解質分子では浸透圧はその溶質のモル濃度に比例するが、電解質では溶質は

電離して陽イオンと陰イオンに分かれるため、粒子としてのイオン数は増え、浸透圧は電離後の全部のイオンのモル濃度に比例することである。つまり、問題文には「同温、同圧」とあることから、非電解質のモル濃度または全イオンのモル濃度が最も高いものが、浸透圧が最も大きいことになる。

1：$0.3\,mol/\ell$ の塩化カルシウム（$CaCl_2$）水溶液

　$CaCl_2 \rightarrow Ca^{2+} + 2Cl^-$　　3つのイオンに分かれるので、モル濃度 $0.3\,mol/\ell \times 3 =$ **$0.9\,mol/\ell$**

2：$0.5\,mol/\ell$ のグルコース（$C_6H_{12}O_6$）水溶液

　非電解質なので溶液のモル濃度 $0.5\,mol/\ell$

3：$0.2\,mol/\ell$ の塩化ナトリウム（$NaCl$）水溶液

　$NaCl \rightarrow Na^+ + Cl^-$　　2つのイオンに分かれるので、モル濃度 $0.2\,mol/\ell \times 2 = 0.4\,mol/\ell$

4：$0.1\,mol/\ell$ の硝酸銀（$AgNO_3$）水溶液

　$AgNO_3 \rightarrow Ag^+ + NO_3^-$　　2つのイオンに分かれるので、モル濃度 $0.1\,mol/\ell \times 2 = 0.2\,mol/\ell$

5：$0.4\,mol/\ell$ のショ糖（$C_{12}H_{22}O_{11}$）水溶液

　非電解質なので溶液のモル濃度 $0.4\,mol/\ell$

答：1

問14 中和滴定において、濃度 $0.1\,mol/\ell$ の水溶液の酸、塩基、その際に用いられる指示薬の組合せとして、次のうち誤っているものはどれか。ただし、指示薬の変色域は、メチルオレンジがpH3.1～4.4、フェノールフタレインがpH8～10とする。

	酸	塩基	指示薬
1	酢酸	水酸化ナトリウム	メチルオレンジ
2	炭酸	水酸化カルシウム	フェノールフタレイン
3	硫酸	アンモニア水	メチルオレンジ
4	塩酸	炭酸ナトリウム	メチルオレンジ
5	しゅう酸	水酸化カリウム	フェノールフタレイン

解説

中和滴定の中和点と指示薬の変色域が合うものを〇、合わないものを×で示す。p.239のpH指示薬の図を参照。

1：酢酸（弱酸）＋水酸化ナトリウム（強塩基）──→×。

　弱酸＋強塩基の場合、中和点はやや塩基性で変色域pH8～10の**フェノールフタレイン**が適切。

2：炭酸（弱酸）＋水酸化カルシウム（強塩基）──→〇

3：硫酸（強酸）＋アンモニア水（弱塩基）⟶ ◯
　強酸＋弱塩基の場合、中和点はやや酸性で変色域 pH3.1〜4.4 のメチルオレンジが適切。
4：塩酸（強酸）による炭酸ナトリウムの中和は、炭酸水素ナトリウム（弱塩基）を経て 2 段階で起こる。強酸＋弱塩基なので選択肢と同様。⟶ ◯
5：しゅう酸（弱酸）＋水酸化カリウム（強塩基）⟶ ◯

答：1

問15 純硝酸(HNO_3)として 126 kg を含むものを中和するために使用する、1袋 25 kg の炭酸ナトリウム(Na_2CO_3)の最低必要数として、次のうち正しいものはどれか。
ただし、原子量は H ＝ 1、C ＝ 12、N ＝ 14、O ＝ 16、Na ＝ 23 とする。

1. 3袋　　4. 6袋　　2. 4袋　　5. 9袋　　3. 5袋

解説

純硝酸と炭酸ナトリウムの中和反応式は、

$$2HNO_3 + Na_2CO_3 \rightarrow 2NaNO_3 + CO_2 + H_2O$$

となり、純硝酸 2 mol と炭酸ナトリウム 1 mol が反応するとわかる。
　硝酸の分子量は 1 ＋ 14 ＋ 16 × 3 ＝ 63 であるから、純硝酸 126 kg の物質量は 2 kmol。
　一方、炭酸ナトリウムの式量は 23 × 2 ＋ 12 ＋ 16 × 3 ＝ 106 であるから、純硝酸 2 kmol の中和に必要な 1 kmol の質量は 106 kg となる。1 袋 25 kg ならば、中和に必要なのは 4.24 袋で、最低 **5 袋**と算出できる。

答：3

問16 酸と塩基の一般的な性質の説明として、次のうち誤っているものはどれか。

1. 水溶液の pH は、酸は 7 より小さく、塩基は 7 より大きい。
2. 酸は青色リトマス紙を赤く変え、塩基は赤色リトマス紙を青く変える。
3. 酸と塩基を中和させると、塩と水が生じる。
4. 酸は亜鉛や鉄などの金属を溶かし、酸素を発生する。
5. 水溶液中では酸は水素イオンを出し、塩基は水酸化物イオンを出す。

> **解説**

1：正しい。pH＝−log[H⁺]では中性は7。酸は7より小さく、塩基は7より大きい。
2：正しい。酸は青色リトマス紙を赤く変える。「梅干しは酸っぱくなると赤くなる」と覚える。
3：正しい。簡単な例を反応式で示す。

   HCl(酸)＋KOH(塩) → [H⁺][Cl⁻] ＋ [K⁺][OH⁻] → KCl(塩)＋H₂O(水)

4：「酸素」は誤り。酸は、亜鉛や鉄などの金属を溶かし、<u>水素</u>を発生する。亜鉛は酸とも強塩基の溶液とも反応するため両性元素と呼ばれる。このような両性元素にはアルミニウム(Al)、すず(Sn)、鉛(Pb)がある。

   酸：Zn＋2HCl → ZnCl₂＋H₂   Fe＋2HCl → FeCl₂＋H₂
   塩基：Zn＋2NaOH＋2H₂O → Na₂[Zn(OH)₄]＋H₂

5：正しい。アレニウスの酸・塩基の定義から、水溶液中では酸は水素イオンを出し、塩基は水酸化物イオンを出す。

答：4

> **＋アドバイス**　亜鉛とアルミニウムは、第2類危険物で、両性元素として酸にも塩基（アルカリ）にも反応して水素を発生することは覚えておく。また、鉄は濃硝酸（第6類危険物）には不動態（⇨ p.413）をつくり溶けない。

問17　下線部分の物質の説明として、次のうち誤っているものはどれか。

1. <u>H</u>₂＋Cl₂ → 2HCl ……………………………………… H₂ は還元剤である。
2. <u>Na</u>Cl＋AgNO₃ → AgCl＋NaNO₃ …………… Na は酸化剤である。
3. <u>Mn</u>＋2HCl → MnCl₂＋H₂……………………… Mn は還元剤である。
4. 2H₂S＋<u>SO</u>₂ → 2H₂O＋3S ……………………… SO₂ は酸化剤である。
5. Fe₂O₃＋2<u>Al</u> → 2Fe＋Al₂O₃……………………… Al は還元剤である。

> **解説**

各反応における物質の酸化数の変化を調べて判断する。
1：正しい。水素は、塩素（0）に電子を与え塩素イオン（−1）に還元しているので還元剤。一方、水素（0）は水素イオン（+1）に酸化されている。
2：誤り。Na も Ag も +1 のままで、反応は酸化でも還元でもない。この反応は**複分解**（⇨ p.198）。
3：正しい。マンガンは、0 から +2 に酸化されることで水素イオン（+1）に電子を与え水素（0）に還元しているので還元剤。
4：正しい。二酸化硫黄（SO₂）は、通常、還元剤として働くが、より還元性の強い 2H₂S に対しては酸化剤として働き、H₂S の硫黄は −2 から 0 へ酸化される。硫黄が遊離する

ので液は白濁する。一方、よう素溶液に通じると還元剤として働き、よう素の褐色が消える。$I_2 + SO_2 + 2H_2O \rightarrow 2HI + H_2SO_4$。このように、二酸化硫黄は還元剤にも酸化剤にもなる。

5：正しい。アルミニウムは、酸化鉄の鉄（+3）に電子を与え鉄（0）に還元しているので還元剤。一方、アルミニウム（0）は酸化アルミニウム（+3）に酸化されている。

答：2

アドバイス 酸化反応と還元反応は必ず同時に起こる。それぞれの反応に分けて考えられるようになること。

問18 鋼製の配管を埋設した場合、次のうち最も腐食しにくいのはどれか。

1. 乾いた土壌と湿った土壌の境に埋設する。
2. 酸性の土壌に埋設する。
3. 直流駆動電車の軌道に近い土壌に埋設する。
4. 完全にコンクリートの中に埋設する。
5. 異種金属の配管と接続し、埋設する。

解説

1：腐食しやすい。乾燥した土と湿った土など、土質が違う場所を貫通している場合は腐食の影響を受けやすい。
2：腐食しやすい。酸性の土壌では腐食が進む。
3：腐食しやすい。直流駆動電車の軌道（直流電気鉄道）の近くでは迷走電流により土中の鉄は腐食が進む。
4：腐食しにくい。コンクリートはアルカリ性であることと、空気や水分と遮断されることによって腐食されにくい。ただし、コンクリートが中性化してしまうと、鉄は腐食しやすくなる。
5：腐食しやすい。異種金属の配管と接続して埋設すると、鋼製配管と異種金属の配管の2つの金属間で電位差が生じ、電池の電極と同じようになる。イオン化傾向の大きいほうの配管がイオン化するため腐食が進む。

答：4

アドバイス 選択肢5に関連して、鋼製の配管の腐食を抑えるため異種金属（マグネシウム、アルミニウム、亜鉛）を接続する場合があるが、それとは問題の設定が異なる。異種金属の種類が指定されず、どちらも配管である。あいまいな知識では、ひっかけ問題にはまりやすいので注意する。

問19 分子内にカルボキシル基（カルボキシ基）を含むもののみを示しているものは、次のうちどれか。

A. アセトアルデヒド　　D. 酢酸
B. アセトン　　　　　　E. 酢酸エチル
C. ジエチルエーテル

1. A・C　　2. B・E　　3. C　　4. D　　5. D・E

解説

カルボキシル基は、−COOH。

A：アセトアルデヒド(CH_3CHO)は、**アルデヒド基**(−CHO)を持つ化合物。
B：アセトン(CH_3COCH_3)は、**ケトン基**(=CO)を持つ化合物。
C：ジエチルエーテル($C_2H_5OC_2H_5$)は、酸素原子に2つの炭化水素基がついた**エーテル**(−O−)。
D：酢酸(CH_3COOH)は、カルボキシル基(−COOH)持つカルボン酸。
E：酢酸エチル($CH_3COOC_2H_5$)は、アルコールとカルボン酸が縮合してできる**エステル**(−COO−)。

答：4

問20 高分子化合物について、次のうち誤っているものはどれか。

1. 分子量の小さな物質が結合を繰り返すことによって生成される。
2. 分子量が約10,000以上の化合物のことである。
3. 構成単位である物質を重合体という。
4. 構成単位である物質の付加重合や縮合重合によって高分子量になる。
5. ポリスチレンは、スチレンが付加重合することによって生成する。

解説

1、2：正しい。高分子化合物とは、分子量の小さな物質が結合を繰り返すことによって生成される、分子量が10,000程度以上の化合物のことをいう。
3：「重合体」は誤り。高分子化合物の原料となる物質のことを**単量体**（**モノマー**）という。
4：正しい。モノマーが付加重合や縮合重合によって高分子量になったものを高分子化合物という。
5：正しい。ポリスチレンは、スチレンが付加重合した高分子化合物。他にも、エチレンが付加重合したポリエチレンなど、多くの高分子化合物がある。

答：3

問21 次のA～Eの物質のうち、常温（20℃）、常圧の空気中で燃焼するものはいくつあるか。

A. ネオン
B. 三硫化りん
C. 硫化水素
D. 一酸化炭素
E. 三酸化硫黄

1. 1つ　　2. 2つ　　3. 3つ　　4. 4つ　　5. 5つ

解説

A：燃焼しない。ヘリウム、ネオン、アルゴンなどの希ガス元素は<u>不活性ガス</u>であり、きわめて安定している。単原子分子として存在し、イオンになったり他の原子と結合したりすることはまれである。

B：燃焼する。三硫化りん(P_4S_3)は第2類危険物で、燃焼すると有毒な五酸化二りん（無水りん酸）や二酸化硫黄（亜硫酸ガス）を生じる。　$P_4S_3 + 8O_2 \rightarrow 2P_2O_5 + 3SO_2$

C：燃焼する。$2H_2S + 3O_2 \rightarrow 2H_2O + 2SO_2$　硫化水素は、第2類危険物の硫化りんが水や熱水と反応して生じる可燃性ガスでもある。

D：燃焼する。$2CO + O_2 \rightarrow 2CO_2$

E：燃焼しない。三酸化硫黄(SO_3)は硫黄の酸化数が+6でこれ以上<u>酸化されない</u>。つまり、燃焼しない。三酸化硫黄は水と反応すると硫酸になる（$SO_3 + H_2O \rightarrow H_2SO_4$）。通常、硫黄や硫黄化合物が燃焼すると二酸化硫黄(SO_2)が生じる。三酸化硫黄は二酸化硫黄を空気中の酸素と、五酸化バナジウム(V_2O_5)などを触媒にして400℃くらいで反応させてつくる。　$2SO_2 + O_2 \rightarrow 2SO_3$

答：3

問22 ガソリンの蒸気500mℓを空気と混合して、点火しても引火しない空気の量は、次のうちどれか。ただし、ガソリンの燃焼範囲1.4～7.6容量%である。

1. 13ℓ
2. 7ℓ
3. 20ℓ
4. 4ℓ
5. 30ℓ

> **解説**

燃焼範囲を表す混合ガスの容量％(vol％)は、可燃性気体／混合気体全体で求めるので、選択肢 1 ～ 5 のうち、最も濃くなる **4** と最も薄くなる **5** を計算して、どちらが燃焼範囲（1.4 ～ 7.6 容量％）の外に出るかを計算すればよい。

4：$\dfrac{0.5(\ell)}{4.5(\ell)} = 0.111$　→ **11.1 vol％**　燃焼範囲の上限値以上で、引火しない。

5：$\dfrac{0.5(\ell)}{30.5(\ell)} = 0.016$　→ **1.6 vol％**　燃焼範囲の範囲内で、引火する。

その他は、**1**：3.7 vol％、**2**：6.7 vol％、**3**：2.4 vol％で燃焼範囲内となり、引火する。

答：4

問 23 可燃物が燃焼しやすい条件として、次の組合せのうち最も適切なものはどれか。

	蒸気圧	燃焼熱	熱伝導率	酸素との化学的親和力	可燃物の粒子
1	大	大	大	大	大
2	大	大	小	大	小
3	小	小	大	小	大
4	小	小	小	小	小
5	小	大	大	大	小

> **解説**

燃焼しやすい条件を選択肢の項目欄の順に検討してみると、

・蒸気圧は**大きい**ほど気体になりやすく燃焼しやすい。
・燃焼熱が**大きい**と可燃物の温度が上がり、燃焼しやすい。
・熱伝導率は**小さい**ほど熱が拡散せずに温度が上がり、燃焼しやすい。
・燃焼は酸化反応であり、酸素との化学的親和力が**大きい**（酸素と結合しやすい）ほど燃焼しやすい。
・粒子が**小さい**ほど表面積が増え、また、見かけ上の熱伝導率も**小さく**なるため燃焼しやすい。

となり、選択肢 1 ～ 5 のうち、これらに当てはまるのは **2**。

答：2

問24 自然発火の原因で、発火要因と物質の組合せとして、次のうち該当しないものはどれか。

1. 分解熱によるもの……………木炭粉末
2. 酸化熱によるもの……………石炭
3. 吸着熱によるもの……………活性炭
4. 微生物による発熱……………ゴミ
5. 重合反応熱によるもの………スチレン

解説

1：該当しない。木炭粉末は、<u>吸着熱</u>により自然発火する。木炭粉末は、表面積の大きい可燃物である。物質の吸着が起こると物質の運動エネルギーなどが熱エネルギーに変わり、蓄熱して自然発火する。
2：該当する。石炭の他に原綿、ゴム粉、乾性油なども酸化熱により自然発火する。
3：該当する。活性炭は、1の木炭粉末と同様に吸着熱により自然発火する。
4：該当する。ゴミやたい肥は、内部の微生物の発酵や腐敗による発熱で自然発火する。
5：該当する。スチレンの重合が自然に起こると反応熱により自然発火する。　　答：1

問25 二酸化炭素消火剤の特徴として、次のうち誤っているものはどれか。

1. 消火器の容器内では液化している。
2. 空気中の酸素濃度を低下させる効果がある。
3. 消火剤は安定であるが、人体に危険を伴うことがある。
4. 導電性がある。
5. ガソリン、軽油等と反応しない。

解説

1：正しい。二酸化炭素は高圧で圧縮され、液体として充填されている。
2：正しい。二酸化炭素が加わることで空気中の酸素濃度は低下する。
3：正しい。毒性は低いが、窒息の危険性がある。
4：誤り。二酸化炭素には、導電性は<u>ない</u>。この性質から電気火災にも効果がある。
5：正しい。二酸化炭素は、炭素が完全燃焼した安定な化合物であるため、ガソリン、軽油などの第4類危険物の引火性液体や第2類危険物の可燃性固体とは反応しない。ただし、二酸化炭素は、酸性酸化物なので塩基とは反応することに注意。　　答：4

第3章

危険物の性質ならびに その火災予防 および消火の方法

§1 各類危険物の概要
§2 各類危険物

学習の前に

　各類危険物に関する問題は、全部で20問出題される。第1類から第6類にわたってすべての物質の性質や火災予防方法、消火方法を把握するとなると、たいへんな学習量になり、学習する前にくじけてしまいがちだ。
　ところが、甲種危険物取扱者試験といえども、そこまで大量の学習をする必要はない。全部の物質の比重や指定数量、発火点などをすべて覚えるのではなく、各類ごとに、効率のよい学習方法をここで提案しておこう。

- 危険物そのものの定義をおさえる。
- 各類危険物の定義をおさえる。
- 各類危険物の特性をおさえる。
- 各類の中で特徴的な物質をおさえる。

　上の4つのポイントは、法令や物理学・化学と切り離して学習するのではなく、関連づけて理解することが試験に受かるコツでもある。
　危険物には類ごとに共通する性質・危険性、火災予防上の貯蔵・取扱方法、消火方法がある（本書では、この3つを特性とする）。これらは各類危険物の基本情報で、これらを踏まえた上で出題される傾向にある。これはどの類でも同様で、各類の冒頭に掲げた共通する特性は、しっかり覚えておこう。
　覚えることを必要最小限にとどめるために、各物質の危険性や火災予防上の貯蔵・取扱方法、消火方法が、その類に共通するものは、原則として各物質の表には記載していない。逆に、共通するものと異なるものや特に注意を要するもの、品名ごとに異なるものは記載した。
　また、危険性から判断できる火災予防上の貯蔵・取扱方法についても、特に注意を要するもの以外は表の中には記載していない。
　巻末には、何類の物質？　化学式は？　といったとっさの「？」に答えるために物質名索引を付けた。紙面のゆるす範囲で比重や引火点なども掲載したので、大いに活用してほしい。

§1 各類危険物の概要

1-1 各類危険物の特性

第1章の法令編で解説したように、消防法における危険物とは、「別表第一の品名欄に掲げる物品で、同表に定める区分に応じ同表の性質欄に掲げる性状を有するもの」と定義されている。

消防法上の危険物に該当するかどうか不明の場合は、危険性を判断する判定試験によって一定の性状を示すものが危険物とされる（⇨ p.21）。

危険物の性状

消防法上の危険物は、次のような性状を有する。

- 同一の物質でも、形状や粒度によって危険物にならないことがある。
- 消防法上の危険物は、常温（20℃）、常圧（1気圧）で、液体[*1]か固体[*2]で、気体[*3]はない。
- 消防法上の危険物には、単体、化合物および混合物（⇨ p.200）がある。
- 消防法上の危険物に対する消火方法は同じではなく、物質の性質によって異なる。

各類危険物の特性

消防法上の危険物は、その性質や状態により、第1類から第6類に分類されており、類ごとにそれぞれ共通する性質や状態がある。危険物の類ごとの概要は、次ページの表の通り。

用語解説

- [*1] **液体**：1気圧において、20℃で液状であるもの、または20℃を超え40℃以下で液状となるもの。
- [*2] **固体**：液体または気体以外のもの。
- [*3] **気体**：1気圧において、20℃で気体状であるもの。

各類の危険物ごとに、可燃か不燃か、酸化性か還元性か、比重は1より大きいか小さいか、といった内容がよく出題される。

■各類危険物の概要

類	性質	状態	燃焼性	比重	性質の概要
第1類	酸化性	固体	不燃性	一般に1より大きい	●それ自体は燃焼しない。 ●酸素を含み、他の物質を強く酸化させる。 ●可燃物と混合すると、熱、衝撃、摩擦によって分解し、激しい燃焼を起こさせる危険性がある。
第2類	可燃性	固体	可燃性	一般に1より大きい	●火炎によって着火しやすく、または比較的低温で引火しやすい。 ●燃焼速度が速く、消火は困難。
第3類	自然発火性物質および禁水性物質	液体または固体	可燃性（不燃性のものもある）	1より大きいものと、小さいものがある	●自然発火性物質は空気に触れると自然発火する危険性がある。 ●禁水性物質は水と接触すると発火、もしくは可燃性ガスを発生する危険性がある。
第4類	引火性	液体	可燃性	一般に1より小さい	●引火性を有し、蒸気が空気と混合すると、発火、爆発の危険性がある。
第5類	自己反応性物質	液体または固体	可燃性	一般に1より大きい	●酸素を含むものが多く、加熱や衝撃などで自己反応を起こして分解し、発熱もしくは爆発的に反応が進行する危険性がある。
第6類	酸化性	液体	不燃性	1より大きい	●それ自体は燃焼しない。 ●酸化力が強く、混在する他の可燃物の燃焼を促進させる。 ●腐食性を持つものが多い。

攻略

- **不燃性かつ酸化性**：第1類・第6類
- **可燃性かつ還元性**：第2類・第3類（一部不燃性）・第4類・第5類（一部酸化性）
- **液体**：第4類・第6類
- **固体**：第1類・第2類

第1類〜第6類危険物に共通する性質

第1類から第6類危険物を通して、似たような性質を持つ物質を答える問題が出題される。そこで、潮解性（⇒p.187）や水との反応性について、まとめて覚えられるように以下に抽出して掲げる。ただし、該当類の解説でしっかり学習してほしい。

■潮解性を有する物質

類	品　名		物質名	化学式
第1類	塩素酸塩類		塩素酸ナトリウム	$NaClO_3$
	過塩素酸塩類		過塩素酸ナトリウム	$NaClO_4$
	無機過酸化物		過酸化カリウム	K_2O_2
	硝酸塩類		硝酸ナトリウム	$NaNO_3$
			硝酸アンモニウム	NH_4NO_3
	過マンガン酸塩類		過マンガン酸ナトリウム	$NaMnO_4 \cdot 3H_2O$
	その他[*1]	過よう素酸	メタ過よう素酸	HIO_4
		クロム、鉛またはよう素の酸化物	三酸化クロム	CrO_3
第5類	ヒドロキシルアミン		ヒドロキシルアミン	NH_2OH

[*1] その他のもので政令で定めるものを表す（以下の表も同様）。

■水または熱水と反応してガスを発生する物質（その1）

類	品　名	物質名	化学式	発生ガス
第1類	無機過酸化物	過酸化カリウム	K_2O_2	酸素
		過酸化ナトリウム	Na_2O_2	酸素
	その他：次亜塩素酸塩類	次亜塩素酸カルシウム	$Ca(ClO)_2 \cdot 3H_2O$	酸素
第2類	硫化りん	三硫化りん	P_4S_3	硫化水素（熱水）
		五硫化りん	P_2S_5	硫化水素
		七硫化りん	P_4S_7	硫化水素

■水または熱水と反応してガスを発生する物質（その2）

類	品　名	物質名	化学式	発生ガス
第2類	金属粉	アルミニウム粉	Al	水素
		亜鉛粉	Zn	水素
	マグネシウム	マグネシウム	Mg	水素（熱水）
第3類	カリウム	カリウム	K	水素
	ナトリウム	ナトリウム	Na	水素
	アルキルアルミニウム	トリエチルアルミニウム	$(C_2H_5)_3Al$	エタン
		ジエチルアルミニウムクロライド	$(C_2H_5)_2AlCl$	
		エチルアルミニウムジクロライド	$C_2H_5AlCl_2$	
		エチルアルミニウムセスキクロライド	$(C_2H_5)_3Al_2Cl_3$	
	アルキルリチウム	ノルマルブチルリチウム	C_4H_9Li	ブタン
	アルカリ金属[*2]およびアルカリ土類金属	リチウム	Li	水素
		カルシウム	Ca	
		バリウム	Ba	
	有機金属化合物[*3]	ジエチル亜鉛	$Zn(C_2H_5)_2$	エタン
	金属の水素化物	水素化ナトリウム	NaH	水素
		水素化リチウム	LiH	
	金属のりん化物	りん化カルシウム	Ca_3P_2	りん化水素
	カルシウムまたはアルミニウムの炭化物	炭化カルシウム	CaC_2	アセチレン
		炭化アルミニウム	Al_4C_3	メタン
	その他：塩素化けい素化合物	トリクロロシラン	$SiHCl_3$	塩化水素
第6類	その他：ハロゲン間化合物	三ふっ化臭素	BrF_3	ふっ化水素
		五ふっ化臭素	BrF_5	
		五ふっ化よう素	IF_5	

*2 カリウムおよびナトリウムを除く（以下の表も同様）。
*3 アルキルアルミニウムおよびアルキルリチウムを除く（以下の表も同様）。

第1類～第6類危険物に共通する貯蔵方法

保護液など火災予防上の貯蔵方法についても、第1類から第6類危険物を通して覚えたほうが効率のよいものがある。それらをいくつか抽出してまとめた。

■液体の保護液に貯蔵する主な物質

類	品名	物質名	化学式	保護液
第3類	カリウム	カリウム	K	灯油
第3類	ナトリウム	ナトリウム	Na	灯油
第3類	黄りん	黄りん	P	水
第3類	アルカリ金属およびアルカリ土類金属	リチウム	Li	灯油
第3類	アルカリ金属およびアルカリ土類金属	カルシウム	Ca	灯油
第3類	アルカリ金属およびアルカリ土類金属	バリウム	Ba	灯油
第4類	特殊引火物	二硫化炭素	CS_2	水[*4]
第5類	硝酸エステル類	ニトロセルロース	−	エタノールまたは水

[*4] 蒸気が発生しないよう、水を張った容器や水没させたタンクに貯蔵する。

■不活性ガスを封入して貯蔵する物質

類	品名	物質名	化学式
第3類	アルキルアルミニウム	トリエチルアルミニウム	$(C_2H_5)_3Al$
第3類	アルキルアルミニウム	ジエチルアルミニウムクロライド	$(C_2H_5)_2AlCl$
第3類	アルキルアルミニウム	エチルアルミニウムジクロライド	$C_2H_5AlCl_2$
第3類	アルキルアルミニウム	エチルアルミニウムセスキクロライド	$(C_2H_5)_3Al_2Cl_3$
第3類	アルキルリチウム	ノルマルブチルリチウム	C_4H_9Li
第3類	有機金属化合物	ジエチル亜鉛	$Zn(C_2H_5)_2$
第3類	金属の水素化物	水素化ナトリウム	NaH
第3類	金属の水素化物	水素化リチウム	LiH
第4類	特殊引火物	アセトアルデヒド	CH_3CHO
第4類	特殊引火物	酸化プロピレン	$CH_3\text{-}CH\text{-}CH_2$ の下に O

[各類危険物の特性] 復習問題

問1 危険物の性状として、次のうち誤っているものはどれか。
1. 危険物は常温（20℃）において、液体及び固体であり、気体の危険物はない。
2. 同一の物質であっても、形状や粒度によって危険物になるものとならないものがある。
3. 液体の危険物の比重は1より小さいが、固体の危険物の比重はすべて1より大きい。
4. 危険物には、単体、化合物及び混合物がある。
5. 同一の類の危険物であっても適応消火剤及び消火方法は異なる。

解説

3：誤り。危険物の比重は、状態にはよらない。液体でも、第4類危険物の二硫化炭素のように比重は1より大きいものがある。また、固体でも、第3類危険物のリチウムのように比重は1より小さいものがある。
1、2、4、5：正しい。p.305参照。　　　　　　　　　　　　　　　　答：3

問2 禁水性の組合せは、次のうちどれか。
1. $NaClO_3$　　Na　　H_2O_2
2. Ca_3P_2　　CaO_2　　S
3. Na_2O_2　　CaC_2　　K
4. KNO_3　　K_2O_2　　K
5. CrO_3　　CS_2　　P

解説

禁水性とは、水と作用すると危険性が高くなる性質をいう（⇨ p.119、p.307〜308）。
1：Na（ナトリウム）のみ禁水性。Naは第3類危険物で、水と激しく反応して水素と熱を発生する。
2：Ca_3P_2（りん化カルシウム）のみ禁水性。Ca_3P_2は第3類危険物で、水と反応してりん化水素を発生する。
3：Na_2O_2（過酸化ナトリウム）、CaC_2（炭化カルシウム）、K（カリウム）

のいずれも禁水性である。Na_2O_2 は第1類危険物の無機過酸化物に属するアルカリ金属の過酸化物で、水と反応して熱と酸素を発生する。CaC_2 は第3類危険物で、水と反応してアセチレンを発生する。K は選択肢1の Na と同様の性質を有する。

4：<u>K_2O_2</u>（過酸化カリウム）と <u>K</u>（カリウム）が禁水性。K_2O_2 は選択肢3の Na_2O_2 と同様の性質を有する。

5：いずれも禁水性ではない。

答：3

問3　次の危険物のうち、潮解性を持つものはいくつあるか。

NH_4ClO_4　　K_2O_2　　$NaNO_3$　　CrO_3　　$NaClO_3$　　CaO_2　　$KMnO_4$

1. 1つ　　2. 2つ　　3. 3つ　　4. 4つ　　5. 5つ

解説

<u>K_2O_2</u>（過酸化カリウム）、<u>$NaNO_3$</u>（硝酸ナトリウム）、<u>CrO_3</u>（三酸化クロム）、<u>$NaClO_3$</u>（塩素酸ナトリウム）の4つの物質が潮解性を持つ。潮解性は主に、第1類危険物の物質が有する性質であるが、第1類危険物でも、NH_4ClO_4（過塩素酸アンモニウム）、CaO_2（過酸化カルシウム）、$KMnO_4$（過マンガン酸カリウム）の3つには潮解性はない。p.307の表を参照。

答：4

問4　火災予防上、水その他の液体の保護液の中に貯蔵される危険物は、次のうちいくつあるか。

過酸化ナトリウム　　硫化りん　　ナトリウム　　赤りん　　黄りん
炭化カルシウム　　二硫化炭素　　軽油　　酢酸　　過酸化水素

1. 1つ　　2. 2つ　　3. 3つ　　4. 4つ　　5. 5つ

解説

10の物質のうち液体の保護液に貯蔵するものは、灯油中に貯蔵する<u>ナトリウム</u>、水中に貯蔵する<u>黄りん</u>と<u>二硫化炭素</u>の3つ。p.309の表を参照。

答：3

§2 各類危険物

2-1 第1類危険物

　第1類危険物とは、消防法別表第一の第1類の品名欄に掲げてある、**酸化性固体**の性状を有する物品を指す。
　酸化性固体とは、酸化力の潜在的な危険性を判断する試験、または衝撃に対する敏感性を判断する試験において、一定の性状を示す固体をいう（⇨ p.22）。

● 第1類危険物に共通する特性

　§1で解説したように、第1類危険物の特徴は、それ自体は**燃焼しない**が、火災が発生した場合など、その燃焼熱で物質自体が分解して**酸素**を放出し、他の物質を強く**酸化**させ、火災が激化することである。

　第1類危険物に共通する性質・危険性、火災予防上の貯蔵・取扱い方法、消火方法は、以下の通り。

■第1類危険物に共通する特性（その1）

共通する性質・危険性	●それ自体は燃えない**不燃性**の固体である。 ●ほとんどが無色の結晶か白色の粉末である。 ●比重は1より**大きい**ものが多い。 ●水に**溶ける**ものが多い。 ●他の物質を酸化させる**酸素**を含有している。 ●一般に加熱、衝撃、摩擦などにより分解して酸素を放出し、**酸素供給体**として周囲の可燃物の燃焼を著しく促進する、強い**酸化剤**である。 ●アルカリ金属の過酸化物（またはこれを含有するもの）は、**水**と反応して**酸素**と**熱**を発生する。 ●**強酸類**、可燃物、その他の酸化されやすい**還元性物質**（有機物や金属粉）と混合すると、加熱、衝撃、摩擦などにより発火、爆発させる危険性がある。 ●**潮解性**を有するものは、木材、紙などに染み込み、乾燥したときに爆発する危険性がある。

■ **第1類危険物に共通する特性**（その2）

共通する 火災予防方法	● 火気、加熱、衝撃、摩擦を避ける。 ● **強酸類**や可燃物、**酸化されやすい物質**（還元性物質）との接触を避ける。 ● 分解を促すものとの接触を避ける。 ● 換気のよい冷暗所に貯蔵する。 ● 一般に貯蔵容器は、金属、ガラスまたはプラスチック製のものとする。 ● 容器の破損、腐食に注意し、一般に容器は**密栓**して貯蔵する。 ● 水と反応して酸素と熱を発生するアルカリ金属の過酸化物（またはこれを含有するもの）は、**水**との接触を避ける。 ● **潮解性**を有するものは、湿気が入らないように注意する。
共通する 消火方法	● 一般には、**大量の水**で冷却し、酸化性物質を**分解**温度以下にして酸素の発生を抑える。 ● 一般に、第1類危険物はそれ自体が分解して酸素供給体となるため、酸素を遮断する窒息消火には効果がない。 ● **アルカリ金属の過酸化物**（またはこれを含有するもの）は、次のように行う。 　初期段階：炭酸水素塩類の**粉末消火剤**や**乾燥砂**などを用いる。 　中期段階以降：**大量の水**を、危険物ではなく、まだ燃えていない**周囲の可燃物**に注水して延焼を防ぐ。

　酸化性を有する第1類危険物と、第2類危険物や第3類危険物、第4類危険物、第5類危険物の中で還元性を有する物質との混合は、発火、爆発の危険性がある。

　また、第1類危険物の塩類は、強酸と混合すると不安定な酸化性の酸を遊離するため、発火、爆発の危険性が高くなる。

　第1類危険物と第6類危険物には、同じような性質がある。第1類は固体、第6類は液体であるが、ともに酸化性を有している。第6類危険物の共通する特性と、類似点と相違点を比較しながら読むと、学習の効率アップにつながる。

攻略

- 第1類危険物は不燃性の酸化性固体。
- アルカリ金属の過酸化物とアルカリ土類金属の過酸化物は、他の物質と区別する。
- 酸化されやすい物質（還元性物質）や可燃物との接触・混合は特に危険。
- 第1類危険物の一般的な消火方法は、大量の水による冷却消火。

● 第 1 類危険物の物品と性質の比較

第 1 類危険物に属する物品と、物質の水溶性と潮解性を次の表に掲げる。

■第 1 類危険物の品名・物質名など

品　　　名		主な物質名	水溶性	潮解性
塩素酸塩類		塩素酸カリウム（$KClO_3$）	難	-
		塩素酸ナトリウム（$NaClO_3$）	溶	○
		塩素酸アンモニウム（NH_4ClO_3）	溶	-
		塩素酸バリウム（$Ba(ClO_3)_2$）	溶	-
過塩素酸塩類		過塩素酸カリウム（$KClO_4$）	難	-
		過塩素酸ナトリウム（$NaClO_4$）	溶	○
		過塩素酸アンモニウム（NH_4ClO_4）	溶	-
無機過酸化物	アルカリ金属の過酸化物	過酸化カリウム（K_2O_2）	-	○
		過酸化ナトリウム（Na_2O_2）	-	-
	アルカリ土類金属の過酸化物	過酸化カルシウム（CaO_2）	難	-
		過酸化マグネシウム（MgO_2）	非	-
		過酸化バリウム（BaO_2）	難	-
亜塩素酸塩類		亜塩素酸ナトリウム（$NaClO_2$）	溶	-
臭素酸塩類		臭素酸カリウム（$KBrO_3$）	溶	-
硝酸塩類		硝酸カリウム（KNO_3）	溶	-
		硝酸ナトリウム（$NaNO_3$）	溶	○
		硝酸アンモニウム（NH_4NO_3）	溶	○
よう素酸塩類		よう素酸カリウム（KIO_3）	溶	-
		よう素酸ナトリウム（$NaIO_3$）	溶	-
過マンガン酸塩類		過マンガン酸カリウム（$KMnO_4$）	溶	-
		過マンガン酸ナトリウム（$NaMnO_4 \cdot 3H_2O$）	溶	○
重クロム酸塩類		重クロム酸アンモニウム（$(NH_4)_2Cr_2O_7$）	溶	-
		重クロム酸カリウム（$K_2Cr_2O_7$）	溶	-
その他のもので政令で定めるもの	過よう素酸塩類	過よう素酸ナトリウム（$NaIO_4$）	溶	-
	過よう素酸	メタ過よう素酸（HIO_4）	溶	○
	クロム、鉛またはよう素の酸化物	三酸化クロム（CrO_3）	溶	○
		二酸化鉛（PbO_2）	非	-
	亜硝酸塩類	亜硝酸ナトリウム（$NaNO_2$）	溶	-
	次亜塩素酸塩類	次亜塩素酸カルシウム（$Ca(ClO)_2 \cdot 3H_2O$）	溶	-
	塩素化イソシアヌル酸	三塩素化イソシアヌル酸（$C_3N_3O_3Cl_3$）	難	-
	ペルオキソ二硫酸塩類	ペルオキソ二硫酸カリウム（$K_2S_2O_8$）	難	-
	ペルオキソほう酸塩類	ペルオキソほう酸アンモニウム（NH_4BO_3）	-	-
	炭酸ナトリウム過酸化水素付加物	炭酸ナトリウム過酸化水素付加物（$2Na_2CO_3 \cdot 3H_2O_2$）	溶	-

＊「溶」は水溶性、「非」は非水溶性、「難」は溶けにくい、またはわずかに溶ける。

第1類危険物に属する物品の特性

第1類危険物に共通する特性をしっかり踏まえた上で、次に第1類に属する物品の特性を個々に解説する。

各物質の危険性や火災予防方法、消火方法については、第1類に共通する方法以外のものを掲げた。

● 塩素酸塩類 ［第1種酸化性固体：指定数量50kg］

塩素酸塩類とは、塩素酸（$HClO_3$）の水素イオン（H^+）が金属などの陽イオン（⇨p.207）で置き換えられた化合物（⇨p.201）である塩素酸塩の総称。

塩素酸塩類に属する物質は、特に木炭や第2類危険物（赤りん、硫黄、マグネシウム、アルミニウム粉など）のような酸化されやすい還元性物質と混合すると、加熱、摩擦、衝撃などにより、爆発する危険性がある。

塩素酸塩類に属する主な物質には、**塩素酸カリウム、塩素酸ナトリウム、塩素酸アンモニウム、塩素酸バリウム**がある。

■塩素酸塩類に属する主な物質の特性（その1）

塩素酸カリウム $KClO_3$ 無色*の結晶または白色の粉末	**性質** ● 比重2.3　　● 融点368℃ ● 約400℃で塩化カリウム（KCl）と過塩素酸カリウム（$KClO_4$）に分解する。さらに加熱すると過塩素酸カリウムが分解して酸素を放出する。 ● 水に溶けにくく、熱水には溶けるが、アルコールには溶けない。 **危険性** ● 常温では比較的安定している。 ● アンモニア（NH_3）、塩化アンモニウム（NH_4Cl）などと反応して不安定な塩素酸塩を生成し、自然爆発する危険性がある。 ● 赤りん（P）、硫黄（S）などの還元性物質、酸化鉛、二酸化マンガン（MnO_2）、硫化銀（Ag_2S）、硝酸銀（$AgNO_3$）、アルミニウム塩などと混合しているときは、爆発する危険性が高くなる。

＊無色または、粉末や細粒状結晶で外見上白色を呈する場合も含む（以下同様）。

■塩素酸塩類に属する主な物質の特性（その2）

塩素酸ナトリウム $NaClO_3$ 無色の結晶	**性質** ●比重 2.5　●融点 248〜261℃ ●約300℃で分解して酸素を発生する。 ●水、アルコールに溶ける。 ●潮解性を有する。 **危険性** ●塩素酸カリウムにほぼ同じ。
塩素酸アンモニウム NH_4ClO_3 無色の結晶	**性質** ●比重 2.4　●融点 380℃ ●水には溶けるが、アルコールには溶けにくい。 **危険性** ●常温でも爆発する危険性がある。 ●100℃以上で分解し、爆発することがある。 ●その他は、塩素酸カリウムとほぼ同じ。 ●塩素酸塩類の中では最も不安定。 **火災予防方法** ●爆発性があり、長期保存はできない。
塩素酸バリウム $Ba(ClO_3)_2$ 無色の粉末	**性質** ●比重 3.2　●融点 414℃ ● 250℃あたりで分解しはじめ、酸素を発生する。 ●水に溶けるが、塩酸、エタノール、アセトンには溶けにくい。

攻略

- 塩素酸塩類は、加熱により分解して酸素を発生するものが多い。
- 塩素酸アンモニウムは、最も不安定な物質。

過塩素酸塩類　[第1種酸化性固体：指定数量 50kg]

過塩素酸塩類（かえんそさんえんるい）とは、過塩素酸（$HClO_4$）の水素イオン（H^+）が金属などの陽イオンで置き換えられた化合物である過塩素酸塩の総称。過塩素酸塩類は、簡単にいえば、塩素酸塩類より酸素原子が1つ多い物質である。

過塩素酸塩類に属する主な物質には、**過塩素酸カリウム**、**過塩素酸ナトリウム**、**過塩素酸アンモニウム**がある。

■過塩素酸塩類に属する主な物質の特性

過塩素酸カリウム KClO₄ 無色の結晶	**性質** ● 比重 2.52　● 融点 610℃ ● 約400℃で分解し、<u>酸素</u>を発生する（⇨ p.198）。 ● 水に<u>溶けにくい</u>。 **危険性** ● 塩素酸カリウムより、危険性は少し低い。
過塩素酸ナトリウム NaClO₄ 無色の結晶	**性質** ● 比重 2.03　● 融点 482℃ ● 約200℃で分解し、<u>酸素</u>を発生する。 ● 水に<u>よく溶け</u>、エタノールやアセトンにも<u>溶ける</u>。 ● <u>潮解性</u>を有する。 **危険性** ● 塩素酸ナトリウムより、危険性は低い。
過塩素酸アンモニウム NH₄ClO₄ 無色の結晶	**性質** ● 比重 1.95 ● 約150℃で分解し、<u>酸素</u>を発生する。 ● 水、エタノール、アセトンに<u>溶ける</u>。 **危険性** ● 400℃で急激に分解し、発火する危険性がある。 ● 塩素酸カリウムより分解時に多量のガスを発生するため、危険である。 ● 過塩素酸塩類の中で、最も不安定。

攻略

- 過塩素酸塩類は、加熱により分解して酸素を発生する。
- 過塩素酸カリウムは水に溶けにくいが、過塩素酸ナトリウムと過塩素酸アンモニウムは水に溶ける。
- 過塩素酸アンモニウムは、最も不安定な物質である。

● 無機過酸化物　［第1種酸化性固体：指定数量 50kg］

　無機過酸化物とは、過酸化水素（H_2O_2：第6類危険物）の水素イオン（H^+）2個が金属イオンで置き換えられた化合物の総称。過酸化物とは、分子内に <u>-O-O- 結合</u>を有する酸化物のことで、加熱により無機酸化物と酸素に分解する。-O-O-結合を有する物質は、通常の酸化物より酸素原子が1つ多く結合していて不安定

であるため、分解して −O− 結合に戻ろうとする。

　無機過酸化物に属する主な物質には、アルカリ金属の過酸化物である**過酸化カリウム**と**過酸化ナトリウム**、アルカリ土類金属の過酸化物である**過酸化カルシウム**、**過酸化マグネシウム**、**過酸化バリウム**がある。

■無機過酸化物に属する主な物質の特性（その1）

アルカリ金属の過酸化物	過酸化カリウム K_2O_2 オレンジ色の粉末	**性質** ● 比重 2.0　● 融点 490 ℃ ● 加熱すると、融点以上で分解して酸素を発生し、酸化カリウム（K_2O）になる。 ● 吸湿性が強く、潮解性を有する。 **危険性** ● 水と作用して熱と酸素を発生し、水酸化カリウム（KOH）を生成する。 ● 大量の場合は、水と反応して爆発する危険性がある。 ● 触れると皮膚を腐食する。
	過酸化ナトリウム Na_2O_2 黄白色の粉末（純粋なものは白色）	**性質** ● 比重 2.8　● 融点 460 ℃ ● 加熱すると、約 660 ℃で分解して酸素を発生し、酸化ナトリウム（Na_2O）になる。 ● 吸湿性が強い。 **危険性** ● 水と作用して熱と酸素を発生し、水酸化ナトリウム（NaOH）を生成する。 ● その他は過酸化カリウムに同じ。
	共通する火災予防・消火方法	**火災予防方法** ● 水や湿気との接触を避ける。 **消火方法** ● 初期段階では、炭酸水素塩類の粉末消火剤や乾燥砂などを用いる。 ● 中期以降は、大量の水を、まだ燃えていない周囲の可燃物に注水。

攻略
- アルカリ金属の過酸化物は、水と作用して酸素と熱を発生する。
- アルカリ金属の過酸化物は、水との接触を避け、乾燥砂などで消火する。

■無機過酸化物に属する主な物質の特性（その2）

アルカリ土類金属の過酸化物	過酸化カルシウム CaO_2 無色の粉末	**性質** ● 比重 2.9　● 融点 250℃ ● 275℃以上に加熱すると、爆発的に分解して<u>酸素</u>を発生し、酸化カルシウム（CaO）になる。 ● 水やアルコール、ジエチルエーテルなどの有機溶剤には溶けにくいが、酸には<u>溶ける</u>。 **危険性** ● <u>酸類</u>に溶けて、<u>過酸化水素</u>を発生し、過酸化水素は酸素と水に分解する。
	過酸化マグネシウム MgO_2 無色の粉末	**性質** ● 比重 3.0　● 融点 220℃ ● 加熱すると、<u>酸素</u>を発生して酸化マグネシウム（MgO）になる。 ● 水には溶けないが、酸には<u>溶ける</u>。 ● 湿気などで、酸素を発生する。 **危険性** ● 過酸化カルシウムに同じ。
	過酸化バリウム BaO_2 灰白色(かいはくしょく)の粉末	**性質** ● 比重 5.0　● 融点 450℃ ● 加熱すると、800℃で分解し、<u>酸素</u>を発生して酸化バリウム（BaO）になる。 ● 熱湯と作用して<u>酸素</u>を発生し、水酸化バリウム（$Ba(OH)_2$）になる。 ● 水に<u>溶けにくい</u>。 ● アルカリ土類金属の過酸化物中では、最も<u>安定</u>している。 **危険性** ● 湿った紙やせん維素などと混合すると、爆発することがある。 ● 毒性がある。 ● その他は、過酸化カルシウムに同じ。
	共通する火災予防・消火方法	**火災予防方法** ● <u>酸類</u>との接触を避ける。 **消火方法** ● <u>乾燥砂</u>を用いる。 ● <u>注水</u>は避ける。

第3章　危険物の性質ならびにその火災予防および消火の方法

攻略

- アルカリ土類金属の過酸化物は、酸類に溶けて過酸化水素を発生する。
- アルカリ土類金属の過酸化物は、加熱により分解して酸素を発生する。
- アルカリ土類金属の過酸化物は、酸との接触を避け、注水消火は避ける。

● 亜塩素酸塩類　[第1種酸化性固体：指定数量50kg]

亜塩素酸塩類とは、亜塩素酸（$HClO_2$）の水素イオン（H^+）が金属などの陽イオンで置き換えられた化合物である亜塩素酸塩の総称。亜塩素酸塩類は、簡単にいえば、塩素酸塩類より酸素原子が1つ少ない物質である。

亜塩素酸塩類に属する主な物質には、**亜塩素酸ナトリウム**がある。

■亜塩素酸ナトリウムの特性

亜塩素酸ナトリウム $NaClO_2$ 白色の結晶または結晶性粉末	**性質** ● 比重 2.5　● 融点 180～200℃ ● 加熱すると分解して、塩素酸ナトリウム（$NaClO_3$）と塩化ナトリウム（$NaCl$）になり、約360℃で酸素を発生する。 ● 一般の市販品は約140℃で分解し、酸素を発生する。 ● 水によく溶ける。 ● 吸湿性がある。 ● 二酸化塩素（ClO_2）の発生による刺激臭がある。 ● 繊維やパルプの漂白、水道水の殺菌などに使用される。 **危険性** ● 日光や紫外線により、また、強酸と混合すると、徐々に分解し、塩素（Cl_2）に似た毒性がある二酸化塩素ガスが発生し、高濃度（純度が高い）になると分解爆発する危険性がある。 ● 皮膚粘膜に対して刺激性がある。 ● 消火中に爆発のおそれがあるため、注意が必要。

攻略
- 亜塩素酸ナトリウムは、日光や紫外線により、また強酸との混合により分解し、二酸化塩素ガスを発生する。
- 亜塩素酸ナトリウムは、消火中に爆発のおそれがある。

● 臭素酸塩類　[第1種酸化性固体：指定数量50kg]

臭素酸塩類とは、臭素酸（$HBrO_3$）の水素イオン（H^+）が金属などの陽イオンで置き換えられた化合物である臭素酸塩の総称。

臭素酸塩類に属する主な物質には、**臭素酸カリウム**がある。

■臭素酸カリウムの特性

| 臭素酸カリウム
KBrO₃

無色の結晶性粉末 | **性質**
● 比重 3.27　● 融点約 350℃
● 約 370℃で分解し、酸素と臭化カリウム（KBr）を発生する。
● 水に溶けるが、アルコールには溶けにくく、アセトンに溶けない。
● 無臭である。
危険性
● 衝撃により爆発する危険性がある。 |

攻略

- 臭素酸カリウムは、約 370℃で分解して酸素を発生する。
- 臭素酸カリウムは、水に溶けるが、アルコールには溶けにくく、アセトンには溶けない。

● 硝酸塩類　［第 2 種酸化性固体：指定数量 300kg］

硝酸塩類（しょうさんえんるい）とは、硝酸（HNO_3：第 6 類危険物）の水素イオン（H^+）が金属などの陽イオンで置き換えられた化合物である硝酸塩の総称。

硝酸塩類に属する主な物質には、**硝酸カリウム、硝酸ナトリウム、硝酸アンモニウム**がある。

■硝酸塩類に属する主な物質の特性（その1）

硝酸カリウム KNO₃ ［別名：硝石（しょうせき）］ 無色の結晶	**性質** ● 比重 2.1　● 融点 339℃ ● 約 400℃で分解し、酸素を発生する。 ● 水によく溶けるが、エタノールには溶けない。 ● 黒色火薬の原料として、他の混合物である硫黄、木炭粉末の燃焼に必要な酸素を供給する。
硝酸ナトリウム NaNO₃ ［別名：チリ硝石］ 無色の結晶	**性質** ● 比重 2.3　● 融点 307℃ ● 約 380℃で分解し、酸素を発生する。 ● 水によく溶け、エタノールにも溶ける。 ● 潮解性を有する。 ● 硝酸カリウムより反応性は低い。

■硝酸塩類に属する主な物質の特性（その2）

硝酸アンモニウム NH₄NO₃ [別名：硝安] 無色の結晶または結晶性粉末	**性質** ● 比重 1.7　● 融点 170℃ ● 約210℃で分解し、有毒な亜酸化窒素（一酸化二窒素：N₂O）と水を生成する。さらに加熱すると窒素と酸素に分解する。 ● 水によく溶け（吸熱反応）、エタノールやアセトンにも溶ける。 ● 吸湿性（潮解性）がある。 ● 肥料、火薬の原料。 **危険性** ● 単独でも急激な加熱や衝撃、摩擦で爆発する危険性がある。 ● アルカリと接触すると、特有の刺激臭があるアンモニア（NH₃）を発生する。

攻略
- 硝酸塩類は、水によく溶け、加熱により分解して酸素を発生する。
- 硝酸ナトリウムは、硝酸カリウムより反応性は低い。
- 硝酸アンモニウムは、単独でも爆発する。

よう素酸塩類　[第2種酸化性固体：指定数量 300kg]

　よう素酸塩類とは、よう素酸（HIO₃）の水素イオン（H⁺）が金属などの陽イオンで置き換えられた化合物であるよう素酸塩の総称。

　よう素酸塩類に属する主な物質には、**よう素酸カリウム、よう素酸ナトリウム**がある。

■よう素酸塩類に属する主な物質の特性

よう素酸カリウム　KIO₃ 白色の結晶または結晶性粉末	● 比重 3.9 ● 融点 560℃	**性質** ● 加熱により分解して酸素を発生する。 ● 水によく溶けるが、エタノールには溶けない。
よう素酸ナトリウム　NaIO₃ 無色の結晶	● 比重 4.3 ● 融点 425℃	**危険性** ● 塩素酸塩類、臭素酸塩類より安定している。

過マンガン酸塩類 [第2種酸化性固体：指定数量 300kg]

過マンガン酸塩類とは、過マンガン酸($HMnO_4$)の水素イオン(H^+)が金属などの陽イオンで置き換えられた化合物である過マンガン酸塩の総称。

過マンガン酸塩類は、第1類危険物の中でも特に酸化性が強い。

過マンガン酸塩類に属する主な物質には、**過マンガン酸カリウム**、**過マンガン酸ナトリウム**がある。

■過マンガン酸塩類に属する主な物質の特性

過マンガン酸カリウム $KMnO_4$ 赤紫色の結晶	**性質** ● 比重 2.7　● 融点 240℃ ● 強酸化剤である。 ● 約200℃で分解して酸素を発生する。 ● 水によく溶け、水溶液は濃紫色を呈する。 ● アルコールやアセトンに溶ける。 ● 硫酸酸性水溶液中で過マンガン酸カリウムと過酸化水素溶液を混合すると、過マンガン酸カリウムは過酸化水素より酸化性が強いため、水溶液の色が薄くなる（過酸化水素が還元剤となる）。 $2KMnO_4 + 3H_2SO_4 + 5H_2O_2 \rightarrow K_2SO_4 + 2MnSO_4 + 5O_2 + 8H_2O$ ● 殺菌剤、消臭剤、染料として利用される。 **危険性** ● 硫酸を加えると、七酸化マンガン(Mn_2O_7)を生じ、爆発の危険性がある。 ● 硝酸塩類より危険性は低い。
過マンガン酸ナトリウム $NaMnO_4・3H_2O$ 赤紫色の粉末	**性質** ● 比重 2.5 ● 強酸化剤である。 ● 約170℃で分解して酸素を発生する。 ● 水に溶けやすく、潮解性を有するため、水溶液で市販されている。 **危険性** ● 過マンガン酸カリウムに同じ。

攻略

- 過マンガン酸塩類は、硫酸を加えると七酸化マンガンを生じ、爆発する。
- 過マンガン酸カリウムは、水によく溶けて、濃紫色になる。
- 過マンガン酸カリウムは、過酸化水素より酸化性が強いため、硫酸酸性水溶液中で過酸化水素溶液を混合すると、水溶液の色が薄くなる。

重クロム酸塩類 ［第2種酸化性固体：指定数量300kg］

　重クロム酸塩類とは、重クロム酸($H_2Cr_2O_7$)の水素イオン(H^+)2個が金属などの陽イオンで置き換えられた化合物である重クロム酸塩の総称。

　「重クロム酸」は、日本の慣用的な名称で、国際的な名称は「二クロム酸」という。重クロム酸塩類は、第1類危険物の中でも特に酸化性が強い。

　重クロム酸塩類に属する主な物質には、**重クロム酸アンモニウム、重クロム酸カリウム**がある。

■重クロム酸塩類に属する主な物質の特性

重クロム酸アンモニウム $(NH_4)_2Cr_2O_7$ 橙赤色の針状結晶	**性質** ●比重 2.15　●融点 185℃ ●強酸化剤である。 ●加熱すると約185℃で分解し、窒素を発生する。 ●水に溶け、エタノールにはよく溶ける。 **危険性** ●毒性が強い。
重クロム酸カリウム $K_2Cr_2O_7$ 橙赤色の結晶	**性質** ●比重 2.69　●融点 398℃ ●強酸化剤である。 ●加熱すると約500℃で分解し、酸素を発生する。 ●水に溶けるが、エタノールには溶けない。 ●苦味がある。 **危険性** ●毒性が強い。

　重クロム酸アンモニウム($(NH_4)_2Cr_2O_7$)や硝酸アンモニウム(NH_4NO_3)を加熱すると窒素(N_2)を発生する。これは、それぞれが酸化剤として働き、化合物中のアンモニウムイオン(NH_4^+)が酸化され（水素を奪われ）て窒素になるためである。化合物中で酸化還元反応（⇨ p.244）が起こっている。

攻略

- 重クロム酸塩類は、強酸化剤である。
- 重クロム酸アンモニウムは、加熱により分解して窒素を発生する。
- 重クロム酸カリウムは、加熱により分解して酸素を発生する。

その他のもので政令で定めるもの
［第3種酸化性固体：指定数量1,000kg］

第1類危険物には、「その他のもので政令で定めるもの」として、次の9つの品名が指定されている。

- 過よう素酸塩類
- 過よう素酸
- クロム、鉛またはよう素の酸化物
- 亜硝酸塩類
- 次亜塩素酸塩類
- 塩素化イソシアヌル酸
- ペルオキソ二硫酸塩類
- ペルオキソほう酸塩類
- 炭酸ナトリウム過酸化水素付加物

これらの9品目に共通する性状は、一般的な他の第1類危険物と同様、加熱や分解により<u>酸素</u>を発生することである。

また、危険性、火災予防方法、消火方法も、多くは第1類危険物と同様に可燃物などとの接触・混合を避け、容器は密栓して冷暗所に貯蔵し、消火にあたっては大量の水を使用する。

これら「その他のもので政令で定めるもの」の中で、特に甲種危険物取扱者試験に出題される可能性が高いと予想される物質は、

- クロム、鉛またはよう素の酸化物：**三酸化クロム、二酸化鉛**
- 次亜塩素酸塩類：**次亜塩素酸カルシウム**

の3つである。この3つについてはしっかり理解しておこう。

他の物品については、絶対に出題されないわけではないので、個々の表をざっと見て記憶にとどめておこう。

(1) 過よう素酸塩類

過よう素酸塩類とは、過よう素酸(HIO_4)の水素イオン(H^+)が金属などの陽イオンで置き換えられた化合物である過よう素酸塩の総称。

過よう素酸塩類に属する主な物質には、**過よう素酸ナトリウム**がある。

■過よう素酸ナトリウムの特性

過よう素酸ナトリウム $NaIO_4$ 白色の結晶または粉末	**性質** ● 比重 3.87　　● 融点 300℃ ● 加熱により約300℃で分解し、<u>酸素</u>を発生する。 ● 水に<u>溶ける</u>。

(2) 過よう素酸

過よう素酸には、オルト過よう素酸(H_5IO_6)とメタ過よう素酸(HIO_4)があり、単に過よう素酸という場合は、**メタ過よう素酸**のことを指す。

■メタ過よう素酸の特性

メタ過よう素酸 HIO_4 白色の結晶または結晶性粉末	**性質** ● 約110℃で昇華しはじめ、138℃で分解して<u>酸素</u>を放出し、五酸化二よう素(I_2O_5)と水になる。 ● 水に<u>よく溶ける</u>。 ● <u>潮解性</u>を有する。 ● 水溶液を加熱すると、オゾン(O_3)を発生する。

(3) クロム、鉛またはよう素の酸化物

クロム(Cr)、鉛(Pb)、よう素(I)がそれぞれ酸素と結合した化合物も、第1類に属する危険物である。

クロム、鉛またはよう素の酸化物に属する主な物質には、**三酸化クロム、二酸化鉛、五酸化二よう素**などがある。

三酸化クロムは、第1類危険物の中でも特に酸化性が強い。

■ クロム、鉛の酸化物の特性

三酸化クロム CrO_3 [別名：無水クロム酸] 暗赤色の針状結晶	**性質** ● 比重 2.7　● 融点 196℃ ● 強酸化剤である。 ● 約250℃で分解し酸素を発生する。 ● 水、アルコールに溶ける。 ● 潮解性を有する。 **危険性** ● 皮膚を腐食させる毒性があり、水を加えるとニクロム酸（$H_2Cr_2O_7$）とクロム酸（H_2CrO_4）の強い酸になり、腐食性が増す。 ● アルコール、ジエチルエーテル、アセトンなどとの接触で、発火する危険性がある。 **火災予防方法** ● 鉛などで内張りした金属容器に貯蔵する。
二酸化鉛 PbO_2 黒褐色の結晶または粉末	**性質** ● 比重 9.4　● 融点 290℃ ● 約290℃で分解し、酸素を発生する。 ● 水、アルコールには溶けないが、多くの酸やアルカリに溶ける。 ● 塩酸と熱すると塩素を発生し、硫酸と作用すると酸素を発生する。 ● 金属並みの導電率を持っており、鉛蓄電池（バッテリー）の電極に使われる（⇒ p.251）。 **危険性** ● 毒性が強い。　● 日光によっても分解して酸素を発生する。

攻略

- 三酸化クロムと二酸化鉛は、どちらも加熱により酸素を発生する。
- 三酸化クロムは、潮解性があり、水を加えると強い酸になり、腐食性が増す。
- 三酸化クロムは、鉛で内張りした金属容器に貯蔵する。
- 二酸化鉛は、水やアルコールには溶けないが、多くの酸やアルカリに溶ける。
- 二酸化鉛は、金属並みの導電率を有する。

(4) 亜硝酸塩類

亜硝酸塩類とは、亜硝酸（HNO_2）の水素イオン（H^+）が金属などの陽イオンで置き換えられた化合物である亜硝酸塩の総称。

亜硝酸塩類に属する主な物質には、**亜硝酸ナトリウム**がある。

■亜硝酸ナトリウムの特性

亜硝酸ナトリウム NaNO₂ 白色または淡黄色の結晶性粉末	**性質** ● 比重 2.17　　● 融点 271℃ ● 約 320℃で分解する。 ● 水に**よく溶け**、水溶液は**アルカリ**性を示す。 ● 吸湿性がある。 ● 酸によって遊離する亜硝酸は不安定で、分解して三酸化二窒素（N_2O_3）を発生する。 **危険性** ● アンモニア塩類、シアン化合物が混合されていると、爆発する危険性がある。

(5) 次亜塩素酸塩類

次亜塩素酸塩類とは、次亜塩素酸（HClO）の水素イオン（H^+）が金属などの陽イオンで置き換えられた化合物である次亜塩素酸塩の総称。

次亜塩素酸塩類に属する主な物質には、**次亜塩素酸カルシウム**がある。

■次亜塩素酸カルシウムの特性

次亜塩素酸カルシウム $Ca(ClO)_2 \cdot 3H_2O$ ［別名：高度さらし粉］ 白色の粉末	**性質** ● 比重 2.4　　● 融点 100℃ ● 約 150℃で分解し、**酸素**を発生する。 ● 吸湿性があり、水に**溶ける**。 ● 空気中の水分と二酸化炭素により次亜塩素酸を遊離するため、強烈な**塩素臭**がある。 ● プールの消毒に使用される。 **危険性** ● 酸によって遊離する**次亜塩素酸**は不安定で、塩化水素（HCl）と酸素に分解する。 ● 水に溶けると、容易に分解して**酸素**を発生する。 ● 光や加熱によって分解が促進される。 ● **アンモニア**（NH_3）およびその塩類と混合している場合は、爆発の危険性がある。

攻略
- 次亜塩素酸カルシウムは、高度さらし粉ともいう。
- 次亜塩素酸カルシウムは、加熱により分解して酸素を発生する。
- 次亜塩素酸カルシウムには、強烈な塩素臭がある。

(6) 塩素化イソシアヌル酸

塩素化イソシアヌル酸とは、イソシアヌル酸($C_3H_3N_3O_3$)の水素原子(H) 2個または3個が塩素(Cl)で置き換えられた化合物の総称。

塩素化イソシアヌル酸には、塩素が3個の**三塩素化イソシアヌル酸**と2個の**二塩素化イソシアヌル酸**がある。

■三塩素化イソシアヌル酸の特性

三塩素化イソシアヌル酸 $C_3N_3O_3Cl_3$ 白色の粒状または錠剤	**性質** ● 比重 1.04 ● 融点 247℃ ● 水に溶けにくい。 ● 常温かつ単独で存在する場合は安定している。 ● プールの消毒に使用される。 **危険性** ● 水に溶かすと、分解して次亜塩素酸(HClO)を遊離する。次亜塩素酸は不安定で、塩化水素(HCl)と酸素に分解する。

(7) ペルオキソ二硫酸塩類

ペルオキソ二硫酸塩類とは、ペルオキソ二硫酸($H_2S_2O_8$)の水素イオン(H^+) 2個が金属などの陽イオンで置き換えられた化合物であるペルオキソ二硫酸塩の総称。

ペルオキソ二硫酸塩類に属する主な物質には、**ペルオキソ二硫酸カリウム**がある。

■ペルオキソ二硫酸カリウムの特性

ペルオキソ二硫酸カリウム $K_2S_2O_8$ 〔別名:過硫酸カリウム〕 白色の結晶または粉末	**性質** ● 比重 2.48 ● 約100℃で分解し、酸素を発生する。 ● 水にはわずかに溶け、熱水に溶ける。 ● アルコール、ジエチルエーテルには溶けない。 **危険性** ● 燃焼促進性が非常に高い。 ● 金属に接触すると、分解する。 **火災予防方法** ● 乾燥状態で貯蔵する。 ● 金属との接触を避ける。

(8) ペルオキソほう酸塩類

ペルオキソほう酸塩類とは、ペルオキソほう酸(HBO_3)の水素イオン(H^+)が金属などの陽イオンで置き換えられた化合物であるペルオキソほう酸塩の総称。

ペルオキソほう酸塩類に属する主な物質には、**ペルオキソほう酸アンモニウム**がある。

■ペルオキソほう酸アンモニウムの特性

ペルオキソほう酸アンモニウム NH_4BO_3 [別名:過ほう酸アンモニウム] 無色の結晶	**性質** ● 比重 2.3 ● 約50℃で分解して<u>アンモニア</u>(NH_3)を放出し、さらに加熱すると<u>酸素</u>を発生する。 **危険性** ● 濃硫酸との接触で、<u>酸素</u>を発生する。

(9) 炭酸ナトリウム過酸化水素付加物

炭酸ナトリウム過酸化水素付加物とは、炭酸ナトリウム(Na_2CO_3)と過酸化水素(H_2O_2:第6類危険物)が2:3の比で結合した付加物。漂白剤や除菌剤、消臭剤などの生活に欠かせない商品に含まれる。

■炭酸ナトリウム過酸化水素付加物の特性

炭酸ナトリウム過酸化水素付加物 $2Na_2CO_3 \cdot 3H_2O_2$ 白色粒状	**性質** ● 比重 0.79 ● 水に溶かすと、炭酸ナトリウムと過酸化水素に分解する。さらに過酸化水素は、水と酸素に分解する。 ● 水溶液は<u>弱塩基</u>性である。 ● 特有の刺激臭がある。 **火災予防方法** ● 分解して酸素を発生するため、分解を促進する材質(鉄、銅、アルミニウムなどの金属)に保管しない。 ● 容器を密閉して保管しない。

[第1類危険物] 復習問題

問5 第1類危険物の性状として、次のうち誤っているものはどれか。
1. 不燃性の酸化性固体である。
2. 比重は1より大きいものが多い。
3. 水に溶けるものがある。
4. 水と反応して、可燃性ガスを発生しやすい。
5. 可燃物や酸化されやすい物質と混合すると、加熱等により爆発しやすい。

解説

4：「可燃性ガス」は誤り。水と作用する第1類危険物は、無機過酸化物に属するアルカリ金属の過酸化物で、発生するのは可燃性ガスではなく酸素と熱である。多くの第1類危険物は加熱によって酸素を発生する。
1～3、5：正しい。p.312参照。

答：4

問6 次の文の（　）内のA～Cに該当する語句として、次のうち正しい組合せはどれか。

「第1類危険物の火災を抑制するには、一般的には、（A）で冷却し酸化性物質を（B）以下とすればよい。ただし、（C）には、水と反応して発熱するものがあるので注意する必要がある。」

	A	B	C
1	大量の水	融点	アルカリ金属の過酸化物
2	大量の水	発火点	過マンガン酸塩類
3	大量の水	分解温度	アルカリ金属の過酸化物
4	二酸化炭素消火器	分解温度	硝酸塩類
5	泡消火器	発火点	アルカリ金属の過酸化物

解説

第1類危険物の火災が発生した場合、一般には、大量の水で冷却し、酸化性物質を分解温度以下に下げる消火方法が適切である。ただし、無機過酸化物に属するアルカリ金属の過酸化物は、水と反応して熱と酸素を発生するた

め、注水による消火は避ける。アルカリ金属の過酸化物やアルカリ土類金属の過酸化物の火災が発生した場合は、乾燥砂などを用いる。

選択肢1〜5のうち、これに当てはまる組合せは**3**。p.313参照。　　答：3

問7 過酸化ナトリウムについて、次のうち誤っているものはどれか。
1. 純粋なものは白色であるが、通常は黄白色の粉末である。
2. 水と作用して熱と酸素を発生し、水酸化ナトリウムを生ずる。
3. 約660℃で分解し、酸素を発生する。
4. 乾燥状態で保管する。
5. 容器は密栓せず、ガス抜き口を設ける。

解説

5：誤り。過酸化ナトリウムのようなアルカリ金属の過酸化物は、水と反応して熱と酸素を発生するため、水分が浸入しないように、容器を密栓して貯蔵する。

1〜4：正しい。p.318参照。　　答：5

問8 硝酸塩類について、次のうち誤っているものはどれか。
1. 無色の結晶で、水によく溶ける。
2. 硝酸塩類は、強酸と混合すると爆発の危険性がある。
3. 硝酸カリウムは、約400℃で分解しはじめ、酸素を発生する。
4. 硝酸ナトリウムは、潮解性を有し、反応性は硝酸カリウムより強い。
5. 硝酸アンモニウムは、水に溶けるとき熱を吸収する。

解説

4：「硝酸カリウムより強い」は誤り。硝酸ナトリウムは、硝酸カリウムよりも反応性が弱く、危険性は劣る。

1〜3、5：正しい。p.312、p.321〜322参照。

なお、選択肢2については、第1類危険物の塩類に共通する危険性で、強酸と混合すると不安定な酸化性の酸が遊離される。　　答：4

2-2 第2類危険物

　第2類危険物とは、消防法別表第一の第2類の品名欄に掲げてある、**可燃性固体**の性状を有する物品を指す。
　可燃性固体とは、火炎による着火の危険性を判断する試験において一定の性状を示す固体か、引火の危険性を判断する試験において引火性を示す固体をいう（⇨ p.23）。

● 第2類危険物に共通する特性

　§1で解説したように、第2類危険物は、火炎によって**着火**しやすく、または比較的低温で**引火**しやすい危険物で、着火すると燃焼速度が**速い**ため、消火は困難である。
　第2類危険物には、酸化されやすい**還元性物質**が多く、酸化性を有する物質との接触・混合は危険性が高くなる。また、粉塵爆発（⇨ p.274）を起こしたり、空気中の湿気により自然発火（⇨ p.273）するものもある。
　第2類危険物に共通する性質・危険性、火災予防上の貯蔵・取扱い方法、消火方法は、以下の通り。

■第2類危険物に共通する特性（その1）

共通する性質・危険性	● いずれも可燃性の固体である。 ● ほとんどが比重は1より**大きい**。 ● 一般に、水には**溶けない**。 ● 酸化されやすく、燃えやすい。 ● 着火しやすく、**燃焼**が速い。 ● 水などと作用して**可燃性ガス**を発生するものがある。 ● 燃焼によって**有毒ガス**を発生するものがある。 ● 一般に、**酸化剤**との接触、混合により爆発する危険性がある。 ● 空気中の湿気により**自然発火**するものがある。 ● 微粉状の物質は、**粉塵爆発**を起こす危険性が高い。

■第2類危険物に共通する特性（その2）

共通する 火災予防方法	● 酸化剤との接触、混合を避ける（第1類や第6類危険物との混合は爆発の危険性がある）。 ● 加熱を避ける。 ● 炎や高温体との接近を避ける。 ● 一般に、吸湿しないよう、容器は密栓して冷暗所に貯蔵する。 ● 鉄粉、金属粉（アルミニウム粉、亜鉛粉）、マグネシウムまたはこれらのいずれかを含有するものは、水または酸との接触を避ける。 ● 自然発火しやすい物質は、湿気に注意する。 ● 引火性固体は、蒸気を発生させないように注意する。 **粉塵爆発のおそれがある場合** ● 火気を近づけない。 ● その濃度を爆発範囲（⇨ p.269）未満に抑えるため、換気を十分に行う。 ● 静電気（⇨ p.193）の蓄積を防止する。 ● 電気設備は防爆構造（⇨ p.192）とする。 ● 粉塵を扱う装置類には、不燃性ガスを封入する。 ● 粉塵の堆積を防止する。

共通する 消火方法	水との接触で、有毒で可燃性の硫化水素（H₂S）を生じる硫化りんの消火方法	● 乾燥砂、不燃性ガス ● 注水は厳禁
	水素を発生する鉄粉、金属粉（アルミニウム粉、亜鉛粉）、マグネシウムまたはこれらを含有するものの消火方法	● 乾燥砂など、または金属火災用粉末消火剤 ● 注水は厳禁 ● 金属は燃焼時に高温となって二酸化炭素と反応するため、二酸化炭素消火剤は使用できない。
	赤りん、硫黄など、上記以外の物質の消火方法	● 水、強化液、泡などの水系消火剤 ● 乾燥砂など
	引火性固体の消火方法	● 窒息効果のある、泡、ハロゲン化物、二酸化炭素、粉末の消火剤

攻略

- 第2類危険物は可燃性固体。
- 酸化されやすい還元性物質が多い（第1類や第6類危険物との接触、混合は危険）。
- 第2類危険物の消火には、水系消火剤が有効なものと、注水厳禁のものがある。

第2類危険物の物品と性質の比較

第2類危険物に属する物品と、水や酸などと作用して発生するガスや燃焼生成物を次の表に掲げる。

■第2類危険物の品名・物質名など

品　名	主な物質名	発生するガスとその条件	燃焼生成物
硫化りん	三硫化りん(P_4S_3)	硫化水素：水または熱水	二酸化硫黄と五酸化二りん
	五硫化りん(P_2S_5)		
	七硫化りん(P_4S_7)		
赤りん	赤りん(P)	−	五酸化二りん (昇華点360℃)
硫黄	硫黄(S)	−	二酸化硫黄
鉄粉	鉄粉(Fe)	水素：希酸	酸化鉄
金属粉	アルミニウム粉(Al)	水素：水、酸またはアルカリ	酸化アルミニウム
	亜鉛粉(Zn)	水素：水、酸またはアルカリ	酸化亜鉛
マグネシウム	マグネシウム(Mg)	水素：熱水、希酸	酸化マグネシウム
引火性固体	固形アルコール	可燃性蒸気：常温	主に二酸化炭素と水
	ゴムのり		
	ラッカーパテ		

第2類危険物の中で、粉塵爆発や自然発火を起こす物質を次の表に掲げる。

■粉塵爆発や自然発火を起こす物質

粉塵爆発	自然発火
●赤りん(P) ●粉末状の硫黄(S) ●鉄粉(Fe) ●アルミニウム粉(Al) ●亜鉛粉(Zn) ●マグネシウム(Mg)	●三硫化りん(P_4S_3) ●五硫化りん(P_2S_5) ●七硫化りん(P_4S_7) ●赤りん(P) ●鉄粉(Fe) ●アルミニウム粉(Al) ●亜鉛粉(Zn) ●マグネシウム(Mg)

第2類危険物に属する物品の特性

第2類危険物に共通する特性をしっかり踏まえた上で、次に第2類に属する物品の特性を個々に解説する。

各物質の危険性や火災予防方法については、第2類に共通する方法以外のものを掲げた。

● 硫化りん　[指定数量 100kg]

硫化りんは、りん（P）と硫黄（S）の化合物である。水または熱水と反応して分解し、有毒で可燃性の<u>硫化水素ガス</u>（H_2S）を発生するため、水分との接触を避けて貯蔵する必要がある。

また、酸化剤や金属粉と混合すると<u>自然発火</u>の危険性があるため、酸化剤や金属粉との接触を避けて貯蔵する。

燃焼によって有毒な<u>二酸化硫黄</u>（亜硫酸ガス：SO_2）と<u>五酸化二りん</u>（無水りん酸：P_2O_5）を発生するため、消火の際は注意が必要である。

硫化りんに属する主な物質には、りんと硫黄の組成比により、**三硫化りん**、**五硫化りん**、**七硫化りん**がある。

■硫化りんに属する主な物質の特性（その1）

三硫化りん P_4S_3 黄色の結晶	**性質** ● 比重 2.03　● 融点 172.5℃　● 沸点 407℃　● 発火点 100℃ ● 水には<u>溶けないが</u>、二硫化炭素、ベンゼンには<u>溶ける</u>。 **危険性** ● <u>熱水</u>に反応して分解し、有毒かつ可燃性の<u>硫化水素</u>を発生する。 ● 燃焼すると、<u>二酸化硫黄</u>と<u>五酸化二りん</u>を生じる。 ● 摩擦熱や炎によって、発火する危険性がある。 ● 酸化剤や金属粉との混合により、<u>自然発火</u>の危険性がある。

■硫化りんに属する主な物質の特性（その2）

五硫化りん P_2S_5 淡黄色の結晶	**性質** ● 比重 2.09　● 融点 290.2℃　● 沸点 514℃ ● 二硫化炭素に溶ける。 **危険性** ● 水に反応して分解し、有毒かつ可燃性の硫化水素を発生する。 ● 燃焼すると、二酸化硫黄と五酸化二りんを生じる。 ● 酸化剤や金属粉との混合により、自然発火の危険性がある。
七硫化りん P_4S_7 淡黄色の結晶	**性質** ● 比重 2.19　● 融点 310℃　● 沸点 523℃ ● 二硫化炭素にはわずかに溶ける。 **危険性** ● 冷水には徐々に、熱水には速やかに反応して分解し、有毒かつ可燃性の硫化水素を発生する。 ● 燃焼すると、二酸化硫黄と五酸化二りんを生じる。 ● 強い摩擦で発火の危険性がある。 ● 酸化剤や金属粉との混合により、自然発火の危険性がある。
共通する 消火方法	● 乾燥砂や不燃性ガスを用いる。 ● 注水は厳禁。

攻略

- 硫化りんは、水や熱水と反応して分解し、硫化水素を発生する。
- 硫化りんは、燃焼すると二酸化硫黄と五酸化二りんを生じる。
- 硫化りんの消火には、乾燥砂や不燃性ガスを用いる。

● 赤りん ［指定数量 100kg］

　赤りんとは、黄りん（P：第3類危険物）を窒素中で、250℃くらいに数時間熱して生成される、黄りんの同素体（⇨ p.201）である。黄りんに比べて比較的安定しているが、不良品によっては、黄りんを含んだものがあり、自然発火することがある。

　赤りんの消火に当たっては、燃焼により五酸化二りんが生じるため、注意が必要である。

■赤りんの特性

赤りん　P 赤褐色の粉末	**性質** ● 比重 2.1〜2.3　● 発火点 260℃ ● 常圧で加熱すると、約 400℃で昇華する。 ● 水にも二硫化炭素にも溶けない。 ● 無臭、無毒。 ● マッチの原料。 **危険性** ● 260℃で発火して燃焼すると、腐食性の酸化りん（五酸化二りん（無水りん酸：P_2O_5））になる。 ● 黄りんを含んだ不良品は、自然発火する危険性がある。 ● 粉塵爆発を起こす危険性がある。 **火災予防方法** ● 特に塩素酸塩との混合には注意が必要。 **消火方法** ● 水や強化液、泡などの水系消火剤を用いる。

攻略

- 赤りんは、約 400℃で昇華する。
- 赤りんは、燃焼すると五酸化二りんになる。
- 赤りんは、粉塵爆発を起こす。
- 赤りんの消火には、水系消火剤を用いる。

硫黄　[指定数量 100kg]

硫黄は、硫化水素(H_2S)を原料に製造される物質で、主な同素体には、斜方硫黄、単斜硫黄、ゴム状硫黄などがある。

硫黄は工業的に重要な元素で、硫酸、ゴムなどの製造に広く利用されており、黒色火薬の原料でもある。

石油精製時に生じる硫化水素からつくられる硫黄には、微量の硫化水素が含まれることもあり、輸送や貯蔵には注意を要する。

硫黄は出題率の高い物質である。静電気を発生する、粉塵爆発を起こすなどといった危険性の他に、火災予防上の貯蔵方法や消火方法はしっかり覚えておく必要がある。

■硫黄の特性

硫黄　S 黄色の固体 （斜方硫黄：黄色、単斜硫黄：淡黄色、ゴム状硫黄：褐色）	**性質** ● 比重約2　● 融点約115℃（比重と融点は同素体により異なる） ● 沸点445℃　● 発火点約360℃ ● 水には溶けないが、二硫化炭素に溶ける。 ● エタノール、ジエチルエーテル、ベンゼンにわずかに溶ける。 ● 黒色火薬、硫酸の原料。 **危険性** ● 燃焼すると、有毒な二酸化硫黄（亜硫酸ガス：SO_2）を発生する。 ● 粉末状の硫黄は、粉塵爆発を起こす危険性がある。 ● 電気の不良導体で、摩擦によって静電気を発生する。 ● 融点が低いため、燃焼の際は加熱により液化して流動し、被害が拡大する危険性がある。 **火災予防方法** ● 粉末状の硫黄は、2層以上のクラフト紙袋または麻袋で貯蔵できる。 ● 塊状（かいじょう）の硫黄は、麻袋やわら袋（かます、俵）などで貯蔵できる。 **消火方法** ● 流動を防ぐため、土砂などで覆い、水、泡などの水系消火剤を用いる。 ● 水を用いて消火する場合は、霧状に噴霧する方法が適切。棒状注水は、流動している硫黄を飛散させるため使用しない。

攻略

- 硫黄は、燃焼すると二酸化硫黄を発生する。
- 硫黄は電気の不良導体で、摩擦によって静電気を発生する。
- 粉末状の硫黄は、粉塵爆発を起こす。
- 硫黄は、麻袋などで貯蔵できる。
- 硫黄の消火には、水系消火剤を用いるが、棒状注水は使用しない。

● 鉄粉　[指定数量 500kg]

　消防法上の鉄粉（てっぷん）とは文字通り鉄の粉のことであるが、目開きが53μm（マイクロメートル）の網ふるいを通過するものが50％未満のものは、鉄粉から除外される（⇨ p.23）。

　鉄のかたまりは、熱の良導体であるため、加熱してもやけどを除けば危険性はないが、鉄粉は、全体の体積に対する表面積の割合が増え、酸化熱（⇨ p.273）が

大きくなって燃焼が起こりやすい。また、隙間に空気を含んでいると見かけの<u>熱伝導率</u>（⇨ p.176）が小さくなり、容易に蓄熱して自然発火しやすい。

■鉄粉の特性

鉄粉　Fe 灰白色の粉末	**性質** ● 比重 7.9　● 融点 1,535℃　● 沸点 2,750℃ ● 水、アルカリには<u>溶けない</u>。 ● 燃焼すると酸化鉄（Fe_2O_3）になる。 **危険性** ● <u>希酸</u>に溶けて<u>水素</u>を発生する。 ● 加熱、打撃、火との接触により発火する危険性がある。 ● 油分が染みた切削屑などは、<u>自然発火</u>する危険性がある。 ● 空気中に飛散すると、<u>粉塵爆発</u>を起こす危険性がある。 **消火方法** ● <u>乾燥砂</u>など、または<u>金属火災用粉末消火剤</u>を用いる。

攻略

- 鉄粉は、希酸に溶けて水素を発生する。
- 鉄粉は、油が染みた切削屑などで自然発火する。
- 鉄粉の消火には、乾燥砂または金属火災用粉末消火剤を用いる。

金属粉　[第1種可燃性固体：指定数量 100kg]

消防法上、第2類危険物に属する金属粉とは、アルカリ金属およびアルカリ土類金属（第3類危険物）、鉄、マグネシウム以外の金属の粉を指す。ただし銅粉、ニッケル粉および目開きが 150μm の網ふるいを通過するものが 50％未満のものは、金属粉から除外される（⇨ p.23）。

金属は一般に、火災危険の対象とされていない。これは、金属が熱の良導体であるため酸化熱が蓄積されにくいこと、酸化が表面に限られ内部までは及ばないことからである。しかし、<u>粉状</u>の金属は、鉄粉と同様に表面積の割合が増えて燃焼が起こりやすくなったり、見かけの<u>熱伝導率</u>が小さくなったりして自然発火しやすい。

金属粉に属する主な物質には、**アルミニウム粉**、**亜鉛粉**がある。

■金属粉に属する主な物質の特性

アルミニウム粉 Al 銀白色(ぎんはくしょく)の粉末	**性質** ● 比重 2.7　● 融点 660℃　● 沸点約 2,500℃ ● 水に溶けない。 ● 燃焼すると、酸化アルミニウム（Al_2O_3）になる。 **危険性** ● 水、アルカリ水溶液（水酸化ナトリウム）、酸（塩酸、硫酸など）と反応して水素を発生する。 ● 着火が容易で、すぐに激しく燃焼する。 ● 空気中の水分と反応して自然発火する危険性がある。 ● 微粉状のものは、粉塵爆発を起こす危険性がある。
亜鉛粉　Zn 灰青色(かいせいしょく)の結晶	**性質** ● 比重 7.1　● 融点 419.5℃　● 沸点 907℃ ● 水に溶けない。 ● 硫黄を混合して加熱すると硫化亜鉛（ZnS）を生成する。 ● 燃焼すると、酸化亜鉛（ZnO）を発生する。 ● 空気中では、湿気で酸化されて灰白色の酸化亜鉛の被膜を生成するため、灰青色には見えない。 **危険性** ● 常温でも空気中の水分、酸、アルカリと反応して水素を発生する。 ● その他は、アルミニウム粉に同じであるが、危険性は若干低い。
共通する 消火方法	● 乾燥砂など、または金属火災用粉末消火剤を用いる。

攻略

- 金属粉は、水、酸、アルカリと作用して水素を発生する。
- 金属粉は、水分と反応して自然発火する。
- 金属粉の消火には、乾燥砂または金属火災用粉末消火剤を用いる。

● マグネシウム　［第1種可燃性固体：指定数量 100kg］

　マグネシウムは、カルシウムやバリウム（第3類危険物）と性質が異なるため、一般にはアルカリ土類金属には含まれない。消防法上、目開きが2mmの網ふるいを通過しない塊状のもの、直径が2mm以上の棒状のものはマグネシウムから除外される（⇨ p.23）。

　粉末やフレーク状のマグネシウムは、鉄粉や金属粉と同様に、燃焼や自然発火

の危険性が高くなる。

■マグネシウムの特性

マグネシウム Mg 銀白色の金属結晶	**性質** ● 比重 1.7　● 融点 650℃　● 沸点 1,105℃ ● 水、アルカリ溶液に溶けない。 ● 湿った空気中では速やかに酸化され、光沢を失って鈍い色になる。 ● 乾燥した空気中では、表面が薄い酸化膜で覆われるため、酸化は進行しない。 **危険性** ● 熱水や希酸に溶けて、水素を発生する。 ● 点火すると、白光を放って激しく燃焼して酸化マグネシウム（MgO）になる。 ● 粉末やフレーク状のものは、表面積が大きくなるため危険性が高い。 ● 空気中の湿気の吸収により発熱し、自然発火する。 ● 微粉状のものは、粉塵爆発を起こす危険性がある。 **消火方法** ● 乾燥砂など、または金属火災用粉末消火剤を用いる。

攻略
- マグネシウムは、熱水や希酸に溶けて水素を発生する。
- マグネシウムは、燃焼すると酸化マグネシウムを生じる。
- マグネシウムは、空気中の湿気により自然発火する。
- マグネシウムの消火には、乾燥砂または金属火災用粉末消火剤を用いる。

引火性固体　[指定数量 1,000kg]

　引火性固体とは、1気圧において引火点が40℃未満のものと、消防法上で定められている（⇨ p.23）。合成樹脂や生ゴムなどの高分子化合物（⇨ p.261）を引火性液体（溶剤）に溶かした工業製品や、アルコールなどの燃料を凝固剤で固めた固形燃料などがある。

　引火性固体には、常温でアルコール、ベンゼンなどの可燃性蒸気を発生し、蒸発した引火性成分に引火して燃焼する危険性がある。

　引火性固体に属する主な物質には、**固形アルコール、ゴムのり、ラッカーパテ**がある。

■引火性固体に属する主な物質の特性

固形アルコール 乳白色の寒天状	**性質** ● メタノールまたはエタノールを凝固剤で固めたもの。 ● 密閉しないとアルコール分が蒸発する。 ● 燃焼すると、二酸化炭素（CO_2）と水になる。 ● 携帯用の固形燃料として用いられる。 **危険性** ● 40℃未満の常温でも可燃性蒸気を発生する。
ゴムのり のり状の固体	**性質** ● 生ゴムをベンジン、ベンゼンなどの石油系溶剤などに溶かして製造される。 ● 水には溶けない。 ● 粘着性が強い。 ● タイヤのパンク修理やゴム製品の接着に用いられる。 **危険性** ● 常温以下（引火点が10℃以下）で可燃性蒸気を発生する。 ● 蒸気を吸入すると、頭痛やめまい、貧血を起こすことがある。 **火災予防方法** ● 直射日光を避ける。
ラッカーパテ ペースト状の固体	**性質** ● 比重約1.40　● 引火点約10℃　● 発火点約480℃ ● 燃焼範囲 1.3〜7.0vol％程度 ● ニトロセルロース、トルエン、酢酸ブチルなどからつくられる。 ● 下地塗料として用いられる。 **危険性** ● 常温以下で可燃性蒸気を発生する。 ● 蒸気が滞留すると爆発することがある。 ● 蒸気の吸入により、有機溶剤中毒を起こすことがある。 **火災予防方法** ● 直射日光を避ける。
共通する 消火方法	● 泡、ハロゲン化物、二酸化炭素、粉末の消火剤を用いる。

攻略

- 引火性固体とは、引火点が40℃未満のもののこと。
- 引火性固体は、常温でも可燃性蒸気を発生し、引火する危険性がある。
- 引火性固体は、引火性成分を蒸発させないよう容器は密栓して貯蔵する。
- 引火性固体の消火には、泡、ハロゲン化物、二酸化炭素、粉末の消火剤を用いる。

[第2類危険物] 復習問題

問9　第2類危険物の性状として、次のうち正しいものはどれか。
1. 引火性のあるものはない。
2. 水と接触して有毒ガスを発生させるものはあるが、可燃性ガスを発生させるものはない。
3. 酸にもアルカリにも溶けて酸素を発生するものがある。
4. 燃焼すると有毒な硫化水素を発生するものがある。
5. 酸化剤と接触又は混合すると、爆発する危険性がある。

解説

1：誤り。固形アルコールのように引火性を有する引火性固体が含まれる。
2：「可燃性ガスを発生させるものはない」は誤り。硫化りんのように、水や熱水と接触して有毒で可燃性の硫化水素ガスを発生するものがある。
3：「酸素」は誤り。金属粉に属するアルミニウム粉や亜鉛粉は、酸にもアルカリにも溶けて水素を発生する。
4：「燃焼」は誤り。硫化水素は、硫化りんと水や熱水との反応生成物である。
5：正しい。第2類危険物は還元性を有しているため、酸化剤と接触・混合すると、爆発する危険性がある。p.333参照。　　　　　　　答：5

問10　硫化りんの性状として、次のうち誤っているものはどれか。
1. いずれも黄色又は淡黄色の固体である。
2. 加熱すると約400℃で昇華する。
3. 加水分解すると、可燃性ガスを発生する。
4. 燃焼すると有毒なガスが発生する。
5. 金属粉との混合により、自然発火の危険性がある。

解説

2：「昇華する」は誤り。硫化りんは常圧では昇華しない。第2類危険物の中で、約400℃で昇華する物質は赤りんである。
1、3～5：正しい。p.336～337参照。　　　　　　　答：2

問11 硫黄を貯蔵する場合の火災予防として、次のうち誤っているものはどれか。
1. 粉末状の硫黄は、粉じん爆発を起こす危険性があるため、無用な粉じんのたい積を防止する。
2. 静電気対策を実施する。
3. 酸化剤と混ぜると加熱、衝撃で発火する危険があるため、酸化剤との接触又は混合を防止する。
4. 容器は密栓して、通風及び換気のよい冷暗所に貯蔵する。
5. 融点が低く、燃焼時に流出するおそれがあるため、金属容器以外のものには貯蔵しない。

解説

5：「金属容器以外のもの」は誤り。塊状の硫黄は麻袋やわら袋などに、粉末状の硫黄は2層以上のクラフト紙袋や麻袋に詰めて貯蔵できる。
1〜4：正しい。p.334、p.339 参照。　　　　　　　　　　　　　　　答：5

問12 鉄粉について、次のうち誤っているものはどれか。
1. 目開きが53μmの網ふるいを通過するものが50％未満のものは、危険物から除外される。
2. 酸化剤である。
3. 水酸化ナトリウム水溶液にはほとんど溶けないが、希塩酸に溶けて水素を発生する。
4. 油がしみ込んだ切削屑などは自然発火しやすい。
5. 着火した場合は、乾燥砂や膨張真珠岩（パーライト）で覆って窒息消火する。

解説

2：「酸化剤」は誤り。鉄粉を含めた第2類危険物はそれ自体に還元性があり、還元剤として働く。したがって、酸化剤と混合すると加熱、衝撃などにより爆発する危険性がある。
1、3〜5：正しい。p.339〜340 参照。　　　　　　　　　　　　　　　答：2

2-3 第3類危険物

　第3類危険物とは、消防法別表第一の第3類の品名欄に掲げてある、**自然発火性**および**禁水性**の性質を有する、**液体**または**固体**を指す。
　自然発火性物質および禁水性物質とは、空気中での発火の危険性を判断する試験において一定の性状を示すか、または水と接触して発火もしくは可燃性ガスを発生する危険性を判断する試験において一定の性状を示す液体または固体をいう（⇨ p.23 〜 24）。

● 第3類危険物に共通する特性

　自然発火性物質とは、空気との接触における酸化反応によって**自然発火**の危険性を有する物質を指し、**禁水性物質**とは、水と接触して発火したり、**可燃性ガス**を発生したりする危険性を有する物質を指す。
　第3類危険物は、第5類危険物と並んで危険性の高い物質が多い。これは、指定数量（⇨ p.28）が少なく指定されていることからも明らかである。

　第3類危険物に共通する性質・危険性、火災予防上の貯蔵・取扱い方法、消火方法は、以下の通り。

■第3類危険物に共通する特性（その1）

共通する性質・危険性	● ほとんどが可燃性の液体または固体であるが、**不燃性**のものもある。 ● 空気や水と接触するだけで、**発火**の危険性がある。 ● 禁水性物質においては、空気中の水分と反応して**自然発火**することがある。 ● ほとんどが**自然発火性**および**禁水性**の両方を有している。 ● **黄りん**のように、自然発火性のみを有している物質もある。 ● **リチウム**のように、禁水性のみを有している物質もある。 ● 可燃性のものは**還元性**を有しているため、**酸化剤**との接触、混合は発火や爆発の危険性がある。

■第3類危険物に共通する特性（その2）

共通する 火災予防方法	●**自然発火性物質**は、空気との接触を避ける。 ●**自然発火性物質**は、炎、火花、高温体との接触や加熱を避ける。 ●**禁水性物質**は、水との接触を避ける。 ●酸化剤との接触や混合を避ける（第1類や第6類危険物との混合は爆発の危険性がある）。 ●容器の破損や腐食に注意する。 ●容器は密封して冷暗所に貯蔵する。 ●貯蔵に当たって、保護液中に保存するものがある。 ●保護液に保存されている物質は、保護液から危険物が露出しないようにし、保護液の減少や温度などに注意する。	
共通する 消火方法	●すべての第3類危険物に有効な消火方法	●乾燥砂、膨張ひる石（バーミキュライト）、膨張真珠岩（パーライト）
	●禁水性物質の消火方法	●炭酸水素塩類を用いた粉末消火剤、またはこれらの物品の消火のためにつくられた粉末消火剤 ●水、泡などの水系消火剤は使用厳禁
	●黄りんのように、自然発火性のみを有する物質の消火方法	●水、強化液、泡などの水系消火剤

　第3類危険物には、ハロゲン化物や二酸化炭素と激しく反応するものがあるため、ハロゲン化物消火剤や二酸化炭素消火剤のような不燃性ガスの消火剤は使用できない。

　第3類危険物の消火方法には、すべてに共通して有効な方法と、性質によって異なる方法があることをしっかり覚えておこう。

攻略

- 第3類危険物は一般に、可燃性の液体または固体。
- 第3類危険物のほとんどは、自然発火性と禁水性を有する。
- 貯蔵・取扱いに当たっては、水または空気との接触を避ける。
- 保護液などに保存するものがある。
- すべての第3類危険物に有効な消火方法は、乾燥砂などである。

第3類危険物の物品と性質の比較

　第3類危険物に属する物品と、水と作用して発生するガスや、保護液の種類を次の表に掲げる。

■第3類危険物の品名・物質名など

品　名	主な物質名	水と作用して発生するガス	保護液など
カリウム	カリウム(K)	水素	灯油
ナトリウム	ナトリウム(Na)	水素	灯油
アルキルアルミニウム	トリエチルアルミニウム（$(C_2H_5)_3Al$）	エタン	不活性ガス*
	ジエチルアルミニウムクロライド（$(C_2H_5)_2AlCl$）		
	エチルアルミニウムジクロライド（$C_2H_5AlCl_2$）		
	エチルアルミニウムセスキクロライド（$(C_2H_5)_3Al_2Cl_3$）		
アルキルリチウム	ノルマルブチルリチウム（C_4H_9Li）	ブタン	不活性ガス
黄りん	黄りん(P)	－	水
アルカリ金属（カリウムおよびナトリウムを除く）およびアルカリ土類金属	リチウム(Li)	水素	灯油
	カルシウム(Ca)		
	バリウム(Ba)		
有機金属化合物（アルキルアルミニウムおよびアルキルリチウムを除く）	ジエチル亜鉛（$Zn(C_2H_5)_2$）	エタン	不活性ガス
金属の水素化物	水素化ナトリウム(NaH)	水素	不活性ガスまたは鉱物油
	水素化リチウム(LiH)		
金属のりん化物	りん化カルシウム（Ca_3P_2）	りん化水素	－
カルシウムまたはアルミニウムの炭化物	炭化カルシウム（CaC_2）	アセチレン	－
	炭化アルミニウム（Al_4C_3）	メタン	－
その他のもので政令で定めるもの	塩化けい素化合物：トリクロロシラン（$SiHCl_3$）	塩化水素	－

＊不活性ガスとして希ガス元素のアルゴン(Ar)や反応性の低い窒素ガス（N_2）が用いられる。

水との反応式

前ページの表にあるように、第3類危険物で注意が必要なのは、水と激しく反応して可燃性のガスを発生することである。

禁水性の金属や化合物では、水と反応して<u>水酸化物</u>となり、水の水素が<u>還元</u>され気体の水素分子が生成することが共通している。また、その水酸化物は強い<u>塩基</u>性を示す（ただし、トリクロロシランは塩化水素を生じるため酸性を示す）。

第3類危険物と水との化学反応式・発生ガスは、以下の通り。

■第3類危険物と水との反応式

物　質	反応式・発生ガス
カリウム	$2K + 2H_2O \rightarrow 2KOH + H_2$　水素
ナトリウム	$2Na + 2H_2O \rightarrow 2NaOH + H_2$　水素
トリエチルアルミニウム	$(C_2H_5)_3Al + 3H_2O \rightarrow Al(OH)_3 + 3C_2H_6$　エタン （その他のアルキルアルミニウムの物質も同様。）
ノルマルブチルリチウム	$C_4H_9Li + H_2O \rightarrow LiOH + C_4H_{10}$　ブタン （ブタンはライターのガス。）
リチウム	$2Li + 2H_2O \rightarrow 2LiOH + H_2$　水素
カルシウム	$Ca + 2H_2O \rightarrow Ca(OH)_2 + H_2$　水素
バリウム	$Ba + 2H_2O \rightarrow Ba(OH)_2 + H_2$　水素
ジエチル亜鉛	$Zn(C_2H_5)_2 + 2H_2O \rightarrow Zn(OH)_2 + 2C_2H_6$　エタン
水素化ナトリウム	$NaH + H_2O \rightarrow NaOH + H_2$　水素
水素化リチウム	$LiH + H_2O \rightarrow LiOH + H_2$　水素
りん化カルシウム	$Ca_3P_2 + 6H_2O \rightarrow 3Ca(OH)_2 + 2PH_3$　りん化水素 （りん化水素は無色悪臭の有毒な可燃性ガス。）
炭化カルシウム	$CaC_2 + 2H_2O \rightarrow Ca(OH)_2 + C_2H_2$　アセチレン
炭化アルミニウム	$Al_4C_3 + 12H_2O \rightarrow 4Al(OH)_3 + 3CH_4$　メタン
トリクロロシラン	$SiHCl_3 + 3H_2O \rightarrow HSi(OH)_3 + 3HCl$　塩化水素 （塩化水素は不燃性であるが、腐食性のガス。）

試験対策では、危険物の化学式が与えられたら、反応式までかけることが望ましい。上の化学反応式は、危険性と直結するため重要度が高い。

第3類危険物に属する物品の特性

第3類危険物に共通する特性をしっかり踏まえた上で、次に第3類に属する物品の特性を個々に解説する。

各物質の危険性や火災予防方法については、第3類に共通する方法以外のものを掲げた。

● カリウム ［指定数量 10kg］

カリウムは、アルカリ金属（⇨ p.247）に属するが、消防法では、その危険性から独立した品名として掲げられている。カリウムは、有機化合物の合成に利用され、カリウムナトリウム合金が原子炉冷却剤などに利用される。

■カリウムの特性

カリウム　K 銀白色の軟らかい金属	**性質** ●比重 0.9　●融点 64℃　●沸点 774℃ ●高温で水素と反応し、水素化カリウム（KH）を生じる。 ●融点以上に熱すると、紫色の炎を出して燃える。 ●アルコールと反応して水素を発生する。 ●ハロゲン元素と激しく反応する。 ●吸湿性を有する。 ●金属材料を腐食する。 ●ナトリウムより、強い還元性を示す。 **危険性** ●水との反応性が強く、発熱して水素を発生し、発火、爆発する危険性がある。 ●長時間空気に触れると自然発火する。 ●腐食性があり、触れると皮膚をおかす。 **火災予防方法** ●乾燥した場所に貯蔵する。 ●保護液（灯油）中に小分けにして貯蔵する。 **消火方法** ●乾燥砂などが有効。 ●水系消火剤、ハロゲン化物消火剤は厳禁。

ナトリウム　[指定数量 10kg]

　ナトリウムは、カリウム同様、アルカリ金属に属するが、消防法では、その危険性から独立した品名として掲げられている。過酸化ソーダの製造や染料、医薬品などに利用される。ナトリウムの特性は、カリウムとほぼ同じであるが、燃焼したときの炎の色が異なり（⇨p.248「炎色反応」）、また、融点や沸点はナトリウムのほうが高く、反応性はナトリウムのほうがやや劣っている。

■ナトリウムの特性

ナトリウム Na 銀白色の軟らかい金属	**性質** ●比重 0.97　●融点 98℃　●沸点 883℃ ●融点以上に熱すると、黄色の炎を出して燃える。 ●アルコールと反応して水素を発生する。 ●ハロゲン元素と激しく反応する。 ●金属材料を腐食する。 ●カリウムとほぼ同じ性質を持つが、反応性はやや低い。 **危険性・火災予防方法・消火方法** ●カリウムに同じ。

攻略

- カリウムとナトリウムは、どちらも水と反応して水素を発生する。
- カリウムとナトリウムは、どちらも灯油中に小分けにして貯蔵する。
- 反応性は、カリウムよりナトリウムのほうが低い。

アルキルアルミニウム　[指定数量 10kg]

　アルキルアルミニウムとは、アルキル基（$-C_nH_{2n+1}$）（⇨p.259）がアルミニウム原子（Al）に1以上結合した化合物の総称。有機金属化合物の1つで、ハロゲン元素（⇨p.248）が結合しているものもある。また、有機金属化合物の中でも特に反応性が高く、注意が必要な危険物である。

　アルキルアルミニウムに属する主な物質には、**トリエチルアルミニウム、ジエチルアルミニウムクロライド、エチルアルミニウムジクロライド、エチルアルミニウムセスキクロライド**がある。

■アルキルアルミニウムに属する主な物質の特性

物質	特性	性質・危険性・火災予防方法・消火方法
トリエチルアルミニウム $(C_2H_5)_3Al$ 無色の液体	●比重 0.83 ●融点 -46℃ ●沸点 187℃	**性質** ●高温では不安定で、200℃付近でアルミニウム(Al)、エタン(C_2H_6)、エチレン(C_2H_4)、水素または塩化水素ガス(HCl)に分解する。 ●ベンゼン、ヘキサンなどの溶剤で希釈されたものは、純度の高いものと比べて反応性が低くなる。 ●空気または水との反応性は、アルキル基の炭素数およびハロゲン数が多いものほど低くなる。 **危険性** ●水と激しく反応し、アルキル基に由来するエタンを発生する。 ●水との接触により激しく反応して発火し、物質自体が飛散する。 ●ハロゲン化物と激しく反応し、有毒ガスを発生する。 ●空気中で速やかに酸化され、自然発火する。 ●皮膚に触れると、やけどをする。 ●燃焼時に白煙を出し、この白煙を多量に吸入すると、肺や気管に支障が起こる。 **火災予防方法** ●常に不活性ガスを封入して貯蔵する。 ●容器は、耐圧性のものを使用する。 ●容器の破損防止のため、安全弁、可溶栓をつける。 **消火方法** ●効果的な消火薬剤がなく、消火は困難。 ●ハロゲン化物消火剤、水系消火剤は厳禁。 ●二酸化炭素と反応するため、二酸化炭素消火剤も使用できない。
ジエチルアルミニウムクロライド $(C_2H_5)_2AlCl$ 無色の液体	●比重 0.97 ●融点 -74℃ ●沸点 214℃	
エチルアルミニウムジクロライド $C_2H_5AlCl_2$ 無色の結晶性固体	●比重 1.23 ●融点 32℃ ●沸点 194℃	
エチルアルミニウムセスキクロライド $(C_2H_5)_3Al_2Cl_3$ 無色の液体	●比重 1.10 ●融点 -21℃ ●沸点 212℃	

　アルキルアルミニウムの火災が発生した場合、火の勢いが弱いときは、粉末消火剤（炭酸水素塩類）で消火できる。ただし、りん酸塩類の粉末消火剤は、主成分であるりん酸アンモニウムが反応するため使用できない。

　火の勢いが強いときは、乾燥砂、膨張ひる石、膨張真珠岩などで流出を防ぎ、燃え尽きるまで監視することしかできない。

● アルキルリチウム　[指定数量 10kg]

　アルキルリチウムとは、アルキル基(C_nH_{2n+1})とリチウム原子(Li)が結合した化

合物の総称。アルキルアルミニウムと同様に反応性が高い有機金属化合物である。

アルキルリチウムに属する主な物質には、**ノルマルブチルリチウム**がある。

■ノルマルブチルリチウムの特性

ノルマルブチルリチウム C_4H_9Li 黄褐色の液体	**性質** ●比重 0.84　●融点 -53℃　●沸点 194℃ ●ジエチルエーテル、ベンゼン、ヘキサンに溶ける。 ●ベンゼン、ヘキサンなどの有機溶剤で希釈されたものは、純度の高いものと比べて反応性が低くなる。 **危険性** ●水、アルコール類、アミン類などと激しく反応し、可燃性のブタン(C_4H_{10})を発生する。 ●その他は、アルキルアルミニウムと同じ。 **火災予防方法・消火方法** ●アルキルアルミニウムに同じ。

攻略

- アルキルアルミニウムは、水と反応してエタンを発生する。
- アルキルアルミニウムの反応性は、アルキル基の炭素数およびハロゲン数が多いものほど低い。
- ノルマルブチルリチウムは、水、アルコール類などと反応してブタンを発生する。
- アルキルアルミニウムとノルマルブチルリチウムは、空気中で自然発火する。
- アルキルアルミニウムとノルマルブチルリチウムは、常に不活性ガスを封入して貯蔵する。
- アルキルアルミニウムとノルマルブチルリチウムには有効な消火方法はなく消火は困難であり、乾燥砂などを用いて流出を防ぐ。

● 黄りん　[指定数量 20kg]

黄りんは、りん鉱石、コークス、ケイ石などからつくられ、赤りん(P:第2類危険物)やりん化合物の原料となる物質。

第3類危険物の中で、自然発火性のみを呈する物質であるが、多くの物質と激しく反応するため、貯蔵の際は、他の物質と完全に隔離する必要がある。

貯蔵に当たっては、水中で貯蔵する。石油などの有機溶剤は水より酸素を多く溶解するため、黄りんの保護液としては使用できない。

■黄りんの特性

黄りん　P 白色または淡黄色のロウ状の固体	**性質** ● 比重 1.8　●融点 44℃　●沸点 281℃　●発火点約 50℃ ● 水に溶けないが、ベンゼン、二硫化炭素には溶ける。 ● 硝酸（HNO_3：第6類危険物）と反応して、りん酸（H_3PO_4）を生じる。 ● 暗所では青白色の燐光を発する。 ● ニラのような不快臭がする。 **危険性** ● 酸化されやすく、空気中に放置すると白煙を生じて自然発火し、腐食性のある五酸化二りん（無水りん酸：P_2O_5）になる。 ● 強アルカリ性水溶液と反応して、有毒で可燃性ガスのりん化水素ガス（PH_3）を発生する。　$P_4 + 4OH^- + 2H_2O \rightarrow 2HPO_3^{2-} + 2PH_3$ ● 酸化剤、ハロゲン元素、硫黄（S：第2類危険物）と激しく反応して発火、爆発する危険性がある。 ● ハロゲン化物と反応して有毒ガスを発生する。 ● 皮膚に触れると、やけどをすることがある。 ● 猛毒性を有し、内服により数時間で死亡（致死量 0.05g）する。 **火災予防方法** ● 水中（保護液）で貯蔵し、空気と絶対に接触させない。 ● 保護具を着用して扱う。 **消火方法** ● 燃焼の際の流動を防ぐため土砂をかけ、水で消火する。 ● 棒状注水や高圧注水は、流動している黄りんを飛散させ、さらに被害を拡大させる危険性があるため使用しない。 ● ハロゲン化物消火剤は使用できない。

攻略

- 黄りんは、燃焼すると五酸化二りんになる。
- 黄りんは、水中で貯蔵する。
- 黄りんの消火には、水系消火剤を用いるが、棒状注水、高圧注水は使用しない。

● アルカリ金属およびアルカリ土類金属
［第1種自然発火性物質および禁水性物質：指定数量 10kg］

　アルカリ金属のうちカリウムとナトリウムは個別の品名として掲げられ、この分類からは除かれている。ここで扱うアルカリ金属に属する主な物質には**リチウム**があり、アルカリ土類金属（⇨ p.247）に属する主な物質には、**カルシウム**、**バリウム**がある。アルカリ土類金属は、アルカリ金属ほど反応性が高くない。

■アルカリ金属およびアルカリ土類金属に属する主な物質の特性

アルカリ金属	リチウム Li 銀白色の金属結晶	**性質** ● 比重 0.5　● 融点 180℃　● 沸点 1,342℃ ● 固体単体の中で最も比重が小さい。 ● 固体金属の中で最も比熱が大きい。 ● 深赤色の炎を出して燃え、酸化リチウム（Li_2O）を生成する。 ● ハロゲン元素と反応してハロゲン化リチウムを生成する。 ● カリウム、ナトリウムより反応性は低い。 **危険性** ● 水との接触により、常温では少しずつ、高温では激しく反応して水素を発生する。 ● 融点以上で発火するが、粉末では常温でも発火する。
アルカリ土類金属	カルシウム Ca 銀白色の金属結晶	**性質** ● 比重 1.6　● 融点 845℃　● 沸点 1,494℃ ● 空気中で強熱すると橙色の炎を出して燃え、酸化カルシウム（生石灰：CaO）を生成する。 **危険性** ● 水との接触により、常温では少しずつ、高温では激しく反応し水素を発生する。
	バリウム Ba 銀白色の金属結晶	**性質** ● 比重 3.6　● 融点 727℃　● 沸点 1,850℃ ● カルシウム、ストロンチウム（Sr）と似た性質を示す。 ● 黄緑色の炎を出して燃え、酸化バリウム（BaO）を生成する。 ● 常温でハロゲン元素と反応してハロゲン化バリウムを生成する。 **危険性** ● 水とはストロンチウムより激しく反応して水素を発生し、水酸化バリウム（$Ba(OH)_2$）を生成する。
共通する火災予防・消火方法		**火災予防方法** ● 保護液（灯油など）中に貯蔵する。 **消火方法** ● 乾燥砂などが有効。 ● ハロゲン化物消火剤、水系消火剤は厳禁。

攻略

- リチウムは、金属中、最も比重が小さく、最も比熱が大きい。
- アルカリ金属とアルカリ土類金属は、どちらも水と反応して水素を発生する。
- アルカリ金属とアルカリ土類金属は、どちらも灯油などの保護液に貯蔵する。

有機金属化合物
[第1種自然発火性物質および禁水性物質：指定数量 10kg]

有機金属化合物とは、炭化水素基（⇨ p.259）などの炭素原子が直接金属原子と結合した化合物のことで、試薬、触媒などに利用されている。

有機金属化合物のうちアルキルアルミニウムとアルキルリチウムは個別の品名として掲げられ、この分類からは除かれている。ここで扱う有機金属化合物に属する主な物質には、ジエチル亜鉛がある。

■ジエチル亜鉛の特性

ジエチル亜鉛 $Zn(C_2H_5)_2$ 無色の液体	**性質** ● 比重 1.21　● 融点 -30℃　● 沸点 118℃ ● ジエチルエーテル、ベンゼンに溶ける。 **危険性** ● <u>水</u>、アルコール、酸と激しく反応して、可燃性の<u>エタン</u>（C_2H_6）を発生する。 ● <u>ハロゲン化物</u>と激しく反応し、有毒ガスを発生する。 ● 空気中で容易に酸化されて<u>自然発火</u>する。 **火災予防方法** ● 常に<u>不活性ガス</u>を封入して貯蔵する。 **消火方法** ● 乾燥砂など、<u>粉末消火剤</u>を用いる。 ● 水系消火剤、ハロゲン化物消火剤は厳禁。

攻略
- ジエチル亜鉛は、水などと激しく反応してエタンを発生する。
- ジエチル亜鉛は、常に不活性ガスを封入して貯蔵する。
- ジエチル亜鉛の消火には、粉末消火剤を用いる。

金属の水素化物
[第2種自然発火性物質および禁水性物質：指定数量 50kg]

水素化物とは、水素と他の元素との2種類の元素を含む二元化合物のことで、メタン（CH_4）やアンモニア（NH_3）のような分子状化合物と、ここで扱う金属の水素化物に分けることができる。金属の水素化物は、もとの金属と似た性質を持っ

ている。また、水素原子が水素イオン（H⁺）ではなく、水素化物イオン（H⁻）の状態になっているため、**還元性**が強い。

金属の水素化物に属する主な物質には、**水素化ナトリウム**、**水素化リチウム**がある。水素化ナトリウムや水素化リチウムは、塩類似水素化物（えんるいじすいそかぶつ）と呼ばれ、塩が油に溶けないように**有機溶媒**には溶けない。

■金属の水素化物に属する主な物質の特性

水素化ナトリウム NaH 灰色の結晶	**性質** ● 比重 1.40　● 融点 800℃ ● **還元性**が強い。 ● 高温で**ナトリウム**と**水素**に分解する。 ● 酸素とは 230℃以上で反応する。 ● **ベンゼン**、**二硫化炭素**などの有機溶媒には溶けない。 ● 乾燥した空気中では安定している。 ● 空気に触れないよう鉱物油中に 60％程度で分散させたものが市販されている。 **危険性** ● 湿った空気で分解し、**水**と激しく反応して**水素**と熱を発生し、**自然発火**する危険性がある。 ● **有毒**である。
水素化リチウム LiH 白色の結晶	**性質** ● 比重 0.82　● 融点 680℃ ● 高温で**リチウム**と**水素**に分解する。 ● その他は、水素化ナトリウムに同じ。 **危険性** ● 水素化ナトリウムに同じ。
共通する火災予防・消火方法	**火災予防方法** ● **不活性ガス**を封入、または**鉱物油**中で貯蔵する。 **消火方法** ● **乾燥砂**などが有効。 ● 水系消火剤は厳禁。

攻略

- 金属の水素化物は、強い還元性を有する。
- 金属の水素化物は、水と反応して水素を発生する。
- 金属の水素化物は、不活性ガスを封入するか、鉱物油中で貯蔵する。

金属のりん化物
[第2種自然発火性物質および禁水性物質：指定数量 50kg]

金属のりん化物とは、りん（P）と金属元素からなる化合物のこと。このうち、アルカリ金属やアルカリ土類金属のりん化物は、水と激しく反応するため、第3類危険物に分類されている。

金属のりん化物に属する主な物質には、**りん化カルシウム**がある。

■りん化カルシウムの特性

りん化カルシウム Ca_3P_2 ［別名：りん化石灰］ 暗赤色の塊状固体または粉末	**性質** ● 比重 2.51　● 融点 1,600℃ ● アルカリには溶けない。 ● 不燃性である。 **危険性** ● 水や弱酸と作用して分解し、りん化水素（PH_3）を発生する。 ● りん化水素は、有毒で悪臭のある可燃性ガスである。 ● 火災により、刺激性、腐食性の五酸化二りん（無水りん酸：P_2O_5）を発生する。 **火災予防方法** ● 乾燥した場所に貯蔵する。 **消火方法** ● 乾燥砂を用いる以外、ほとんど効果がない。

攻略

- りん化カルシウムは、不燃性である。
- りん化カルシウムは、水や弱酸と作用してりん化水素を発生する。
- りん化カルシウムは、火災によって腐食性の五酸化二りんを発生する。

カルシウムまたはアルミニウムの炭化物
[第2種自然発火性物質および禁水性物質：指定数量 50kg]

炭化物とは、炭素と陽性元素（電気陰性度（⇨ p.251）の比較的小さい元素）からなる化合物のこと。陽性元素の代表的なものにアルカリ金属やアルカリ土類金属がある。

カルシウムまたはアルミニウムの炭化物には、**炭化カルシウム**と**炭化アルミニ**

ウムがある。

■カルシウムまたはアルミニウムの炭化物に属する主な物質の特性

炭化カルシウム CaC_2 [別名：カーバイト] 純粋なものは無色透明の結晶 一般には不純物のため灰色を呈する	**性質** ● 比重 2.22　● 融点 2,300℃ ● <u>不燃性</u>である。 ● 高温では強い<u>還元性</u>を有し、多くの酸化物を還元する。 ● <u>吸湿性</u>がある。 ● 一般の市販品は、不純物としてりん化カルシウム（Ca_3P_2）や硫黄などを含んでおり、これらが空気中の水分と反応してりん化水素（PH_3）や硫化水素（H_2S）を生じるため、特有の<u>不快臭</u>がする。 **危険性** ● <u>水</u>と反応して可燃性の<u>アセチレン</u>（C_2H_2）と熱を発生し、水酸化カルシウム（$Ca(OH)_2$）となる。 ● アセチレンは燃焼範囲（⇨ p.269）が広く（2.5～81 vol%）、銅、銀、水銀と<u>爆発性物質</u>をつくる。 ● 高温で窒素ガスと反応させると、<u>石灰窒素</u>を生成する。
炭化アルミニウム Al_4C_3 純粋なものは無色透明の結晶 不純物は黄色	**性質** ● 比重 2.37　● 融点 2,200℃ **危険性** ● 空気中では安定している。 ● <u>水</u>と反応して発熱し、可燃性の<u>メタン</u>（CH_4）を発生し、水酸化アルミニウム（$Al(OH)_3$）になる。
共通する火災予防・消火方法	**火災予防方法** ● <u>乾燥</u>した場所に貯蔵する。 ● 必要に応じて、<u>不活性ガス</u>を封入して貯蔵する。 **消火方法** ● <u>粉末消火剤</u>、または<u>乾燥砂</u>などを用いる。 ● 水系消火剤は厳禁。

攻略

- 炭化カルシウムは、不燃性で、強い還元性を有する。
- 炭化カルシウムは、水と反応してアセチレンを発生する。
- 炭化アルミニウムは、水と反応してメタンを発生する。
- カルシウムまたはアルミニウムの炭化物は、乾燥した場所で、また必要に応じて不活性ガスを封入して貯蔵する。

● その他のもので政令で定めるもの：塩素化けい素化合物
[第3種自然発火性物質および禁水性物質：指定数量300kg]

第3類危険物には、「その他のもので政令で定めるもの」として、**塩素化けい素化合物**が指定されている。

塩素化けい素化合物とは、けい素化合物のけい素(Si)が塩素化したものの総称。

塩素化けい素化合物に属する主な物質には、**トリクロロシラン**がある。

トリクロロシランは、水素、塩素、けい素からなる無機化合物（⇨ p.255）である。高温で熱分解を起こして単体けい素になることから、半導体工業において高純度けい素の主原料に使用される。

■トリクロロシランの特性

トリクロロシラン $SiHCl_3$ 無色の流動性液体	**性質** ●比重 1.34　●沸点 32℃　●引火点 -28℃　●発火点 185℃ ●ベンゼン、ジエチルエーテル、二硫化炭素に溶ける。 ●水溶液は<u>酸</u>性を示す。 ●揮発性がある。 **危険性** ●<u>水</u>に溶けて加水分解し、<u>塩化水素</u>(HCl)を発生するため、ほとんどの金属をおかす。 ●水や水蒸気と反応して発熱し、発火する危険性がある。 ●引火点が低く、常温の空気中で発火する危険性がある。 ●酸化剤との混合により<u>爆発的</u>に反応する。 ●発火すると毒性、腐食性のある煙霧を放出する。 ●刺激臭があり有毒である。 **消火方法** ●<u>乾燥砂</u>などが有効。 ●水系消火剤は厳禁。

攻略

- トリクロロシランは、揮発性が高く引火性を有する。
- トリクロロシランは、水に溶けて塩化水素を発生する。
- トリクロロシランは、常温の空気中で発火する。

[第3類危険物] 復習問題

問13　第3類危険物の消火方法として、次のうち誤っているものはどれか。
1. 禁水性物質には、炭酸水素塩類等を用いた粉末消火剤を用いる。
2. 乾燥砂はすべての第3類危険物の消火に適する。
3. 不燃性ガスによる窒息消火は適切である。
4. 黄りんの消火に棒状注水は適切ではない。
5. 高圧注水による冷却消火は適切ではない。

解説

3：「不燃性ガス」は誤り。第3類危険物の中には、有機金属化合物（アルキルアルミニウム、ノルマルブチルリチウム、ジエチル亜鉛）などのようにハロゲン化物や二酸化炭素と激しく反応する物質があるため、ハロゲン化物である<u>ハロン類</u>や<u>二酸化炭素</u>などの不燃性ガスを使用した消火剤は使用できない。

1、2、4、5：正しい。p.347、p.354 参照。　　　　　　　　**答：3**

アドバイス　注水消火は、霧状、棒状、高圧の3種類。有効性が異なるので注意が必要。棒状注水や高圧注水は流動性の燃焼物を飛散させる危険性がある。

問14　カリウムの性状として、次のうち誤っているものはどれか。
1. 銀白色の軟らかい金属である。
2. 吸湿性を有する。
3. 水と激しく反応して、熱とアセチレンガスを発生する。
4. 腐食性があり、触れると皮膚をおかす。
5. ナトリウムより強い還元作用がある。

解説

3：「アセチレンガス」は誤り。カリウムは、水と反応して熱と<u>水素</u>を発生する。第3類危険物の中で、水と反応してアセチレンガスを発生するものは、炭化カルシウム。

1、2、4、5：正しい。他に、カリウムの性質として重要なのは、燃焼すると紫色の炎が出ることである。p.350 参照。　　　　　　　　**答：3**

問 15　リチウムの性状として、次のうち正しいものはどれか。
1. すべての金属中で最も軽い。
2. 青色の炎を出して燃える。
3. 水と反応して水素を発生するが、反応性はカリウムやナトリウムより激しい。
4. ハロゲンとは反応しない。
5. 固形の場合は、常温（20℃）で空気に触れると、直ちに発火する。

解説

1：正しい。アルカリ金属に属するリチウムの比重は 0.5 で、すべての金属中最も軽い。p.355 参照。
2：「青色の炎」は誤り。燃焼すると、<u>深赤色</u>の炎を出して燃える。
3：「激しい」は誤り。同じアルカリ金属のカリウムやナトリウムより反応性は<u>低い</u>。
4：「反応しない」は誤り。ハロゲンと反応して<u>ハロゲン化リチウム</u>を生成する。
5：「固形」は誤り。<u>粉末状</u>の場合は常温でも発火するが、固形の場合は<u>融点</u>（180℃）以上に加熱されなければ発火しない。　　　　　　　　　　　答：1

問 16　トリクロロシランについて、次のうち誤っているものはどれか。
1. 黄褐色で揮発性の高い、引火性の液体である。
2. 刺激臭があり、有毒である。
3. 引火点が低く、空気中で発火する危険性がある。
4. 水に溶けて、塩化水素ガスを発生する。
5. 酸化剤との混合により、爆発的に反応する。

解説

1：「黄褐色」は誤り。トリクロロシランは、揮発性（沸点 32℃）と引火性（引火点 −28℃）を有する<u>無色</u>の流動性液体。
2〜5：正しい。p.360 参照。　　　　　　　　　　　　　　　　答：1

2-4 第4類危険物

　第4類危険物とは、消防法別表第一の第4類の品名欄に掲げてある、**引火性液体**の性状を有する物品を指す。
　引火性液体とは、引火の危険性を判断する試験において引火性を示す液体をいう（⇨p.24〜25）。

● 第4類危険物に共通する特性

　第4類危険物の性質として重要なのは、**引火性**である。液体の表面から**可燃性蒸気**を発生し、蒸発した引火性成分に引火して燃焼する危険性がある。
　第4類危険物には、有毒な蒸気を発生したり、自然発火する物質がある。
　また、第4類危険物は、引火点や発火点、沸点が低いものほど、燃焼範囲（⇨p.269）が広く燃焼下限界が低いものほど、危険性が高くなる。

　第4類危険物に共通する性質・危険性、火災予防上の貯蔵・取扱い方法、消火方法は、以下の通り。

■第4類危険物に共通する特性（その1）

共通する性質・危険性	●いずれも**引火性**の液体である。 ●比重は1より**小さい**ものが多い。 ●蒸気比重は1より**大きく**、蒸気は低所に滞留して遠くに流れる。 ●水に**溶けない**ものが多い。 ●発生した蒸気は、空気と混合物をつくり、火気などにより引火または爆発の危険性がある。 ●電気の不良導体で**静電気**（⇨p.193）を蓄積しやすく、蓄積された静電気が放電し、発生した火花によって引火する危険性がある。 ●**流動性**があるため、流出した場合、水の表面に薄く広がって液表面積が大きくなり、延焼など火災が拡大する危険性がある。 ●**酸化剤**などと混合すると、発火の危険性がある。

■第4類危険物に共通する特性（その2）

共通する 火災予防方法	●炎や火花、発火の原因となる高温体との接近を避ける。 ●加熱を避ける。 ●容器は、密栓して冷暗所に貯蔵する。 ●容器を密栓する場合は、危険物の体膨張（⇨ p.181）による漏れなどが生じないよう、容器中に空間をとる。 ●みだりに蒸気を発生させない。 ●十分な通風や換気を行い、常に燃焼範囲の下限界よりも低くする。 ●蒸気が低所に滞留するため、蒸気を屋外の高所に排出する。 ●蒸気が滞留するおそれのある場所では、火花を発生する機械器具などは使用しない。 ●著しく蒸気が滞留するおそれがある場所の電気設備は、防爆構造（⇨ p.192）のものを使う。 ●危険物の流動などにより静電気が発生するおそれがある場合は、接地（アース）などにより有効に静電気を除去する。 ●酸化剤などと接触させない。 ●川や下水溝に流出させない。	
共通する 消火方法	一般的な消火方法	●霧状の強化液、泡、ハロゲン化物、二酸化炭素、粉末などの消火剤を用いた窒息消火が有効。 ●棒状の強化液を流動性を持つ第4類危険物に放射すると、被害が拡大するおそれがあるため使用しない。 ●比重が1より小さい物質に注水すると、物質が水に浮いて火災範囲を広げてしまうため、水による消火は不適切。ただし、大量の水は噴霧にして用いれば、冷却と希釈の効果により、消火できるものもある。
	アルコール類などの水溶性液体の消火方法	●水溶性の物質は、一般的な泡消火剤の泡の水膜を溶かし窒息効果が得られないため、泡が溶解したり破壊されない水溶性液体用泡消火剤（耐アルコール泡）を用いる。

> **攻略**
> ●第4類危険物は引火性の液体。
> ●一般に、第4類危険物は、比重が1より小さく、蒸気比重が1より大きい。
> ●第4類危険物の水溶性液体の消火には、耐アルコール泡を用いる。

第4類危険物の物品と性質の比較

第4類危険物に属する物品と、それぞれの主な物性を次の表に掲げる。

■第4類危険物の品名・物質名など（その1）

品名		主な物質名	比重	沸点(℃)	引火点(℃)	発火点(℃)	燃焼範囲(vol%)	指定数量(ℓ)
特殊引火物	非水溶性	ジエチルエーテル($C_2H_5OC_2H_5$)	0.71	34.6	-45	160(180)[*1]	1.9～36(48)[*1]	50
		二硫化炭素(CS_2)	1.26	46	-30以下	90	1.3～50	
	水溶性	アセトアルデヒド(CH_3CHO)	0.78	20	-39	175	4.0～60	
		酸化プロピレン(CH_3-CH-CH_2 / O)	0.83	35	-37	449	2.3～36	
第1石油類	非水溶性	ガソリン	0.65～0.75	40～220[*2]	-40以下[*2]	約300	1.4～7.6	200
		ベンゼン(C_6H_6)	0.88	80	-11	498	1.2～7.8	
		トルエン($C_6H_5CH_3$)	0.87	111	4	480	1.1～7.1	
		n-ヘキサン(C_6H_{14})	0.70	69	-22	240	1.1～7.5	
		酢酸エチル($CH_3COOC_2H_5$)	0.9	77	-4	426	2.0～11.5	
		メチルエチルケトン($CH_3COC_2H_5$)	0.8	80	-9	404	1.4～11.4	
	水溶性	アセトン(CH_3COCH_3)	0.8	56	-20	465	2.2～13.0	400
		ピリジン(C_5H_5N)	0.98	116	20	482	1.8～12.4	
		ジエチルアミン($(C_2H_5)_2NH$)	0.7	55.5	-28	312	1.8～10.1	

[*1] （ ）内の数値の報告もある。
[*2] 自動車ガソリンの数値。

■第4類危険物の品名・物質名など（その2）

品名		主な物質名	比重	沸点（℃）	引火点（℃）	発火点（℃）	燃焼範囲（vol%）	指定数量（ℓ）
アルコール類	水溶性	メタノール（CH_3OH）	0.79	65	12	464	6.0〜36	400
		エタノール（C_2H_5OH）	0.79	78	13	363	3.3〜19	
		n-プロピルアルコール（$CH_3(CH_2)_2OH$）	0.8	97	23	412	2.1〜13.7	
		イソプロピルアルコール（$(CH_3)_2CHOH$）	0.79	83	12	399	2.0〜12.7	
第2石油類	非水溶性	灯油	0.8程度	145〜270	40以上	220	1.1〜6.0	1,000
		軽油	0.85程度	170〜370	45以上	220	1.0〜6.0	
		クロロベンゼン（C_6H_5Cl）	1.1	132	28	590	1.3〜9.6	
		キシレン*3（$C_6H_4(CH_3)_2$）	0.86〜0.88	138〜144	27〜32	463〜528	0.9〜7.0	
		n-ブチルアルコール（$CH_3(CH_2)_3OH$）	0.81	117	29	345	1.4〜11.2	
	水溶性	酢酸（CH_3COOH）	1.05	118	39	463	4.0〜19.9	2,000
		プロピオン酸（CH_3CH_2COOH）	0.99	141	52	465	2.1〜12	
		アクリル酸（$CH_2=CHCOOH$）	1.05	141	51	438	2.4〜8	
第3石油類	非水溶性	重油	0.9〜1.0	300以上	60〜150	250〜380	−	2,000
		クレオソート油	1.0以上	200以上	74	336	−	
		アニリン（$C_6H_5NH_2$）	1.01	185	70	615	1.2〜11	
		ニトロベンゼン（$C_6H_5NO_2$）	1.2	211	88	482	1.8〜40	
	水溶性	エチレングリコール（$C_2H_4(OH)_2$）	1.1	198	111	398	3.2〜15.3	4,000
		グリセリン（$C_3H_5(OH)_3$）	1.26	290（分解）	176	370	2.6〜11.3	
第4石油類	非水溶性	ギヤー油	0.9	−	170〜310程度	−	−	6,000
		シリンダー油	0.95	−	250	−	−	
		タービン油	0.95	−	200〜270程度	−	−	
動植物油類（非水溶性）		ナタネ油	0.91	−	163	446	−	10,000
		アマニ油（乾性油）	0.93	−	222	343	−	

*3 オルトキシレン、メタキシレン、パラキシレンそれぞれの数値の最小値〜最大値で表示。

第4類危険物に属する物品の特性

第4類危険物に共通する特性をしっかり踏まえた上で、次に第4類に属する物品の特性を個々に解説する。

各物質の危険性や火災予防方法については、第4類に共通する方法以外のものを掲げた。

特殊引火物　[指定数量 50ℓ]

消防法上の特殊引火物とは、ジエチルエーテル、二硫化炭素その他1気圧において発火点が100℃以下のもの、または引火点が-20℃以下で沸点が40℃以下のものをいう（⇨ p.25）。

特殊引火物は、第4類危険物の中で最も引火点が低く、加えて燃焼範囲も最も広いため、引火する危険性が高い。

貯蔵に当たって、冷暗所保管用に冷蔵庫を使用する場合は、冷蔵庫を防爆構造とする必要がある。

特殊引火物に属する主な物質には、ジエチルエーテル、二硫化炭素、アセトアルデヒド、酸化プロピレンがある。

■特殊引火物に属する主な物質の特性（その1）

ジエチルエーテル $C_2H_5OC_2H_5$ [別名：エーテル、エチルエーテル] 無色の液体	性質 ● 比重 0.71　● 沸点 34.6℃　● 引火点 -45℃ ● 発火点 160（180）℃　　● 燃焼範囲 1.9～36（48）vol% ● 蒸気比重 2.6 ● 水にわずかに溶け、アルコールにはよく溶ける。 ● 沸点が低いため揮発しやすい。 ● 特有の甘い刺激臭がある。 ● 蒸気には麻酔性がある。　　　　　　（危険性などは次ページ）

■ **特殊引火物に属する主な物質の特性**（その2）

ジエチルエーテル $C_2H_5OC_2H_5$	**危険性** ● 燃焼範囲が広く、その下限界が小さいため、引火する危険性が高い。 ● 空気と長く接触したり、日光にさらされたりすると過酸化物が生成され、加熱や衝撃などにより爆発する危険性がある。 **火災予防方法** ● 容器に収納するときは、必ず密栓する。 ● 沸点以上にならないように、冷却装置などで温度管理を行う。 **消火方法** ● わずかに水に溶けるため、大量の泡消火剤、または耐アルコール泡を使用する。その他、ハロゲン化物、二酸化炭素、粉末などの消火剤を用いる。
二硫化炭素 CS_2 無色の液体	**性質** ● 比重 1.26　● 沸点 46℃　● 引火点 -30℃以下 ● 発火点 90℃　● 燃焼範囲 1.3～50vol%　● 蒸気比重 2.6 ● 水に溶けないが、アルコール、ジエチルエーテルには溶ける。 ● 揮発性がある。 ● 純品はほとんど無臭であるが、一般には特有の不快臭がある。 **危険性** ● 特殊引火物の中でも発火点が低いため、水蒸気の流れる配管（蒸気配管）などに接触しても発火する危険性がある。 ● 燃焼すると有毒な二酸化硫黄（亜硫酸ガス：SO_2）を発生する。 　$CS_2 + 3O_2 \rightarrow 2SO_2 + CO_2$ ● 蒸気は有毒で、窒息性、刺激性がある。 **火災予防方法** ● 発火点が低いことに注意する。 ● 水に溶けず、また水よりも重いため、水を張った容器や水没させたタンクなどに貯蔵して蒸気の発生を抑制する。 **消火方法** ● 霧状の強化液や泡、二酸化炭素、粉末などの消火剤を用いる。 ● 水より重いため、場合によっては表面に水を張り窒息消火を行う。

■特殊引火物に属する主な物質の特性（その3）

アセトアルデヒド CH_3CHO 無色の液体	**性質** ● 比重 0.78 　● 沸点 20℃ 　● 引火点 -39℃ ● 発火点 175℃ 　● 燃焼範囲 4.0〜60vol% 　● 蒸気比重 1.5 ● 水、アルコール、ジエチルエーテルに<u>よく溶ける</u>。 ● 油脂などをよく溶かす。 ● 酸化されると<u>酢酸</u>（CH_3COOH）になる。 ● 還元されると<u>エタノール</u>（C_2H_5OH）になる。 ● <u>揮発性</u>がある。 ● <u>刺激臭</u>がある。 **危険性** ● 沸点が低く揮発性で、燃焼範囲も危険物の中で最も広いため、引火しやすい。 ● 熱または光で分解し、<u>メタン</u>（CH_4）と<u>一酸化炭素</u>（CO）になる。 ● 加圧状態では、爆発性の過酸化物を生成する危険性がある。 ● 銅（Cu）や銀（Ag）などの金属により、爆発性の化合物を生じる危険性がある。 ● 蒸気は、鼻孔などの粘膜を刺激し有毒である。 **火災予防方法** ● <u>不活性ガス</u>を封入して貯蔵する。 ● 貯蔵タンクや容器は<u>鋼製</u>とし、銅およびその合金、銀は使用しない。 ● 沸点以上にならないように、冷却装置などで温度管理を行う。 **消火方法** ● 水に溶けるため、<u>耐アルコール泡</u>を用いる。その他、ハロゲン化物、二酸化炭素、粉末などの消火剤を用いる。 ● 大量の水は、噴霧にして用いれば冷却と希釈の効果により消火できる。

攻略

- 特殊引火物とは、発火点が 100℃以下のもの、または引火点が -20℃以下で沸点が 40℃以下のものをいう。
- 特殊引火物は、沸点や引火点が低く、第4類危険物の中で最も危険性が高い。
- 特殊引火物の燃焼範囲は、ガソリンより広い。
- 二硫化炭素は、水より重く、水没させて貯蔵する。
- アセトアルデヒドは、常温（20℃）で揮発する。
- アセトアルデヒドは、不活性ガスに封入して貯蔵する。

■特殊引火物に属する主な物質の特性 (その4)

酸化プロピレン CH₃-CH-CH₂ 　　　\ / 　　　O [別名：プロピレンオキサイド] 無色の液体	**性質** ●比重 0.83　　●沸点 35℃　　●引火点 -37℃ ●発火点 449℃　●燃焼範囲 2.3～36 vol%　●蒸気比重 2.0 ●水、アルコール、ジエチルエーテルなどの有機溶剤に<u>よく溶ける</u>。 ●開環重合でポリプロピレンオキサイドになる（⇨ p.199）。 ●エーテル臭がある。 **危険性** ●きわめて引火しやすい。 ●銀（Ag）や銅（Cu）などの金属により<u>重合</u>（⇨ p.198）が促進されやすく、その際<u>熱</u>を発生し、火災や爆発の原因となる。 ●強酸化剤の他、塩素（Cl_2）、アンモニア（NH_3）とも激しく反応し、発火、爆発の危険性がある。 ●皮膚に付着すると、凍傷と同様の症状を呈する場合がある。 ●蒸気に刺激性はないが、吸入すると有毒である。 **火災予防方法** ●<u>不活性ガス</u>を封入して貯蔵する。 ●沸点以上にならないように、冷却装置などで温度管理を行う。 **消火方法** ●水に溶けるため、<u>耐アルコール泡</u>を用いる。その他、ハロゲン化物、二酸化炭素、粉末などの消火剤を用いる。

攻略

- 酸化プロピレンは、水にも有機溶剤にもよく溶ける。
- 酸化プロピレンは、銀や銅などの金属により重合が促進される。
- 酸化プロピレンは、不活性ガスを封入して貯蔵する。

● 第1石油類

　第4類危険物の石油類は引火点により、第1石油類から第4石油類の4つに分類され、それぞれ非水溶性液体と水溶性液体がある。

　<u>非水溶性液体</u>とは、水溶性液体以外のものをいい、難溶（水に溶けにくい）、少溶（水にわずかに溶ける）も非水溶性液体に含まれる。

　<u>水溶性液体</u>とは、1気圧、常温（20℃）において同容量の純水と緩やかにかき混ぜた場合、流動がおさまったあとも混合液が均一な外観を維持するものをいう。

消防法上の第1石油類とは、アセトン、ガソリンその他1気圧において引火点が 21℃ 未満のものをいう（⇨ p.25）。石油類の中で引火点が最も低い。

1) 非水溶性液体　［指定数量 200ℓ］

　第1石油類の非水溶性液体に属する主な物質には、**ガソリン**、**ベンゼン**、**トルエン**、***n*-ヘキサン**、**酢酸エチル**、**メチルエチルケトン**がある。

　JISに規定されるガソリンには、工業ガソリン、自動車ガソリン、航空ガソリンがあるが、消防法上のガソリンは、**工業ガソリン**、**自動車ガソリン**をいう。さらに工業ガソリンは、ベンジン（1号）、ゴム揮発油（2号）、大豆揮発油（3号）に分類される。

　n-ヘキサンの「*n*-（ノルマル）」は、6個の炭素が直鎖状につながった構造を持つことを示す。

　第1石油類の非水溶性液体に共通する消火方法は、泡、ハロゲン化物、二酸化炭素、粉末の消火剤による窒息消火である。

■第1石油類の非水溶性液体に属する主な物質の特性（その1）

ガソリン 特異臭のある液体	**性質** ● 比重 0.65 〜 0.75　● 発火点約 300℃　● 蒸気比重約 3 〜 4 ● 燃焼範囲 1.4 〜 7.6 vol%　● 発熱量 41,860 〜 50,232 kJ/kg ● 炭素数が 4 〜 12 程度の炭化水素（⇨ p.259）の混合物である。 ● 水に溶けない。 ● ゴムや油脂などを溶かす。 ● 揮発性がある。 ● 電気の不良導体である。	
	自動車ガソリン	● 沸点範囲 40 〜 220℃　● 引火点 -40℃ 以下 ● 灯油や軽油と識別しやすくするため、オレンジ色に着色されている。
	工業ガソリン	● 沸点範囲 　・ベンジン 30 〜 150℃ 　・ゴム揮発油 80 〜 160℃ 　・大豆揮発油 60 〜 90℃
	危険性 ● 引火点が低いため、きわめて引火性が高い。 ● 蒸気は空気より約 3 〜 4 倍重く、低所に滞留しやすい。 ● 電気の不良導体であるため、流動や摩擦などにより静電気を発生しやすく、引火する危険性がある。	

■第1石油類の非水溶性液体に属する主な物質の特性（その2）

ベンゼン C_6H_6 ［別名：ベンゾール］ 無色の液体	**性質** ● 比重 0.88　● 融点 5.5℃　● 沸点 80℃　● 引火点 -11℃ ● 発火点 498℃　● 燃焼範囲 1.2～7.8vol%　● 蒸気比重 2.8 ● 水に<u>溶けない</u>が、アルコール、ジエチルエーテルなど多くの有機溶剤にはよく溶ける。 ● 各種の<u>有機物</u>をよく溶かす。 ● 揮発性がある。　● <u>芳香臭</u>がある。 ● 付加反応よりも置換反応（⇨ p.197～198）のほうが起こりやすい。 **危険性** ● 冬期に固化したものであっても、引火する危険性がある。 ● 毒性が強く、蒸気を吸入すると急性または慢性の中毒症状を引き起こす。 ● その他は、ガソリンに同じ。
トルエン $C_6H_5CH_3$ ［別名：トルオール］ 無色の液体	**性質** ● 比重 0.87　● 沸点 111℃　● 引火点 4℃　● 発火点 480℃ ● 燃焼範囲 1.1～7.1vol%　● 蒸気比重 3.1 ● 水に溶けないが、アルコール、ジエチルエーテルなどの有機溶剤にはよく溶ける。 ● 揮発性がある。　● 特有の臭気がある。 **危険性** ● 毒性はベンゼンよりも低い。 ● その他は、ガソリンに同じ。
n-ヘキサン C_6H_{14} 無色の液体	**性質** ● 比重 0.70　● 融点 -95℃　● 沸点 69℃　● 引火点 -22℃ ● 発火点 240℃　● 燃焼範囲 1.1～7.5vol%　● 蒸気比重 3.0 ● 水に溶けないが、エタノール、ジエチルエーテルなどに溶ける。 ● かすかな特有の臭気がある。 **危険性** ● ガソリンに同じ。

攻略

- ガソリンの発火点は約300℃で、燃焼範囲は1.4～7.6vol%である。
- ガソリンの炭素数は、4～12程度である。
- ガソリンは、流動や摩擦により静電気を起こしやすい。
- 自動車ガソリンの引火点は、-40℃以下である。
- 自動車ガソリンは、オレンジ色に着色されている。
- ベンゼンは、芳香臭があり、水に溶けないが、有機溶剤にはよく溶ける。

■第1石油類の非水溶性液体に属する主な物質の特性 (その3)

物質	性質・消火方法
酢酸エチル $CH_3COOC_2H_5$ 無色の液体	**性質** ● 比重 0.9　● 融点 -84℃　● 沸点 77℃　● 引火点 -4℃ ● 発火点 426℃　● 燃焼範囲 2.0〜11.5vol%　● 蒸気比重 3.0 ● 水に<u>わずかに溶け</u>、多くの有機溶剤にも溶ける。 ● 果実のような<u>芳香</u>がある。 **消火方法** ● 水にわずかに溶けるため、<u>耐アルコール泡</u>を使用する。 ● 大量の水は、噴霧にして用いれば冷却と希釈の効果により消火できる。
メチルエチルケトン $CH_3COC_2H_5$ 無色の液体	**性質** ● 比重 0.8　● 融点 -86℃　● 沸点 80℃　● 引火点 -9℃ ● 発火点 404℃　● 燃焼範囲 1.4〜11.4vol%　● 蒸気比重 2.4 ● 水に<u>わずかに溶け</u>、多くの有機溶剤にはよく溶ける。 ● アセトンに似た臭気がある。 **危険性** ● 過酸化水素(H_2O_2：第6類危険物)を作用させるとメチルエチルケトンパーオキサイド(第5類危険物)を生じ、発火、爆発の危険性がある。 **消火方法** ● 水にわずかに溶けるため、<u>耐アルコール泡</u>を使用する。 ● 大量の水は、噴霧にして用いれば冷却と希釈の効果により消火できる。

攻略

- 酢酸エチルとメチルエチルケトンは、水にわずかに溶け、有機溶剤にも溶ける。
- 酢酸エチルは、果実のような芳香がある。

2) 水溶性液体　[指定数量 400ℓ]

第1石油類の水溶性液体に属する主な物質には、**アセトン、ピリジン、ジエチルアミン**がある。

第4類危険物に共通する消火方法で解説したように、水溶性液体には一般的な泡消火剤は使用せず、水溶性液体用泡消火剤(<u>耐アルコール泡</u>)を使用する。

■第1石油類の水溶性液体に属する主な物質の特性

物質	特性
アセトン CH_3COCH_3 ［別名：ジメチルケトン］ 無色透明の液体	**性質** ● 比重 0.8　● 沸点 56℃　● 引火点 -20℃　● 発火点 465℃ ● 燃焼範囲 2.2〜13.0vol%　● 蒸気比重 2.0 ● 水、アルコール、ジエチルエーテルなどに<u>よく溶ける</u>。 ● 揮発性がある。　● 特異臭がある。 ● 油脂などの有機物をよく溶かすため、溶剤として用いられる。 **危険性** ● 引火しやすい。 ● 強酸化剤と接触すると、爆発性の過酸化物を生成することがある。
ピリジン C_5H_5N 無色透明の液体	**性質** ● 比重 0.98　● 沸点 116℃　● 引火点 20℃　● 発火点 482℃ ● 燃焼範囲 1.8〜12.4vol%　● 蒸気比重 2.7 ● <u>塩基</u>性を示す。 ● 水、アルコール、ジエチルエーテル、アセトンなどに溶ける。 ● 溶解能力が大きい有機物をよく溶かす。　● 悪臭がある。 **危険性** ● 引火しやすい。 ● 燃焼すると分解して有毒な窒素酸化物を生じる。 ● 毒性がある。
ジエチルアミン $(C_2H_5)_2NH$ 無色の液体	**性質** ● 比重 0.7　● 融点 -50℃　● 沸点 55.5℃　● 引火点 -28℃ ● 発火点 312℃　● 燃焼範囲 1.8〜10.1vol%　● 蒸気比重 2.5 ● <u>塩基</u>性を示す。 ● 水やエタノールなどに<u>溶ける</u>。　● アンモニア臭がある。 **危険性** ● 引火しやすい。 ● 燃焼すると分解して有毒な窒素酸化物を生じる。 ● 皮膚、粘膜を激しく刺激する。
共通する消火方法	● <u>耐アルコール泡</u>、ハロゲン化物、二酸化炭素、粉末などの消火剤を用いる。 ● 大量の水は、噴霧にして用いれば冷却と希釈の効果により消火できる。

攻略

- ピリジンとジエチルアミンは、どちらも塩基性を示す。
- アセトンには特異臭、ピリジンには悪臭、ジエチルアミンにはアンモニア臭がある。

アルコール類　[指定数量 400ℓ]

　アルコール類とは、炭化水素の水素原子（H）を、<u>水酸基</u>（-OH）（⇨ p.258）で置き換えた化合物。

　消防法で定めるアルコール類とは、1分子を構成する炭素の原子の数が<u>1</u>個から<u>3</u>個までの飽和1価アルコール（変性アルコールを含む）をいい、飽和1価アルコールの含有量が<u>60%</u>未満の水溶液はアルコール類から除かれる（⇨ p.25）。

　飽和1価アルコールとは、簡単にいうと、-OHが1つだけで二重結合を持たないアルコールのことで、変性アルコールとは、エタノールにメタノールなどを添加して、飲用に転用されないようにした工業用アルコールのことである。

　アルコール類に属する主な物質には、**メタノール、エタノール、n-プロピルアルコール、イソプロピルアルコール**がある。

　それぞれの炭素数は次のようになっている。

- メタノール：炭素数 1
- エタノール：炭素数 2　　（構造式は p.259 参照）
- n-プロピルアルコール：炭素数 3 ⎫
- イソプロピルアルコール：炭素数 3 ⎭　（構造式は p.256 参照）

　炭素の数が<u>増える</u>と、水溶性は<u>低下</u>し、蒸気比重が<u>大きく</u>なるが、沸点や引火点は<u>高く</u>なり、危険性が<u>減少</u>する。

　ちなみに、ブタノール（C_4H_9OH）は炭素数が4の飽和1価アルコールであり、代表的な n-ブチルアルコール（$CH_3(CH_2)_3OH$）は、アルコール類ではなく第2石油類に分類されている。

　一般の泡消火剤に、エタノールのような<u>水溶性</u>の有機溶媒が加わると、泡の表面から界面活性剤（⇨ p.186）を取り去ってしまうため、消泡して効果がなくなる。そのため、アルコール類の消火には、ふっ素界面活性剤、気泡安定剤、水溶性高分子などを成分とする<u>耐アルコール泡</u>（水溶性液体用泡消火剤）を使用する。

　また、アルコール類の消火に当たって、大量の水は噴霧にして用いれば冷却と希釈の効果により消火できる。この他、ハロゲン化物消火剤、二酸化炭素消火剤、粉末消火剤などを用いて消火することもできる。

■ **アルコール類に属する主な物質の特性**（その1）

物質	特性
メタノール CH_3OH ［別名：メチルアルコール、木精］ 無色の液体	**性質** ● 比重 0.79　● 沸点 65℃　● 引火点 12℃　● 発火点 464℃ ● 燃焼範囲 6.0 〜 36 vol%　● 蒸気比重 1.1 ● アルコール類の中では、最も沸点が低い。 ● 水、エタノールやジエチルエーテルなどの多くの有機溶剤に<u>よく混合する</u>。 ● メタノールと水は共沸するため、蒸留によって<u>完全には</u>分離できない。 ● 有機物をよく溶かす。 ● 揮発性がある。 ● 特有の芳香（アルコール臭）がある。 ● 自動車燃料としても使用される。 **危険性** ● 引火点が12℃とアルコール類の中では最も低いため、冬期には燃焼性混合ガスを生成しないが、夏期または加熱により液温が高くなると、引火の危険性はガソリンと同様となる。 ● 燃焼しても炎の色が淡く、認識しにくい。 ● <u>毒性</u>があり、飲み下すと死亡することもある。
エタノール C_2H_5OH ［別名：エチルアルコール、酒精］ 無色の液体	**性質** ● 比重 0.79　● 沸点 78℃　● 引火点 13℃　● 発火点 363℃ ● 燃焼範囲 3.3 〜 19 vol%　● 蒸気比重 1.6 ● 酒類の主成分である。 ● 水、ジエチルエーテルなどの多くの有機溶剤に<u>よく混合する</u>。 ● エタノールと水は共沸するため、蒸留によって<u>完全には</u>分離できない。 ● 有機物をよく溶かす。 ● 濃硫酸と混合したものを140℃に熱すると、ジエチルエーテルを生成する。 ● 揮発性がある。 ● 特有の芳香（アルコール臭）と味がある。 ● 毒性はないが、<u>麻酔性</u>がある。 **危険性** ● 13 〜 38℃におけるエタノールの液面上の空間では、揮発性の混合ガスが形成されるため、引火爆発の危険性がある。 ● 燃焼しても炎の色が淡く、認識しにくい。

■ **アルコール類に属する主な物質の特性**（その2）

n-プロピルアルコール $CH_3(CH_2)_2OH$ [別名：1-プロパノール] 無色透明の液体	**性質** ● 比重 0.8　● 沸点 97℃　● 引火点 23℃　● 発火点 412℃ ● 燃焼範囲 2.1～13.7 vol%　● 蒸気比重 2.1 ● アルコール類の中では、最も沸点が高い。 ● 水に溶け、エタノール、ジエチルエーテルにもよく溶けるが、塩化カルシウム（$CaCl_2$）の冷飽和水溶液には溶けないため、エタノールと区別される。 **危険性** ● エタノールに同じ。
イソプロピルアルコール $(CH_3)_2CHOH$ [別名：2-プロパノール] 無色の液体	**性質** ● 比重 0.79　● 沸点 83℃　● 引火点 12℃　● 発火点 399℃ ● 燃焼範囲 2.0～12.7 vol%　● 蒸気比重 2.1 ● 水、エーテルに溶ける。 ● 酸化されると<u>アセトン</u>（CH_3COCH_3）になる。 ● 特有の芳香がある。 **危険性** ● エタノールに同じ。

攻略

- アルコール類とは、炭素数3までの飽和1価アルコールのこと。
- アルコール類は、炭素数が増加するほど水溶性は低下する。
- アルコール類は、ガソリンより燃焼範囲が広い。
- メタノールには毒性があるが、エタノールには毒性はなく麻酔性がある。

第2石油類

消防法上の第2石油類とは、灯油、軽油その他1気圧において引火点が <u>21℃</u> 以上 <u>70℃</u> 未満のものをいう。ただし、可燃性液体量が40％以下であり、引火点が40℃以上かつ燃焼点が60℃以上のものは第2石油類から除かれる（⇨ p.25）。

1) 非水溶性液体　[指定数量 1,000ℓ]

第2石油類の非水溶性液体に属する主な物質には、**灯油、軽油、クロロベンゼン、キシレン、n-ブチルアルコール**がある。

キシレンは、ベンゼン(C_6H_6)の水素原子(H)の2つがメチル基($-CH_3$)($\Rightarrow$ p.257)で置き換えられた化合物。$-CH_3$が置き換えられた位置によって、オルト($o-$)キシレン、メタ($m-$)キシレン、パラ($p-$)キシレンの3種類の異性体($\Rightarrow$ p.202)がある。

第2石油類の非水溶性液体に共通する消火方法は、泡、ハロゲン化物、二酸化炭素、粉末の消火剤による窒息消火である。

■第2石油類の非水溶性液体に属する主な物質の特性（その1）

灯油 [別名：ケロシン] 無色またはやや黄色の液体	**性質** ● 比重 0.8 程度　● 沸点範囲 145～270℃　● 引火点 40℃以上 ● 発火点 220℃　● 燃焼範囲 1.1～6.0vol%　● 蒸気比重 4.5 ● 炭素数 11～13 の炭化水素が主成分である。 ● 水に溶けない。 ● 油脂などを溶かす。 ● 特異臭がある。 ● 市販の白灯油(はくとうゆ)の引火点は、一般に 45～55℃である。 ● ストーブの燃料や溶剤などに使用される。 **危険性** ● 加熱などにより液温が引火点以上になると、ガソリン並みに引火する危険性が高くなる。 ● 霧状に浮遊する場合や、布などに染み込んだ場合、空気との接触面積が大きくなるため、引火する危険性が高くなる。 ● 流動などにより、静電気を発生しやすい。 ● ガソリンが混合されたものは引火しやすい。
軽油 [別名：ディーゼル油] 淡黄色(たんおうしょく)または淡褐色(たんかっしょく)の液体	**性質** ● 比重 0.85 程度　● 沸点範囲 170～370℃　● 引火点 45℃以上 ● 発火点 220℃　● 燃焼範囲 1.0～6.0vol%　● 蒸気比重 4.5 ● 水に溶けない。 ● ディーゼル機関の燃料に使用される。 **危険性** ● 灯油に同じ。

攻略
- 灯油と軽油は、どちらも水には溶けない。
- 灯油と軽油は、どちらも流動などにより静電気を発生しやすい。

■第2石油類の非水溶性液体に属する主な物質の特性（その2）

物質	性質・危険性		
クロロベンゼン C_6H_5Cl 無色透明の液体	**性質** ● 比重 1.1　　● 融点 -44.9℃　　● 沸点 132℃　　● 引火点 28℃ ● 発火点 590℃　　● 燃焼範囲 1.3～9.6vol%　　● 蒸気比重 3.88 ● 水に溶けないが、アルコール、ジエチルエーテルには溶ける。 ● 特有の芳香と味があり、若干の麻酔性がある。 ● 染料中間物や溶剤、医薬品、香料などに用いられる。 **危険性** ● 加熱などにより液温が引火点以上になると、ガソリン並みに引火する危険性が高くなる。 ● 霧状に浮遊する場合や、布などに染み込んだ場合、空気との接触面積が大きくなるため、引火する危険性は高くなる。 ● 流動などにより、静電気を発生しやすい。		
キシレン $C_6H_4(CH_3)_2$ [別名：キシロール] 無色の液体	**性質** ● 3種類の異性体がある。　　● 特有の臭気がある。 ● 水に溶けないが、ベンゼン、トルエンなどにはよく溶ける。 **危険性**　● クロロベンゼンに同じ。		
	o-キシレン	● 比重 0.88　　● 融点 -25℃　　● 沸点 144℃ ● 引火点 32℃　　● 発火点 463℃ ● 燃焼範囲 0.9～6.7vol%　　● 蒸気比重 3.7	
	m-キシレン	● 比重 0.86　　● 融点 -48℃　　● 沸点 139℃ ● 引火点 27℃　　● 発火点 527℃ ● 燃焼範囲 1.1～7.0vol%　　● 蒸気比重 3.7	
	p-キシレン	● 比重 0.86　　● 融点 13℃　　● 沸点 138℃ ● 引火点 27℃　　● 発火点 528℃ ● 燃焼範囲 1.1～7.0vol%　　● 蒸気比重 3.7	
n-ブチルアルコール $CH_3(CH_2)_3OH$ [別名：1-ブタノール] 無色透明の液体	**性質** ● 比重 0.81　　● 沸点 117℃　　● 引火点 29℃ ● 発火点 345℃　　● 燃焼範囲 1.4～11.2vol%　　● 蒸気比重 2.6 ● 炭素数が4であるため、アルコール類には分類されない。 ● 多量の水に溶けるが、部分的に溶け残る。 **危険性** ● 灯油に同じ。		

攻略

- クロロベンゼンは、水より重く、特有の芳香があり、静電気を発生しやすい。
- キシレンには、3種類の異性体がある。
- n-ブチルアルコールは、炭素数が4でアルコール類には分類されない。

2）水溶性液体　［指定数量 2,000ℓ］

　第2石油類の水溶性液体に属する主な物質には、**酢酸**(さくさん)、**プロピオン酸**、**アクリル酸**がある。

　第4類危険物に共通する消火方法で解説したように、水溶性液体には一般的な泡消火剤は使用せず、水溶性液体用泡消火剤（耐アルコール泡）を使用する。

■第2石油類の水溶性液体に属する主な物質の特性（その1）

酢酸 CH_3COOH 無色透明の液体	**性質** ● 比重 1.05　● 融点 16.7℃　● 沸点 118℃　● 引火点 39℃ ● 発火点 463℃　● 燃焼範囲 4.0〜19.9vol%　● 蒸気比重 2.1 ● 約17℃以下になると凝固する。 ● 弱酸性を示す。 ● 水、エタノール、ジエチルエーテルなどの有機溶剤によく溶ける。 ● エタノールと反応して酢酸エステルを生成する。 ● 刺激臭がある。 ● 酢酸濃度が96%以上のものを一般に氷酢酸(ひょうさくさん)という。 ● 食酢は、酢酸の3〜5%の水溶液である。 **危険性** ● 金属やコンクリートを腐食する有機酸で、高純度品よりも水溶液のほうが腐食性は強い。 ● 皮膚を腐食し、やけどを起こす。 ● 濃い蒸気を吸入すると、粘膜を刺激し炎症を起こす。
プロピオン酸 CH_3CH_2COOH 無色透明の液体	**性質** ● 比重 0.99　● 沸点 141℃　● 引火点 52℃　● 発火点 465℃ ● 燃焼範囲 2.1〜12vol%　● 蒸気比重 2.6 ● 弱酸性を示す。 ● 水に溶け、アルコール、エーテル、クロロホルムにもよく溶ける。 **危険性** ● 強い腐食性の有機酸で、多くの金属をおかす。 ● 皮膚に触れるとやけどをする。 ● 濃い蒸気を吸入すると、粘膜を刺激し炎症を起こす。

攻略

- 酢酸、プロピオン酸、アクリル酸は、いずれも弱酸性を示す。
- 酢酸の水溶液は高純度のものより腐食性が強い。
- 食酢は、酢酸の3〜5%の水溶液である。

■第2石油類の水溶性液体に属する主な物質の特性（その2）

アクリル酸 CH₂=CHCOOH 無色透明の液体	**性質** ● 比重 1.05　● 沸点 141℃　● 引火点 51℃　● 発火点 438℃ ● 燃焼範囲 2.4～8vol%　● 蒸気比重 2.5 ● 弱酸性を示す。 ● 水、ベンゼン、アルコール、クロロホルム、ジエチルエーテル、アセトンによく溶ける。 ● 反応性が高く、重合しやすい。 ● 付加重合でポリアクリル酸になる（⇨ p.199）。 **危険性** ● 重合による反応熱により火災、爆発の危険性がある。 ● その他は、プロピオン酸に同じ。
共通する火災予防・消火方法	**火災予防方法** ● コンクリートを腐食させるため、貯蔵場所などの床のコンクリート部分はアスファルトなどの腐食しない材料を使用する。 **消火方法** ● 耐アルコール泡、ハロゲン化物、二酸化炭素、粉末などの消火剤を用いる。 ● 大量の水は、噴霧にして用いれば冷却と希釈の効果により消火できる。

● 第3石油類

　消防法上の第3石油類とは、重油、クレオソート油その他1気圧において温度20℃で液状であり、引火点が70℃以上200℃未満のものをいう。ただし、可燃性液体量が40%以下のものは第3石油類から除かれる（⇨ p.25）。

1) 非水溶性液体　[指定数量 2,000ℓ]

　第3石油類の非水溶性液体に属する主な物質には、**重油**、**クレオソート油**、**アニリン**、**ニトロベンゼン**がある。

　ニトロベンゼンは、ベンゼン（C_6H_6）の水素原子（H）がニトロ基（$-NO_2$）に置き換わったニトロ化合物（⇨ p.261）であるが、第5類危険物のニトロ化合物ほどの危険性や爆発性はなく、また炭化水素に似たところが多いため、第4類危険物に分類されている。

　第3石油類の非水溶性液体に共通する消火方法は、泡、ハロゲン化物、二酸化

炭素、粉末の消火剤による窒息消火である。

■ **第3石油類の非水溶性液体に属する主な物質の特性**（その1）

重油 褐色または暗褐色の液体	**性質** ● 比重 0.9〜1.0　● 沸点 300℃以上　● 引火点 60〜150℃ ● 発火点 250〜380℃ ● 発熱量 41,860kJ/kg ● 常圧蒸留によって、原油からガソリンなどの低沸点成分を留出した残りが重油である。 ● 粘性があり、粘度により3つに分類される。 　・1種（A重油）：引火点 60℃以上 　・2種（B重油）：引火点 60℃以上 　・3種（C重油）：引火点 70℃以上 ● 一般に水よりやや軽い。 ● 水に溶けない。 **危険性** ● 加熱しない限り引火する危険性は少ないが、霧状のものは引火点以下でも引火する危険性がある。 ● 液温が引火点以上になると、危険性は高くなる。 ● 不純物として硫黄（S）が含まれているため、燃焼すると有害な二酸化硫黄（亜硫酸ガス：SO_2）を発生する。 ● 分解重油の場合は、自然発火に注意する。 ● 燃焼温度が高いため、消火は困難である。
クレオソート油 黄色または暗緑色の液体	**性質** ● 比重 1.0 以上　● 沸点 200℃以上　● 引火点 74℃ ● 発火点 336℃ ● コールタールの分留*で、沸点 230〜270℃の留出物である。 ● 水に溶けないが、アルコール、ベンゼンなどには溶ける。 ● 特異臭がある。 **危険性** ● 加熱しない限り引火する危険性は少ないが、霧状のものは引火点以下でも引火する危険性がある。 ● 燃焼温度が高い。 ● 蒸気は有害である。

用語解説

***分留**：液体の混合物を蒸留し、沸点の差を利用していくつかの成分に分けることをいう。

■第3石油類の非水溶性液体に属する主な物質の特性（その2）

物質	性質・危険性
アニリン $C_6H_5NH_2$ 無色または淡黄色の液体	**性質** ● 比重 1.01　● 沸点 185℃　● 引火点 70℃　● 発火点 615℃ ● 燃焼範囲 1.2～11vol%　● 蒸気比重 3.2 ● 塩基性を示す。 ● 水に溶けにくいが、エタノール、ジエチルエーテル、ベンゼンなどにはよく溶ける。 ● 酸の水溶液には塩をつくって溶ける。 ● 光または空気の作用により、褐色になる。 ● ニトロベンゼンを還元するとアニリンが生成される。 ● さらし粉溶液を加えると、赤紫色を呈する。 ● 特異臭がある。 **危険性** ● 酸と激しく反応する（中和反応（⇨ p.240））。 ● その他は、クレオソート油に同じ。
ニトロベンゼン $C_6H_5NO_2$ [別名：ニトロベンゾール] 淡黄色または暗黄色の液体	**性質** ● 比重 1.2　● 融点 5.8℃　● 沸点 211℃　● 引火点 88℃ ● 発火点 482℃　● 燃焼範囲 1.8～40vol%　● 蒸気比重 4.3 ● 水に溶けにくいが、エタノール、ジエチルエーテルなどにはよく溶ける。 ● 還元するとアニリンになる。 ● 芳香がある。 **危険性** ● 加熱しない限り引火する危険性は少ない。 ● 蒸気は有毒である。

攻略

- 重油は、褐色または暗褐色の水よりやや軽い液体。
- アニリンは、特異臭があり、空気中で褐色になる。
- ニトロベンゼンは、ニトロ化合物だが、第5類危険物には分類されていない。

2）水溶性液体　[指定数量 4,000ℓ]

　第3石油類の水溶性液体に属する主な物質には、**エチレングリコール、グリセリン**がある。

　第4類危険物に共通する消火方法で解説したように、水溶性液体には、一般的な泡消火剤は使用せず、水溶性液体用泡消火剤（耐アルコール泡）を使用する。

■第3石油類の水溶性液体に属する主な物質の特性

エチレングリコール $C_2H_4(OH)_2$ 無色透明の液体	**性質** ●比重 1.1　●沸点 198℃　●引火点 111℃　●発火点 398℃ ●燃焼範囲 3.2～15.3vol%　●蒸気比重 2.1 ●水やエタノールなどに溶けるが、二硫化炭素、ベンゼンなどには溶けない。 ●粘度が高い。 ●甘みがある。 ●不凍液に使用される。 **危険性** ●加熱しない限り引火する危険性は少ない。
グリセリン $C_3H_5(OH)_3$ 無色の液体	**性質** ●比重 1.26　●融点 18℃　●沸点 290℃（分解） ●引火点 176℃　●発火点 370℃ ●燃焼範囲 2.6～11.3vol%　●蒸気比重 3.1 ●水やエタノールに溶けるが、二硫化炭素、ベンゼンなどには溶けない。 ●粘度が高い。 ●甘みがあるが、無臭である。 ●ニトログリセリンの原料。 **危険性** ●エチレングリコールに同じ。
共通する 消火方法	●<u>耐アルコール泡</u>、ハロゲン化物、二酸化炭素、粉末などの消火剤を用いる。

● 第4石油類　[指定数量 6,000ℓ]

　消防法上の第4石油類とは、ギヤー油、シリンダー油その他1気圧において温度<u>20℃</u>で液状であり、引火点が<u>200℃</u>以上<u>250℃</u>未満のものをいう。ただし、可燃性液体量が40％以下のものは第4石油類から除かれる（⇨ p.25）。
　第4石油類には、潤滑油と可塑剤*とがある。
　潤滑油の揮発性、比重、引火点などは、用途や使用条件によって異なる。潤滑

用語解説

＊**可塑剤**：プラスチック、合成ゴムなどの高分子化合物に加えて、その流動性や柔軟性などを増加させる添加剤のことをいう。

油のうち、電気絶縁油、タービン油、マシン油、切削油、ギヤー油、シリンダー油などが広く利用されている。

　可塑剤には、フタル酸エステル、りん酸エステル、脂肪酸エステルなどの化合物がある。

■第4石油類に共通する特性

性　質	●比重が1より小さいものが多い。 ●一般に、水に溶けない。 ●粘度が高い。
危険性	●引火点が常温（20℃）より高く蒸発性がほとんどないため、加熱しない限り引火する危険性はない。
消火方法	●泡、ハロゲン化物、二酸化炭素、粉末などの消火剤を用いる。 ●いったん火災が発生した場合、重油同様燃焼温度が高くなるため、消火は困難。

　主な潤滑油の引火点は、次の通り。

■主な潤滑油の引火点

種　　類	引火点
電気絶縁油	130～250℃程度
タービン油	200～270℃程度
マシン油	80～340℃程度
切削油	70～310℃程度
ギヤー油	170～310℃程度
シリンダー油	250℃

動植物油類　[指定数量 10,000ℓ]

　消防法上の動植物油類とは、動物の脂肉などまたは植物の種子もしくは果肉から抽出したもので、1気圧において引火点が250℃未満のものをいう。ただし、一定基準のタンク（加圧タンクを除く）に常温で貯蔵保管されているもの、または一定基準の容器に定められた表示をし、収納の基準に従って貯蔵保管されているものは動植物油類から除かれる（⇨p.25）。

■動植物油類に共通する特性

性質	●一般に、純粋なものは無色透明である。 ●一般に、不飽和脂肪酸を含む。 ●比重は水より小さく、約0.9である。 ●水に溶けない。
危険性	●引火点以上に加熱すると、火花などにより引火する危険性がある。 ●可燃性で、布やウエスなどに染み込ませて積み重ねると、自然発火するものがある。 ●不飽和脂肪酸が多いほどよう素価が大きく、よう素価が大きいほど自然発火しやすくなる。 ●発火点が低いほど自然発火しやすい。 ●十分な換気がされていないことも、自然発火の要因となる。
消火方法	●泡、ハロゲン化物、二酸化炭素、粉末の消火剤を用いる。 ●蒸発しにくく、引火しにくいが、いったん火災が発生すると、重油同様燃焼温度が高くなるため、消火は困難。

　動植物油類が自然発火するのは、油脂に含まれる二重結合が空気中の酸素と結合して酸化され、この酸化熱（⇨ p.273）が蓄積されて発火点に達するためである。一般に乾きやすい油（乾性油）ほど、分子内に二重結合を多く含み酸化されやすい。

　酸素の代わりによう素（I_2）を付加させて、その乾きやすさを表したものをよう素価（油脂100gに吸収されるよう素のグラム数）という。よう素価の値により、乾性油、半乾性油、不乾性油に分類される。

■物質とよう素価

分類	よう素価	主な物質
不乾性油	100以下	ヤシ油、ツバキ油、オリーブ油、ヒマシ油
半乾性油	100〜130	ゴマ油、ナタネ油、綿実油
乾性油	130以上	アマニ油、キリ油

攻略
- 動植物油類とは、1気圧において引火点が250℃未満のものをいう。
- よう素価が大きいほど自然発火しやすい。

[第4類危険物] 復習問題

問17 第4類危険物の一般的性状として、次のうち誤っているものはどれか。

1. 引火点を有する液体で、火気等により引火しやすい。
2. 蒸気比重は1より大きい。
3. 沸点が水より高いものがある。
4. 燃焼点が引火点より低いものがある。
5. 流動性があり、火災が拡大しやすい。

解説

4:「低いものがある」は誤り。一般に同一危険物の燃焼点は引火点より高い。p.271 参照。
1～3、5:正しい。p.363、p.365～366 参照。　　　**答:4**

→アドバイス　燃焼点とは、1秒間程度の点火により5秒間燃焼が継続する最低の試料温度をいう。点火炎を用いることから、発火点とは異なることに注意する。

問18 第4類危険物の中で、水溶性液体用泡消火剤の使用が適切なものは、次のA～Eのうちいくつあるか。

A. アセトン　　　D. ガソリン
B. キシレン　　　E. メタノール
C. アセトアルデヒド

1. 1つ　2. 2つ　3. 3つ　4. 4つ　5. 5つ

解説

第4類危険物の中で、水溶性液体用泡消火剤（耐アルコール泡）を使用するものは、水溶性の危険物である。p.364～366 参照。

A～Eのうち、水溶性の危険物は、**A**のアセトン、**C**のアセトアルデヒド、**E**のメタノールの3つ。　　　**答:3**

→アドバイス　アルコール類でなくても、アセトアルデヒド、酸化プロピレン、アセトン、酢酸などの水に溶ける物質には、耐アルコール泡を用いる。消火剤の名前にまどわされないように注意する。

問19 自動車ガソリン等の性状として、次のうち誤っているものはどれか。
1. 水より軽い。
2. 引火点は一般に −40℃以下である。
3. 発火点は約 200℃である。
4. オレンジ色に着色されている。
5. 電気の不良導体で静電気が蓄積しやすい。

解説

3:「約 200℃」は誤り。ガソリンの発火点は約 **300**℃である。
1、2、4、5:正しい。ガソリンは第1石油類非水溶性液体。p.371 参照。

答:3

アドバイス 引火性液体の電気抵抗が大きい液体では静電気が発生して蓄積する。一般に非水溶性液体は抵抗率が大きく、水溶性液体は小さい（⇨ p.193 〜 194「静電気発生のメカニズム」）。

問20 クロロベンゼンの性状として、次のうち正しいものはどれか。
1. 無色無臭の液体である。
2. 引火点は常温（20℃）より低い。
3. 水より軽い。
4. 水に溶けない。
5. 静電気を発生しにくい。

解説

クロロベンゼンは、第2石油類非水溶性液体。p.379 参照。
1:「無臭」は誤り。クロロベンゼンには特有の芳香がある。
2:「低い」は誤り。クロロベンゼンの引火点は 28℃で、常温より高い。
3:「軽い」は誤り。クロロベンゼンの比重は 1.1 で水より重い。
4:正しい。クロロベンゼンは、水には溶けないが、アルコールやジエチルエーテルには溶ける。
5:「発生しにくい」は誤り。クロロベンゼンは非水溶性液体で、流動などの際に静電気を発生しやすい。

答:4

2-5 第5類危険物

　第5類危険物とは、消防法別表第一の第5類の品名欄に掲げてある、**自己反応性**を有する**液体**または**固体**を指す。

　自己反応性物質とは、爆発の危険性を判断する試験において一定の性状を示すか、または加熱分解の激しさを判断する試験において一定の性状を示す液体または固体をいう（⇨ p.25 〜 26）。

● 第5類危険物に共通する特性

　第5類危険物の性質として、重要なのは**燃焼性**である。§1で解説したように、自己反応性物質である第5類危険物の多くは、酸素を含有しているため、加熱や衝撃などで自己反応を起こして分解し、発熱もしくは爆発的に反応が進行する危険性があり、それ自体に酸素供給源と可燃物が共存する危険性の高い物質である。これは、指定数量（⇨ p.28）が少なく指定されていることからも明らかである。

　第5類危険物に共通する性質・危険性、火災予防上の貯蔵・取扱い方法、消火方法は、以下の通り。

■**第5類危険物に共通する特性**（その1）

共通する 性質・危険性	● いずれも**可燃性**の液体または固体である。 ● **有機化合物**のものが多い。 ● 比重は1より**大きい**ものが多い。 ● 多くは、内部に酸素と可燃物を含有しており、酸素供給源がなくても燃焼する（**自己燃焼性**）。 ● 燃えやすく、**燃焼速度**が速い。 ● 加熱、衝撃、摩擦などにより発火し、爆発するものが多い。 ● 空気中に長時間放置すると分解し、**自然発火**するものがある。 ● 強力な**酸化作用**を有するものがある。 ● **引火性**を有するものがある。 ● 金属と反応して爆発性の**金属塩**を生成するものがある。

■**第5類危険物に共通する特性**（その2）

共通する 火災予防方法	●加熱、衝撃、摩擦などを避ける。 ●炎、火花、高温体を近づけない。 ●一般に容器は密栓して（メチルエチルケトンパーオキサイドを除く）通風のよい冷暗所（れいあんしょ）に貯蔵する。 ●分解しやすいものは、特に室温、湿気、通風に注意が必要。 ●強力な酸化作用を有するものは、有機物や可燃物との接触を避ける。 ●貯蔵する場所には最小限の量を置く。 ●廃棄する場合は、小分けにして、危険物に応じた安全な方法で処理する。	
共通する 消火方法	危険物の量が少なく、火災発生の初期段階	●一般に大量の水を注水するか、泡消火剤を用いて燃焼温度を分解温度以下に下げることで消火効果が期待できる。
	危険物の量が多い場合や燃え広がったとき	●いったん火災が発生すると、わずかな時間で被害が拡大し、きわめて燃焼速度が速いため、消火は困難。
	窒息消火には効果なし	●金属のアジ化物を除く第5類危険物は、酸素を含んでおり、可燃物と酸素供給源とが共存しているため、周りの酸素を遮断する窒息消火には効果がない。

　火災予防方法については、上記の他に、直射日光を避ける、金属粉との貯蔵禁止、乾燥した状態で取り扱わない（逆に、乾燥した場所で取り扱うものもある）など、物質によって特有の貯蔵・取扱いがある。個々の物質の解説でしっかり確認してほしい。

　また、第5類危険物の中には、注水厳禁で乾燥砂（かんそうすな）などを用いて消火するものもある。消火方法に関しても、物品ごとにおさえておこう。

攻略

- 第5類危険物は可燃性の液体または固体。
- 自己反応性の危険物で、酸素供給源がなくても分解して燃焼する（自己燃焼）。
- 第5類危険物は、危険物の量が多く、燃え広がった場合、消火困難なものが多い。

第 5 類危険物の物品と性質の比較

第 5 類危険物に属する物品と、液体と固体の別、引火性を有する物質の引火点を次の表に掲げる。

■第 5 類危険物の品名・物質名など

品　名	主な物質名	状態	引火点
有機過酸化物	過酸化ベンゾイル（$(C_6H_5CO)_2O_2$）	固体	—
	メチルエチルケトンパーオキサイド	液体	72℃
	過酢酸（CH_3COOOH）	液体	41℃
硝酸エステル類	硝酸メチル（CH_3ONO_2）	液体	15℃
	硝酸エチル（$C_2H_5ONO_2$）	液体	10℃
	ニトログリセリン（$C_3H_5(ONO_2)_3$）	液体	—
	ニトロセルロース	原料に同じ	—
ニトロ化合物	ピクリン酸（$C_6H_2(NO_2)_3OH$）	固体	150℃
	トリニトロトルエン（$C_6H_2(NO_2)_3CH_3$）	固体	—
ニトロソ化合物	ジニトロソペンタメチレンテトラミン（$C_5H_{10}N_6O_2$）	固体	—
アゾ化合物	アゾビスイソブチロニトリル（$[C(CH_3)_2CN]_2N_2$）	固体	—
ジアゾ化合物	ジアゾジニトロフェノール（$C_6H_2N_4O_5$）	固体	—
ヒドラジンの誘導体	硫酸ヒドラジン（$NH_2NH_2 \cdot H_2SO_4$）	固体	—
ヒドロキシルアミン	ヒドロキシルアミン（NH_2OH）	固体	100℃
ヒドロキシルアミン塩類	硫酸ヒドロキシルアミン（$H_2SO_4 \cdot (NH_2OH)_2$）	固体	—
	塩酸ヒドロキシルアミン（$HCl \cdot NH_2OH$）	固体	—
その他のもので政令で定めるもの	金属のアジ化物：アジ化ナトリウム（NaN_3）	固体	—
	硝酸グアニジン（$CH_6N_4O_3$）	固体	—
	1-アリルオキシ-2,3-エポキシプロパン（$C_6H_{10}O_2$）	液体	57℃
	4-メチリデンオキセタン-2-オン（$C_4H_4O_2$）	液体	33℃

第5類危険物に属する物品の特性

　第5類危険物に共通する特性をしっかり踏まえた上で、次に第5類に属する物品の特性を個々に解説する。
　各物質の危険性や火災予防方法、消火方法については、第5類に共通する方法以外のものを掲げた。

● 有機過酸化物 ［第1種自己反応性物質：指定数量10kg］

　有機過酸化物とは、一般に過酸化水素（H_2O_2：第6類危険物）の水素原子（H）の1つないし2つが炭素原子で置き換えられた化合物の総称。
　第1類危険物の無機過酸化物と同様に、有機過酸化物に属する物質は、分子内に -O-O- 結合を有している（⇨ p.317）。そのため、有機過酸化物は、非常に不安定な化合物で、点火によって激しく燃焼し、一定の条件下で爆発的に分解する。
　また、高濃度（純度が高い）のものは、爆発の危険性が増大する。
　有機過酸化物に属する主な物質には、過酸化ベンゾイル、メチルエチルケトンパーオキサイド、過酢酸がある。

■有機過酸化物に属する主な物質の特性 （その1）

過酸化ベンゾイル $(C_6H_5CO)_2O_2$ 白色の粒状結晶の固体	**性質** ● 比重1.3　● 融点103〜105℃（分解）　● 発火点125℃ ● 水に溶けないが、ジエチルエーテル、ベンゼンなどの有機溶剤には溶ける。 ● 強い酸化作用がある。　● 無味、無臭である。 **危険性** ● 常温では安定しているが、加熱により約100℃で白煙を発しながら激しく分解する。 ● 直射日光で分解し、爆発する危険性がある。 ● 濃硫酸（H_2SO_4）、硝酸（HNO_3：第6類危険物）、アミン類などとの接触により燃焼または爆発する危険性がある。 ● 乾燥すると爆発する危険性がある。 ● 皮膚に触れると、皮膚炎を起こす。

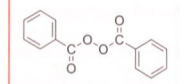

■有機過酸化物に属する主な物質の特性（その2）

過酸化ベンゾイル $(C_6H_5CO)_2O_2$	**火災予防方法** ● 有機物や強酸類との接触を避ける。 ● 乾燥した状態で取り扱わない。 ● 水分または不活性物質と混ざると、爆発しにくくなる。
メチルエチルケトンパーオキサイド 無色透明で油状の液体（市販品）	**性質** ● 比重 1.16　● 融点 -20℃　● 引火点 72℃　● 発火点 176℃ ● 分解温度 118℃ ● メチルエチルケトン（$CH_3COC_2H_5$：第4類危険物）と過酸化水素とが反応して生成したものの総称。 ● 強い酸化作用がある。 ● 水に溶けないが、ジエチルエーテルには溶ける。 ● 特異臭がある。 ● 市販品は可塑剤（⇨ p.384）フタル酸ジメチル（ジメチルフタレート）で 50 ～ 60 ％に希釈してある。 **危険性** ● 40℃以上で分解が促進される。 ● 布、鉄さびなどとの接触により、30℃以下でも分解する。 ● 直射日光で分解し、発火する。 ● 分解を促進する酸、塩基、還元剤と接触すると、爆発の危険性がある。 ● 引火すると激しく燃焼する ● 純品は不安定で非常に危険。 ● 腐食性があり、触れると皮膚をおかす。 **火災予防方法** ● 容器は密栓せず、ふたは通気性のあるものにする。

攻略

- 過酸化ベンゾイルとメチルエチルケトンパーオキサイドは、水に溶けない。
- 過酸化ベンゾイルは、加熱により約 100℃で白煙を発しながら分解する。
- 過酸化ベンゾイルは、乾燥した状態では取り扱わない。
- メチルエチルケトンパーオキサイドの市販品は、ジメチルフタレートで希釈されている。
- メチルエチルケトンパーオキサイドは容器を密栓せず、ふたは通気性のあるものにする。

■有機過酸化物に属する主な物質の特性 (その3)

過酢酸 CH₃COOOH 無色の液体	**性質** ● 比重 1.2　● 融点 0.1℃　● 沸点 105℃　● 引火点 41℃ ● 発火点 200℃　● 蒸気比重 2.6 ● 強い<u>酸化作用</u>、助燃作用がある。 ● 水、アルコール、ジエチルエーテル、硫酸に<u>よく溶ける</u>。 ● 強い刺激臭がある。 ● 市販品は不揮発性溶媒の 40％溶液。 **危険性** ● 加熱により<u>110℃</u>に達すると、発火、爆発する。 ● 直射日光で分解し、爆発する危険性がある。 ● アルミニウム (Al) などの多くの金属をおかす。 ● 皮膚、粘膜に激しい<u>刺激作用</u>がある。

攻略

- 過酢酸には、強い酸化作用と助燃作用がある。
- 過酢酸は、水、アルコールなどによく溶ける。
- 過酢酸は、約 110℃で発火、爆発する。

硝酸エステル類　[第1種自己反応性物質：指定数量 10kg]

　硝酸エステル類とは、硝酸 (HNO_3：第6類危険物) の水素原子 (H) が<u>アルキル基</u> ($-C_nH_{2n+1}$) (⇨ p.259) で置き換えられた化合物の総称。

　硝酸エステル類は、自然分解して<u>一酸化窒素</u> (NO) を発生し、この一酸化窒素が触媒となって、<u>自然発火</u>する。

　また、硝酸エステル類は、酸である硝酸 ($H-O-NO_2$) とアルコール ($C_nH_{2n+1}O-H$) が縮合 (⇨ p.199) してできるエステル ($C_nH_{2n+1}O-NO_2$) (⇨ p.261) なので、カセイソーダ (水酸化ナトリウム：NaOH) で分解でき、硝酸ナトリウムとアルコールになる。

　硝酸エステル類に属する主な物質には、**硝酸メチル**、**硝酸エチル**、**ニトログリセリン**、**ニトロセルロース**がある。

　通常ニトロ化合物 (⇨ p.261) は、炭化水素の水素原子 (H) がニトロ基 ($-NO_2$) で置き換えられた化合物をいう。したがって、物質名に「ニトロ」がついていても、ニトログリセリンやニトロセルロースは、硝酸エステル類であり、ニトロ化

合物ではない。

ちなみに、ニトロベンゼン（$C_6H_5NO_2$）は、ニトロ化合物だが、ニトロ基が1つしかなく自己反応性が低いため、可燃性の第4類危険物に分類されている。

ニトロセルロースは、<u>硝化綿</u>ともいい、セルロースを硝酸と硫酸（H_2SO_4）の混合溶液に浸してつくったもの。浸漬時間によって、硝化度（<u>窒素含有量</u>）の異なるニトロセルロースが得られ、この窒素含有量が<u>多い</u>ほど、爆発の危険性が<u>高く</u>なる。窒素含有量によって、主に次の3つのニトロセルロースがある。

- 強硝化綿： 窒素含有量 12.8％を超えるもの
- ピロ硝化綿：窒素含有量 12.5～12.8％のもの
- 弱硝化綿： 窒素含有量 12.5％未満のもの

<u>弱硝化綿</u>をジエチルエーテル（$C_2H_5OC_2H_5$）とエタノール（C_2H_5OH）の混合液（2：1）に溶かしたものを<u>コロジオン</u>といい、ラッカーなどの原料に使われる。また、溶剤が蒸発して薄い膜ができるため、傷口の被膜などにも使用される。

■硝酸エステル類に属する主な物質の特性（その1）

硝酸メチル CH_3ONO_2 無色透明の液体	**性質** ● 比重 1.22 ● 沸点 66℃ ● 引火点 15℃ ● 蒸気比重 2.65 ● メタノール（CH_3OH）と硝酸の反応で得られる物質。 ● 水に<u>ほとんど溶けない</u>が、有機溶剤（アルコール、ジエチルエーテル）には<u>溶ける</u>。 ● 芳香と<u>甘味</u>がある。 **危険性** ● 引火性があり、引火点が低く爆発しやすい。 ● <u>直射日光</u>で分解し、発火する。
硝酸エチル $C_2H_5ONO_2$ 無色透明の液体	**性質** ● 比重 1.11 ● 沸点 87.2℃ ● 引火点 10℃ ● 蒸気比重 3.14 ● 水に<u>わずかに溶け</u>、有機溶剤（アルコール）には<u>溶ける</u>。 ● 芳香と<u>甘味</u>がある。 **危険性** ● 硝酸メチルに同じ。

攻略

- 硝酸エステル類は、水に溶けない、または溶けにくい。
- 硝酸メチルと硝酸エチルには芳香と甘味があり、引火点は常温（20℃）より低い。

■硝酸エステル類に属する主な物質の特性（その2）

物質	特性
ニトログリセリン $C_3H_5(ONO_2)_3$ 無色の油状液体	**性質** ● 比重 1.60　● 融点 13℃　● 沸点 160℃　● 蒸気比重 7.84 ● 水に<u>ほとんど溶けない</u>が、有機溶剤には<u>溶ける</u>。 ● 甘味があり、有毒である。 ● ニトログリセリンに、硝化度 12％程度のニトロセルロースを溶かし、ゼラチン状にしたものがダイナマイトである。 **危険性** ● 8℃で<u>凍結</u>し、爆発する危険性がある。 **火災予防方法** ● 床にこぼれたり、周囲のものを汚した場合は、<u>カセイソーダ</u>のアルコール溶液を注いで分解し、布などで拭き取る。
ニトロセルロース ［別名：硝化綿］ 原料の綿や紙と同じ形状	**性質** ● 比重約 1.7　● 発火点 160℃ ● 水に<u>溶けない</u>が、有機溶剤には<u>よく溶ける</u>。 ● 強硝化綿はエタノールに<u>溶けない</u>。 ● 弱硝化綿はジエチルエーテルとエタノール混合液（2：1）に<u>溶ける</u>が、強硝化綿は溶けない。 ● 無味、無臭。 **危険性** ● 窒素含有量が<u>増加</u>するほど爆発性が<u>増す</u>。 ● <u>自然分解</u>しやすく、特に精製が悪く不純物として酸が残っている場合は、直射日光や加熱で<u>自然発火</u>する危険性がある。 **火災予防方法** ● 乾燥すると自然分解しやすいため、<u>エタノール</u>または<u>水</u>（保護液）で湿綿として貯蔵する。 ● 保護液の液量に注意して、露出しないようにする。 ● 火薬類取締法に定められている<u>安定度試験</u>を定期的に行い、<u>耐熱性</u>が低下したものは安全な方法で処理する。

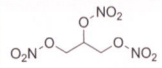

攻略

- ニトロセルロースは、窒素含有量が多いほど危険性が高い。
- ニトロセルロースは、エタノールまたは水で湿綿として貯蔵する。

● ニトロ化合物　［第1種自己反応性物質：指定数量 10kg］

　ニトロ化合物とは、炭化水素の水素原子（H）が<u>ニトロ基</u>（－NO_2）で置き換えられた化合物の総称で、この分類に属するニトロ化合物は、分子中に<u>3個</u>のニトロ

基を持つ。ニトロ化合物に属する主な物質には、**ピクリン酸**、**トリニトロトルエン**があり、どちらも爆薬の原料として用いられるが、この2つの物質の大きな違いは金属と作用するか否かである。

■ニトロ化合物に属する主な物質の特性

ピクリン酸 $C_6H_2(NO_2)_3OH$ [別名：トリニトロフェノール] 黄色の結晶 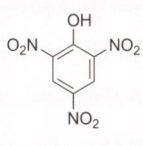 (構造式: O_2N-$C_6H_2(OH)$-NO_2, NO_2)	**性質** ● 比重 1.8　● 融点 122～123℃　● 沸点 255℃ ● 引火点 150℃　● 発火点 300℃ ● 水に溶けにくく、熱湯、アルコール、ジエチルエーテル、ベンゼンなどには溶ける。 ● 加熱により融点前後で昇華する。 ● 無臭で、苦味、毒性がある。　● 爆薬に用いられる。 **危険性** ● 酸性のため金属と反応して爆発性の金属塩を生成する（⇨ p.276）。 ● 急激な加熱により約300℃で分解し、爆発する。 ● よう素(I_2)、ガソリン、アルコール、硫黄(S)などと混合すると、衝撃、摩擦などにより激しく爆発する危険性がある。 ● 少量でも点火されると、煤煙を出して燃焼する。 **火災予防方法** ● 乾燥した状態では危険性が増大しているため、特に注意を要する。
トリニトロトルエン $C_6H_2(NO_2)_3CH_3$ [別名：TNT] 淡黄色の結晶 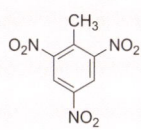 (構造式: O_2N-$C_6H_2(CH_3)$-NO_2, NO_2)	**性質** ● 比重 1.6　● 融点 80℃　● 発火点 230℃ ● 水に溶けないが、アルコールには熱すると溶け、ジエチルエーテルには溶ける。 ● 日光にあたると茶褐色に変色する。 ● 金属とは反応しない。 ● ピクリン酸よりもやや安定している。 ● TNT 火薬に用いられる。 **危険性** ● 固体よりも溶融したもののほうが、衝撃による危険性が増す。 **火災予防方法** ● 爆発すると被害が大きくなるため、特に注意を要する。

攻略

- ピクリン酸は、金属と反応して爆発性の金属塩を生成する。
- ピクリン酸は、乾燥状態では危険性が増大する。
- トリニトロトルエンは、金属とは反応しない。
- トリニトロトルエンは、固体より溶融したもののほうが衝撃による危険性が増す。

ニトロソ化合物　[第1種自己反応性物質：指定数量 10kg]

ニトロソ化合物とは、<u>ニトロソ基</u>(–N=O)を有する化合物の総称。ニトロ基(–NO$_2$)よりも酸素が1つ少ないニトロソ基を持つ化合物は、不安定なものが多く、加熱や打撃によって爆発するおそれがある。

ニトロソ化合物に属する主な物質には、**ジニトロソペンタメチレンテトラミン**がある。

■ジニトロソペンタメチレンテトラミンの特性

ジニトロソペンタメチレンテトラミン $C_5H_{10}N_6O_2$ 淡黄色の粉末	**性質** ● 比重 1.45　● 融点 255℃ ● 加熱により約200℃で分解し、ホルムアルデヒド(CH_2O)、アンモニア(NH_3)、窒素などを生成する。 ● 水、ベンゼン、アルコール、アセトンに<u>わずかに溶ける</u>が、ベンジン、ガソリンには<u>溶けない</u>。 ● 液性は<u>中</u>性である。 **危険性** ● 強酸、有機物と混合すると、発火する危険性がある。 **消火方法** ● 爆発的に燃焼するため、安全な場所から消火する。

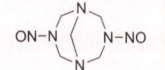

攻略

- ジニトロソペンタメチレンテトラミンは、約200℃で分解し、ホルムアルデヒド、アンモニア、窒素などを生成する。
- ジニトロソペンタメチレンテトラミンは、水やアルコールなどにわずかに溶ける。

アゾ化合物　[第1種自己反応性物質：指定数量 10kg]

アゾ化合物とは、<u>アゾ基</u>(–N=N–)を有する化合物の総称。アゾ基が窒素(N_2)に分解するものは不安定で、加熱や衝撃などによって急激に分解する。

アゾ化合物のうち、アゾベンゼンなどの<u>芳香族アゾ化合物</u>は安定しており、色素となるものが多く、合成染料として使用される。

アゾ化合物に属する主な物質には、**アゾビスイソブチロニトリル**がある。高分子化合物（⇨ p.261）を合成する際の重合開始剤などに使用される。

■アゾビスイソブチロニトリルの特性

アゾビスイソブチロニトリル $[C(CH_3)_2CN]_2N_2$ 白色の結晶性粉末 $\begin{array}{c} CH_3 \quad CH_3 \\ NC-C-N=N-C-CN \\ CH_3 \quad CH_3 \end{array}$	**性質** ●比重 1.1　●融点 105℃ ●融点以上に加熱すると、窒素とシアンガス(HCN)を発生する。 ●水に溶けにくいが、アルコール、ジエチルエーテルには溶ける。 **危険性** ●常温でも徐々に分解し、融点以上に加熱すると急激に分解する（ただし、発火はしない）。 ●眼、皮膚などとの接触は危険である。 **火災予防方法** ●可燃物との接触を避ける。

攻略

- アゾビスイソブチロニトリルは、加熱により、窒素とシアンガスを発生する。

● ジアゾ化合物　[第1種自己反応性物質：指定数量 10kg]

　ジアゾ化合物とは、ジアゾ基(N_2=)を有する化合物の総称。ジアゾ化合物は、ジアゾ基が窒素(N_2)に分解しやすく不安定で、多くは爆発性を有し、固体は特に危険である。アゾ化合物より不安定である。

　ジアゾ化合物に属する主な物質には、ジアゾジニトロフェノールがある。

■ジアゾジニトロフェノールの特性

ジアゾジニトロフェノール $C_6H_2N_4O_5$ 黄色の粉末	**性質** ●比重 1.63　●融点 169℃　●発火点 180℃ ●水にほとんど溶けないが、アセトンには溶ける。 ●光にあたると褐色に変色する。 **危険性** ●燃焼すると爆ごうを起こす危険性が高い。 **火災予防方法** ●水、または水とアルコールの混合液の中で保存する。

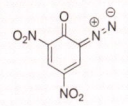

攻略

- ジアゾジニトロフェノールは、光にあたると褐色に変色する。
- ジアゾジニトロフェノールは、水または水とアルコールの混合液に保存する。

● ヒドラジンの誘導体　[第2種自己反応性物質：指定数量100kg]

　ヒドラジンの誘導体とは、ヒドラジン(NH_2NH_2)が付加反応（⇨ p.197）などで生成した、$-NH-NH_2$構造を有する化合物の総称。

　ヒドラジンの誘導体の主な物質には、**硫酸ヒドラジン**がある。硫酸ヒドラジンは、弱塩基性（弱アルカリ性）のヒドラジンと強酸の硫酸(H_2SO_4)の中和反応（⇨ p.240）で生成する塩であるため、温水に溶けて酸性を示す。

■硫酸ヒドラジンの特性

硫酸ヒドラジン $NH_2NH_2 \cdot H_2SO_4$ [別名：硫酸ヒドラジニウム] 白色の結晶	**性質** ● 比重 1.37　● 融点 254℃ ● <u>還元性</u>が強い。 ● 冷水やアルコールに<u>溶けない</u>が、温水には溶けて<u>酸</u>性を示す。 **危険性** ● 加熱により融点以上に達すると分解し、アンモニア(NH_3)、二酸化硫黄（亜硫酸ガス：SO_2)、硫化水素(H_2S)、硫黄(S)を発生する（発火はしない）。 ● <u>酸化剤</u>と激しく反応する。 ● 強塩基との接触で<u>ヒドラジン</u>を遊離する。 　例：$NH_2NH_2 \cdot H_2SO_4 + 2NaOH → NH_2NH_2 + Na_2SO_4 + 2H_2O$ ● 皮膚、粘膜に対する刺激がある。 **火災予防方法** ● 酸化剤、アルカリ、可燃物との接触を避ける。 **消火方法** ● 防塵マスク、保護メガネ、ゴム手袋、防護服などの保護具を着用する。

攻略

- 硫酸ヒドラジンは、強い還元性を有する。
- 硫酸ヒドラジンは、温水に溶けて酸性を示す。
- 硫酸ヒドラジンは、強塩基と接触するとヒドラジンを遊離する。

● ヒドロキシルアミン　[第2種自己反応性物質：指定数量100kg]

　ヒドロキシルアミンは、アンモニア(NH_3)の水素原子(H)の1つが<u>水酸基</u>

(−OH) (⇨p.258) に置き換わった、H_2N-OH 構造を持つ化合物。

■ ヒドロキシルアミンの特性

ヒドロキシルアミン NH_2OH 白色の結晶	**性質** ● 比重 1.20　● 融点 33℃　● 沸点 58℃（22mmHg の減圧時） ● 引火点 100℃　● 発火点 130℃　● 蒸気比重 1.1 ● <u>還元性</u>が強い。 ● 水、アルコールに<u>よく溶ける</u>。 ● <u>潮解性</u>を有する。 ● 半導体の洗浄剤や農薬の原料として利用される。 ● 一般には水溶液として流通している。 **危険性** ● 紫外線によって爆発する。 ● 火気や高温体との接触で爆発的に燃焼する。 ● 蒸気は、眼や気道を強く刺激する。 ● 大量に吸入した場合は、血液の酸素吸収力低下により、死に至ることもある。 **火災予防方法** ● <u>乾燥</u>した場所に貯蔵する。 **消火方法** ● 防塵マスク、保護メガネ、ゴム手袋、防護服などの保護具を着用する。

攻略

- ヒドロキシルアミンは、水、アルコールによく溶ける。
- ヒドロキシルアミンには、潮解性がある。
- ヒドロキシルアミンは、乾燥した場所に貯蔵する。

● ヒドロキシルアミン塩類
[第2種自己反応性物質：指定数量 100kg]

　ヒドロキシルアミン塩類は、ヒドロキシルアミンと酸との中和反応で生成する塩の化合物の総称で、ヒドロキシルアミンと同じ危険性がある。

　ヒドロキシルアミン塩類に属する主な物質には、**硫酸ヒドロキシルアミン**、**塩酸ヒドロキシルアミン**がある。

どちらも水溶液は強酸性を示し、金属を腐食する。

■ヒドロキシルアミン塩類に属する主な物質の特性

硫酸ヒドロキシルアミン $H_2SO_4 \cdot (NH_2OH)_2$ 白色の結晶	**性質** ● 比重 1.90　● 融点 120℃ ● 強い還元剤である。 ● 水によく溶けるが、アルコール類にはほとんど溶けない。 ● 水溶液は強酸性で金属を腐食する。 **危険性** ● 加熱すると分解して、有毒な二酸化窒素(NO_2)と二酸化硫黄(亜硫酸ガス:SO_2)を発生する。 ● 火気や高温体との接触で爆発的に燃焼する。 ● 蒸気は、眼や気道を強く刺激する。 ● 大量に吸入した場合は、血液の酸素吸収力低下により、死に至ることもある。
塩酸ヒドロキシルアミン $HCl \cdot NH_2OH$ 白色の結晶	**性質** ● 比重 1.67　● 融点 152℃ ● 水に溶け、アルコール類にはわずかに溶ける。 ● 水溶液は強酸性で金属を腐食する。 **危険性** ● 115℃以上に加熱すると、爆発する危険性がある。 ● その他は、硫酸ヒドロキシルアミンに同じ。
共通する火災予防・消火方法	**火災予防方法** ● 乾燥した場所に貯蔵する。 **消火方法** ● 防塵マスク、保護メガネ、ゴム手袋、防護服などの保護具を着用する。

攻略

- ヒドロキシルアミン塩類の水溶液は、強酸性を示し、金属を腐食する。
- 硫酸ヒドロキシルアミンは、還元性が強い。
- 硫酸ヒドロキシルアミンは、加熱により分解して二酸化窒素と二酸化硫黄を発生する。
- 塩酸ヒドロキシルアミンは、115℃以上に加熱すると爆発する。
- ヒドロキシルアミン塩類は、乾燥した場所に貯蔵する。

その他のもので政令で定めるもの
[第2種自己反応性物質：指定数量 100kg]

第5類危険物には、「その他のもので政令で定めるもの」として、**金属のアジ化物、硝酸グアニジン、1-アリルオキシ-2,3-エポキシプロパン、4-メチリデンオキセタン-2-オン**の4つの品名が指定されている。

(1) 金属のアジ化物

金属のアジ化物とは、アジ化水素（HN_3）の水素原子（H）が他の金属で置き換えられた化合物の総称。金属のアジ化物は、3つの窒素原子が結合しているため、非常に不安定な物質で、わずかな衝撃で爆発する危険性がある。

金属のアジ化物に属する主な物質には、**アジ化ナトリウム**がある。

■アジ化ナトリウムの特性

アジ化ナトリウム NaN_3 無色の板状結晶	**性質** ● 比重 1.8　　● 融点 300℃ ● 加熱により約300℃で分解し、窒素と金属ナトリウムを生成する。 ● 水に溶けるが、エタノールには溶けにくく、ジエチルエーテルには溶けない。 ● 単体で爆発する危険性はない。 **危険性** ● 酸と反応して、有毒で爆発性を有するアジ化水素を発生する。 ● 水の存在下で、重金属（⇨ p.247）と反応してきわめて衝撃に敏感なアジ化物を生成する（⇨ p.276）。 ● 皮膚に触れると、炎症を起こす。 **火災予防方法** ● 直射日光を避ける。 ● 酸、金属粉（特に重金属粉）と同じ場所で貯蔵しない。 **消火方法** ● 火災の熱で分解して生成する金属ナトリウムの消火方法と同様に、乾燥砂などを用いる。　● 水は厳禁。 ● 保護具を着用する。

攻略
- アジ化ナトリウムは、水の存在下で、重金属と反応してアジ化物を生成する。
- アジ化ナトリウムの消火方法は、金属ナトリウムの消火と同様の乾燥砂が有効。

(2) 硝酸グアニジン

硝酸グアニジンはグアニジン($HN=C(NH_2)_2$)の硝酸塩で、<u>爆薬</u>の成分として利用されている。

■硝酸グアニジンの特性

硝酸グアニジン $CH_6N_4O_3$ 白色の結晶 $H_2N-\overset{\oplus}{\underset{NH_2}{C}}-NH_2$ $NO_3^{\ominus}$	**性質** ● 比重 1.44　● 融点 217℃ ● <u>強酸化剤</u>である。 ● 水、アルコールに<u>溶ける</u>。 **危険性** ● 急激な加熱や衝撃によって爆発する危険性がある。 ● 有機物や還元性物質と接触すると、発火する。

攻略

- 硝酸グアニジンは、爆薬の成分である。
- 硝酸グアニジンは、強酸化剤である。

(3) 1-アリルオキシ-2,3-エポキシプロパン

1-アリルオキシ-2,3-エポキシプロパンは、農薬の安定剤、自動車用塗料やICチップ基盤に利用されている。

■1-アリルオキシ-2,3-エポキシプロパンの特性

1-アリルオキシ-2,3-エポキシプロパン $C_6H_{10}O_2$ [別名：アリルグリシジルエーテル] 無色の液体 $CH_2-CH=CH_2$ 　　$|$ 　　O 　　$|$ $CH_2-CH-CH_2$ 　　　$\diagdown O \diagup$	**性質** ● 比重 0.97　● 融点 -100℃　● 沸点 154℃　● 引火点 57℃ ● 水、アセトン、トルエンに溶ける。 ● 特徴的な臭いがする。 **危険性** ● 爆発性過酸化物を生成する危険性がある。 ● 容易に重合（⇒ p.198）したり、強酸化剤、酸、塩基と激しく反応して、その反応熱により、火災や爆発の危険性がある。 ● 皮膚や目に対する刺激がある。 **消火方法** ● 泡消火剤、粉末消火剤、乾燥砂などを用いる。 ● 棒状放水や水噴霧は使用できない。

(4) 4-メチリデンオキセタン-2-オン

4-メチリデンオキセタン-2-オンは、別名ジケテンともいい、ケテン($CH_2=C=O$)が二量化*したもので、500℃以上に加熱するとケテンに分解する。ケテンは酢酸(CH_3COOH：第4類危険物)の熱分解による脱水でつくられる。

4-メチリデンオキセタン-2-オンは、医薬品や顔料、染料、プラスチックの原料として利用されている。

■ 4-メチリデンオキセタン-2-オンの特性

4-メチリデンオキセタン-2-オン $C_4H_4O_2$ ［別名：ジケテン］ 無色の液体 $CH_2=C\overset{CH_2}{\underset{O}{\diagup}}C=O$	**性質** ● 比重 1.09　● 融点 -7℃　● 沸点 127℃　● 引火点 33℃ ● 発火点 275℃　● 燃焼範囲 2～11.7vol%　● 蒸気比重 2.9 ● アセトンに溶ける。 ● 反応性に富み、水、アルコール、アミンと反応し化合物を生じる。 ● 刺激臭がある。 **危険性** ● 酸、塩基、水と接触すると反応熱により、火災や爆発の危険性がある。 ● 33℃以上では、空気との爆発性混合ガスを生じることがある。 ● 催涙性があり有毒である。 ● 不安定なため分解重合する。 ● 腐食性があり、吸入すると呼吸器に障害をもたらす。 **火災予防方法** ● 重合するため、長期保存は避ける。 **消火方法** ● 二酸化炭素消火剤、乾燥砂を用いる。 ● 水および水系消火剤、紫色の粉末消火剤は使用できない。

＋アドバイス　1-アリルオキシ-2,3-エポキシプロパンと4-メチリデンオキセタン-2-オンは、平成22年の危険物法令の改正により、第4類危険物の第2石油類から第5類危険物に変更された物質。注目されている物質であり、おさえておく必要がある。

用語解説
＊二量化：2つの同種の分子などが化学反応により結合してできる新たな1つの分子を二量体といい、二量体を形成することを二量化という。

[第5類危険物] 復習問題

問21 第5類危険物に共通する火災予防及び消火方法について、次のうち誤っているものはどれか。
1. 取扱いにあたっては、火気、衝撃及び摩擦を避ける。
2. 通風のよい冷暗所に貯蔵する。
3. 貯蔵する場所に、必要最小限の量を置く。
4. 容器を密栓して貯蔵する。
5. 消火にあたっては、一般に大量の水により冷却消火する。

解説

4：誤り。 第5類危険物のうち、メチルエチルケトンと過酸化水素が反応して生成される**メチルエチルケトンパーオキサイド**は、貯蔵容器を密栓すると内圧が上昇して分解を促進するため、ふたは**通気性**をもたせる必要がある。したがって、容器を密栓するのは共通する火災予防方法ではない。

1～3、5：正しい。 p.390参照。 答：4

アドバイス 容器を密栓せずに貯蔵する危険物には、炭酸ナトリウム過酸化水素付加物（第1類危険物）、メチルエチルケトンパーオキサイド（第5類危険物）、過酸化水素（第6類危険物）の3つがある。つまり、過酸化水素が何らかの形で関与した危険物と覚える。

問22 一般にメチルエチルケトンパーオキサイドの希釈剤として用いられているものは、次のうちどれか。
1. ナフテン酸コバルト
2. 二硫化炭素
3. ジメチルフタレート
4. イソプロピルアルコール
5. ジメチルアニリン

解説

第5類危険物のメチルエチルケトンパーオキサイドは、高純度のものはきわめて危険なため、市販品は**3**の**ジメチルフタレート**（フタル酸ジメチル）で50～60％に希釈されている。p.393参照。 答：3

問23 ニトロセルロースの貯蔵・取扱い等について、次のうち誤っているものはどれか。
1. 密栓して換気のよい冷所に貯蔵する。
2. 直射日光を避ける。
3. 湿気を避け、乾燥させて貯蔵する。
4. 定期的に安定度試験を行い、耐熱性が低下したものは安全な方法で処理する。
5. 消火方法は、大量の水による冷却消火が有効である。

解説

3：誤り。ニトロセルロースは乾燥状態が続くと、自然分解して発火することがある。逆に水分を含むと危険性は低下するため、水やエタノールで湿綿として貯蔵する。
1、2、4、5：正しい。p.390、p.396 参照。　　　　　　　　　　　　答：3

問24 トリニトロトルエンとピクリン酸に共通する性状として、次のうち誤っているものはどれか。
1. 有機化合物で、比重は1より大きい。
2. 分子中に3個のニトロ基を持っている。
3. 爆薬の原料として用いられる。
4. 金属と作用して爆発性の金属塩を生じる。
5. 打撃、衝撃を加えると爆発し、その爆発力は大きい。

解説

4：誤り。どちらも3個のニトロ基を持つニトロ化合物であるが、金属と作用して爆発性の金属塩を生成するのはピクリン酸で、トリニトロトルエンは金属と作用しない。他に、トリニトロトルエンは中性であるが、ピクリン酸は酸性である。ピクリン酸はフェノールからつくられるが、ニトロ基の効果でフェノールに比べ強い酸性を示す。
1～3、5：正しい。p.389、p.396～397 参照。　　　　　　　　　　答：4

アドバイス　　第5類危険物の中で、金属と作用して危険な物質を生成するのは、ピクリン酸とアジ化ナトリウム。どちらも出題率が高いので覚えておく。

2-6 第6類危険物

　第6類危険物とは、消防法別表第一の第6類の品名欄に掲げてある、**酸化性液体**の性状を有する物品を指す。
　酸化性液体とは、酸化力の潜在的な危険性を判断する試験において一定の性状を示す液体をいう（⇨ p.26）。

● 第6類危険物に共通する特性

　§1で解説したように、第6類危険物の特徴は**酸化性**である。それ自体は燃焼しないが、酸化力が強く、混在する他の可燃物の燃焼を促進させる。

　第6類危険物に共通する性質・危険性、火災予防上の貯蔵・取扱い方法、消火方法は、以下の通り。

■第6類危険物に共通する特性（その1）

共通する 性質・危険性	● それ自体は燃えない**不燃性**の液体である。 ● **無機化合物**である。 ● 比重は1より**大きい**。 ● **水**と激しく反応し、発熱するものがある。 ● 酸化力が強く（**強酸化剤**）、可燃物や酸化されやすい還元性物質（有機物や金属粉）と混合すると、加熱、衝撃、摩擦などにより、発火、爆発させる危険性がある。 ● 刺激臭、**腐食性**があり、蒸気は**有毒**である。
共通する 火災予防方法	● 火気、直射日光、加熱、衝撃、摩擦を避ける。 ● 可燃物、還元性物質などとの接触、混合を避ける。 ● 水と激しく反応するものは、**水**との接触を避ける。 ● 分解を促すものとの接触を避ける。 ● 通風のよい場所で、**防護具**を着けて取り扱う。 ● 一般に容器は耐酸性のものを使用し、密栓して（**過酸化水素**を除く）通風のよい**冷暗所**に貯蔵する。

■第6類危険物に共通する特性（その2）

共通する消火方法	●燃焼物に対応した消火方法をとる。 ●一般には、<u>大量の水</u>で冷却するか、泡消火剤を用いて消火する。ただし、<u>高圧注水</u>は、危険物が飛散して被害を拡大する危険性があるため使用しない。 ●第6類危険物<u>すべてに</u>有効なのは、<u>乾燥砂（かんそうな）</u>などを用いた消火方法である。 ●<u>炭酸水素塩類（たんさんすいそえんるい）</u>が含まれる粉末消火剤は使用しない。 ●第6類危険物はそれ自体が分解して酸素供給体となるため、酸素を遮断する窒息消火には効果がない。 ●二次災害を防止するため、消火活動では一般に次の事柄に注意する。 　(1) 大量の水を使用する場合、危険物が飛散しないように注意する。 　(2) 危険物が流出したときは、乾燥砂をかけるか中和剤で中和する。 　(3) 災害現場の風上に立ち、有毒な発生ガスを吸引しないようマスクをし、眼を保護するためにメガネをし、防護服、手袋などで皮膚を保護する。

第6類危険物の物品と消火方法

　第6類危険物に属する物品と、その消火方法を次の表に掲げる。強酸として広く使われる無機酸（⇨ p.246）でも硝酸は含まれるが、硫酸（H_2SO_4）や塩酸（HCl）は含まれていないことに注意する。

■第6類危険物の品名・物質名・消火方法

品　　名	主な物質名	消火方法
過塩素酸	過塩素酸（$HClO_4$）	大量の水
過酸化水素	過酸化水素（H_2O_2）	大量の水
硝酸	硝酸（HNO_3）	燃焼物に対応した消火方法
	発煙硝酸（HNO_3）	
その他のもので政令で定めるもの：ハロゲン間化合物	三ふっ化臭素（BrF_3）	乾燥砂または粉末消火剤
	五ふっ化臭素（BrF_5）	
	五ふっ化よう素（IF_5）	

攻略

●第6類危険物は、不燃性の酸化性液体。
●酸化されやすい物質（還元性物質）や可燃物との接触・混合は特に危険。

第6類危険物に属する物品の特性

第6類危険物に共通する特性をしっかり踏まえた上で、次に第6類に属する物品の特性を個々に解説する。

各物質の危険性や火災予防方法、消火方法については、第6類に共通する方法以外のものを掲げた。

● 過塩素酸　[指定数量 300kg]

過塩素酸は、酸化数（⇒ p.244）が7価の塩素に水酸基（-OH）と酸素が3個結合した構造を持つ化合物。塩素はこれ以上酸化されない状態にあるため、過塩素酸は強力な酸化性を有する。一般には 60〜70％ の水溶液として扱われる。水溶液にするときは、著しい発熱を伴うため、必ず水に過塩素酸を入れてつくる。

分析化学の試薬、金属の溶解、有機合成の触媒などに使用される。

■過塩素酸の特性（その1）

過塩素酸 HClO₄ 無色の発煙性液体	**性質** ● 比重 1.8　● 融点 -112℃　● 沸点 39℃（56mmHgの減圧時） ● 強い酸化性を有する。 ● 無水物は還元性の鉄（Fe）や銅（Cu）と激しく反応して金属酸化物を生成する。 ● 空気中で強く発煙する。 ● 刺激臭がある。 **危険性** ● きわめて不安定で、密閉容器に入れて常圧で冷暗所に保存しても次第に分解し、黄変する。その分解生成物が触媒となり、爆発的分解を起こす。 ● 水と作用すると、音を発して発熱する。 ● 加熱すると、爆発する。 ● おがくず、木片などの有機物との接触で、自然発火する危険性がある。 ● 金属腐食性がある。 ● 皮膚を腐食する。

■過塩素酸の特性（その2）

過塩素酸 $HClO_4$	火災予防方法 ●定期的に検査を実施し、<u>変色</u>している場合は廃棄する。 消火方法 ●流出時は、チオ硫酸ナトリウム（$Na_2S_2O_3$）、ソーダ灰（無水炭酸ナトリウム：Na_2CO_3）で中和させ大量の水で洗い流す。

攻略

- 過塩素酸は無色の液体で、空気中で発煙する。
- 過塩素酸は、水と作用すると音を発して発熱し、加熱すると爆発する。
- 過塩素酸は、長期間保存すると、黄変して爆発的分解を起こす。
- 過塩素酸は、有機物との接触で自然発火する危険性がある。

● 過酸化水素　[指定数量 300kg]

過酸化水素は、H-O-O-H構造を持つ、水素と酸素の化合物の1つ。1つの酸素原子（O）を放出して安定な水（H_2O）に戻ろうとするため不安定で、<u>酸化性</u>が強い。

一般には水溶液として扱われ、漂白剤、酸化剤、医薬品などに利用される。たとえば、身近なところでは衣類の漂白剤、髪の毛の染毛剤やブリーチ剤などに使用されており、工業用では、紙の原料のパルプや古紙の漂白剤、金属類の研磨などの表面処理、土壌浄化や排水処理などにも広く用いられている。

過酸化水素の3％水溶液に安定剤を加えたものは、医療用の外用消毒剤として利用されており、<u>オキシドール</u>または<u>オキシフル</u>と呼ばれる。

過酸化水素には、第1類危険物の過マンガン酸カリウム（$KMnO_4$）のようなさらに酸化性の強い物質に対しては、還元剤として働くといった特殊な例がある（⇨ p.323）。

過酸化水素と二酸化マンガンを混合させると、二酸化マンガンが触媒として働き、水と酸素への分解反応速度を加速するため危険性が高くなる。

過酸化水素には、分解を抑制するため、りん酸、尿酸、アセトアニリドなどの安定剤が用いられる。

■過酸化水素の特性

	性質
過酸化水素 H_2O_2 純粋なものは無色の粘性のある液体	**性質** ● 比重 1.46　● 融点 -0.9℃　● 沸点 151℃ ● 強い<u>酸化性</u>を有する。 ● きわめて不安定で、濃度<u>50％</u>以上では、常温でも水と酸素に分解する。 ● 分解を抑制するため、<u>安定剤</u>として、りん酸、尿酸、アセトアニリドなどが用いられる。 ● 二酸化マンガン(MnO_2)は、分解反応を促進する触媒として働く。 ● 水やアルコールに<u>溶ける</u>。 ● 水溶液は<u>弱酸</u>性を示す。 ● 石油、ベンジンには溶けない。 ● より酸化性の強い物質（例：第1類危険物の過マンガン酸カリウム）に対しては、<u>還元剤</u>として働く。 **危険性** ● 熱や日光により速やかに分解され、<u>水</u>と<u>酸素</u>になる。 ● 濃度<u>50％</u>以上で爆発性がある。 ● 皮膚に接触すると<u>やけど</u>を起こす。 **火災予防方法** ● 容器は密栓せず、通気用の<u>穴の開いた</u>栓を使用する。 **消火方法** ● 流出時は、大量の水で洗い流す。

攻略

- 過酸化水素の安定剤として、りん酸、尿酸、アセトアニリドが用いられる。
- 過酸化水素の水溶液は、弱酸性を示す。
- 過酸化水素は、濃度50％以上で爆発性がある。
- 過酸化水素は、容器は密栓せず、通気用の穴の開いた栓をする。

硝酸　［指定数量 300kg］

硝酸(しょうさん)は、工業的にはアンモニア(NH_3)を酸化して一酸化窒素(NO)をつくり、さらに酸化して生じた二酸化窒素(NO_2)に水を吸収させてつくられ、火薬や医薬品、染料などの製造に利用される。一般には、純硝酸の水溶液のことを「硝酸」といい、濃度が低いものを「希硝酸」、濃度が高いものを「濃硝酸」という。さ

らに濃度98％以上のものは「発煙硝酸」と呼ばれる。

■硝酸に属する主な物質の特性（その1）

硝酸　HNO_3 無色の液体	**性質** ● 比重1.5（市販品は1.38以上）　● 融点 -42℃　● 沸点 86℃ ● 強い酸化性を有する。 ● 水と任意の割合で混合し、水溶液は強酸性を示す。 ● 水溶液は、きわめて強い1価の酸（⇨ p.236「価数」）で、金属酸化物、水酸化物と作用して硝酸塩を生成する。 ● 金属を腐食させる。 ● 鉄(Fe)、ニッケル(Ni)、クロム(Cr)、アルミニウム(Al)などは希硝酸にはおかされるが、濃硝酸には不動態*を形成しておかされない。 ● 水素よりイオン化傾向（⇨ p.249）の小さな金属（銅(Cu)や銀(Ag)など）と反応するが、白金(Pt)、金(Au)とは反応しない。 ● 空気中の湿気で窒息性の二酸化窒素の褐色の蒸気を発生する。 ● 刺激臭がある。 **危険性** ● 二硫化炭素(CS_2：第4類危険物）、アミン類、ヒドラジン類などと混合すると、発火または爆発する。 ● 日光、加熱によって黄褐色となり、酸素と有毒な二酸化窒素を生成する。　$4HNO_3 \rightarrow 2H_2O + 4NO_2 + O_2$ ● 金属粉などとの接触により、有毒な二酸化窒素を生成する。 ● 硝酸自体も蒸気も、分解して生ずる窒素酸化物（二酸化窒素）も有毒である。 ● 腐食作用が強く、生体に有毒である。
発煙硝酸　HNO_3 赤色または赤褐色の発煙性液体	**性質** ● 比重1.52以上 ● 濃硝酸に二酸化窒素を加圧して飽和させたもの。 ● 濃度98％以上の硝酸。 ● 硝酸よりも酸化力が強い。 ● 水溶液は強酸性を示す。 ● 空気中の湿気で窒息性の二酸化窒素の褐色の蒸気を発生する。 **危険性** ● 硝酸に同じ。　　　　　　　　　　（火災予防方法・消火方法は次ページ）

用語解説

＊**不動態**：腐食されてできる生成物において、表面に形成された薄い皮膜が保護膜となりそれ以上反応が進行しない状態のこと。

■ 硝酸に属する主な物質の特性 (その2)

共通する火災予防・消火方法	火災予防方法 ● 湿気の少ない場所に貯蔵する。 ● 容器は、ステンレス鋼、アルミニウム製などにする。 消火方法 ● 流出時は、土砂をかけて水で洗い流すか、ソーダ灰、消石灰などで中和させ、大量の水で洗い流す。

攻略

- 硝酸と発煙硝酸の水溶液は、どちらも強酸性を示す。
- クロムやアルミニウムは、濃硝酸に対して不動態をつくるため、おかされない。
- 硝酸と発煙硝酸は、どちらも日光や加熱によって分解し、黄褐色となる。
- 発煙硝酸は、硝酸より酸化力が強い。

その他のもので政令で定めるもの：ハロゲン間化合物
[指定数量 300 kg]

第6類危険物には、「その他のもので政令で定めるもの」として、**ハロゲン間化合物**が指定されている。

ハロゲン間化合物とは、2種のハロゲン元素 (⇨ p.248) からなる化合物の総称で、酸素を含有していない。ハロゲン単体と似た性質を持ち、強い酸化性を有するため、多くの金属や非金属を酸化させてハロゲン化物を生成する。

ふっ素原子を含むハロゲン間化合物は、水との反応でふっ化水素 (HF) を発生する。これは、ふっ素原子の電気陰性度 (⇨ p.251) が臭素やよう素原子よりも大きいからである。

また、ふっ素原子 (F) はけい素原子 (Si) と強く結合する。水との反応で生成されるふっ化水素の水溶液は腐食性が強く、けい素と酸素の結合を切断するためガラス (SiO_2) をおかす。

$$SiO_2 + 6HF \rightarrow H_2SiF_6 + 2H_2O$$

ハロゲン間化合物は、ふっ素原子が多いほど反応性に富み、危険性は高くなる。これは、ふっ素原子が多いほど酸化数が多いからである (⇨ p.249)。

主なハロゲン間化合物には、**三ふっ化臭素**、**五ふっ化臭素**、**五ふっ化よう素**がある。

■ハロゲン間化合物に属する主な物質の特性

三ふっ化臭素 BrF_3 無色の発煙性液体	**性質** ● 比重 2.80　● 融点 9℃　● 沸点 126℃ ● 強い酸化性を有する。 ● 低温（約10℃）では固化する。 ● 常温で無水ふっ化水素酸などの溶媒に溶ける。 ● 金属、非金属と反応してハロゲン化物を生成する。 ● 空気中で発煙する。 **危険性** ● 可燃物（木材、紙、油脂など）との接触で反応して発熱し、自然発火することがあり、爆発的に燃焼する。 ● 水と激しく反応して発熱、分解し、猛毒で腐食性のあるふっ化水素を生成する。
五ふっ化臭素 BrF_5 無色の発煙性液体	**性質** ● 比重 2.47　● 融点 -61℃　● 沸点 40℃ ● 強い酸化性を有する。 ● 沸点が低いため、気化しやすい。 ● 金属、非金属と反応してハロゲン化物を生成する。 **危険性** ● 水と激しく反応して発熱、分解し、猛毒で腐食性のあるふっ化水素を生成する。 ● 三ふっ化臭素よりも反応性に富み、多くの元素や化合物に反応する。
五ふっ化よう素 IF_5 無色の発煙性液体	**性質** ● 比重 3.19　● 融点 9.4℃　● 沸点 100.5℃ ● 強い酸化性を有する。 ● 金属、非金属と反応してハロゲン化物を生成する。 **危険性** ● 水と激しく反応し、ふっ化水素およびよう素酸を生成する。
共通する消火方法	● 乾燥砂または粉末消火剤を用いる。 ● 水系消火剤は使用できない。

攻略

- ハロゲン間化合物は、ふっ素原子が多いほど危険性が高い。
- ハロゲン間化合物は、金属・非金属と反応してハロゲン化物を生成する。
- ハロゲン間化合物は、水と反応してふっ化水素を発生する。
- ハロゲン間化合物の消火には、乾燥砂または粉末消火剤を用いる。

[第6類危険物] 復習問題

問25　第6類危険物に共通する性質として、次のうち正しいものはどれか。
1. 液体の有機化合物である。
2. 熱に対して安定している。
3. 還元剤とよく反応する。
4. 日光には安定している。
5. それ自体も燃焼し、他のものの燃焼を促進する。

解説

1：「有機化合物」は誤り。第6類危険物はいずれも、液体の**無機化合物**である。

2：「安定している」は誤り。第6類危険物の中で、たとえば、過塩素酸は加熱すると爆発し、過酸化水素は加熱すると水と酸素に分解し、硝酸は加熱すると二酸化窒素と酸素を発生する。したがって、熱に対して**不安定**である。

3：正しい。第6類危険物はいずれも強酸化剤で、還元剤を酸化し発火させる危険性がある。p.408参照。

4：誤り。第6類危険物は、日光によって分解される**不安定**な危険物が多い。

5：「それ自体も燃焼し」は誤り。第6類危険物はすべて、それ自体は燃えない**不燃性**の危険物である。

答：3

問26　過塩素酸の性状として、次のうち誤っているものはどれか。
1. 無色の発煙性液体である。
2. 木片やぼろ布等の有機物に触れると自然発火することがある。
3. 触れると皮膚が腐食する。
4. 水に触れると発熱する。
5. 長期間保存しても、危険性はない。

解説

5：「危険性はない」は誤り。過塩素酸は、きわめて不安定なため、密閉容器に入れて常圧で冷暗所に保存しても次第に分解して**黄変**する。その分解生成物が触媒となって**爆発的分解**を起こす。定期的に検査し、変色している場合

は廃棄する。
1〜4：正しい。p.410 参照。　　　　　　　　　　　　　　　　**答：5**

問27 過酸化水素の性状として、次のうち誤っているものはどれか。
1. 純粋なものは、粘性のある液体である。
2. 高濃度のものは、爆発する危険性がある。
3. 強酸化剤であるが、還元剤として作用することもある。
4. 不安定な物質であるため、りん酸、尿酸等の安定剤が加えられる。
5. オキシドールとして市販されているものは 30 〜 50％の水溶液である。

解説

5：「30 〜 50％」は誤り。オキシドールは過酸化水素の **3%** 水溶液である。
1〜4：正しい。p.412 参照。　　　　　　　　　　　　　　　　**答：5**

問28 硝酸の貯蔵・取扱いについて、次のうち適切でないものはどれか。
1. 直射日光等によって分解して発生する二酸化窒素を吸い込まないようにする。
2. 腐食性があるため、ステンレス鋼製の容器による貯蔵は避ける。
3. 還元性物質との接触を避ける。
4. 皮膚に触れると薬傷を起こすので、接触はしないようにする。
5. 硝酸自体は燃焼しないが、強い酸化性があるため、可燃物と離して貯蔵する。

解説

2：不適切。硝酸には金属腐食性があるが、ステンレス鋼に含まれるクロムやアルミニウムが **濃硝酸** に対しては **不動態** を形成するため、それ以上おかされない。したがって、硝酸は **ステンレス鋼** や **アルミニウム製** の容器に貯蔵することができる。
1、3〜5：適切。p.408、p.413 参照。　　　　　　　　　　　**答：2**

練習問題

問1 危険物の類ごとの性状として、次のA～Eのうち誤っているものはいくつあるか。

A. 第1類危険物は、熱等によって分解し酸素を発生するものが多い。
B. 第3類危険物は、空気または水との接触によって、発火又は可燃性ガスを発生する。
C. 第4類危険物は、いずれも比重が1より小さく、酸素を含有する物質である。
D. 第5類危険物のほとんどは、可燃物と酸素供給源とが共存している自己反応性の物質である。
E. 第6類危険物は、空気に触れると、自然発火する危険性がある。

1. 1つ　2. 2つ　3. 3つ　4. 4つ　5. 5つ

解説

A：正しい。第1類危険物は、加熱や水との接触で酸素を発生するものが多い。たとえば、過塩素酸カリウムは加熱によって酸素を発生し、過酸化カリウムは加熱や水との作用により酸素を発生する。

B：正しい。第3類危険物の中で水と作用して発生する可燃性ガスについては、p.348とp.349の表を参照。第3類危険物の多くは、水とただちに反応して可燃性ガスを発生し、発火、爆発の危険性がある。また、第3類危険物の性状では、自然発火性のみを持つ黄りんや、禁水性のみを持つリチウムのように一方の性質しか持たないものに注意する。一般の第3類危険物は両方の性質を持つ。

C：誤り。第4類危険物には、二硫化炭素のように、比重が1より大きく、酸素を含有しない物質もある。

D：正しい。第5類危険物は、可燃物と酸素供給体が共存している自己反応性物質で、単独で爆発する危険性がある。

E：誤り。第6類危険物は自らは燃えない不燃性の危険物なので、空気に触れて自然発火することはない。第6類危険物には、混在する他の可燃物の燃焼を促進する性質がある。

答：2

問2　類別の危険物の性状として、次のうち誤っているものはどれか。

1. 過塩素酸ナトリウムは、第1類の過塩素酸塩類で、200℃以上に加熱すると酸素を発生する。
2. ラッカーパテは、第2類の引火性固体で、常温（20℃）以下で可燃性蒸気を発生するため引火しやすい。
3. マグネシウムは、第3類の禁水性物質で、空気中の湿気を吸収すると発熱し自然発火することがある。
4. 酸化プロピレンは、第4類の特殊引火物で、極めて引火しやすく、銀や銅などの金属に触れると重合が促進される。
5. 塩酸ヒドロキシルアミンは、第5類のヒドロキシルアミン塩類で、115℃以上に加熱すると爆発することがある。

解説

1：正しい。過塩素酸ナトリウムは、約200℃で分解して酸素を発生する。
2：正しい。ラッカーパテは、引火点が約10℃で常温以下でも可燃性蒸気を発生するため、引火しやすく危険な物質である。
3：「第3類の禁水性物質」は誤り。マグネシウムは、第3類ではなく第2類危険物で、空気中の湿気を吸収して発熱し、自然発火することがある。
4：正しい。酸化プロピレンは、他の特殊引火物と同様に、第4類危険物の中でも、引火点や沸点が低く、特に危険性が高い。また、銀や銅に触れると重合が促進される。
5：正しい。塩酸ヒドロキシルアミンは、115℃以上に加熱すると爆発する危険性がある。

答：3

問3　衝撃により爆発しやすい危険物の組合せとして、次のうち正しいものはどれか。

1. 過酸化ベンゾイル　　ニトログリセリン
2. キシレン　　　　　　硝酸エチル
3. 硝酸メチル　　　　　トルエン
4. ニトロセルロース　　メチルエチルケトン
5. ピクリン酸　　　　　アニリン

解説

どちらも衝撃によって<u>単独</u>で爆発しやすい第5類危険物かどうかを考える。この問題は、2つの物質が接触・混合した場合の混合危険を問うものではないことに注意する。

1：過酸化ベンゾイルとニトログリセリンは、どちらも第<u>5</u>類危険物。
2：キシレンは第<u>4</u>類危険物だが、硝酸エチルは第<u>5</u>類危険物。
3：硝酸メチルは第<u>5</u>類危険物だが、トルエンは第<u>4</u>類危険物。
4：ニトロセルロースは第<u>5</u>類危険物だが、メチルエチルケトンは第<u>4</u>類危険物。
5：ピクリン酸は第<u>5</u>類危険物だが、アニリンは第<u>4</u>類危険物。

答：1

問4 貯蔵タンク及び容器に、窒素やアルゴン等の不活性ガスを封入しなければならない危険物は、次のA～Eのうちいくつあるか。

A. アルキルアルミニウム
B. メチルエチルケトンパーオキサイド
C. カリウム
D. 酸化プロピレン
E. 水素化リチウム

1. 1つ　　2. 2つ　　3. 3つ　　4. 4つ　　5. 5つ

解説

不活性ガスを封入して貯蔵する物質は、空気と反応して酸化される危険性が特に高い物質である。p.309の表を参照。

Aの<u>アルキルアルミニウム</u>（第3類）、**D**の<u>酸化プロピレン</u>（第4類）、**E**の<u>水素化リチウム</u>（第3類）は、不活性ガスを封入して貯蔵・取扱いをしなければならない。他には、ジエチル亜鉛（第3類）やアセトアルデヒド（第4類）などがある。

答：3

問5 第1類危険物の性状として、次のうち正しいものはどれか。

1. 塩素酸カリウムは、加熱すると分解して水素を発生する。
2. 過塩素酸ナトリウムは、水に溶けない。
3. 過酸化カリウムは、水に溶かすと水素を発生する。
4. 硝酸ナトリウムは、水にもエタノールにも溶ける。
5. 二酸化鉛は、水には溶けないが、アルコールには溶ける。

解説

1：「水素」は誤り。塩素酸カリウムは、加熱すると塩化カリウムと過塩素酸カリウムに分解し、さらに加熱すると過塩素酸カリウムが分解して酸素を発生する。
2：「水に溶けない」は誤り。過塩素酸ナトリウムは、水によく溶ける。
3：「水素」は誤り。過酸化カリウムは、水に溶かすと熱と酸素を発生する。
4：正しい。硝酸ナトリウムは水によく溶け、エタノールにも溶ける。
5：「アルコールには溶ける」は誤り。二酸化鉛は、水にもアルコールにも溶けない。

答：4

問6 第1類危険物と木材等が共存する火災の消火方法として、次のA～Eのうち誤っているものはいくつあるか。

A. 塩素酸塩類は、注水により消火する。
B. 過塩素酸塩類は、注水は避けなければならない。
C. 無機過酸化物は、注水を避け、乾燥砂をかける。
D. 硝酸塩類は、ハロゲン化物等による窒息消火が最も有効である。
E. 亜塩素酸塩類は、粉末消火剤により消火する。

1. 1つ　2. 2つ　3. 3つ　4. 4つ　5. 5つ

解説

　第1類危険物の火災が発生した場合は、一般に大量の水による消火方法と、それ以外の無機過酸化物に対する消火方法に分けて考える。また、一般に酸化性固体である第1類危険物はそれ自体が分解して酸素を発生するため、酸素を遮断する窒息消火は有効ではない。したがって、ハロゲン化物消火剤、粉末消火剤、二酸化炭素消火剤は使用しない。

A：正しい。塩素酸塩類は注水により消火する。
B：誤り。過塩素酸塩類の場合は、注水消火が可能。
C：正しい。無機過酸化物は、注水を避け乾燥砂で消火する。
D：誤り。硝酸塩類の場合も、ハロゲン化物消火剤等による窒息消火ではなく、大量の水による冷却消火が有効である。
E：誤り。亜塩素酸塩類の場合も、粉末消火剤による窒息消火ではなく、大量の水による冷却消火が適切。

答：3

問7 塩素酸アンモニウムの性状として、誤っているものはいくつあるか。

A. 無色の結晶である。
B. アルコールに溶けにくく、水には溶けない。
C. 常温では安定な物質である。
D. 100℃以上に加熱されると分解して爆発することがある。
E. 潮解性を有する。

1. 1つ　　2. 2つ　　3. 3つ　　4. 4つ　　5. 5つ

解説

A：正しい。第1類危険物の塩素酸アンモニウムは、無色の結晶である。
B：「水には溶けない」は誤り。塩素酸アンモニウムは、水に溶け、アルコールには溶けにくい。
C：「安定な」は誤り。塩素酸アンモニウムは、常温でも爆発する危険性がある。
D：正しい。塩素酸アンモニウムは、100℃以上に加熱されると分解して爆発することがある。
E：誤り。塩素酸アンモニウムには、潮解性はない。第1類危険物で潮解性を有する物質については、p.314の表を参照。

答：3

問8 無機過酸化物の性状として、次のA～Eのうち誤っているものはいくつあるか。

A. 過酸化カリウムは、吸湿性は強いが潮解性はない。
B. 過酸化ナトリウムは、安定剤として少量の硫黄を加える。
C. 過酸化カルシウムは、酸に溶けて過酸化水素を生ずる。
D. 過酸化マグネシウムは、加熱すると酸素を放出して酸化マグネシウムとなる。
E. 過酸化バリウムは、酸化されやすい物質や湿った紙などと混合すると爆発することがある。

1. 1つ　　2. 2つ　　3. 3つ　　4. 4つ　　5. 5つ

解説

A：「潮解性はない」は誤り。第1類危険物の過酸化カリウムは潮解性を有する。

B：誤り。過酸化ナトリウムは安定剤を加えて保存するほど不安定な物質ではない。また、硫黄（第2類危険物）のような<u>還元性物質</u>と混合すると爆発する危険性がある。
C：正しい。過酸化カルシウムなどのアルカリ土類金属の過酸化物は、酸に溶けて過酸化水素を発生する。
D：正しい。反応式：$2MgO_2 \rightarrow 2MgO + O_2$
E：正しい。酸化されやすい物質の他にも、湿った紙やせん維素などと混合すると爆発する危険性がある。

答：2

問9 重クロム酸アンモニウムについて、次のうち誤っているものはどれか。

1. 橙赤色針状の結晶である。
2. エタノールに溶けるが、水に溶けない。
3. 加熱すると、窒素ガスを発生する。
4. 185℃以上に加熱すると分解する。
5. ヒドラジンとの混触により爆発することがある。

解説

1：正しい。第1類危険物の重クロム酸アンモニウムは、橙赤色針状の結晶である。
2：「水に溶けない」は誤り。重クロム酸アンモニウムは、エタノールにも水にも<u>溶ける</u>。
3、4：正しい。重クロム酸アンモニウムは、加熱すると約185℃で分解して<u>窒素</u>を発生する。
5：正しい。ヒドラジンは強い還元性を有するため、重クロム酸アンモニウムを含む第1類危険物と混触すると爆発する危険性がある。

答：2

問10 次に掲げる危険物のうち、水又は熱水と反応して、可燃性の気体を発生するものはいくつあるか。

三硫化りん　赤りん　硫黄　アルミニウム粉　亜鉛粉　マグネシウム

1. 1つ　2. 2つ　3. 3つ　4. 4つ　5. 5つ

解説

6つの危険物はいずれも第2類危険物である。
三硫化りん：熱水と反応して可燃性の<u>硫化水素</u>を発生する。

赤りん・硫黄：水や熱水とは反応しない。
アルミニウム粉：水と反応して<u>水素</u>を発生する。
亜鉛粉：空気中の水分と反応して<u>水素</u>を発生する。
マグネシウム：熱水と反応して<u>水素</u>を発生する。

答：4

問11　第2類危険物と、その燃焼生成物との組合せとして、次のうち誤っているものはどれか。

1. 三硫化りん……………五酸化二りんと二酸化硫黄
2. 赤りん…………………五酸化二りん
3. 硫黄……………………二酸化硫黄
4. アルミニウム粉………水酸化アルミニウム
5. マグネシウム…………酸化マグネシウム

解説

1：正しい。反応式：$P_4S_3 + 8O_2 \rightarrow 2P_2O_5 + 3SO_2$
2：正しい。反応式：$4P + 5O_2 \rightarrow 2P_2O_5$
3：正しい。反応式：$S + O_2 \rightarrow SO_2$
4：「水酸化アルミニウム」は誤り。水酸化アルミニウムは水との反応生成物。アルミニウム粉が燃焼すると<u>酸化アルミニウム</u>になる。正しい反応式は、$4Al + 3O_2 \rightarrow 2Al_2O_3$
5：正しい。反応式：$2Mg + O_2 \rightarrow 2MgO$

答：4

アドバイス　第2類危険物と水や熱水との反応生成物や、燃焼生成物は、しっかり分けて覚える。

問12　亜鉛粉の性状として、次のうち誤っているものはどれか。

1. 水に溶けない。
2. アルカリとは反応しないが、酸と反応して水素を発生する。
3. 燃焼すると、酸化亜鉛を発生する。
4. 硫黄を混合して加熱すると、硫化亜鉛を生じる。
5. 湿気や水分により、自然発火することがある。

解説

1：正しい。第2類危険物の亜鉛粉は水に溶けない。

2：「アルカリとは反応しない」は誤り。亜鉛粉は、アルカリとも酸とも反応して水素を発生する。
3：正しい。反応式：$2Zn + O_2 \rightarrow 2ZnO$
4：正しい。反応式：$Zn + S \rightarrow ZnS$
5：正しい。亜鉛粉の属する金属粉は、空気中の水分と反応して自然発火するおそれがある。

答：2

問13 固形アルコールについて、次のうち正しいものはどれか。

1. 合成樹脂とメタノール又はエタノールとの化合物である。
2. 常温（20℃）では、可燃性ガスを発生しない。
3. 主として、熱分解によって発生する可燃性ガスが燃焼する。
4. 貯蔵容器は密栓せず、換気のよい冷暗所に貯蔵する。
5. 消火には、粉末消火剤が有効である。

解説

1：誤り。第2類危険物の固形アルコールは、メタノールやエタノールを凝固剤で固めたもの。
2：「発生しない」は誤り。固形アルコールは40℃未満の常温（20℃）でも可燃性ガスを発生する。
3：「熱分解」は誤り。固形アルコールを含め引火性固体はすべて、蒸発した引火性成分に引火して燃焼する
4：「密栓せず」は誤り。アルコール分が蒸発しないよう、容器は密栓する。
5：正しい。固形アルコールを含め、引火性固体に有効な消火方法は、窒息効果のある泡、ハロゲン化物、二酸化炭素、粉末の消火剤を用いることである。

答：5

問14 第3類危険物の一般的な性状として、次のうち誤っているものはどれか。

1. 常温（20℃）において、液体又は固体がある。
2. 可燃性と不燃性の物質がある。
3. ほとんどの物質は、自然発火性及び禁水性の両方の危険性を有する。
4. 水と接触すると過酸化物を生じ、その水溶液は強い酸性を示す。
5. ハロゲン化物等と激しく反応し、有毒ガスを発生するものがある。

> **解説**

1：正しい。第3類危険物は固体の物質が多いが、液体の物質として、トリエチルアルミニウム、ノルマルブチルリチウム、ジエチル亜鉛、トリクロロシランなどがある。
2：正しい。たとえば、不燃性の物質には、りん化カルシウム、炭化カルシウムがある。
3：正しい。自然発火性のみを有するものには黄りんがあり、禁水性のみを有するものにはリチウムがある。
4：「過酸化物」「酸性」は誤り。第3類危険物のうち、禁水性の物質は水と接触すると水酸化物を生じ、その水溶液は強い塩基性を示す（トリクロロシランの場合のみ、酸性を示す）。ただし、第3類危険物の多くは水とただちに反応して可燃性ガスを発生する。
5：正しい。たとえば、アルキルアルミニウムやジエチル亜鉛などは、ハロゲン化物と激しく反応し、有毒ガスを発生する。

答：4

問15 第3類の危険物を保護液中に保存しなければならない理由として、次のA～Eのうち正しいものの組合せはどれか。

A. 空気中の窒素と反応して、衝撃等によって爆発するから。
B. 空気と接触すると自然発火するから。
C. 水と接触すると発熱して水素ガスを発生するから。
D. 引火性蒸気が発生するから。
E. 人体に有毒なガスを発生するから。

1. AとB   2. BとC   3. CとD   4. BとD   5. DとE

> **解説**

第3類危険物を保護液中に保存するのは、空気や水との接触を避けるため。
したがって、正しいものの組合せは**B**と**C**。

答：2

問16 りん化カルシウムの性状として、次のうち誤っているものはどれか。

1. 暗赤色の固体である。
2. 不燃性である。
3. 酸と混合すると、分解が抑制される。
4. 水と作用すると、分解して有毒な可燃性ガスを発生する。
5. 火災の際、腐食性のりん酸化物を生ずる。

> **解説**

1：正しい。第3類危険物のりん化カルシウムは、暗赤色の塊状固体または粉末。
2：正しい。第3類危険物の多くは可燃性だが、りん化カルシウムと炭化カルシウムは不燃性である。
3：「抑制される」は誤り。りん化カルシウムは、弱酸と作用すると、分解が抑制されるのではなく、分解が促進される。
4：正しい。りん化カルシウムは、水と作用すると分解して有毒で可燃性のりん化水素ガスを発生する。
5：正しい。りん化カルシウムの火災が発生すると、刺激性・腐食性のある五酸化二りんを生ずる。

答：3

> **問17** アルキルアルミニウムの消火方法として、次のA～Eのうち不適切なものはいくつあるか。
>
> A. ハロゲン化物を放射する。
> B. 乾燥砂に吸収させる。
> C. 泡消火剤を放射する。
> D. りん酸塩類等を使用する粉末消火剤で燃焼を抑制する。
> E. 膨張ひる石で燃焼物を囲む。
>
> 1. 1つ　　2. 2つ　　3. 3つ　　4. 4つ　　5. 5つ

> **解説**

A：不適切。アルキルアルミニウムは、ハロゲン化物と激しく反応して有毒ガスを発生するため、ハロゲン化物消火剤は使用できない。
B：適切。乾燥砂の使用は、アルキルアルミニウムだけでなくすべての第3類危険物火災に有効な消火方法である。
C：不適切。アルキルアルミニウムは、水との反応で可燃性のエタンを発生するため、泡消火剤のような水系消火剤は使用できない。
D：不適切。アルキルアルミニウムの火災で火勢が弱い場合なら、炭酸水素塩類の粉末消火剤は使用できるが、りん酸塩類などの粉末消火剤は主成分のりん酸アンモニウムが反応するため使用できない。
E：適切。Bの乾燥砂同様、膨張ひる石（バーミキュライト）の使用もすべての第3類危険物に有効である。

答：3

問18 次の危険物のうち、比重が1より大きく、非水溶性のものはどれか。

1. C_6H_6
2. $CH_3COOC_2H_5$
3. CH_3COOH
4. C_6H_5Cl
5. $C_3H_5(OH)_3$

解説

いずれも第4類危険物。ここでは、消防法上の「非水溶性液体」には、水にわずかに溶けるもの、または水に溶けにくいものも含まれることに注意しながら、問題を解いていく。

1：C_6H_6（ベンゼン）は非水溶性で比重は0.88。
2：$CH_3COOC_2H_5$（酢酸エチル）は非水溶性で比重は0.9。
3：CH_3COOH（酢酸）は水溶性で比重は1.05。
4：C_6H_5Cl（クロロベンゼン）は非水溶性で比重は1.1。
5：$C_3H_5(OH)_3$（グリセリン）は水溶性で比重は1.26。

答：4

＋アドバイス　第4類危険物の中で比重が1より大きい物質は、覚えておく。二硫化炭素（特殊引火物）、クロロベンゼン（第2石油類）、酢酸（第2石油類）、アクリル酸（第2石油類）、重油を除く第3石油類。

問19 特殊引火物であるジエチルエーテルと二硫化炭素の性状の比較について、次のうち誤っているものはどれか。

1. 引火点は、二硫化炭素の方が高い。
2. どちらも、ガソリンに比べて燃焼範囲が広い。
3. どちらもアルコールに溶ける。
4. どちらも水溶性である。
5. ジエチルエーテル蒸気は麻酔性があり、二硫化炭素蒸気は毒性がある。

解説

特殊引火物は、第4類危険物に属する。
1：正しい。ジエチルエーテルの引火点は−45℃、二硫化炭素の引火点は−30℃以下で二硫化炭素のほうが高い。

2：正しい。特殊引火物はガソリン（第1石油類）に比べて燃焼範囲が広い。ガソリンの燃焼範囲は 1.4〜7.6 vol% で、ジエチルエーテルは 1.9〜36(48) vol%、二硫化炭素は 1.3〜50 vol% である。
3：正しい。どちらもアルコール類に溶ける。
4：誤り。ジエチルエーテルは水に**わずかに溶ける**（非水溶性）が、二硫化炭素は水に**溶けない**。
5：正しい。ジエチルエーテルの蒸気には麻酔性があり、二硫化炭素の蒸気は有毒で窒息性、刺激性がある。

答：4

＋アドバイス 燃焼範囲は、ガソリンと比較して広いか狭いかで覚える。

問20 メタノールとエタノールに共通する性状として、次のうち正しいものはどれか。

1. 引火点は常温（20℃）より高い。
2. 水に溶けにくい。
3. 燃焼範囲はガソリンより狭いため、危険である。
4. 水より軽く、蒸気は空気より重い。
5. 毒性はない。

解説

メタノール、エタノールとも第4類危険物のアルコール類に属する。
1：「高い」は誤り。メタノールの引火点は12℃、エタノールの引火点は13℃で、どちらも常温（20℃）より**低い**。
2：「溶けにくい」は誤り。どちらも水に**よく溶ける**。
3：「ガソリンより狭い」は誤り。メタノールの燃焼範囲は 6.0〜36 vol%、エタノールの燃焼範囲は 3.3〜19 vol% で、どちらもガソリンの燃焼範囲 1.4〜7.6 vol% より**広い**。
4：正しい。どちらも液比重は 0.79 で水より軽い。蒸気比重はそれぞれ、1.1 と 1.6 で空気より重い。
5：誤り。メタノールには**毒性**があり、飲み下すと死に至ることもある。一方、エタノールには毒性はなく、**麻酔性**がある。

他にも、メタノールとエタノールに共通する性状として、特有の芳香がある、沸点が低く揮発性がある、水とは共沸するため蒸留によって完全には分離できない、などが挙げられる。

答：4

問21 ジエチルエーテル、アセトン及び酢酸の性状の比較として、次のうち誤っているものはどれか。

1. 液体の比重は、アセトンが最も大きい。
2. 沸点は、酢酸が最も高い。
3. 燃焼範囲は、ジエチルエーテルが最も広い。
4. 引火点は、ジエチルエーテルが最も低い。
5. 発火点は、ジエチルエーテルが最も低い。

解説

ジエチルエーテル（特殊引火物）、アセトン（第1石油類）、酢酸（第2石油類）はいずれも第4類危険物。

	比重	沸点	燃焼範囲	引火点	発火点
ジエチルエーテル	0.71	34.6℃	1.9〜36vol%	−45℃	160℃
アセトン	0.8	56℃	2.2〜13.0vol%	−20℃	465℃
酢酸	1.05	118℃	4.0〜19.9vol%	39℃	463℃

この表に選択肢1〜5を照らし合わせると1が誤り。比重が最も大きいのは酢酸で、水より重い。

答：1

アドバイス　こういった問題の場合、物質の沸点などの数値を覚えていなくても、第4類危険物は、特殊引火物→第1石油類→アルコール類→第2石油類→第3石油類→第4石油類→動植物油類、の順に危険性が低くなることと、比重が1より大きい物質をおさえていれば、答はすぐわかる。

問22 灯油、軽油及び重油に共通する性状として、次のうち誤っているものの組合せはどれか。

A. 無色透明の液体である。
B. 水に溶けない。
C. 引火点は常温（20℃）より高い。
D. 発火点は100℃より低い。
E. 比重は1より大きい。

1. A・B・C　2. B・C・D　3. C・D・E　4. A・D・E　5. B・C・E

解説

　いずれも第4類危険物であるが、灯油と軽油は第2石油類の非水溶性液体、重油は第3石油類の非水溶性液体である。

A：誤り。灯油は<u>無色</u>またはやや黄色、軽油は<u>淡黄色</u>または淡褐色、重油は<u>褐色</u>または暗褐色である。
B：正しい。いずれも水に溶けない。
C：正しい。灯油の引火点は40℃以上、軽油の引火点は45℃以上、重油の引火点は60〜150℃で、いずれも常温（20℃）より高い。
D：誤り。灯油と軽油の発火点は<u>220℃</u>、重油の発火点は<u>250〜380℃</u>で、いずれも100℃より高い。
E：誤り。灯油の比重は<u>0.8</u>程度、軽油の比重は<u>0.85</u>程度、重油の比重は<u>0.9〜1.0</u>で、いずれも1より小さい。

答：4

アドバイス　引火点の問題が出たら、まず各品名の定義を思い出す。第2石油類は「引火点21℃以上70℃未満のもの」、第3石油類は「引火点70℃以上200℃未満のもの」である。また、発火点が100℃より低い物質は、二硫化炭素（90℃）しかない。

問23　アニリンの性状として、次のうち誤っているものはどれか。

1. 水より重い、無色または淡黄色の液体。
2. 特有の臭気がある。
3. 水、エタノール等の有機溶剤によく溶ける。
4. 光や空気により変色する。
5. さらし粉水溶液により変色し、赤紫色になる。

解説

　アニリンは、第4類危険物の第3石油類非水溶性液体。

1：正しい。アニリンは、比重1.01で水より重く、無色または淡黄色の液体。アニリンの属する第3石油類は、重油を除き、水より重い。
2：正しい。アニリンには特異臭がある。
3：「水…よく溶ける」は誤り。アニリンは、水に<u>溶けにくく</u>、エタノール、ジエチルエーテル、ベンゼンなどの有機溶剤にはよく溶ける。
4：正しい。アニリンは、光や空気の作用により褐色に変色する。
5：正しい。アニリンは、さらし粉溶液を加えると赤紫色に変わる。

答：3

問24 第5類危険物に共通する性質として、次のうち正しいものはどれか。

1. 比重は1より小さい。
2. 引火性を有するものがある。
3. 分子内に窒素と酸素を含有している。
4. 水と反応して、水素を発生する。
5. 加熱、衝撃には安定している。

解説

1：誤り。1-アリルオキシ-2,3-エポキシプロパンのように、比重が1より小さい（0.97）ものもあるが、ほとんどの第5類危険物の比重は1より大きい。

2：正しい。第5類危険物の中には、メチルエチルケトンパーオキサイドや過酢酸、硝酸エチルなどのように引火性を有するものがある。

3：誤り。第5類危険物のすべてが窒素と酸素を含有しているわけではない。たとえば、有機過酸化物は酸素を含有しているが窒素は含有していない。また、アジ化ナトリウムは、窒素を含有しているが、酸素は含有していない。

4：誤り。第5類危険物には、水と反応して水素を発生するものはない。

5：誤り。第5類危険物は自己燃焼性を有するため、加熱や衝撃、摩擦によって発火、爆発する危険性がきわめて高い。

答：2

アドバイス 第5類危険物の比重に関する問題が出たら、1つを除き「1より大きい」と覚える。すべての数値を暗記する必要はない。

問25 第5類危険物の貯蔵・取扱いに当たり、特に金属との接触を避けなければならないものは、次のうちどれか。

1. 過酢酸
2. 硝酸エチル
3. ニトログリセリン
4. ピクリン酸
5. トリニトロトルエン

解説

第5類危険物の中で、金属と反応して危険性が高まる物質には、**4**のピクリン酸とアジ化ナトリウムがある。ピクリン酸は爆発性の金属塩を生成し、アジ化ナトリウムは衝

撃に敏感なアジ化物を生成する。
1〜3、5の物質はいずれも、金属とは反応しない。

答：4

問26 過酸化ベンゾイルの貯蔵・取扱いについて、次のうち誤っているものはどれか。

1. 換気のよい冷暗所に貯蔵する。
2. 容器は密栓する。
3. 水と作用すると爆発するおそれがあるので、乾燥した状態で保管する。
4. 有機物や強酸と接触すると燃焼や爆発の危険があるので、これらのものと隔離する。
5. 加熱により分解するので、火気等を避けて貯蔵する。

解説

1、2：正しい。いずれも過酸化ベンゾイルの属する第5類危険物の一般的な貯蔵方法である。
3：誤り。過酸化ベンゾイルは水と作用しないので、爆発するおそれはないが、乾燥状態で取り扱うと爆発する危険性がある。
4：正しい。過酸化ベンゾイルは強い酸化作用を有するため、有機物や強酸と接触すると燃焼または爆発の危険性がある。
5：正しい。第5類危険物に共通の貯蔵方法である。

答：3

問27 硝酸エチルの性状として、次のうち正しいものはどれか。

1. 悪臭を有し、苦味がある。
2. 可燃性の液体で、引火点は常温（20℃）より低い。
3. 水にもアルコールにも溶けない。
4. 液体の比重は1より小さい。
5. 蒸気は空気より軽い。

解説

1：誤り。第5類危険物の硝酸エチルには芳香と甘味がある。
2：正しい。硝酸エチルは、引火性を有する可燃性の液体。引火点は常温より低い10℃であるため爆発しやすい。

3：誤り。硝酸エチルは、水に**わずかに溶け**、アルコールなどの有機溶剤にも**溶ける**。
4：「1より小さい」は誤り。硝酸エチルの液比重は1.11で1より**大きく**、水より重い。
5：「空気より軽い」は誤り。硝酸エチルの蒸気比重は3.14で、空気より**重い**。　答：2

問28　硫酸ヒドロキシルアミンについて、次のうち誤っているものはどれか。

1. 水によく溶けるが、アルコール類にはほとんど溶けない。
2. 還元性が非常に強い。
3. 加熱すると刺激性の有毒ガスを発生する。
4. 乾燥した場所に貯蔵する。
5. 貯蔵するときは、ガラス製容器に入れてはならない。

解説

1：正しい。第5類危険物の硫酸ヒドロキシルアミンは、水によく溶けるがアルコール類にはほとんど溶けない。
2：正しい。硫酸ヒドロキシルアミンは還元性が強いため、酸化剤との接触を避ける。
3：正しい。硫酸ヒドロキシルアミンは、加熱すると分解して有毒な二酸化窒素と亜硫酸ガスを発生する。
4：正しい。硫酸ヒドロキシルアミンは、乾燥した冷暗所に貯蔵する。
5：誤り。硫酸ヒドロキシルアミンの水溶液は**強酸**性で金属を腐食するため、**金属製容器**は避けなければならないが、ガラス製容器での貯蔵はできる。　答：5

問29　第6類危険物の性状として、次のうち誤っているものはどれか。

1. 硝酸の水溶液は、極めて強い1価の酸で、金属酸化物、水酸化物に作用して硝酸塩を生成することがある。
2. 発煙硝酸は、濃硝酸に二酸化窒素を加圧飽和させたもので、濃硝酸より酸化力が弱い。
3. 過塩素酸は、強い酸化力を持ち、空気中で強く発煙する。
4. 過酸化水素は、熱、日光により速やかに分解する。
5. ハロゲン間化合物には、水と激しく反応するものがある。

解説

1：正しい。硝酸(HNO_3)は、酸化マグネシウム（MgO：金属酸化物）や水酸化マグネシ

ウム（Mg(OH)₂：水酸化物）と反応して硝酸塩である硝酸マグネシウムを生成する。
  MgO + 2HNO₃ → Mg(NO₃)₂ + H₂O
  Mg(OH)₂ + 2HNO₃ → Mg(NO₃)₂ + 2H₂O
 このように、硝酸の1個の水素イオン（H⁺）が、金属と置き換わって硝酸塩を生成している。また、これらは塩と水を生成する中和反応である。
2：「酸化力が弱い」は誤り。発煙硝酸には二酸化窒素が<u>飽和</u>しているため、硝酸よりも酸化力は<u>強い</u>。
3：正しい。過塩素酸は、強い酸化力を有する発煙性の液体である。
4：正しい。過酸化水素は、熱、日光により分解されて水と酸素になる。
5：正しい。ハロゲン間化合物は、水と激しく反応してふっ化水素を生成する。

答：2

問30 過塩素酸及び過酸化水素の貯蔵・取扱いについて、次のA～Eのうち誤っているものはいくつあるか。

A. 過塩素酸を水で希釈するときは、激しく発熱するので少量ずつ水を加える。
B. 高濃度の過酸化水素は、空気と反応しやすいので貯蔵容器は密栓しておく。
C. どちらも、有機物、金属粉等との混合は、爆発の危険性があるので避ける。
D. どちらも、高濃度のものは皮膚や粘膜を腐食するので保護具を着用して取扱う。
E. どちらも、流出したときは、多量の水で洗い流す。

1. 1つ　　2. 2つ　　3. 3つ　　4. 4つ　　5. 5つ

解説

どちらも第6類危険物である。
A：「水を加える」は誤り。過塩素酸を水で希釈するときは、必ず<u>水に</u>過塩素酸を入れる。
B：「密栓しておく」は誤り。過酸化水素は、分解して酸素を発生するため、容器は密栓せず、<u>穴の開いた</u>栓をして通気性を保つ。
C：正しい。第6類危険物に共通する危険性である。
D：正しい。第6類危険物に共通する取扱方法である。
E：正しい。どちらも、流出したときは大量の水で洗い流す。

答：2

問31 過酸化水素と硝酸に共通する性質として、次のうち誤っているものはどれか。

1. 物質自体は不燃性である。
2. 強い酸化性を有する。
3. 水に溶けて、その水溶液は強酸性を示す。
4. 熱や日光により分解される。
5. 金属粉などと接触すると発火する危険がある。

解説

1：正しい。第6類危険物はすべて、不燃性の液体である。
2：正しい。第6類危険物はすべて強い酸化性を有しており、他の可燃物の燃焼を促す。
3：「強酸性」は誤り。第6類危険物の過酸化水素と硝酸はいずれも水に溶けるが、過酸化水素の水溶液は弱酸性、硝酸の水溶液は強酸性を示す。
4：正しい。過酸化水素は熱や日光により速やかに分解され、水と酸素になる。硝酸は加熱や日光により、分解して酸素と二酸化窒素になる。
5：正しい。第6類危険物はすべて、金属粉と混合すると、発火、爆発の危険性がある。

答：3

問32 ハロゲン間化合物の消火方法として、次のうち最も適切なものはどれか。

1. 霧状の水を放射する。
2. 棒状の強化液を放射する。
3. 泡消火剤を放射する。
4. 二酸化炭素消火剤を放射する。
5. 乾燥砂で覆う。

解説

1、2、3：不適切。第6類危険物のハロゲン間化合物は、水と激しく反応して猛毒で腐食性のあるふっ化水素を発生するため、水系消火剤は使用できない。
4：不適切。二酸化炭素消火剤による窒息消火は、強い酸化作用を持つ第6類危険物すべてに不適切。
5：適切。ハロゲン間化合物の火災が発生した場合、有効な消火方法は、乾燥砂で覆うか、粉末消火剤を用いることである。

答：5

模擬試験

テキストと練習問題のあとは模擬試験。実際の試験に合わせて3回分の問題を掲載した。試験会場にいるつもりで、挑戦してほしい。同じ問題を3回繰り返すと、実力がつく。そのためのチェック欄を用意した。自分の答を「答」の欄に記入し、「正誤」欄に、正解なら〇を、不正解なら×を記入。苦手な問題が見えてきたら、解説のページに戻って再確認。

模擬試験 1

危険物に関する法令

（解答：452～454ページ）

問1 法令上、製造所等の区分について、次のうち正しいものはどれか。
1. 屋内にあるタンクにおいて危険物を貯蔵し、又は取扱う施設を屋内貯蔵所という。
2. 自動車等の燃料タンクに直接給油するため地下に埋没されたタンクにおいて危険物を貯蔵し、又は取扱う施設を地下タンク貯蔵所という。
3. 危険物を運搬容器に収納して、他の場所へ移動させる施設を移動タンク貯蔵所という。
4. 屋外にあるタンクにおいて危険物を貯蔵し、又は取扱う施設を屋外貯蔵所という。
5. 店舗において、容器入りのままで販売するための危険物を取扱う施設を販売取扱所という。

答	正誤

問2 給油取扱所の仮使用について、次のうち正しいものはどれか。
1. 給油取扱所の地下専用タンクを含む全面変更の許可を受けたが、工事中も営業を休むことができないので、仮使用の申請をした。
2. 給油取扱所の変更工事を行ったが、完成検査で一部が不合格になったので、合格になった部分についてのみ、仮使用の申請をした。
3. 給油取扱所の専用タンクの取替え工事中、専用タンクから自動車に給油したいので、仮使用の申請をした。
4. 給油取扱所の事務所の変更許可を受けたが、変更部分以外の部分の一部を使用したいので、仮使用の申請を行った。
5. 給油取扱所の設置許可を受けたが、完成検査前に完成した部分について仮使用の申請をした。

答	正誤

問3　危険物の規制として、次のA〜Eのうち誤っているものの組合せはどれか。
- A. 原則として、指定数量以上の危険物を製造所、貯蔵所及び取扱所以外で貯蔵又は取扱ってはならない。
- B. 運搬については、数量に関係なく消防法で規制されている。
- C. 航空機や船舶への給油行為は適用除外になる。
- D. 指定数量未満の危険物は特に規制されていない。
- E. 船舶による危険物の運搬は消防法の適用除外になる。

1. AとB　　2. AとE　　3. BとC　　4. CとD　　5. DとE

問4　法令上、10日以内の制限が設けられている手続きとして、次のうち正しいものはどれか。
1. 所轄消防署長から承認を受け、指定数量以上の危険物を製造所等以外の場所で仮に貯蔵し、又は取扱うとき。
2. 危険物保安監督者を解任してから、市町村長等に届出をするとき。
3. 製造所等の変更工事中に、市町村長等の承認を受け、当該製造所等の変更工事部分以外の部分について仮に使用するとき。
4. 製造所等の用途を廃止した場合、市町村長等に届出をするとき。
5. 予防規程を定めてから、市町村長等に認可の申請をするとき。

問5　危険物取扱者免状について、次のうち正しいものはどれか。
1. 免状を亡失した場合は再交付、汚損した場合は書換えの申請を行う。
2. 免状を亡失した場合、亡失した日から10日以内に再交付申請を行わなければ、自動的に資格が取り消される。
3. 免状の写真は、撮影してから5年が経過したときに書換えの申請を行う。
4. 既に免状の交付を受けている者は、当該免状と同一種類の免状の交付を重複して受けることはできない。
5. 法令に違反して免状の返納を命じられた者は、その日から起算して2年が経過しないと免状の交付を受けることはできない。

問6 法令上、危険物の取扱作業に従事する者の保安講習について、次のうち正しいものはどれか。
1. 甲種及び乙種危険物取扱者には受講する義務があるが、丙種危険物取扱者には受講する義務はない。
2. 免状の交付、書換え又は再交付を受けた都道府県でなければ受講することはできない。
3. 現に危険物の取扱いに従事している危険物取扱者は3年に1回、それ以外の危険物取扱者は、10年に1回の免状の書換えの際にそれぞれ受講しなければならない。
4. 受講義務のある危険物取扱者が受講しなかった場合は、免状の返納を命ぜられることがある。
5. 法令に違反し、罰金以上の刑に処せられた者には、受講するよう義務づけられている。

答	正誤

問7 法令上、予防規程を定めなければならない製造所等は、次のうちどれか。
1. 指定数量の100倍の危険物を貯蔵し、又は取扱う屋外タンク貯蔵所
2. 指定数量の10倍の危険物を貯蔵し、又は取扱う屋内貯蔵所
3. 指定数量の60倍の危険物を貯蔵し、又は取扱う屋外貯蔵所
4. 指定数量の100倍の危険物を取扱う移送取扱所
5. 指定数量の8倍の危険物を取扱う一般取扱所

答	正誤

問8 法令上、地下タンクを有する給油取扱所(屋外にある自家用給油取扱所を除く)の所有者等に義務づけられているものは、次のA～Eのうちいくつあるか。
A. 危険物保安監督者の選任
B. 自衛消防組織の設置
C. 危険物施設保安員の選任
D. 予防規程の作成
E. 定期点検の実施

1. 1つ　　2. 2つ　　3. 3つ　　4. 4つ　　5. 5つ

答	正誤

問9　危険物を取扱う配管の位置、構造及び設備の基準として、次のうち正しいものはどれか。

1. 配管は、十分な強度を有するものとし、当該配管にかかる最大常用圧力の 2.5 倍以上の圧力で水圧検査を行い、漏えいその他異常がないこと。
2. 配管は、鋼鉄製のものにすること。
3. 配管に加熱又は保温のための設備を設ける場合には、火災予防上安全な構造とすること。
4. 配管を地下に設置する場合は、その上の地盤面を車両等が通行しない位置とすること。
5. 配管を屋外の地上に設置する場合は、直射日光から保護する設備を設けること。

答	正誤

問10　法令上、屋外タンク貯蔵所の防油堤の基準として、次のうち正しいものはどれか。ただし、特例基準が適用されるものは除く。

1. 液体の危険物（二硫化炭素は除く）を貯蔵している屋外タンクの周囲には、防油堤を設けなければならない。
2. 防油堤の高さは、0.3m 以上でなければならない。
3. 防油堤は、コンクリートで造らなければならない。
4. 防油堤内に設置するタンク数は、5 以下としなければならない。
5. 防油堤内に滞水しないよう、開閉弁のない水抜口を設けなければならない。

答	正誤

問11　製造所等に掲げる注意事項を表示した掲示板について、次のうち誤っているものはどれか。

1. 第 2 類危険物（引火性固体を除く）…………火気注意
2. 禁水性物品……………………………………禁水
3. 自然発火性物品………………………………火気注意
4. 第 4 類危険物…………………………………火気厳禁
5. 第 5 類危険物…………………………………火気厳禁

答	正誤

問12 法令上、製造所等の消火設備について、次のうち誤っているものはどれか。
1. 地下タンク貯蔵所は、第5種の消火設備を2個以上設けなければならない。
2. 移動タンク貯蔵所は、第4種の消火設備と第5種の消火設備をそれぞれ1個以上設けなければならない。
3. 第3種の消火設備を設置する場合は、その放射能力に応じて有効に設けなければならない。
4. 第4種の消火設備は、防護対象物からの歩行距離が30m以下となるように設けなければならない。
5. 電気設備に対する消火設備は、電気設備を設ける場所の面積100m²ごとに1個以上設けなければならない。

答	正誤

問13 危険物の貯蔵の技術上の基準について、次のうち誤っているものはどれか。
1. 貯蔵所においては、原則として危険物以外の物品を貯蔵してはならない。
2. 屋外貯蔵タンクの元弁は、危険物の注入・排出時以外は閉鎖しておかなければならない。
3. 屋外タンク貯蔵所の防油堤内部に滞油、又は滞水したときは、1日に1回排出しなければならない。
4. 移動貯蔵タンクには、当該タンクが貯蔵し、又は取扱う危険物の類、品名及び最大数量を表示しなければならない。
5. 移動貯蔵タンクの底弁は、使用時以外は完全に閉鎖しておかなければならない。

答	正誤

問14 危険物の積載、運搬の基準について、次のうち誤っているものはどれか。
1. 危険物を運搬する場合は、運搬容器、積載方法及び運搬方法についての基準に従わなければならない。
2. 危険物は、指定数量に関係なく政令及び規則に従って、容器に収納し、積載しなければならない。
3. 指定数量の10倍以上の危険物を車両で運搬する場合は、所轄消防署に届け出なければならない。
4. 運搬容器の外部には、危険物の品名等定められた表示をしなければならない。
5. 危険物を積載する場合、容器の積み重ね高さは3m以下としなければならない。

答	正誤

問15　市町村長等の命令として、次のうち誤っているものはどれか。
1. 製造所等の位置、構造及び設備が技術上の基準に違反しているとき。…………………………………………製造所等の修理、改造又は移転命令
2. 製造所等における危険物の貯蔵又は取扱いの方法が、法令上の技術上の基準に違反しているとき。……………………………………危険物の貯蔵・取扱基準遵守命令
3. 危険物保安監督者が、その責務を怠っているとき。…………保安講習の受講命令
4. 危険物の流出その他の事故が発生したときに、所有者等が応急措置を講じていないとき。……危険物施設の応急措置命令
5. 公共の安全の維持又は災害発生の防止のため、緊急の必要があるとき。………製造所等の一時使用停止又は使用制限命令

物理学および化学

（解答：454～456ページ）

問16　静電気の帯電体が放電するときの放電エネルギーについて、次のA～Eのうち誤っているものはいくつあるか。
A. 放電エネルギー E(J)は、帯電量を Q(C)、帯電電圧を V(V)とすると、$E = (1/2)QV$ で与えられる。
B. 帯電量 Q を変えずに帯電電圧 V を大きくすれば、放電エネルギー E も大きくなる。
C. 帯電量 Q は帯電体の帯電電圧 V と静電容量 C の積で表される。
D. 静電容量 2.0×10^{-10} F の物体が 1,000 V に帯電したときの放電エネルギーは、1.0×10^{-7} J となる。
E. 放電エネルギー E の値は、帯電体の静電容量が同一の場合、帯電電圧 V に反比例する。

1. 1つ　2. 2つ　3. 3つ　4. 4つ　5. 5つ

問17　分子式が C_3H_8O である化合物ではアルコールとエーテルの異性体が考えられる。異性体数の組合せが正しいのはどれか。
1. アルコール1種類とエーテル1種類
2. アルコール1種類とエーテル2種類
3. アルコール2種類とエーテル1種類
4. アルコール2種類とエーテル2種類
5. アルコール3種類とエーテル2種類

問18　下表から考えて、次の記述で誤っているものはどれか。（圧力の単位は気圧）

	水	アンモニア	二酸化炭素	メタン
臨界温度	374℃	132℃	31℃	−82.5℃
臨界圧力	218.5	112	73.0	45.8

1. 水は350℃では、液体である場合もある。
2. アンモニアは、150℃では気体である。
3. メタンは、二酸化炭素に比べると液化しやすい物質である。
4. アンモニアが132℃のときは、112気圧以上の圧力をかけると液化する。
5. メタンの温度が−100℃のときは、45.8気圧以下の圧力でも液化できる。

答	正誤

問19　反応速度について、次のA～Eのうち誤っているものはいくつあるか。
A. 可逆反応において、正反応と逆反応の反応速度の差が見かけの反応速度になる。
B. 溶液の濃度が低くなると、反応速度が小さくなる。
C. 加熱すると、反応速度は大きくなる。
D. 触媒を使用することにより、反応速度を大きくしたり小さくしたりできる。
E. 活性化エネルギーが大きくなると、反応速度が大きくなる。

1. 1つ　2. 2つ　3. 3つ　4. 4つ　5. 5つ

答	正誤

問20　次の気体反応の化学平衡を左から右へ移動させて、生成物Cを最も効率よく得るための方法として、次のうち適切なものはどれか。

$$A + B = C + 2D - Q(J)$$

1. 温度を下げる。
2. 圧力を上げる。
3. 触媒を加える。
4. Bの量を減らす。
5. Dを生成系外に取り出す。

答	正誤

問21　水酸化ナトリウム 60g を水に溶かして 1ℓ の溶液にした。この溶液 20mℓ を濃度不明の酸で中和したら 25mℓ を要した。この酸の濃度は次のうちどれか。ただし、原子量は Na＝23、O＝16、H＝1 とする。
1. 0.4 規定
2. 0.8 規定
3. 1.0 規定
4. 1.2 規定
5. 1.6 規定

答	正誤

問22　次の反応のうち、下線部の物質が還元されているものはどれか。
1. 木炭が燃焼して二酸化炭素になった。
2. 黄りんが燃焼して五酸化二りんになった。
3. 二酸化炭素が赤熱した炭素に触れて一酸化炭素になった。
4. 希硫酸中に亜鉛を浸したら水素が発生した。
5. アルコールが燃焼して二酸化炭素と水蒸気になった。

答	正誤

問23　有機化合物の性状として、次のうち誤っているものはどれか。
1. 有機化合物は、鎖式化合物と環式化合物に分類できる。
2. 反応速度は遅く、反応機構は多様である。
3. 一般に、水溶性のものが多く、有機溶媒には溶けない。
4. 一般に、成分元素の主体は C、H、O、N であり、空気中で燃焼し二酸化炭素と水を生じる。
5. 組成が同じであっても性質の異なる異性体が存在する。

答	正誤

問24　可燃性液体の燃焼について、次のうち誤っているものはどれか。
1. 可燃性液体の蒸気と空気との混合気体が燃焼する。
2. 混合気体の濃度はある一定範囲内にあるときに燃焼する。この濃度範囲を燃焼範囲という。
3. 燃焼範囲内でなければ、燃焼は起きない。
4. 燃焼範囲の上限値のときの液温を引火点という。
5. 急激に圧縮した空気と霧状の可燃性液体が混合すると爆発が起こる。

答	正誤

問25　消火剤の説明として、次のうち誤っているものはどれか。
1. 水消火剤は、水の大きな比熱、蒸発熱による冷却作用により消火するが、棒状に放射した場合、石油類の火災に適応しない。
2. 強化液消火剤は、炭酸カリウムの濃厚な水溶液で、棒状に放射した場合、主として抑制作用により、石油類の火災に適応する。
3. 泡消火剤は、気体を液体の膜で包んだ泡によって火源を覆い、主として窒息作用により、石油類の火災に適応する。
4. 二酸化炭素消火剤は、空気より重く、非常に安定な不燃性の気体であるため、主として窒息作用により、石油類の火災に適応する。
5. 粉末消火剤は、アルカリ金属の炭酸塩類又はりん酸塩類を主成分とし、抑制作用と窒息作用により、石油類の火災に適応する。

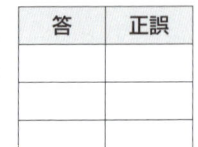

答	正誤

危険物の性質ならびにその火災予防および消火の方法

（解答：456〜458ページ）

問26　第1類から第6類の危険物の性状として、次のA〜Eのうち誤っているものはいくつあるか。
A. 引火性液体の燃焼は、蒸発燃焼であるが、引火性固体の燃焼は分解燃焼である。
B. 不燃性の液体又は固体で、分解により酸素を放出し他の燃焼を助けるものがある。
C. 水と接触して発火し、可燃性ガスを発生するものがある。
D. 保護液として、水、二硫化炭素及びメタノールを使用するものがある。
E. 多くの酸素を含んでおり、他から酸素の供給がなくても燃焼するものがある。

1. 1つ　2. 2つ　3. 3つ　4. 4つ　5. 5つ

答	正誤

問27　次のうち、常温（20℃）1気圧で液体であるものはいくつあるか。

$SiHCl_3$　$Zn(C_2H_5)_2$　C_2H_5OH　NaN_3　H_2O_2

1. 1つ　2. 2つ　3. 3つ　4. 4つ　5. 5つ

答	正誤

問28　各類の危険物に対する代表的な消火方法として、次のうち不適切なものはどれか。
1. 第1類危険物の火災には、無機過酸化物を除き、水で分解温度を下げる方法が用いられる。
2. 第2類危険物の火災には、注水消火が有効な物質と、注水ができない物質がある。
3. 第3類危険物の禁水性物質の火災には、泡による消火方法がよく用いられている。
4. 第4類危険物の火災には、すべての窒息消火の方法が用いられる。
5. 第5類危険物の火災には、大量注水による冷却消火の方法が用いられる。

答	正誤

問29　次に掲げる第1類危険物の性状として、誤っているものはどれか。
1. 過塩素酸カリウムは、強酸の混入により、爆発することがある。
2. 過酸化ナトリウムは、一般に黄白色の粉末で、水と激しく反応して熱と酸素を発生する。
3. 硝酸カリウムは、無色の結晶で、潮解性を有し、黒色火薬の原料である。
4. 三酸化クロムは、暗赤色の針状結晶で、アルコール等と接触すると発火する危険性がある。
5. 次亜塩素酸カルシウムは、白色の粉末で別名高度さらし粉ともいい、加熱すると酸素を発生する。

答	正誤

問30　過酸化カルシウムの性状として、次のうち誤っているものはどれか。
1. 無色の粉末である。
2. エタノール、エーテルに溶けにくい。
3. 水と反応し、水素を発生する。
4. 275℃以上に加熱すると、爆発的に分解する。
5. 無水物は酸に溶け、過酸化水素を発生する。

答	正誤

問31　三酸化クロムの性状として、次のうち誤っているものはどれか。
1. 潮解性を有する。
2. 水を加えると、腐食性の強い酸となる。
3. 約250℃で分解して酸素を発生する。
4. 水との接触を避け、ジエチルエーテル中に保管する。
5. 有毒で皮膚を腐食する。

答	正誤

問32　第2類危険物による火災とその消火方法との組合せとして、次のA～Eのうち適切でないもののみを掲げているものはどれか。
A. 三硫化りんによる火災には、乾燥砂をかける。
B. 硫黄による火災には、水と砂を用いる。
C. 鉄粉による火災には、水を霧状にして放水する。
D. アルミニウム粉による火災には、二酸化炭素消火器を使用する。
E. ゴムのりによる火災には、ハロゲン化物消火器を用いる。

1. AとB　2. BとC　3. CとD　4. AとE　5. DとE

答	正誤

問33　五硫化りんの性状として、次のうち誤っているものはどれか。
1. 二硫化炭素に溶ける。
2. 燃焼すると、二酸化硫黄と五酸化二りんを発生する。
3. 水と反応して有毒な硫化水素を発生する。
4. 空気中で自然発火する。
5. 消火には、乾燥砂や不燃性ガスを用いる。

答	正誤

問34　ノルマルブチルリチウムの性状として、次のうち誤っているものはどれか。
1. 常温（20℃）で黄褐色の液体である。
2. 水、アルコールと激しく反応する。
3. 空気に触れると、自然発火する。
4. ベンゼン、ヘキサンに溶けない。
5. 物質自体も燃焼時の白煙も人体に有毒である。

答	正誤

問35 危険物と水との反応により生成されるガスとの組合せとして、次のA〜Eのうち誤っているものはどれか。

A. ジエチル亜鉛……………………エタン
B. 水素化リチウム…………………水素
C. ノルマルブチルリチウム………アセトン
D. カルシウム………………………水素
E. 炭化カルシウム…………………メタン

1. AとB　2. AとC　3. BとD　4. CとE　5. DとE

答	正誤

問36 黄りんの性状として、次のうち誤っているものはどれか。

1. 水に溶けないが、二硫化炭素やベンゼンには溶ける。
2. 燃焼すると、五酸化二りんを生じる。
3. 融点や発火点は100℃より高い。
4. 硝酸と反応して、りん酸を生じる。
5. 暗所では青白色の燐光を発する。

答	正誤

問37 第4類危険物の火災に対する消火剤として、次のうち適切でないものはどれか。

1. りん酸塩類を主成分とする粉末消火剤
2. 二酸化炭素消火剤
3. ハロゲン化物消火剤
4. 泡消火剤
5. 棒状の強化液消火剤

答	正誤

問38 酸化プロピレンについて、次のうち誤っているものはどれか。

1. 無色の液体で、水より軽い。
2. 発火点はガソリンよりも高い。
3. 水には溶けないが、エタノール等の有機溶剤にはよく溶ける。
4. 窒素等の不活性ガスを封入して貯蔵する。
5. 二酸化炭素消火剤や粉末消火剤を用いて消火する。

答	正誤

問39 アルコール類の性質として、次のうち誤っているものはどれか。
1. 消防法上のアルコール類とは、炭素数3までの飽和1価アルコールである。
2. アルコール類には、変性アルコールも該当する。
3. 炭素数が増加するほど、水溶性は増大する。
4. 炭素数が増加するほど、引火点、沸点は高くなる。
5. 炭素数が増加するほど、蒸気比重は大きくなる。

答	正誤

問40 第5類危険物の消火について、次のうち誤っているものはどれか。
1. 二酸化炭素消火器で消火する。
2. スプリンクラー設備で消火する。
3. 屋外消火栓設備で消火する。
4. 一般的に酸素を含有しているため、窒息消火は効果がない。
5. 危険物の量が多い場合や燃え広がったときは、消火が極めて困難である。

答	正誤

問41 過酸化ベンゾイルの性状として、次のうち誤っているものはどれか。
1. 白色で無臭の化合物である。
2. 強力な酸化剤である。
3. 水に溶け、エーテル、ベンゼンなどの有機溶剤にも溶ける。
4. 加熱すると、100℃前後で白煙を出して分解する。
5. 光によって分解する。

答	正誤

問42 アジ化ナトリウムについて、次のうち誤っているものはどれか。
1. 水には溶けるが、エタノールには溶けにくい。
2. 徐々に加熱すれば、約300℃で分解し、窒素と金属ナトリウムを生じる。
3. 水があれば重金属と作用して、安定な塩を作る。
4. 酸により、有毒で爆発性のアジ化水素を発生する。
5. 火災が発生した場合、金属ナトリウムの消火方法と同様に乾燥砂等を使用する。

答	正誤

問43 第6類危険物を運搬する場合の注意事項として、次のうち誤っているものはどれか。
1. 運搬容器の外部には、危険物の品名、危険等級、化学名及び「可燃物接触注意」の表示をすること。
2. 日光の直射を避けるため遮光性のもので被覆すること。
3. 容器の外部に、緊急時の対応用に、「容器イエローカード」のラベルを貼ること。
4. 流出時の対応用に吸い取るための布やおがくずを用意しておくこと。
5. 運搬する危険物に適応する消火設備を備えること。

答	正誤

問44 硝酸の性状として、次のうち誤っているものはどれか。
1. 湿った空気中で発煙する。
2. 水と任意の割合で混合し、水溶液は強酸性を示す。
3. 日光や加熱によって分解し、変色する。
4. 濃硝酸は、アルミニウムや鉄の表面に不動態皮膜をつくる。
5. 濃硝酸は金、白金を腐食する。

答	正誤

問45 ハロゲン間化合物の性状として、次のうち誤っているものはどれか。
1. 2種のハロゲンから成る化合物の総称である。
2. 無色の発煙性液体である。
3. 水と激しく反応し発熱と分解を起こす。
4. 金属とは反応しない。
5. 多数のふっ素原子を含むものほど、反応性が高い。

答	正誤

模擬試験 1 解答

危険物に関する法令

問1 答：5

1：誤り。屋内にあるタンクで危険物を貯蔵し、または取り扱う施設は、屋内タンク貯蔵所。
2：誤り。自動車等に直接給油するため地下に埋没されたタンクとは、給油取扱所の地下タンクを指す。したがって、この施設は給油取扱所のこと。
3：誤り。移動タンク貯蔵所とは、車両に固定されたタンクで危険物を貯蔵し、取り扱う施設のこと。
4：誤り。屋外にあるタンクで危険物を貯蔵し、または取り扱う施設は屋外タンク貯蔵所。

問2 答：4

1：誤り。施設全体の変更に当たるため、仮使用の申請はできない。
2：誤り。仮使用申請の内容に該当しない。また、変更工事部分全体が完成検査に合格しなければ、合格になった部分も使用できない。
3：誤り。仮使用申請の内容に該当しない。また、タンクの取替え工事中に給油行為はできない。
5：誤り。仮使用申請の内容に該当しない。また、完成検査前に一切の施設は使用できない。

問3 答：4

C：「適用除外」は誤り。航空機や船舶、鉄道等による運搬は、消防法の適用除外になるが、航空機や船舶への給油は消防法が適用される。
D：「規制されていない」は誤り。指定数量未満の危険物は、市町村の火災予防条例で規制されている。

問4 答：1

1：正しい。仮貯蔵・仮取扱いができるのは10日以内の期間。他に「10日以内」の期間に制限が設けられているのは、免状亡失による再交付後に亡失した免状を発見した場合の免状返却期間である。
2：誤り。危険物保安監督者を解任したときは、遅滞なく市町村長等に届け出る。
3：誤り。仮使用期間は、変更工事が終了し、完成検査済証が発行されるまでで、特に制限は設けられていない。
4：誤り。製造所等の用途を廃止した場合は、遅滞なく市町村長等に届け出る。
5：誤り。予防規程を定めた場合は、市町村長等に認可申請を行うが、その期間は特に定められていない。

問5 答：4

1：「書換え」は誤り。免状を亡失した場合も、汚損した場合も再交付の申請をする。
2：誤り。いつ亡失したかわからないので、亡失してから再交付申請までの期限はない。自動的に資格が取り消されることもない。

3：「5年」は誤り。免状の写真は、撮影してから10年を経過したときに書換えの申請を行う。
5：「2年」は誤り。免状の返納を命じられた者は、その日から起算して1年を経過すれば免状の交付を受けられる。2年を経過しなければ免状の交付を受けることができないのは、消防法などの命令規定に違反し、罰金以上の刑に処せられた者を対象とする。

| 問6 | 答：4 |

1：誤り。丙種危険物取扱者にも受講の義務がある。
2：誤り。保安講習は全国どこでも受講できる。
3：誤り。現に危険物取扱作業に従事している危険物取扱者であっても、継続して従事している者か、新たに従事することになった者かによって、保安講習の時期は異なる。それ以外の危険物取扱作業に従事していない危険物取扱者に受講義務はない。
5：誤り。法令に違反し、罰金以上の刑に処せられた危険物取扱者は、免状の返納を命じられ、ただちに危険物取扱者としての資格を失うため、保安講習受講の対象とはならない。

| 問7 | 答：4 |

1：不要。屋外タンク貯蔵所で予防規程を定めなければならないのは、指定数量の倍数が200以上の施設。
2：不要。屋内貯蔵所で予防規程を定めなければならないのは、指定数量の倍数が150以上の施設。
3：不要。屋外貯蔵所で予防規程を定めなければならないのは、指定数量の倍数が100以上の施設。
4：必要。指定数量の倍数に関係なく、すべての移送取扱所は予防規程を定めなければならない。
5：不要。一般取扱所で予防規程を定めなければならないのは、指定数量の倍数が10以上の施設。

| 問8 | 答：3 |

A：義務づけられている。すべての給油取扱所が対象となる。
B：義務づけられていない。自衛消防組織は、指定数量3,000倍以上の製造所と一般取扱所、指定数量以上の移送取扱所を対象に設置が義務づけられている。
C：義務づけられていない。危険物施設保安員は、指定数量100倍以上の製造所と一般取扱所、すべての移送取扱所を対象に選任が義務づけられている。
D：義務づけられている。屋外にある自家用給油取扱所を除き、すべての給油取扱所が対象となる。
E：義務づけられている。地下タンクを有する給油取扱所が対象となる。

| 問9 | 答：3 |

1：「2.5倍」は誤り。配管は、最大常用圧力の1.5倍以上の圧力で水圧検査を行う。
2：「鋼鉄製のもの」は誤り。配管の材質に関する規定はない。
4：「通行しない位置」は誤り。地盤面にかかる車両等の重量が、当該配管にかからないように保護すればよい。
5：「保護する設備を設ける」は誤り。直射日光に関する規定はない。

問10　答：1

2：「0.3m」は誤り。防油堤の高さは <u>0.5m</u> 以上でなければならない。
3：「コンクリート」は誤り。防油堤は <u>鉄筋コンクリート</u> または <u>土</u> で造らなければならない。
4：「5以下」は誤り。防油堤内に設置できるタンクの数は、<u>10</u> 以下。
5：「開閉弁のない」は誤り。防油堤には <u>開閉弁付き</u> の水抜口を設け、弁は防油堤の外部に取り付けなければならない。

問11　答：3

自然発火性物品には <u>火気厳禁</u> の掲示板を設けなければならない。

問12　答：2

移動タンク貯蔵所には、自動車用消火器のうち3.5kg以上の粉末消火器またはその他の消火器を <u>2個</u> 以上設けなければならない。

問13　答：3

「1日に1回」は誤り。防油堤内部に滞油、または滞水したときは、<u>遅滞なく</u> 排出しなければならない。

問14　答：3

どのような危険物を運搬する場合でも、関係機関に届け出る必要はない。関係消防機関に届け出なければならないのは、移動タンク貯蔵所がアルキルアルミニウム等を移送する場合である。

問15　答：3

危険物保安監督者が、その責務を怠っているとき（保安の監督をしていないとき）は、保安講習の受講命令ではなく、<u>解任命令</u> が所有者等に発令される。

物理学および化学

問16　答：2

A：正しい。放電エネルギーと、帯電量、帯電電圧の関係式は、$E=(1/2) \times Q \times V$ である。
B：正しい。$E=(1/2) \times Q \times V$ より、放電エネルギー E は帯電電圧 V に比例する。
C：正しい。$Q = C \times V$ である。
D：誤り。$E=(1/2) \times C \times V^2$ に当てはめて計算する。

$$E = \frac{1}{2} \times 2.0 \times 10^{-10}(\mathrm{F}) \times 1{,}000^2(\mathrm{V})$$
$$= 1.0 \times 10^{-4} \mathrm{J}$$

E：誤り。$E=(1/2) \times C \times V^2$ より、放電エネルギー E は、帯電体の静電容量 C が同一の場合、帯電電圧 V の <u>2乗に比例</u> する。

問17　答：3

分子式 C_3H_8O について、アルコールとエーテルの構造をかいてみる。アルコールは $CH_3CH_2CH_2OH$（$CH_3(CH_2)_2OH$ ともかける）と $CH_3CH(OH)CH_3$（$(CH_3)_2CHOH$ ともかける）の <u>2種類</u> がかける。前者は n-プロピルアルコールで、後者はイソプロピルアルコールである（⇨ p.256）。どちらも第4類危険物のアルコール類（炭素3つ以下のアルコール）に属する。一方、エーテルは $CH_3CH_2OCH_3$（$CH_3OCH_2CH_3$ ともかけるが同じものである）の <u>1種類</u>。これはエチルメチルエーテルである。

問18　答：3

「液化しやすい」は誤り。メタンは −82.5

℃まで液化しないが、二酸化炭素は31℃で液化する。

[問19] 答：1

A：正しい。可逆反応では正反応と逆反応の反応速度の差が見かけの反応速度となる。
B：正しい。たとえば、A＋B→C＋Dの反応において、反応速度は、
$$v = k[A][B]$$
で表される。[ ]は濃度を示し、反応速度は濃度に比例することがわかる。濃度が低くなると反応速度は遅くなる。
C：正しい。反応温度が高くなると反応速度は大きくなる。アレニウスの式から反応温度Tが大きくなると反応速度定数も大きくなることがわかる。
D：正しい。一般に触媒は反応において、それ自身は変化せず、反応の活性化エネルギーを下げる働きをして反応速度を上げる。一方、反応速度を下げる場合の触媒は、負触媒といわれる。
E：「反応速度が大きくなる」は誤り。アレニウスの式から活性化エネルギーEが大きくなると反応速度定数は小さくなり、反応速度が小さくなることがわかる。

[問20] 答：5

1：不適切。左から右へ移動させるには、$Q(J)$の吸熱反応では温度を上げる。
2：不適切。左から右へは、全体の物質量を示す係数が2から3へ増えており、これは体積が増えていることを示している。ボイルの法則より、圧力を下げることによって左から右へ平衡が移動する。
3：不適切。触媒は活性化エネルギーを下げて反応速度を速くするが、化学平衡が成り立っているときの化合物の組成は、それぞれ原系と生成系の安定性で決まる。触媒では化学平衡は移動しない。
4：不適切。Bの量を減らすと、Bを増やそうと右から左へ平衡が移動する。
5：適切。Dを生成系外に取り出すと、Dを増やそうと左から右へ平衡が移動する。

[問21] 答：4

水酸化ナトリウム(NaOH)の式量は、23＋16＋1＝40なので、60gは物質量にすると、1.5molである。

溶液1ℓ中に溶けている溶質の物質量で表したものがモル濃度であることから、この水溶液の濃度は1.5mol/ℓ。水酸化ナトリウムは1価の塩基だから、規定度は、1×1.5＝1.5N。中和する酸の規定度をN′とすると、中和の③式 (p.240) から

$$N' = \frac{NV}{V'} = \frac{1.5(N) \times 20(m\ell)}{25(m\ell)} = 1.2N$$

[問22] 答：3

物質が酸素と化合して酸化物になることは酸化である（酸化数が増える）。一方、物質の酸化物から酸素が奪われると還元である（酸化数が減る）。有機物の燃焼も酸化反応である。
1：木炭(C)は二酸化炭素(CO_2)に酸化されている。$C + O_2 \rightarrow CO_2$
2：黄りん(P)は五酸化二りん(P_2O_5)に酸化されている。$4P + 5O_2 \rightarrow 2P_2O_5$
3：二酸化炭素(CO_2)が一酸化炭素(CO)に還元されている。$CO_2 + C \rightarrow 2CO$
4：亜鉛(0)から亜鉛イオン(+2)に酸化されている。水素は、水素イオン(+1)から水素分子(0)に還元されている。
$$Zn + H_2SO_4 \rightarrow ZnSO_4 + H_2$$
5：アルコール中の炭素(C)と水素(H)は、

それぞれ二酸化炭素(CO_2)と水蒸気(H_2O)に酸化されている。たとえばメタノールでは、$2CH_3OH + 3O_2 \rightarrow 2CO_2 + 4H_2O$

問23 答：3

有機化合物は、水に溶けにくく、有機溶媒に溶けるものが多い。水酸基(-OH)やカルボキシル基(-COOH)、アミノ基($-NH_2$)などの官能基は水に溶けやすくするが、炭素数が多くなると水に溶けにくくなる。おおむねこのバランスで非水溶性か水溶性かが決まる。

問24 答：4

「上限値」は誤り。燃焼範囲の下限値の蒸気を発生する液温が引火点である。

選択肢5については、p.182の「断熱圧縮」を参照。

問25 答：2

「石油類の火災」は誤り。石油類は比重が1未満のものが多いため、強化液消火剤のような水や水系の消火剤の棒状注水では、燃焼する石油類が飛散したり、水の上で燃焼しながら広がり、火災を拡大させる危険性がある。棒状注水で適応する火災は普通火災。油火災に適応するのは、強化液消火剤を霧状に放射した場合。

危険物の性質ならびに その火災予防および消火の方法

問26 答：2

A：誤り。液体の場合は蒸発燃焼のみで、固体の場合は蒸発燃焼、表面燃焼、分解燃焼の3つの燃焼の仕方がある。ただし、引火性を有していれば、液体でも固体でも、その物質の蒸気が燃える蒸発燃焼で、表面燃焼や分解燃焼はない。

B：正しい。第1類危険物と第6類危険物が該当する。

C：正しい。たとえば、第3類危険物のカリウムやナトリウムは、水と接触して水素を発生する。

D：「二硫化炭素」は誤り。保護液として第4類危険物である二硫化炭素を用いることはない。二硫化炭素は、沸点46℃、発火点90℃の特殊引火物で、非常に危険な液体。

E：正しい。第5類危険物が該当する。

問27 答：4

液体の危険物は、第3類危険物や第5類危険物の一部と、第4類危険物、第6類危険物である。

$SiHCl_3$（トリクロロシラン）は第3類危険物で液体。

$Zn(C_2H_5)_2$（ジエチル亜鉛）は第3類危険物で液体。

C_2H_5OH（エタノール）は第4類危険物で液体。

NaN_3（アジ化ナトリウム）は第5類危険物で固体。

H_2O_2（過酸化水素）は第6類危険物で液体。

問28 答：3

第3類の禁水性物質は、水と接触して可燃性ガスを発生する危険性があるため、水、泡などの水系消火剤は使用できない。禁水性の物質には、炭酸水素塩類を用いた粉末消火剤、または該当する物質の消火用につくられた粉末消火剤を使用する。

問29　答：3

「潮解性を有し」は誤り。硝酸カリウムに**潮解性**はないが、硝酸ナトリウムには潮解性がある。

　ちなみに、選択肢1の過塩素酸カリウムは、強酸と混合すると不安定な過塩素酸（第6類危険物）を遊離し、爆発する危険性がある。

問30　答：3

　第1類危険物の過酸化カルシウムは、水とは**反応しない**。したがって、水素を発生することはない。過酸化カルシウムの属するアルカリ土類金属の過酸化物は、選択肢5にあるように、酸に溶けて過酸化水素を発生する。

問31　答：4

「ジエチルエーテル中に保管する」は誤り。第1類危険物の三酸化クロムは、**ジエチルエーテル**やアルコール、アセトンなどの有機物と接触すると発火する危険性がある。三酸化クロムは鉛などで内張りをした金属容器に貯蔵する。

問32　答：3

A：適切。三硫化りんのように、熱水と接触して可燃性ガスを発生する物質には、水系消火剤は使用できない。

B：適切。硫黄の火災には、流動を防ぐため砂などで覆い、霧状の水、強化液、泡などの水系消火剤を使用する。

C、D：不適切。鉄粉やアルミニウム粉の火災に適切な消火方法は、**乾燥砂**または**金属火災用粉末消火剤**である。どちらにも注水消火はできない。また、金属は還元性を有するため、燃焼して高温になると酸化物である二酸化炭素や水と反応する。

E：適切。ゴムのりのような引火性固体には、窒息効果のある、泡、ハロゲン化物、二酸化炭素、粉末の消火剤を用いる。

問33　答：4

　第2類危険物の五硫化りんは、**酸化剤**や**金属粉**と混合すると自然発火の危険性があるが、空気中では自然発火しない。

問34　答：4

　第3類危険物のノルマルブチルリチウムは、ベンゼン、ヘキサンなどの有機溶剤に**溶ける**。これらの有機溶剤で希釈されたものは、反応性が低くなるため比較的安全に取り扱える。

問35　答：4

　いずれも第3類危険物である。

C：誤り。ノルマルブチルリチウムは、水と反応して可燃性の**ブタン**（C_4H_{10}）を発生する。

E：誤り。炭化カルシウムは、水と反応して可燃性の**アセチレン**（C_2H_2）を発生する。

問36　答：3

「100℃より高い」は誤り。第3類危険物の黄りんの融点は**44℃**、発火点は**約50℃**で、いずれも100℃より低い。

問37　答：5

　第4類危険物火災に有効な一般的消火方法は、霧状の強化液、泡、ハロゲン化物、二酸化炭素、粉末などの窒息効果のある消火剤を使用して、空気の供給を遮断したり、燃焼反応を抑制することである。

　したがって、選択肢のうちこれらに当て

はまらないものは、**5**の<u>棒状の強化液消火剤</u>である。第4類危険物は比重が1より小さく流動性を持つため、棒状の強化液を使用すると、水が広がるとともにその表面に危険物も広がり、火災が拡大するおそれがある。

問38　答：3

「水には溶けない」は誤り。第4類危険物の酸化プロピレンは水に<u>よく溶ける</u>。

問39　答：3

第4類危険物のアルコール類は、アルコールの炭素数が<u>増加</u>するほど水に<u>溶けにくく</u>なり、蒸気比重が大きくなる。しかし、炭素数が増加するほど沸点や引火点が高くなり、危険性が低減する。

問40　答：1

第5類危険物は、酸素を含有しているため、窒息作用のある<u>ハロゲン化物消火剤</u>、<u>二酸化炭素消火剤</u>、<u>粉末消火剤</u>には効果がない。有効な消火方法は、大量の水や泡消火剤による冷却消火である。

問41　答：3

「水に溶ける」は誤り。第5類危険物の過酸化ベンゾイルは、水に<u>溶けない</u>。

問42　答：3

「安定な塩」は誤り。第5類危険物のアジ化ナトリウムは、水の存在下で重金属と作用してきわめて衝撃に敏感な<u>アジ化物</u>を生成する。

問43　答：4

1：正しい。「可燃物接触注意」の表示をするのは、第1類と第6類危険物である。p.130 参照。

2：正しい。第6類危険物は日光によって分解されるため、遮光性のもので被覆する必要がある。p.132 参照。

3：正しい。事故発生などの緊急時に迅速に対応するための「イエローカード」を補完するものとして、混載便や少量物品輸送用の「容器イエローカード」が運用されている。p.133 参照。

4：「布やおがくず」は誤り。第6類危険物は、酸化性を有しているため、布やおがくずなどの有機物に接触すると発火、爆発するおそれがある。したがって、流出時に布やおがくずは使用してはならない。流出時には<u>乾燥砂</u>をかけるか、<u>中和剤</u>で中和する方法をとる。

5：正しい。危険物を運搬する際には、危険物に対応した消火設備を備えなければならない。p.133 参照。

問44　答：5

「腐食する」は誤り。第6類危険物の硝酸は酸化力の強い酸で、水素よりイオン化傾向の小さい銅や水銀、銀などと反応して、これらの金属を溶かすが、さらにイオン化傾向の小さい白金、金とは反応しない。

ただし、濃塩酸（HCl）と濃硝酸（HNO_3）を3：1の体積比で混合した橙赤色の王水は酸化力が非常に強く、白金や金と反応してこれらの金属を溶かす。

問45　答：4

「反応しない」は誤り。第6類危険物のハロゲン間化合物は、金属・非金属と反応して<u>ハロゲン化物</u>を生成する。

模擬試験 2

危険物に関する法令

（解答：472〜474ページ）

問1 法別表第一の備考欄で、金属粉の範囲として明記されているものは、次のうちいくつあるか。ただし、目開きが150μmの網ふるいを通過するものが50％以上とする。

鉄粉　ニッケル粉　銅粉　アルミニウム粉　亜鉛粉

1. 1つ　2. 2つ　3. 3つ　4. 4つ　5. 5つ

答	正誤

問2 法令上、指定数量の説明として、次のうち正しいものはどれか。
1. 液体の危険物の指定数量は、すべてリットルで定められている。
2. 危険性の高い危険物ほど、指定数量は多く定められている。
3. 品名及び性質が同じであれば、指定数量は同一である。
4. 黄りんと赤りんの指定数量は同一である。
5. 特殊引火物の指定数量は、非水溶性液体と水溶性液体で異なる。

答	正誤

問3 消防法上の各種届出について、次のうち誤っているものはどれか。
1. 危険物施設の譲渡又は引渡の届出は、許可を受けた者の地位を承継した者が遅滞なく届け出なければならない。
2. 危険物の品名、数量又は指定数量の倍数の変更届出は、変更する日の10日前までに届け出なければならない。
3. 危険物施設の廃止の届出は、製造所等の用途を廃止する日の10日前までに届け出なければならない。
4. 危険物保安統括管理者を選任したときは、遅滞なくその旨を届け出なければならない。
5. 届出義務を怠った者には、罰則規定が適用される。

答	正誤

問4　法令上、次の文の（　　）内のA及びBに当てはまる語句の組合せとして、正しいものはどれか。

「店舗において容器入りのままで販売するため危険物を取扱う取扱所で、指定数量の倍数が（ A ）のものは第1種販売取扱所、（ B ）のものは第2種販売取扱所という。」

	A	B
1	3以上	3を超え10以下
2	5以下	5を超え15以下
3	7以下	7を超え20以下
4	10以下	10を超え30以下
5	15以下	15を超え40以下

答	正誤

問5　法令上、下記に示した施設で貯蔵・取扱う危険物の種類を重油から灯油に変更する場合、次の1～5のうち、手続きとして正しいものはどれか。ただし、ボイラーの燃料消費量は変わらないものとし、市町村条例で定める事項を除く。

　　ボイラー………………暖房用ボイラー1基
　　　　　　　　　　　重油の最大消費量1,600ℓ／日
　　地下タンク貯蔵所………ボイラーに供給する重油を貯蔵し、取扱う。
　　　　　　　　　　　貯蔵最大量6,000ℓ

1. 地下タンク貯蔵所の危険物の品名及び指定数量の倍数を変更する届出のみを行う。
2. 地下タンク貯蔵所の廃止の届出、及び一般取扱所の設置許可申請をする。
3. 地下タンク貯蔵所の廃止の届出、並びに地下タンク貯蔵所及び一般取扱所の設置許可申請をする。
4. ボイラーについて、一般取扱所の設置許可申請をする。
5. 地下タンク貯蔵所については、危険物の品名及び指定数量の倍数変更の届出をし、ボイラーについては、一般取扱所の設置許可申請をする。

答	正誤

問6 法令上、危険物の取扱作業の保安に関する講習について、次のうち正しいものはどれか。
1. 危険物保安監督者として、所有者から選任を受けた者のみが受講しなければならない。
2. 危険物施設保安員として、所有者から選任を受けた者は、受講しなければならない。
3. 販売取扱所で、危険物の取扱作業に従事している危険物取扱者は、一定の期間内に受講しなければならない。
4. 指定数量以上の危険物を車両で運搬する者は、一定の期間内に受講しなければならない。
5. 講習を受ける場所は、免状の交付を受けた都道府県で受講しなければならない。

答	正誤

問7 危険物保安監督者に関する説明として、次のうち正しいものはどれか。
1. 危険物の数量や指定数量の倍数にかかわらず、すべての製造所等は、危険物保安監督者を選任しなければならない。
2. 危険物保安監督者が法に違反したときは、直ちに解任を命ぜられる。
3. 危険物取扱者であれば、免状の種類に関係なく危険物保安監督者に選任することができる。
4. 危険物保安監督者は、甲種危険物取扱者又は乙種危険物取扱者で、1年以上の実務経験が必要とされている。
5. 危険物保安監督者を定める権限を有しているのは、製造所等の所有者、管理者又は占有者である。

答	正誤

問8 法令上、定期点検を実施しなければならない製造所等は、次のA〜Eのうちいくつあるか。
A. 簡易タンクのみを有する給油取扱所
B. 地下タンクを有する一般取扱所
C. すべての屋外タンク貯蔵所
D. 地下タンクを有する製造所
E. 移動タンク貯蔵所

1. 1つ 2. 2つ 3. 3つ 4. 4つ 5. 5つ

答	正誤

問9 危険物を貯蔵し、又は取扱う建築物の周囲に、原則として空地を保有しなければならない製造所等のみの組合せは、次のうちどれか。

1	屋外タンク貯蔵所	屋外貯蔵所	簡易タンク貯蔵所（屋外に設けるもの）
2	屋内貯蔵所	地下タンク貯蔵所	製造所
3	移動タンク貯蔵所	第1種販売取扱所	屋外タンク貯蔵所
4	移動タンク貯蔵所	簡易タンク貯蔵所（屋外に設けるもの）	一般取扱所
5	地下タンク貯蔵所	移動タンク貯蔵所	製造所

答	正誤

問10 給油取扱所の懸垂式固定給油設備（ホース機器）の基準として、次のうち誤っているものはどれか。
1. 道路境界線から、4m以上の間隔を保つ。
2. 地下専用タンクの給油口から、10m以上の間隔を保つ。
3. 敷地境界線から、2m以上の間隔を保つ。
4. 建築物の壁に開口部がある場合は、壁から2m以上の間隔を保つ。
5. 建築物の壁に開口部がない場合は、壁から1m以上の間隔を保つ。

答	正誤

問11 製造所等における危険物の貯蔵及び取扱いのすべてに共通する技術上の基準として、次のうち誤っているものはどれか。
1. 製造所等においては、許可を得た若しくは届出をした品名以外の危険物を貯蔵し、又は取扱ってはならない。
2. 製造所等には、係員以外の者をみだりに出入りさせてはならない。
3. 危険物の変質、異物の混入等により、当該危険物の危険性が増大するおそれのあるときは、定期的に安全性を確認すること。
4. 危険物を保護液中に保存する場合は、当該危険物が保護液から露出しないようにする。
5. 温度計、圧力計等の計器を監視し、当該危険物の性質に応じた適正な温度、又は圧力を保つように貯蔵し、又は取扱う。

答	正誤

問 12 法令上、一定数量以上の危険物を貯蔵し、又は取扱う場合、警報設備のうち自動火災報知設備を設けなければならない製造所等は、次のうちどれか。

1. 屋内貯蔵所
2. 第 1 種販売取扱所
3. 地下タンク貯蔵所
4. 屋外貯蔵所
5. 移送取扱所

答	正誤

問 13 法令上、屋内貯蔵所における危険物の貯蔵基準として、次のうち誤っているものはどれか。

1. 危険物以外の物品と同時に貯蔵する場合は、防火上必要な措置をとる。
2. 危険物は、規則に定める容器に収納して貯蔵する。
3. 原則として、同一品名の自然発火するおそれのある危険物を多量に貯蔵するときには、指定数量の 10 倍以下ごとに区分し、かつ 1.0m 以上の間隔を置いて貯蔵する。
4. 容器に収納して貯蔵する危険物の温度が 55℃ を超えないように、必要な措置を講ずる。
5. 危険物を貯蔵する場合は、3m の高さを超えて容器を積み重ねない。

答	正誤

問 14 移動タンク貯蔵所による危険物の移送について、次の A ～ E のうち誤っているものの組合せはどれか。

A. 危険物を移送する際、乗車を義務づけられている危険物取扱者は、免状を携帯していなければならない。
B. 乗車している危険物取扱者は、走行中に消防吏員から停止を命じられ、危険物取扱者免状の提示を求められたら、これを提示しなければならない。
C. 定期的に危険物を移送する場合は、移送経路その他必要な事項を関係消防機関へ届け出なければならない。
D. 移送中に休憩する場合は、安全な場所を選ばなければならない。
E. 危険物が漏れたときは、速やかに目的地に到着するよう努めなければならない。

1. A と B 2. B と E 3. A と D 4. C と E 5. D と E

答	正誤

模擬試験 2

問15　法令上、危険物の運搬容器の技術上の基準において、酢酸10ℓを収納するポリエチレン製の運搬容器の外部に行う表示として定められていないものは、次のうちどれか。

1. ポリエチレン製
2. 第2石油類
3. 水溶性
4. 10ℓ
5. 火気厳禁

答	正誤

物理学および化学

（解答：474〜475ページ）

問16　沸点に関する説明として、次のうち誤っているものはどれか。
1. 液体の飽和蒸気曲線が1気圧となるときの液温が沸点である。
2. 一定圧における純粋な物質は、それぞれ一定の沸点を持つ。
3. 沸点は減圧すると上昇し、加圧すると下降する。
4. 標準沸点とは、蒸気圧が1気圧になるときの液温をいう。
5. 液体の飽和蒸気圧が外気の圧力に等しくなる温度を沸点という。

答	正誤

問17　内容積200ℓのドラム缶に20%の空間を残して20℃のガソリンを入れて密封した。温度が上昇して液温が40℃になったとき、ドラム缶の空間容積として、次のうち最も近い数値はどれか。ただし、ガソリンの体膨張率は1.35×10^{-3}とし、容器の膨張とガソリンの蒸発は考えないものとする。

1. 4.5ℓ
2. 11.7ℓ
3. 12.1ℓ
4. 35.7ℓ
5. 37.1ℓ

答	正誤

問18　元素とその周期表について、次のうち誤っているものはどれか。
1. 元素についている原子番号は、一般的に原子量の順につけられている。
2. 元素は、物質を構成している基本的成分である。
3. 周期表の縦の列を族、横の行を周期という。
4. 同族の元素は、似たような性質を有することが多い。
5. 遷移元素には非金属元素が含まれるが、典型元素はすべて金属元素である。

答	正誤

問19 0℃、1気圧のもと空気1ℓに対して何gのガソリン蒸気を混合させたとき完全燃焼するか、次のうち最も近い数値はどれか。ただし、混合物であるガソリンの平均組成をC_7H_{16}、空気中に酸素が20％含まれるものとする。

1. 0.08 g
2. 0.12 g
3. 0.16 g
4. 0.20 g
5. 0.24 g

答	正誤

問20 70℃の塩化カリウムの飽和水溶液50gを30℃に冷却したときに析出する塩化カリウムの量として、次のうち正しいものはどれか。ただし、30℃及び70℃における水100gに対する塩化カリウムの溶解度はそれぞれ35g、50gとする。

1. 10 g
2. 5 g
3. 15 g
4. 20 g
5. 25 g

答	正誤

問21 pH値がnの水溶液を水で薄めて水素イオン濃度を100分の1にすると、pH値はいくつになるか。

1. 2n
2. n + 2
3. n − 2
4. 100n
5. $\dfrac{n}{100}$

答	正誤

問22 希硫酸水溶液H_2SO_4(aq)に鉛Pbと酸化鉛(Ⅳ)PbO_2を浸して電極とした鉛蓄電池について、次のうち誤っているものはどれか。

1. 放電すると、負極ではPbの酸化反応が起こる。
2. 放電すると、両極では$PbSO_4$が生じる反応が起きる。
3. 放電すると、溶液中のH_2SO_4が減少する。
4. 充電すると、両極では放電と逆の化学反応が起きる。
5. 充電すると、溶液の比重が小さくなる。

答	正誤

問23 次の有機化合物に関する説明のうち、誤っているものはどれか。
1. カルボン酸とアルコールが縮合すると、エステル結合をもつ化合物が生成する。
2. 同じ分子式をもつエーテルとアルコールは互いに異性体である。
3. アルデヒドを還元すると、第一級アルコールになる。
4. ケトンは還元性を有し、容易に酸化されてカルボン酸になる。
5. アルデヒドとケトンはともにカルボニル基をもっているので、カルボニル化合物といわれる。

答	正誤

問24 一酸化炭素の一般的性状として、次のうち誤っているものはどれか。
1. 無色無臭で、非常に有毒な気体である。
2. 青白い炎を上げて燃焼する。
3. 有機化合物が不完全燃焼するときに生じる。
4. 還元作用がある。
5. 高温の二酸化炭素と水蒸気の反応で生成する。

答	正誤

問25 泡消火剤について、次のうち誤っているものはどれか。
1. 泡は、泡中の水分による冷却と、泡の被覆による窒息の効果がある。
2. 一般的な泡消火剤は石油類の消火に適しているが、アルコール類には水溶性液体用泡消火剤を使用する。
3. 一般的な化学泡消火剤の反応式は、$6NaHCO_3 + Al_2(SO_4)_3 \rightarrow 2Al(OH)_3 + 3Na_2SO_4 + 6CO_2$ である。
4. 空気泡消火剤は、加水分解したたんぱく質もしくは、界面活性剤を基剤としたものが使用されている。
5. 成分の特性から、化学泡消火剤は拡散性に優れているため、燃焼面が広範囲になる油火災の消火に適しているが、水成膜泡消火剤は粘着性に優れているため、木材その他の固体の消火に適している。

答	正誤

危険物の性質ならびにその火災予防および消火の方法

(解答：475〜477ページ)

問26 第2類危険物と第5類危険物とに共通する一般的性状として、次のうち正しいものはどれか。
1. 液体又は固体である。
2. 可燃性である。
3. 窒素を含有している。
4. 水と接触すると発熱する。
5. 酸化剤である。

問27 混合しても爆発又は発火の危険性のない組合せは、次のうちどれか。
1. 塩素酸カリウムとグリセリン
2. 赤りんと過マンガン酸カリウム
3. ナトリウムと灯油
4. 硝酸アンモニウムと硫黄
5. 硝酸と水素化ナトリウム

問28 第1類危険物に共通する貯蔵・取扱いの基準について、次のうち誤っているものはどれか。
1. 容器の破損を防ぎ、漏出しないようにして、冷暗所に貯蔵する。
2. 分解を抑制するため、保護液中に保存されているものもある。
3. 強酸類とは隔離する。
4. 加熱、衝撃及び摩擦等を避ける。
5. 分解を促す薬品類との接触を避ける。

問29 塩素酸カリウムの性状として、次のうち誤っているものはどれか。
1. 水に溶けにくく、アルコールには溶けない。
2. 約400℃以上に加熱すると分解しはじめ、酸素を発生する。
3. 硫黄等の酸化されやすい物質と接すると爆発する危険がある。
4. 硝酸銀やアルミニウム塩と混合すると爆発する危険性がある。
5. 安定剤として少量の硫酸を用いる。

問30 過マンガン酸カリウムの性状として、次のうち誤っているものはどれか。
1. 赤紫色の結晶である。
2. 水によく溶け、水溶液は濃紫色になる。
3. 硫酸酸性水溶液中で過マンガン酸カリウムと過酸化水素を混合すると、過酸化水素より酸化性が弱いため、色が薄くなる。
4. 約200℃で分解して酸素を発生する。
5. 濃硫酸を加えると爆発することがある。

答	正誤

問31 第2類危険物の性状として、次のうち誤っているものはどれか。
1. いずれも可燃性の固体である。
2. いずれも無機物質である。
3. 比重は1より大きく、水に溶けないものが多い。
4. 微粉状の物質は、空気中で粉じん爆発を起こしやすい。
5. 空気中の湿気により自然発火するものがある。

答	正誤

問32 硫黄の性状として、次のうち誤っているものはどれか。
1. 斜方硫黄、単斜硫黄及びゴム状硫黄などの同素体がある。
2. 加熱すると90℃付近で溶融し始める。
3. 水には溶けないが、二硫化炭素に溶けやすい。
4. 燃焼すると、亜硫酸ガスを発生する。
5. 電気の不良導体で、摩擦等により静電気を生じやすい。

答	正誤

問33 マグネシウムの性状として、次のうち誤っているものはどれか。
1. 銀白色の軽い金属である。
2. 点火すると白光を放って激しく燃焼し、酸化マグネシウムを生ずる。
3. 水には溶けないが、希酸に溶けて酸素を発生する。
4. 乾燥した空気中では、酸化は進行しない。
5. 火災の場合は、乾燥砂で覆って窒息消火する。

答	正誤

問34 第3類危険物の貯蔵方法として、次のうち誤っているものはどれか。
1. カリウムやナトリウムは、保護液として灯油の中に小分けして貯蔵する。
2. ノルマルブチルリチウムは、不活性ガスを封入して貯蔵する。
3. 炭化カルシウムは、乾燥した場所に貯蔵する。
4. 水素化ナトリウムは、窒素封入ビン等に密栓して貯蔵する。
5. 黄りんは、空気と触れないよう石油中に貯蔵する。

答	正誤

問35 アルキルアルミニウムについて、次のうち誤っているものはどれか。
1. 一般にアルキル基がアルミニウム原子に1以上結合した物質であるが、ハロゲンを含んだものもある。
2. 水と激しく反応し、アルキル基に由来する可燃性ガスを発生する。
3. アルキル基の炭素数が多いほど、危険性は高い。
4. 安全弁のついた耐圧性を有する容器で貯蔵する。
5. 流通する場合、ヘキサン溶液等で希釈して反応性を抑えることもある。

答	正誤

問36 水素化ナトリウムの性状として、次のうち誤っているものはどれか。
1. 常温（20℃）で粘性のある液体で強い還元性を有する。
2. 高温で、水素とナトリウムに分解する。
3. ベンゼン、二硫化炭素には溶けない。
4. 水と反応して水素を発生する。
5. 鉱物油中では安定している。

答	正誤

問37 特殊引火物の性状として、次のうち誤っているものはどれか。
1. 特殊引火物は、沸点や引火点が低く、第4類危険物の中で最も危険性が高い。
2. ジエチルエーテルは、特有の刺激臭があり、アルコールによく溶ける。
3. 純品の二硫化炭素は、無色の液体で、水より軽く、水に溶けやすい。
4. アセトアルデヒドは、刺激臭があり、水によく溶ける。
5. 酸化プロピレンは、エーテル臭があり、水によく溶ける。

答	正誤

問38　自動車ガソリン等の一般的性状として、A〜Eのうち正しい組合せはどれか。
- A. 常温（20℃）で常に可燃性蒸気を発生している。
- B. 蒸気比重は約3〜4である。
- C. ガソリンの炭素数は、4〜12程度である。
- D. 自然発火しやすい。
- E. 燃焼範囲は14〜76vol％と広い。

1. A・B・C　　4. A・D・E
2. B・C・D　　5. A・B・E
3. C・D・E

答	正誤

問39　酢酸の性状として、次のうち誤っているものはどれか。
1. 無色透明の液体で、刺激臭がある。
2. 水より重い。
3. 常温で容易に引火する。
4. 水、有機溶媒に溶ける。
5. 高純度のものより水溶液の方が腐食性は強い。

答	正誤

問40　第5類危険物のうち、常温（20℃）で液状のものは、次のうちどれか。
1. 過酸化ベンゾイル
2. メチルエチルケトンパーオキサイド
3. トリニトロトルエン
4. 硫酸ヒドラジン
5. アジ化ナトリウム

答	正誤

問41　ニトロセルロースの性状等について、次のうち誤っているものはどれか。
1. セルロースを硝酸と硫酸の混合液に作用させて生成する。
2. 弱硝化綿をある種の溶剤に溶かしたものがコロジオンである。
3. 窒素含有量が多いほど危険性が高い。
4. 強硝化綿はエタノールによく溶ける。
5. エタノール又は水で湿綿として貯蔵する。

答	正誤

問 42　第5類危険物の危険性について、次のうち誤っているものはどれか。

1. 過酸化ベンゾイルは、濃硫酸などと接触すると燃焼又は爆発の危険性がある。
2. ニトログリセリンは、8℃で凍結する。
3. トリニトロトルエンは、固体よりも溶融したもののほうが、衝撃に対して安定している。
4. 硫酸ヒドラジンは、強塩基と接触してヒドラジンを遊離する。
5. アジ化ナトリウムは、単体で爆発する危険性はない。

答	正誤

問 43　ハロゲン間化合物を除く第6類危険物の消火方法として、次のうち正しいものはどれか。

1. 乾燥砂による消火は避ける。
2. 霧状注水による消火は避ける。
3. りん酸塩類を使用する粉末消火剤による消火は避ける。
4. 二酸化炭素による消火は避ける。
5. ハロゲン化物を放射して消火する。

答	正誤

問 44　過塩素酸の性状として、次のうち誤っているものはどれか。

1. 褐色の流動しやすい液体である。
2. 一般には60～70％の水溶液として扱われる。
3. 無水物は、鉄や銅と激しく反応して酸化物を生成する。
4. 加熱すると、爆発の危険性がある。
5. 水と作用すると、音を発して発熱する。

答	正誤

問 45　発煙硝酸の性状として、次のうち正しいものはどれか。

1. 無色の液体である。
2. 硝酸より比重は大きい。
3. 水溶液は弱酸性である。
4. 空気中では発煙しない。
5. 硝酸よりも酸化力が弱い。

答	正誤

模擬試験 ❷ 解答

✅ 危険物に関する法令

問1 答：2

法別表第一の備考欄に明記されている金属粉とは、アルカリ金属（第3類）、アルカリ土類金属（第3類）、鉄粉（第2類）、マグネシウム（第2類）以外の金属の粉をいう。銅粉とニッケル粉、および目開きが150μmの網ふるいを通過するものが50%未満のものも除外される。

これに該当するものは、アルミニウム粉と亜鉛粉の2つ。

問2 答：3

1：「すべてリットル」は誤り。液体の危険物の指定数量がすべて、リットルで定められているわけではない。引火性液体である第4類危険物の指定数量はリットルで定められているが、たとえば、酸化性液体の第6類危険物の指定数量の単位はキログラムである。
2：「多く」は誤り。危険性の高い危険物ほど、指定数量は少なく定められている。
4：「同一である」は誤り。黄りん（第3類危険物）と赤りん（第2類危険物）は同素体であるが、性質や危険性が異なるため、異なる類に分類されており、指定数量も異なる。黄りんの指定数量は20kg、赤りんの指定数量は100kgである。
5：誤り。第4類危険物に属する特殊引火物の指定数量はすべて50ℓで、水溶性か非水溶性かによって指定数量は異ならない。第4類危険物の中で水溶性か非水溶性かによって指定数量が異なるのは、第1石油類、第2石油類、第3石油類である。

問3 答：3

「10日前まで」は誤り。製造所等の用途を廃止した場合は、遅滞なく届け出る。

問4 答：5

販売取扱所の区分は、指定数量の倍数が15以下のものを第1種販売取扱所といい、指定数量の倍数が15を超え40以下のものを第2種販売取扱所という。

問5 答：5

第3石油類の重油の指定数量は2,000ℓであるから、ボイラーの最大消費量が1,600ℓならば指定数量の倍数は0.8で指定数量以上の危険物を貯蔵し、取り扱っていることにはならない。

ところが、重油を第2石油類の灯油に変更した場合、灯油の指定数量は1,000ℓであるから倍数は1.6倍となり、指定数量以上の第4類危険物を貯蔵・取扱いすることになる。指定数量以上の危険物を消費するボイラーやバーナーは一般取扱所に該当する。

したがって、必要な手続きは、ボイラーを新たに設置する一般取扱所として設置許可申請をし、地下タンク貯蔵所としては、危険物の品名および指定数量の倍数変更の

届出である。

問6　答：3

1、2：誤り。保安講習受講は危険物取扱者に課せられた義務である。したがって、危険物保安監督者や危険物施設保安員として選任された危険物取扱者のみに保安講習受講義務が生じるわけではない。

4：誤り。危険物運搬者に保安講習受講義務はない。移動タンク貯蔵所（タンクローリー）による移送とは異なり、運搬の場合には、免状の有無は問わない。

5：誤り。保安講習は、免状の交付地や勤務地にかかわらず、全国どの都道府県で受講してもよい。

問7　答：5

1：「すべての製造所等」は誤り。危険物保安監督者は、貯蔵し、または取り扱う危険物の類、指定数量の倍数、引火点によって選任する製造所等が定められている。

2：「直ちに」は誤り。危険物保安監督者が法に違反したときは、市町村長等は製造所等の所有者等に対して解任を命ずることができるが、直接危険物保安監督者に解任を命ずるわけではない。

3：「免状の種類に関係なく」は誤り。所有者等は、丙種危険物取扱者を危険物保安監督者に選任することはできない。

4：「1年以上」は誤り。甲種または乙種危険物取扱者で6カ月以上の実務経験を有していれば、危険物保安監督者になれる。

問8　答：3

A：実施不要。地下タンクを有する給油取扱所は、定期点検を実施しなければならないが、簡易タンクのみを有する給油取扱所に定期点検実施の義務はない。

B：実施必要。地下タンクを有する一般取扱所は、定期点検実施を義務づけられている。

C：実施不要。指定数量の倍数が200以上の危険物を貯蔵し、または取り扱う屋外タンク貯蔵所は、定期点検を実施しなければならないが、すべての屋外タンク貯蔵所に義務づけられているわけではない。

D：実施必要。地下タンクを有する製造所は、定期点検実施を義務づけられている。

E：実施必要。すべての移動タンク貯蔵所は定期点検実施を義務づけられている。

問9　答：1

保有空地が必要な製造所等は、製造所、屋内貯蔵所、屋外タンク貯蔵所、屋外に設ける簡単タンク貯蔵所、屋外貯蔵所、地上設置の移送取扱所、一般取扱所の7つ。

問10　答：2

地下専用タンク給油口からの間隔については、特に規制がない。

問11　答：3

「定期的に安全性を確認する」は誤り。危険性が増大しないよう必要な処置を講じなければならない。

問12　答：1

製造所等のうち、自動火災報知設備を設けなければならないのは、指定数量の倍数が100以上の製造所、屋内貯蔵所、一般取扱所である。

問13　答：3

「1.0m」は誤り。指定数量の10倍以下ご

とに区分し、0.3m以上の間隔をあけて貯蔵する。

問14 答：4

C：「定期的に」は誤り。アルキルアルミニウム等を移送する場合に限定される。また、関係消防機関に提出した書類の写しは、移送の際携帯し、書面の内容に従わなければならない。

E：「目的地に到着する」は誤り。危険物が漏れたときは、応急措置を講じ、消防機関などに通報しなければならない。

問15 答：1

運搬容器の外部に表示する内容は、「品名」「危険等級」「化学名」「数量」「注意事項」、および第4類危険物のうち水溶性の物質は「水溶性」である。

問題文の酢酸は第4類危険物の第2石油類水溶性液体で、必要な表示は第2石油類、危険等級Ⅲ、酢酸、水溶性、10ℓ、火気厳禁である。

物理学および化学

問16 答：3

選択肢5にあるように、その液体の飽和蒸気圧が外気の圧力に等しくなる温度が沸点である。減圧によって外気圧が下がると、より低い液温で沸点に達して沸騰が起こる。逆に加圧すると沸点は上昇する。

問17 答：4

内容積 200ℓ のドラム缶で20%の空間を残しているので、20℃のガソリンの体積は 160ℓ である。体膨張したガソリンの体積を V とし、$V = V_0 \times (1 + \alpha t)$ に当てはめて求めると、

$V = 160(\ell) \times [1 + 1.35 \times 10^{-3}(K^{-1})$
$\quad \times (40 - 20)(K)] = 160(\ell) \times 1.027$
$\quad = 164.32\ \ell$

ドラム缶の空間容積は、
$200\ \ell - 164.32\ \ell = 35.68\ \ell \fallingdotseq \mathbf{35.7\ \ell}$

問18 答：5

遷移元素はすべて金属元素であるが、典型元素には金属元素と非金属元素がある。

問19 答：1

空気中には酸素が20%含まれるので、標準状態（0℃、1気圧）の空気 1ℓ に含まれる酸素は $0.2\ \ell$。標準状態の1molの気体の体積は $22.4\ \ell$ なので酸素の物質量は $0.2/22.4$ mol。

次にガソリンの平均組成 C_7H_{16} の分子量を求めて完全燃焼の式をたてる。

平均組成 C_7H_{16} の分子量は $C_7H_{16}：12 \times 7 + 1 \times 16 = 100$ である。

$C_7H_{16} + 11O_2 \rightarrow 7CO_2 + 8H_2O$

この式から、完全燃焼できるガソリンの物質量は酸素に対して11分の1であることがわかる。ガソリンの質量を $x(g)$ とすれば、以下の式が成り立つ。

$$\frac{x(g)}{100(g/mol)} = \frac{0.2}{22.4}(mol) \times \frac{1}{11}$$

$x = \frac{0.2}{22.4}(mol) \times \frac{1}{11} \times 100(g/mol)$
$\quad = 0.081\ g \fallingdotseq \mathbf{0.08\ g}$

問20 答：2

塩化カリウムは、水 $100\ g$ に70℃では $50\ g$、30℃では $35\ g$ 溶けることから、70℃の飽和水溶液 $(100 + 50)g = 150\ g$ を30℃に冷却すると、$(50 - 35)g = 15\ g$ 析出する。

したがって、飽和水溶液 50 g から析出する量を x (g) とすると、

$$\frac{15(g)}{150(g)} = \frac{x(g)}{50(g)}$$

$$x = 5g$$

問21 答：2

pH $= -\log[H^+] = n$ を薄めて 100 分の 1 にすると、

$$pH = -\log\frac{[H^+]}{100} = -\log[H^+] - \log\frac{1}{100}$$

$$= -\log[H^+] + \log 100 = n + 2$$

問22 答：5

「小さくなる」は誤り。充電すると H_2SO_4 が増えるため、希硫酸溶液の比重も増える。

問23 答：4

「還元性を有し」は誤り。ケトンに還元性はない。選択肢 4 はアルデヒドの説明である。選択肢 5 にあるように、アルデヒド基とケトン基の構造は、炭素－酸素間の二重結合（C=O）が共通し、ともにカルボニル基と呼ばれる。アルデヒドとケトンをまとめてカルボニル化合物という。

問24 答：5

一酸化炭素は、高温（1,000℃程度）のコークス（C）と水蒸気の反応で生成する。また、高温の一酸化炭素は水蒸気と反応して、二酸化炭素と水素を発生する（CO + $H_2O \rightarrow CO_2 + H_2$）。この反応は、水性ガスシフト反応と呼ばれ、昔の都市ガスの製造に使われたため、ガス漏れで一酸化炭素中毒が起こった。現在の都市ガスはメタンガスである。

問25 答：5

化学泡消火器は二酸化炭素を含む泡で粘着性が高く木材などの燃焼にも適するが、水成膜泡消火剤は比較的安価で大量につくれ拡散性に優れていることから広範囲の油火災に向いている。つまり、「化学泡消火剤」と「水成膜泡消火剤」との説明が逆。

危険物の性質ならびに その火災予防および消火の方法

問26 答：2

1：誤り。第 5 類危険物には液体と固体の物質があるが、第 2 類危険物はすべて固体である。
3：誤り。第 5 類危険物には硝酸エステル類やニトロ化合物のように窒素を含有している物質はあるが、第 2 類危険物には窒素を含有している物質はない。
4：誤り。第 2 類危険物で水と反応する金属は、酸化に伴う反応熱を生じるが、第 5 類危険物の多くは水と接触しても発熱しない。
5：誤り。第 5 類危険物には有機過酸化物のように強力な酸化作用を持つ物質もあるが、第 2 類危険物は、酸化剤と結びつきやすい還元剤である。

問27 答：3

酸化性物質と還元性物質の混合危険を思い出せばよい（⇨ p.275）。
1：塩素酸カリウム：第 1 類、グリセリン：第 4 類
2：赤りん：第 2 類、過マンガン酸カリウム：第 1 類
3：ナトリウム：第 3 類、灯油：第 4 類。どちらも還元性物質で混合危険はない。

4：硝酸アンモニウム：第1類、硫黄：第2類
5：硝酸：第6類、水素化ナトリウム：第3類

問28　答：2

「保護液中に保存」は誤り。第1類危険物には、保護液中に保存する物質はない。

問29　答：5

第1類危険物の塩素酸カリウムは、安定剤が必要なほど不安定な物質ではない。また、塩素酸カリウムは、硫酸のような強酸と混合すると、不安定な塩素酸から二酸化塩素（ClO_2）を遊離し、爆発する危険性がある。

問30　答：3

「酸化性が弱いため」は誤り。第1類危険物の過マンガン酸カリウムは、過酸化水素（第6類危険物）より酸化性が強いため、水溶液の色が薄くなる。通常、過酸化水素は酸化剤として働くが、より酸化性の強い過マンガン酸カリウムに対しては還元剤として作用する特殊な例である。

問31　答：2

「いずれも」は誤り。第2類危険物には無機物質が多いが、固形アルコール、ゴムのり、ラッカーパテのような有機物質もある。

問32　答：2

「90℃」は誤り。第2類危険物の硫黄の融点は約115℃で、この付近の温度に達しなければ溶融はしない。

問33　答：3

「酸素」は誤り。第2類危険物のマグネシウムは希酸に溶けて水素を発生する。

問34　答：5

「石油中」は誤り。黄りんは、空気に触れないよう、水中に貯蔵する。石油などの有機溶剤は水より酸素を多く溶解するため、黄りんの保護液として使用できない。

問35　答：3

「危険性は高い」は誤り。第3類危険物のアルキルアルミニウムは、アルキル基の炭素数およびハロゲン数が多いほど危険性は低くなる。

問36　答：1

「粘性のある液体」は誤り。第3類危険物の水素化ナトリウムは、灰色の結晶で固体である。

問37　答：3

第4類危険物の二硫化炭素は、比重は1.26で水より重く、水には溶けない。

問38　答：1

A：正しい。第4類危険物の自動車ガソリンは、引火点が-40℃以下であるため、常温で可燃性蒸気を発生している。

B：正しい。ガソリンの蒸気比重は約3～4で空気より重いため、低所に滞留しやすい。

C：正しい。ガソリンは炭素数が4～12程度の炭化水素の混合物である。

D：誤り。自動車ガソリンの発火点は約300℃であり、自然発火はしにくい。

E：誤り。ガソリンの燃焼範囲は、1.4～

7.6vol%である。

問39 　答：3

「常温で」は誤り。第4類危険物の酢酸の引火点は39℃で、常温（20℃）では引火しない。

問40 　答：2

第5類危険物には液体と固体のものがある。選択肢1〜5のうち、液状の物質は2のメチルエチルケトンパーオキサイド。他に、過酢酸、硝酸メチル、硝酸エチル、ニトログリセリンなどがある。

問41 　答：4

「よく溶ける」は誤り。第5類危険物のニトロセルロースのうち、強硝化綿はエタノールには溶けない。選択肢2にあるように、弱硝化綿をジエチルエーテルとエタノールの混合液（2：1）に溶かしたものがコロジオンであるが、強硝化綿はこの混合液にも溶けない。

問42 　答：3

「安定している」は誤り。第5類危険物のトリニトロトルエンは、溶融したもののほうが衝撃に対する危険性が高くなる。

問43 　答：4

1：誤り。乾燥砂による消火は、第6類危険物のすべてに有効である。
2：誤り。ハロゲン間化合物を除いた第6類危険物に、霧状注水による消火は有効である。
3：誤り。ハロゲン間化合物を含めた第6類危険物のすべてに、りん酸塩類が含まれる粉末消火剤は使用できる。ただし、ハロゲン間化合物以外の第6類危険物は酸性の液体で、炭酸水素塩類と反応して二酸化炭素を発生するため、炭酸水素塩類が含まれる粉末消火剤は使用できない。
4：正しい。第6類危険物はすべて、強い酸化作用を有するため二酸化炭素消火剤による窒息消火には効果がない。
5：誤り。選択肢4と同様の理由でハロゲン化物消火剤を含む窒息消火には効果がない。

問44 　答：1

第6類危険物の過塩素酸は、無色の発煙性を有する液体である。

問45 　答：2

1：「無色」は誤り。第6類危険物の発煙硝酸は、赤色または赤褐色の液体。
2：正しい。発煙硝酸の比重は1.52以上で、硝酸の比重1.5（市販品は1.38以上）より大きい。
3：「弱酸性」は誤り。発煙硝酸の水溶液は強酸性を示す。
4：「発煙しない」は誤り。発煙硝酸は発煙性の液体。
5：「弱い」は誤り。発煙硝酸は、硝酸よりも強い酸化力を持つ。

模擬試験 3

危険物に関する法令

（解答：492～493ページ）

問1 法令上、次の説明文の（　）内に当てはまる組合せは、次のうちどれか。

「特殊引火物とは、ジエチルエーテル、二硫化炭素その他1気圧において、発火点が100℃以下のもの又は（A）で（B）のものをいう。」

	A	B
1	引火点が-40℃以下	沸点が20℃以下
2	引火点が-40℃以下	沸点が40℃以下
3	引火点が-20℃以下	沸点が20℃以下
4	引火点が-20℃以下	沸点が40℃以下
5	引火点が-21℃未満	沸点が40℃以下

答	正誤

問2 危険物施設の設置手続きとして、次のうち誤っているものはどれか。

1. 製造所を設置する場合は、許可を受けなければならない。
2. 第4類危険物1,000kℓ以上の屋内貯蔵所を設置する場合は、完成検査前検査を受けなければならない。
3. 第4類危険物1,000kℓ以上の屋外タンク貯蔵所を設置する場合は、完成検査前検査を受けなければならない。
4. 屋外貯蔵所を設置する場合は、完成検査を受ける前に仮使用承認申請はできない。
5. 給油取扱所を設置する場合は、完成検査を受けなければならない。

答	正誤

問3　現在、軽油を400ℓ貯蔵している。これと同一の場所に次の危険物を貯蔵した場合、指定数量の倍数が1以上となるものは、次のうちどれか。

1. ジエチルエーテル　20ℓ
2. ガソリン　　　　　100ℓ
3. アセトン　　　　　280ℓ
4. クレオソート油　　1,000ℓ
5. 灯油　　　　　　　500ℓ

答	正誤

問4　製造所等と危険物取扱者の関係として、次のうち正しいものはどれか。

1. 全従業員に保安教育を十分に行っているので、危険物取扱者がいないときでも危険物取扱作業を行っている。
2. 危険物保安監督者が退職したため、実務経験が最も長い丙種危険物取扱者を新しい危険物保安監督者に選任した。
3. 製造所等の所有者等から選任されなければ、免状の交付を受けていても、危険物取扱者ではない。
4. 危険物施設保安員を置いている製造所等には、危険物取扱者を置く必要はない。
5. 一般取扱所において、乙種危険物取扱者（第4類）の代わりに丙種危険物取扱者に灯油の詰替えをさせた。

答	正誤

問5　危険物取扱者免状に関する説明として、次のうち誤っているものはどれか。

1. 免状は、危険物取扱者試験に合格した者に対し、都道府県知事が交付する。
2. 免状の記載事項に変更を生じたときは、書換えを申請する。
3. 免状を破損又は汚損した場合は、申請書に当該免状を添えて再交付申請を行う。
4. 免状を亡失し、その再交付を受けた者が亡失した免状を発見した場合は、10日以内に免状の再交付を受けた都道府県知事に亡失した免状を提出する。
5. 免状は、移動タンク貯蔵所で危険物を移送している場合を除き、携帯する。

答	正誤

問6 法令上、危険物保安監督者の業務等について、次のうち誤っているものはどれか。

1. 危険物施設保安員を置く製造所等にあっては、危険物施設保安員に必要な指示を行うこと。
2. 製造所等の位置、構造又は設備の変更、その他法に定める諸手続きに関する業務を実施すること。
3. 危険物の貯蔵又は取扱いの技術上の基準に適合するよう、作業者に対して必要な指示を与えなければならない。
4. 火災等災害発生時に作業者を指揮して応急措置を講ずるとともに、直ちに消防機関その他関係する者に連絡しなければならない。
5. 火災等の災害を防止するため、隣接する製造所等その他関連する施設の関係者との間に連絡を保たなければならない。

答	正誤

問7 製造所における地下貯蔵タンクの漏れの点検について、次のうち正しいものはどれか。

1. 点検は、完成検査済証の交付を受けた日又は直近において実施した点検から5年を経過する日の属する月の末日までの間に実施しなければならない。
2. 点検は、タンク容量10,000ℓ以上のものについて行わなければならない。
3. 漏れの点検方法に関する知識及び技能を有する者が点検を行わなければならない。
4. 点検の記録は1年間保存しなければならない。
5. 二重殻タンクの内殻についても、漏れの点検を行う必要がある。

答	正誤

問8 学校、病院、劇場等の建築物から一定の距離を保有しなければならない危険物施設は、A～Eのうちいくつあるか。

A. 屋内貯蔵所
B. 屋外貯蔵所
C. 屋内タンク貯蔵所
D. 地下タンク貯蔵所
E. 屋外タンク貯蔵所

1. 1つ　　2. 2つ　　3. 3つ　　4. 4つ　　5. 5つ

答	正誤

問9 タンク専用室が平家建の建築物に設けられた屋内タンク貯蔵所の位置、構造及び設備について、次のうち誤っているものはどれか。ただし、特例基準は除くものとする。
1. 屋内貯蔵タンクの容量は、指定数量の40倍以下としなければならない。
2. 第4石油類及び動植物油類以外の第4類危険物を貯蔵するタンクの容量は、20,000ℓ以下でなければならない。
3. タンク専用室の天井は、不燃材料とする。
4. 液体の危険物の屋内貯蔵タンクには、危険物の量を自動的に表示する装置を設けなければならない。
5. 圧力タンクには安全装置、第4類危険物の圧力タンク以外のタンクには無弁通気管を設ける。

問10 移動タンク貯蔵所の基準として、次のうち誤っているものはどれか。
1. 車両を駐車する場所は、屋外の場合は防火上安全な場所に、屋内の場合は耐火構造又は不燃材料で造った建物の1階とすること。
2. 移動貯蔵タンクは、厚さ3.2mm以上の鋼板で気密に造ること。
3. 移動貯蔵タンクの容量は、30,000ℓ以下とすること。
4. 移動貯蔵タンクは、3,000ℓ以下ごとに区切る間仕切板を設けること。
5. 間仕切りで仕切られた部分の容量が2,000ℓ以上のタンク室には、防波板を設けること。

問11 危険物の種類及び数量にかかわらず、第5種の消火設備を設置するだけでよい製造所等は、次のうちいくつあるか。

第1種販売取扱所　　簡易タンク貯蔵所　　屋内貯蔵所　　屋内タンク貯蔵所
屋外貯蔵所　　屋外タンク貯蔵所　　地下タンク貯蔵所

1. なし　　2. 1つ　　3. 2つ　　4. 3つ　　5. 4つ

問12　法令上、屋外貯蔵タンクに危険物を注入するとき、タンク内の空気をあらかじめ不活性のガスと置換しなければならないものは、次のうちどれか。

1. メチルアルコール
2. 二硫化炭素
3. アセトアルデヒド
4. ジエチルエーテル
5. グリセリン

答	正誤

問13　移動タンク貯蔵所における貯蔵・取扱いの基準について、次のうち誤っているものはどれか。

1. 移動貯蔵タンクの底弁は、使用時以外は閉鎖しておかなければならない。
2. 灯油を貯蔵していた移動貯蔵タンクにガソリンを注入することは、災害防止上禁止されている。
3. 危険物を貯蔵タンクに注入するときは、注入ホースを注入口に緊結しなければならない。
4. 静電気による災害が発生するおそれのある危険物を移動貯蔵タンクに注入するときは、注入管の先端を底部に着けるとともに接地して出し入れを行わなければならない。
5. 移動タンク貯蔵所には、完成検査済証、定期点検記録などを備え付けておかなければならない。

答	正誤

問14　危険物を運搬するときの積載方法として、次のうち誤っているものはどれか。

1. 危険物は、その性質に応じて必要な措置を講じて積載しなければならない。
2. 黄りん等の自然発火性物品等を運搬する場合は、直射日光を避けるために遮光性の被覆で覆わなければならない。
3. 第1類危険物のアルカリ金属の過酸化物、第2類危険物の鉄粉、金属粉、マグネシウム等を運搬する場合は、雨水の浸透を防ぐため防水性の被覆で覆わなければならない。
4. 第5類危険物のうち、55℃以下の温度で分解するおそれのあるものを運搬する場合は、保冷コンテナ等で適正な温度管理をしなければならない。
5. 危険物は、高圧ガス（内容積120ℓ以上）と同一の車両に積載することができる。

答	正誤

問15 法令上、市町村長等が製造所等の許可の取消し又は使用停止を命ずることができる事由に該当しないものは、次のうちどれか。

1. 製造所等を譲受け、その届出を怠っているとき。
2. 製造所等の位置、構造又は設備を無許可で変更したとき。
3. 10,000kℓ以上の危険物を貯蔵する屋外タンク貯蔵所において、保安に関する検査を受けていなかったとき。
4. 製造所等に対する修理、改造又は移転命令に従わなかったとき。
5. 地下タンクを有する給油取扱所における定期点検が実施されていなかったとき。

物理学および化学

（解答：494～495ページ）

問16 一定量の20℃の気体について体積を一定に保ったまま加熱していき、圧力が2倍になるときの温度はどれか。

1. 154℃
2. 273℃
3. 313℃
4. 333℃
5. 353℃

問17 比熱が0.88J/(g·K)、質量200g、6℃の容器に、85℃の熱湯100g（比熱4.2J/(g·K)）を入れると、湯の温度は何℃になるか。

1. 51.6℃
2. 53.2℃
3. 58.1℃
4. 61.7℃
5. 65.7℃

問18　静電気の帯電について、A〜Eのうち正しいものはいくつあるか。

A. 可燃性液体に静電気が蓄積すると、発熱により可燃性蒸気の発生が促進される。
B. 可燃性液体に静電気が蓄積すると、放電火花を生じることがある。
C. 可燃性液体に静電気が蓄積すると、可燃性液体の電気分解が促進される。
D. 静電気の帯電量が増加するほど、その物質の温度は上昇する。
E. 静電気により引火した火災に対しては、燃焼物に応じた消火方法をとる。

1. なし　　2. 1つ　　3. 2つ　　4. 3つ　　5. 4つ

答	正誤

問19　炭素が完全燃焼するときの熱化学方程式は次のとおりである。
　　　$C + O_2 = CO_2 + 394\,kJ$　　（原子量は、炭素＝ 12、酸素＝ 16）
　　　この方程式について、次のうち誤っているものはどれか。

1. 炭素 12g が完全燃焼すると、標準状態で 22.4ℓ の二酸化炭素を生成する。
2. 炭素 12g が完全燃焼したとき発生する熱量は 394 kJ である。
3. 炭素 6g が完全燃焼するときに必要な酸素は 22.4ℓ である。
4. 炭素の燃焼熱は 394 kJ である。
5. 炭素が完全燃焼するために必要な酸素と、生成した二酸化炭素の容量は同じである。

答	正誤

問20　0.1 mol/ℓ の濃度の炭酸ナトリウム水溶液をつくる操作として、次のうち正しいものはどれか。ただし、炭酸ナトリウム（Na_2CO_3）の式量は 106 とし、水（H_2O）の分子量は 18.0 とする。

1. 10.6g の Na_2CO_3 を 1ℓ の水に溶かす。
2. 28.6g の $Na_2CO_3 \cdot 10H_2O$ を水に溶かして 1ℓ にする。
3. 28.6g の $Na_2CO_3 \cdot 10H_2O$ を 971.4 mℓ の水に溶かす。
4. 57.2g の $Na_2CO_3 \cdot 10H_2O$ を水に溶かして 1ℓ にする。
5. 28.6g の $Na_2CO_3 \cdot 10H_2O$ を 1ℓ の水に溶かす。

答	正誤

問21 下図はエチレンの変換反応をフローチャートで示したものである。A〜Eの反応の名称として、次のうち誤っているものはどれか。

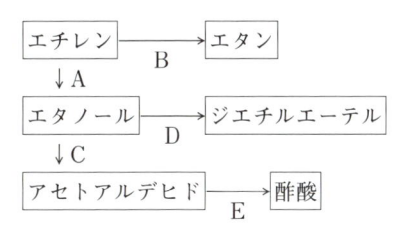

```
エチレン ──B──→ エタン
  │A
  ↓
エタノール ──D──→ ジエチルエーテル
  │C
  ↓
アセトアルデヒド ──E──→ 酢酸
```

1. A　水和
2. B　還元
3. C　酸化
4. D　還元
5. E　酸化

答	正誤

問22 地中に埋設された危険物配管を、電気化学的腐食から防ぐために、異種の金属と接続する方法がある。配管が鉄製の場合、接続する金属として次のうち正しいものはいくつあるか。

鉛　マグネシウム　アルミニウム　亜鉛　ニッケル　銅

1. 1つ　2. 2つ　3. 3つ　4. 4つ　5. 5つ

答	正誤

問23 **粉じん爆発について、次のうち誤っているものはどれか。**

1. 可燃性固体の微粉が空中に浮遊しているとき、何らかの火源により爆発することをいう。
2. 可燃性蒸気の場合と同様に、粉じんと空気が適度に混合しているとき（爆発範囲）粉じん爆発は起こる。
3. 粉じんの粒子が大きいときは、浮遊しにくいので、粉じん爆発を起こしにくい。
4. 開放空間では粉じん爆発は起こりにくい。
5. 有機物が粉じん爆発したとき、燃焼が完全なので一酸化炭素が発生することはない。

答	正誤

問24　一般的な燃焼の説明として、次のうち正しいものはどれか。
1. すべての可燃物は、完全燃焼させると二酸化炭素を発生する。
2. 可燃性液体でも表面燃焼するものがある。
3. 固体の燃焼は、すべて表面燃焼である。
4. 分解燃焼のうち、その物質に含有する酸素により燃焼するものを自己燃焼または内部燃焼という。
5. 表面燃焼は、可燃性物質の表面で熱分解や蒸発が起きて、燃焼することをいう。

答	正誤

問25　消火器具の設置基準及び消火器の基準として、次のうち誤っているものはどれか。
1. 二酸化炭素消火器又は、ハロゲン化物消火器は、地下街及び準地下街での使用に制限が設けられている。
2. 消火器具は、通行や避難の妨げにならないよう、また持ち出しやすい場所で、床面からの高さが1.5m以下の箇所に設置する。
3. 電気設備のある場所で消火器具を設置するときは、電気設備のある各部分から、歩行距離が30m以下となるように設置する。
4. 消火器具として、水槽を設置した場合は、見やすい位置に「消火水槽」と表示した標識を設ける。
5. 二酸化炭素消火器の外面は、赤色と緑色で仕上げなければならない。

答	正誤

危険物の性質ならびにその火災予防および消火の方法

（解答：495〜497ページ）

問26　次に掲げる危険物の性質として、誤っているものはどれか。
1. 過酸化バリウムは、酸又は熱水と反応して水素を発生する。
2. 炭化アルミニウムは、水と反応してメタンを発生する。
3. アルキルアルミニウムは、空気に触れると酸化反応を起こして自然発火する。
4. エタノールと水は、蒸留によってある程度分離できる。
5. 三ふっ化臭素と水の反応で生成するふっ化水素は、ガラスをおかす。

答	正誤

問27 次の危険物のうち、容器にガス抜き口栓を設ける必要があるものはどれか。
1. 過酸化カルシウム
2. 過酸化水素
3. 過酸化ベンゾイル
4. 過塩素酸
5. 過塩素酸カリウム

答	正誤

問28 次の危険物とそれに適応する消火剤の組合せとして、誤っているものはどれか。
1. K_2O_2 ………炭酸水素塩類の粉末消火剤
2. Mg …………金属火災用粉末消火剤
3. Na …………乾燥砂
4. C_6H_6 ………ハロゲン化物消火剤
5. $HClO_4$………二酸化炭素消火剤

答	正誤

問29 過塩素酸塩類の性状として、次のうち誤っているものはどれか。
1. 過塩素酸カリウムは、水に溶けにくい。
2. 過塩素酸ナトリウムには、潮解性がある。
3. 過塩素酸アンモニウムは、水に溶けにくい。
4. いずれも加熱により酸素を発生する。
5. 可燃物と混合した場合、わずかの刺激で爆発する危険がある。

答	正誤

問30 硝酸アンモニウムの貯蔵・取扱いとして、次のうち正しいものはどれか。
1. 貯蔵容器にアルカリ性の乾燥剤を入れて貯蔵する。
2. 容器は密栓せずに貯蔵する。
3. 湿ってきた場合は、急激に加熱して乾燥させる。
4. 水分と接触しないよう灯油中に保存する。
5. 防水性のある多層紙袋に貯蔵する。

答	正誤

問31　二酸化鉛の性状として、次のうち誤っているものはどれか。
1. 暗褐色の結晶である。
2. 水、アルコール、酸、アルカリに溶けない。
3. 日光によって分解し、酸素を発生する。
4. 毒性が強い。
5. 金属並みの導電率を持つ。

答	正誤

問32　第2類危険物に共通する火災予防の方法として、次のうち誤っているものはどれか。
1. 火気又は加熱を避け、冷暗所に貯蔵する。
2. 引火性固体は、みだりに蒸気を発生させない。
3. 自然発火しやすい物質は、湿気などに注意する。
4. 還元剤との混合又は接触を避ける。
5. 一般に、容器は密栓する。

答	正誤

問33　赤りんの性状として、次のうち誤っているものはどれか。
1. 水にも二硫化炭素にも溶けない。
2. 常圧で加熱すると、約400℃で昇華する。
3. 約260℃で発火し、五酸化二りんを発生する。
4. 強アルカリ性溶液と反応して、りん化水素を生成する。
5. 消火は注水により行うが、燃焼生成物は毒性があるので注意する。

答	正誤

問34　アルミニウム粉の性状として、次のうち誤っているものはどれか。
1. 塩酸に溶けて水素を発生するが、水酸化ナトリウム溶液とは作用しない。
2. 空気中に飛散すると、粉じん爆発のおそれがある。
3. 空気中の湿気と反応して、自然発火することがある。
4. 燃焼すると、酸化アルミニウムを発生する。
5. 火災が発生した場合は、金属火災用粉末消火剤を用いて消火する。

答	正誤

問35　黄りんの消火方法として、次のA～Eのうち適切でないものはいくつあるか。
　A. 噴霧注水を行う。
　B. 霧状の強化液を放射する。
　C. 高圧注水を行う。
　D. ハロゲン化物消火剤を放射する。
　E. 乾燥砂で覆う。

1. 1つ　2. 2つ　3. 3つ　4. 4つ　5. 5つ

問36　ジエチル亜鉛について、次のうち誤っているものはどれか。
1. 無色の液体である。
2. 空気中で容易に酸化され、自然発火する。
3. 水と激しく反応して可燃性ガスを発生する。
4. 窒素等の不活性ガス中で貯蔵する。
5. 消火にはハロゲン化物消火剤を使用する。

問37　炭化カルシウムの性状として、次のうち誤っているものはどれか。
1. 純品は、常温（20℃）で無色又は白色の結晶であるが、一般的な流通品は不純物のため灰色を呈している。
2. それ自体には爆発性も引火性もない。
3. 水と反応してアセチレンを発生し、水酸化カルシウムとなる。
4. 高温では強い酸化性を有し、多くの還元物を酸化する。
5. 一般の流通品は、不純物として硫黄やりん等を含み、これらが空気中の湿気と反応して生じる特有の臭いがする。

問38　アセトアルデヒドの性状として、次のうち誤っているものはどれか。
1. 無色透明の液体である。
2. 沸点が高く、常温（20℃）では揮発しない。
3. 水、エタノールに任意の割合で溶ける。
4. 酸化すると、酢酸を生成する。
5. 還元すると、エタノールを生成する。

問39 ベンゼンと酢酸エチルに共通する性状として、次のうち誤っているものはどれか。
1. 無色の液体である。
2. 引火点は常温（20℃）より低い。
3. 特有の芳香を有している。
4. 水によく溶ける。
5. アルコール、ヘキサン等の有機溶剤に溶ける。

答	正誤

問40 動植物油類について、次のうち誤っているものはどれか。
1. 水に溶けない。
2. 引火点は150℃未満である。
3. 換気が十分なされていないと、自然発火することがある。
4. よう素価が大きいほど、自然発火しやすい。
5. 乾性油は、ぼろ布に染み込ませて放置すると、酸化されて自然発火することがある。

答	正誤

問41 第5類危険物の一般的性状として、次のうち誤っているものはどれか。
1. 有機の窒素化合物が多い。
2. 自己燃焼を起こしやすい。
3. 燃焼速度が極めて速い。
4. 長時間放置すると、自然発火するものがある。
5. 長時間にわたり重合が進み、次第に性状が変化していく。

答	正誤

問42 過酢酸について、次のうち誤っているものはどれか。
1. 水、アルコールに溶けない。
2. 強い酸化作用、助燃作用がある。
3. 約110℃まで加熱すると、発火し、爆発する。
4. 皮膚、粘膜に対する刺激作用が強い。
5. 火災の際は、水系消火剤を用いる。

答	正誤

問 43 ピクリン酸の性状として、次のうち誤っているものはどれか。

1. 無臭であるが、毒性がある。
2. 熱湯、アルコール等に溶ける。
3. 金属と反応して爆発性の金属塩をつくる。
4. 乾燥状態では安定している。
5. ガソリンや硫黄等に混合すると、爆発の危険性が高くなる。

答	正誤

問 44 過酸化水素の安定剤として用いられるものは、次のうちいくつあるか。

酢酸　尿酸　アセトアニリド　エチルアルコール
金属粉末　二酸化マンガン　りん酸

1. 1つ　　2. 2つ　　3. 3つ　　4. 4つ　　5. 5つ

答	正誤

問 45 五ふっ化臭素について、次のうち誤っているものはどれか。

1. 2種類のハロゲン元素を含み、一般にハロゲン元素に似た性質を持つ。
2. 沸点が低く、気化しやすい。
3. ほとんどの金属、非金属と反応してハロゲン化物に変わる。
4. 10℃前後の低温で固化する。
5. 水と激しく反応して、猛毒なふっ化水素を発生する。

答	正誤

模擬試験 3 解答

危険物に関する法令

問1　答：4

　第4類危険物に属する特殊引火物の定義は、「ジエチルエーテル、二硫化炭素その他1気圧において、発火点が100℃以下のものまたは引火点が -20℃以下で沸点が 40℃以下のもの」である。

問2　答：2

　「屋内貯蔵所」は誤り。完成検査前検査を受けなければならないのは、液体危険物タンクを有する製造所等と、1,000kℓ以上の屋外タンク貯蔵所（選択肢3）である。屋内貯蔵所はタンクを有していないため、完成検査前検査を受ける必要はない。

問3　答：3

　軽油400ℓを軽油の指定数量1,000ℓで割ると、倍数は0.4となる。したがって、選択肢1〜5の中から、指定数量の倍数が0.6以上のものを見つけ出せばよい。

1：ジエチルエーテルの指定数量は50ℓ：20ℓ／50ℓ＝0.4倍
2：ガソリンの指定数量は200ℓ：100ℓ／200ℓ＝0.5倍
3：アセトンの指定数量は400ℓ：280ℓ／400ℓ＝**0.7倍**
4：クレオソート油の指定数量は2,000ℓ：1,000ℓ／2,000ℓ＝0.5倍
5：灯油の指定数量は1,000ℓ：500ℓ／1,000ℓ＝0.5倍

問4　答：5

1：誤り。危険物取扱者がいなければ、危険物取扱作業はできない。
2：誤り。丙種危険物取扱者は、危険物保安監督者にはなれない。ただし、丙種危険物取扱者でも、特に資格の必要がない危険物保安統括管理者や危険物施設保安員にはなれる。
3：誤り。都道府県知事から免状の交付を受けていれば、危険物取扱者である。所有者等の選任の有無は資格と関係がない。
4：誤り。危険物施設保安員を置く製造所等であっても、危険物を取り扱うには、必ず危険物取扱者を置かなければならない。
5：正しい。丙種危険物取扱者は、第4類の指定された危険物であるガソリン、灯油、軽油、第3石油類（重油、潤滑油および引火点が130℃以上のもの）、第4石油類、動植物油類が取り扱える。

問5　答：5

　移動タンク貯蔵所で危険物を移送する場合は、移送する危険物を取り扱える危険物取扱者が運転者または同乗者として乗車し、その危険物取扱者には免状の携帯が義務づけられている。その他の場合において免状携帯の義務づけはない。

問6　答：2

　製造所等の位置、構造または設備の変更

などの諸手続きに関する業務を実施するのは、製造所等の所有者、管理者または占有者であり、危険物保安監督者ではない。

問7　答：3

1：「5年」は誤り。完成検査済証の交付を受けた日、または直近の点検実施日から、原則1年を経過する日の属する月の末日までの間に1回以上、漏れの点検を行う。
2：「10,000ℓ以上」は誤り。漏れの点検は、タンクの容量によって限定されるものではなく、すべての地下貯蔵タンクが対象になる。
3：正しい。漏れの点検は、漏れの点検方法に関する知識や技能を有する、危険物取扱者または危険物施設保安員が行う。危険物取扱者以外の者が点検を行う場合は、危険物取扱者が立ち会わなければならない。
4：「1年」は誤り。点検記録は3年間保存しなければならない。ただし、移動タンク貯蔵所の漏れの点検の場合は、10年間保存しなければならない。
5：誤り。二重殻タンクの内殻については、漏れの点検を行う必要はない。

問8　答：3

保安距離が必要な製造所等は、製造所、屋内貯蔵所、屋外タンク貯蔵所、屋外貯蔵所、一般取扱所の5つ。

問9　答：3

タンク専用室には天井を設けることはできない。不燃材料で造らなければならないのは、はりと屋根である。

問10　答：4

「3,000ℓ」は誤り。移動貯蔵タンクは、タンクの容量を30,000ℓ以下とし、その内部に4,000ℓ以下ごとに区切る間仕切板を設けなければならない。

問11　答：4

危険物の種類や数量などにかかわらず、第5種の消火設備を設置するだけでよい製造所等は、地下タンク貯蔵所、簡易タンク貯蔵所、販売取扱所のうち第1種販売取扱所の3つで、他に移動タンク貯蔵所がある。

問12　答：3

屋外貯蔵タンクに危険物を注入するとき、あらかじめタンク内の空気を不活性ガスと置換しておかなければならないのは、アルキルアルミニウム等とアセトアルデヒド等である。

問13　答：2

「禁止されている」は誤り。静電気等による災害の防止措置を講ずれば、灯油や軽油を貯蔵していた移動貯蔵タンクにガソリンを注入すること、あるいはガソリンを貯蔵していた移動貯蔵タンクに灯油や軽油を注入することは認められている。

問14　答：5

「120ℓ以上」は誤り。告示に定められた内容積120ℓ未満の高圧ガスならば混載が認められる。ただし、混載する危険物が第4類危険物の全部または一部に限定される高圧ガスがある。

問15　答：1

譲渡の届出を怠っていることを理由に、許可の取消しまたは使用停止を命ぜられることはない。

物理学および化学

問16 答：3

ボイル・シャルルの法則を使い、温度は絶対温度に換算する。

20℃は20 + 273で293K、求める温度T_xはT_x + 273Kとなる。

ボイル・シャルルの法則

$$\frac{P_1V_1}{T_1} = \frac{P_2V_2}{T_2} = R \text{（一定）}$$

に当てはめて、体積が一定なのでVを消去する。

$$\frac{P_1}{T_1} = \frac{P_2}{T_2} \quad \frac{P_1}{20+273} = \frac{2P_1}{T_x+273}$$

$T_x + 273 = 2 \times (20 + 273)$

$T_x = 586 - 273 = $ **313℃**

問17 答：4

熱湯から容器へ熱が移動しT℃(K)の湯になり、同時に容器は温まりT℃(K)になる。容器が受け取った熱量＝熱湯から容器へ移動した熱量なので、

$Q = C \times \Delta t = c \times m \times \Delta t$

にそれぞれの比熱と質量を当てはめると、

$0.88(\text{J}/(\text{g}\cdot\text{K})) \times 200(\text{g}) \times (T-6)(\text{K})$
$= 4.2(\text{J}/(\text{g}\cdot\text{K})) \times 100(\text{g}) \times (85-T)(\text{K})$

が成り立つ。

$176(T - 6) = 420(85 - T)$

$(176 + 420)T = 420 \times 85 + 176 \times 6$

$T = \dfrac{36756}{596} = $ **61.7℃**

問18 答：3

A：誤り。静電気が蓄積しても**発熱**はしない。

C：誤り。静電気では**電気分解**しない。また、可燃性液体である有機物は電気分解されにくい。

D：誤り。静電気が蓄積しても発熱はしないので、帯電量の増加に伴い、物質の温度が上昇するわけではない。

問19 答：3

「22.4ℓ」は誤り。炭素6gは0.5mol。完全燃焼するときに必要な酸素も0.5mol。**11.2ℓ**。

問20 答：2

モル濃度(mol/ℓ)は、1ℓの溶液に溶けている溶質のモル数（物質量）で表される。0.1mol/ℓの濃度の水溶液をつくるには、溶質0.1molを水に溶かして**1ℓ**にする。選択肢1〜5のうち、水に溶かして1ℓにしているのは、**2**と**4**。

次に、炭酸ナトリウムが0.1molとなるのは、$Na_2CO_3 \cdot 10H_2O$の1molの質量が106 + 18 × 10 = 286(g)から、**28.6g**である。

問21 答：4

1：正しい。Aの反応は、$CH_2=CH_2 + H_2O \rightarrow C_2H_5OH$で、水が付加するので水和。

2：正しい。Bの反応は、$CH_2=CH_2 + H_2 \rightarrow CH_3CH_3$で、水素を受け取る還元。

3：正しい。Cの反応は、$C_2H_5OH + O$（酸化剤）$\rightarrow CH_3CHO + H_2O$で、水素が奪われる酸化。

4：誤り。Dの反応は、$2C_2H_5OH \rightarrow C_2H_5OC_2H_5 + H_2O$で、水が脱離する**脱水**である。

5：正しい。Eの反応は、$CH_3CHO + O$（酸化剤）$\rightarrow CH_3COOH$で、酸素と化合する酸化。

| 問22 | 答：3 |

　腐食を防ぐには、イオン化列において鉄より左にあるイオン化傾向の大きい金属と接続する。イオン化傾向の覚え方の「まあ会えん！」の部分が該当する。
「まあ会えん！」は、マ(グネシウム)、ア(ルミニウム)、アエン(亜鉛)。
「リッチ借りかな？」リッチ(リチウム)、カリ(ウム)、カ(ルシウム)、ナ(トリウム)も原理的に可能であるが、これらは第3類危険物であり、危険物を接続することは現実的にはありえない。

| 問23 | 答：5 |

　粉塵爆発と完全燃焼は無関係。酸素の供給が足りなければ不完全燃焼になり、一酸化炭素を生じる。

| 問24 | 答：4 |

1：誤り。硫黄やりんの燃焼では、二酸化炭素は発生しない。
2：誤り。可燃性液体は蒸発燃焼である。
3：誤り。木炭やコークスは表面燃焼であるが、硫黄や昇華性を持つナフタリンは蒸発燃焼、木材やプラスチックは分解燃焼である。
4：正しい。第5類危険物の自己反応性物質は分子の内部に酸素原子を多く含んでいるものがあり、これらの分解燃焼は、自己燃焼または内部燃焼という。
5：誤り。表面燃焼は、固体が表面で直接酸素と結合して燃焼することをいう。固体燃焼の特徴である。

| 問25 | 答：3 |

　「30m以下」は誤り。電気設備のある場所で消火器具を設置するときは、電気設備のある各部分から、歩行距離が20m以下となるように設置する。30m以下は「大型消火器」の規定である。

危険物の性質ならびにその火災予防および消火の方法

| 問26 | 答：1 |

　「水素」は誤り。第1類危険物の無機過酸化物に属する過酸化バリウムは、酸と反応して過酸化水素を発生し、熱水と反応して酸素を発生する。ちなみに、選択肢4にあるように、エタノールと水は蒸留によってある程度分離できるが、共沸するため完全には分離できない。

| 問27 | 答：2 |

　自然に分解して酸素を発生したり、密閉によって内圧が上昇したりする物質は、貯蔵容器を密栓せず、通気性を持たせるためガス抜き口を設けて貯蔵する必要がある。
　選択肢1～5のうち、ガス抜き口を設ける必要があるものは、2の過酸化水素。他に、ガス抜き口を設けるなど、容器を密栓せずに貯蔵する物質には、第1類危険物の炭酸ナトリウム過酸化水素付加物、第5類危険物のメチルエチルケトンパーオキサイドがある。

| 問28 | 答：5 |

　第6類危険物のHClO₄（過塩素酸）の火災が発生した場合、それ自体が酸素供給源となるため、窒息消火を目的とした二酸化炭素消火剤やハロゲン化物消火剤などは使用できない。有効な消火方法は、大量の水による冷却消火。

|問29| 答：3

「溶けにくい」は誤り。第1類危険物の過塩素酸アンモニウムは、水やエタノール、アセトンに溶ける。

|問30| 答：5

1：誤り。第1類危険物の硝酸アンモニウムは、アルカリと接触するとアンモニアを発生する。
2：誤り。硝酸アンモニウムは、他の多くの第1類危険物と同様に、容器は密栓して貯蔵する。
3：誤り。硝酸アンモニウムは、単独でも急激な加熱によって爆発する危険性がある。
4：誤り。硝酸アンモニウムを含む第1類危険物は、灯油のような引火性を有する第4類危険物と接触すると発火・爆発の危険性がある。
5：正しい。危険物の収納容器は、危険物の性質に応じたものとされている。

|問31| 答：2

「酸、アルカリに溶けない」は誤り。第1類危険物の二酸化鉛は、水やアルコールには溶けないが、多くの酸やアルカリには溶ける。

|問32| 答：4

「還元剤」は誤り。第2類危険物は、それ自身が還元剤で酸化されやすい物質。正しくは、酸化剤との接触や混合を避けなければならない。

|問33| 答：4

強アルカリ性溶液と反応してりん化水素を発生する物質は、第3類危険物の黄りんである。第2類危険物の赤りんは黄りんの同素体だが、強アルカリ性溶液とは反応しないし、りん化水素も発生しない。

|問34| 答：1

「水酸化ナトリウム溶液とは作用しない」は誤り。第2類危険物のアルミニウム粉は、塩酸にも水酸化ナトリウム溶液にも作用して水素を発生する。

|問35| 答：2

A、B：適切。第3類危険物の黄りんの火災が発生した場合、土砂をかけて燃焼による流動を防ぎ、霧状の水系消火剤を放射する。
C：不適切。霧状の水系消火剤は有効であるが、高圧注水や棒状注水は、燃焼によって流動している黄りんを飛散させて被害を拡大するおそれがあるため、使用できない。
D：不適切。黄りんは、ハロゲン化物と反応して有毒ガスを発生するため、ハロゲン化物消火剤は使用できない。
E：適切。乾燥砂の使用は、すべての第3類危険物に適切である。

|問36| 答：5

「ハロゲン化物消火剤」は誤り。第3類危険物のジエチル亜鉛は、ハロゲン化物と反応して有毒ガスを発生するため、ハロゲン化物消火剤は使用できない。有効な消火方法は、炭酸水素塩類を主成分とする粉末消火剤と乾燥砂である。

|問37| 答：4

選択肢の内容とはまったく逆で、第3類危険物の炭化カルシウムは、高温では強い還元性を有し、多くの酸化物を還元する。

なお、選択肢 2 の「それ自体には爆発性も引火性もない」とは、炭化カルシウムは不燃性であることを示している。

問 38 答：2

第 4 類危険物のアセトアルデヒドは沸点が 20℃ で、常温（20℃）でも揮発する。
選択肢 4 と 5 の反応式は次の通り。

酸化：$CH_3CHO + \frac{1}{2}O_2 \rightarrow CH_3COOH$

還元：$CH_3CHO + H_2 \rightarrow C_2H_5OH$

問 39 答：4

どちらも第 4 類危険物の第 1 石油類非水溶性液体。ベンゼンは水に溶けないが、酢酸エチルは水にわずかに溶ける。

問 40 答：2

「150℃未満」は誤り。消防法上の第 4 類危険物の動植物油類とは、引火点が 250℃ 未満の液体。

問 41 答：5

重合反応は、第 5 類危険物の一般的性質ではない。1-アリルオキシ-2,3-エポキシプロパンのように容易に重合する物質があるが、多くは重合反応を起こさない。

問 42 答：1

第 5 類危険物の過酢酸は、水にもアルコールにもよく溶ける。

問 43 答：4

「安定している」は誤り。第 5 類危険物のピクリン酸は、乾燥状態では危険性が増大する。

問 44 答：3

第 6 類危険物の過酸化水素には、分解を抑制するため、安定剤としてりん酸、尿酸、アセトアニリドなどが使用されている。

問 45 答：4

五ふっ化臭素の凝固点（融点）は -61℃ なので、約 10℃ では固化しない。約 10℃ の低温で固化するのは、五ふっ化臭素ではなく、同じ第 6 類危険物のハロゲン間化合物に属する三ふっ化臭素の性質。

物質名索引

物質名	化学式	類	品名
1-アリルオキシ-2,3-エポキシプロパン	$C_6H_{10}O_2$	5類	その他[*1]：1-アリルオキシ-2,3-エポキシプロパン
4-メチリデンオキセタン-2-オン	$C_4H_4O_2$	5類	その他：4-メチリデンオキセタン-2-オン
n-ブチルアルコール	$CH_3(CH_2)_3OH$	4類	第2石油類
n-プロピルアルコール	$CH_3(CH_2)_2OH$	4類	アルコール類
n-ヘキサン	C_6H_{14}	4類	第1石油類
亜塩素酸ナトリウム	$NaClO_2$	1類	亜塩素酸塩類
亜鉛粉	Zn	2類	金属粉
アクリル酸	$CH_2=CHCOOH$	4類	第2石油類
アジ化ナトリウム	NaN_3	5類	その他：金属のアジ化物
亜硝酸ナトリウム	$NaNO_2$	1類	その他：亜硝酸塩類
アセトアルデヒド	CH_3CHO	4類	特殊引火物
アセトン	CH_3COCH_3	4類	第1石油類
アゾビスイソブチロニトリル	$[C(CH_3)_2CN]_2N_2$	5類	アゾ化合物
アニリン	$C_6H_5NH_2$	4類	第3石油類
アマニ油	−	4類	動植物油類
アルミニウム粉	Al	2類	金属粉
硫黄	S	2類	硫黄
イソプロピルアルコール	$(CH_3)_2CHOH$	4類	アルコール類
エタノール	C_2H_5OH	4類	アルコール類
エチルアルミニウムジクロライド	$C_2H_5AlCl_2$	3類	アルキルアルミニウム
エチルアルミニウムセスキクロライド	$(C_2H_5)_3Al_2Cl_3$	3類	アルキルアルミニウム
エチレングリコール	$C_2H_4(OH)_2$	4類	第3石油類
塩酸ヒドロキシルアミン	$HCl \cdot NH_2OH$	5類	ヒドロキシルアミン塩類
塩素酸アンモニウム	NH_4ClO_3	1類	塩素酸塩類
塩素酸カリウム	$KClO_3$	1類	塩素酸塩類
塩素酸ナトリウム	$NaClO_3$	1類	塩素酸塩類
塩素酸バリウム	$Ba(ClO_3)_2$	1類	塩素酸塩類
黄りん	P	3類	黄りん

- 品名、別名は「用語索引」に掲載。
- ページ欄の太文字は、重点的な説明のあるページを示す。

形　状	比重	融点 (℃)	沸点 (℃)	引火点 (℃)	発火点 (℃)	ページ
無色の液体	0.97	-100	154	57	ー	**404**
無色の液体	1.09	-7	127	33	275	**405**
無色透明の液体	0.81	ー	117	29	345	375,**379**
無色透明の液体	0.8	ー	97	23	412	256,**377**
無色の液体	0.70	-95	69	-22	240	**372**
白色の結晶または結晶性粉末	2.5	180〜200	ー	ー	ー	**320**
灰青色の結晶	7.1	419.5	907	ー	ー	308,334,335,**341**
無色透明の液体	1.05	ー	141	51	438	199,**381**
無色の板状結晶	1.8	300	ー	ー	ー	276,**403**
白色または淡黄色の結晶性粉末	2.17	271	ー	ー	ー	**328**
無色の液体	0.78	ー	20	-39	175	259,309,**369**
無色透明の液体	0.8	ー	56	-20	465	163,186,194,234,260,**374**,377
白色の結晶性粉末	1.1	105	ー	ー	ー	**399**
無色または淡黄色の液体	1.01	ー	185	70	615	237,260,**383**
純粋なものは無色透明	0.93	ー	ー	222	343	**386**
銀白色の粉末	2.7	660	約2,500	ー	ー	308,334,335,**341**
黄色の固体	約2	約115	445	ー	約360	176,266,274,275,334,335,**339**
無色の液体	0.79	ー	83	12	399	256,**377**
無色の液体	0.79	ー	78	13	363	163,164,176,178,201,234,259,369,**376**
無色の結晶性固体	1.23	32	194	ー	ー	308,309,**352**
無色の液体	1.10	-21	212	ー	ー	308,309,**352**
無色透明の液体	1.1	ー	198	111	398	199,259,**384**
白色の結晶	1.67	152	ー	ー	ー	**402**
無色の結晶	2.4	380	ー	ー	ー	276,**316**
無色の結晶または白色の粉末	2.3	368	ー	ー	ー	275,276,**315**
無色の結晶	2.5	248〜261	ー	ー	ー	307,**316**
無色の粉末	3.2	414	ー	ー	ー	**316**
白色または淡黄色のロウ状の固体	1.8	44	281	ー	約50	121,309,337,346,**354**

物質名	化学式	類	品　名
過塩素酸	$HClO_4$	6類	過塩素酸
過塩素酸アンモニウム	NH_4ClO_4	1類	過塩素酸塩類
過塩素酸カリウム	$KClO_4$	1類	過塩素酸塩類
過塩素酸ナトリウム	$NaClO_4$	1類	過塩素酸塩類
過酢酸	CH_3COOOH	5類	有機過酸化物
過酸化カリウム	K_2O_2	1類	無機過酸化物
過酸化カルシウム	CaO_2	1類	無機過酸化物
過酸化水素	H_2O_2	6類	過酸化水素
過酸化ナトリウム	Na_2O_2	1類	無機過酸化物
過酸化バリウム	BaO_2	1類	無機過酸化物
過酸化ベンゾイル	$(C_6H_5CO)_2O_2$	5類	有機過酸化物
過酸化マグネシウム	MgO_2	1類	無機過酸化物
ガソリン	－	4類	第1石油類
過マンガン酸カリウム	$KMnO_4$	1類	過マンガン酸塩類
過マンガン酸ナトリウム	$NaMnO_4・3H_2O$	1類	過マンガン酸塩類
過よう素酸ナトリウム	$NaIO_4$	1類	その他：過よう素酸塩類
カリウム	K	3類	カリウム
カルシウム	Ca	3類	アルカリ金属[*4] およびアルカリ土類金属
キシレン[*5]	$C_6H_4(CH_3)_2$	4類	第2石油類
ギヤー油	－	4類	第4石油類
グリセリン	$C_3H_5(OH)_3$	4類	第3石油類
クレオソート油	－	4類	第3石油類
クロロベンゼン	C_6H_5Cl	4類	第2石油類
軽油	－	4類	第2石油類
固形アルコール	－	2類	引火性固体
五ふっ化臭素	BrF_5	6類	その他：ハロゲン間化合物
五ふっ化よう素	IF_5	6類	その他：ハロゲン間化合物
ゴムのり	－	2類	引火性固体
五硫化りん	P_2S_5	2類	硫化りん
酢酸	CH_3COOH	4類	第2石油類
酢酸エチル	$CH_3COOC_2H_5$	4類	第1石油類
三塩素化イソシアヌル酸	$C_3N_3O_3Cl_3$	1類	その他：塩素化イソシアヌル酸
酸化プロピレン	$CH_3\text{-}CH\text{-}CH_2$ $\diagdown O \diagup$	4類	特殊引火物

形状	比重	融点(℃)	沸点(℃)	引火点(℃)	発火点(℃)	ページ
無色の発煙性液体	1.8	-112	39 (56mmHg)[*2]	—	—	237,275,**410**
無色の結晶	1.95	—	—	—	—	**317**
無色の結晶	2.52	610	—	—	—	198,276,**317**
無色の結晶	2.03	482	—	—	—	307,**317**
無色の液体	1.2	0.1	105	41	200	**394**
オレンジ色の粉末	2.0	490	—	—	—	307,**318**
無色の粉末	2.9	250	—	—	—	**319**
純粋なものは無色の粘性のある液体	1.46	-0.9	151	—	—	319,323,408,**412**
黄白色の粉末(純粋なものは白色)	2.8	460	—	—	—	307,**318**
灰白色の粉末	5.0	450	—	—	—	**319**
白色の粒状結晶の固体	1.3	103〜105	—	—	125	**392**
無色の粉末	3.0	220	—	—	—	**319**
特異臭のある液体	0.65〜0.75	—	40〜220[*3]	-40以下[*3]	約300	76,88,99,126,182,193,259,**371**
赤紫色の結晶	2.7	240	—	—	—	276,323,**411**
赤紫色の粉末	2.5	—	—	—	—	307,**323**
白色の結晶または粉末	3.87	300	—	—	—	**326**
銀白色の軟らかい金属	0.9	64	774	—	—	247,248,275,308,309,349,**350**
銀白色の金属結晶	1.6	845	1,494	—	—	248,308,309,349,**355**
無色の液体	0.86〜0.88	-48〜13	138〜144	27〜32	463〜528	378,**379**
—	0.9	—	—	170〜310程度	—	**385**
無色の液体	1.26	18	290(分解)	176	370	**384**
黄色または暗緑色の液体	1.0以上	—	200以上	74	336	**382**
無色透明の液体	1.1	-44.9	132	28	590	**379**
淡黄色または淡褐色の液体	0.85程度	—	170〜370	45以上	220	99,126,**378**
乳白色の寒天状	—	—	—	—	—	**343**
無色の発煙性液体	2.47	-61	40	—	—	248,249,308,**415**
無色の発煙性液体	3.19	9.4	100.5	—	—	248,308,**415**
のり状の固体	—	—	—	—	—	**343**
淡黄色の結晶	2.09	290.2	514	—	—	307,335,**337**
無色透明の液体	1.05	16.7	118	39	463	234,237,255,260,369,**380**
無色の液体	0.9	-84	77	-4	426	194,261,**373**
白色の粒状または錠剤	1.04	247	—	—	—	**329**
無色の液体	0.83	—	35	-37	449	199,309,**370**

物質名索引 501

物質名	化学式	類	品名
三酸化クロム	CrO_3	1類	その他：クロム、鉛またはよう素の酸化物
三ふっ化臭素	BrF_3	6類	その他：ハロゲン間化合物
三硫化りん	P_4S_3	2類	硫化りん
次亜塩素酸カルシウム	$Ca(ClO)_2 \cdot 3H_2O$	1類	その他：次亜塩素酸塩類
ジアゾジニトロフェノール	$C_6H_2N_4O_5$	5類	ジアゾ化合物
ジエチル亜鉛	$Zn(C_2H_5)_2$	3類	有機金属化合物 [*6]
ジエチルアミン	$(C_2H_5)_2NH$	4類	第1石油類
ジエチルアルミニウムクロライド	$(C_2H_5)_2AlCl$	3類	アルキルアルミニウム
ジエチルエーテル	$C_2H_5OC_2H_5$	4類	特殊引火物
七硫化りん	P_4S_7	2類	硫化りん
ジニトロソペンタメチレンテトラミン	$C_5H_{10}N_6O_2$	5類	ニトロソ化合物
重クロム酸アンモニウム	$(NH_4)_2Cr_2O_7$	1類	重クロム酸塩類
重クロム酸カリウム	$K_2Cr_2O_7$	1類	重クロム酸塩類
臭素酸カリウム	$KBrO_3$	1類	臭素酸塩類
重油	－	4類	第3石油類
硝酸	HNO_3	6類	硝酸
硝酸アンモニウム	NH_4NO_3	1類	硝酸塩類
硝酸エチル	$C_2H_5ONO_2$	5類	硝酸エステル類
硝酸カリウム	KNO_3	1類	硝酸塩類
硝酸グアニジン	$CH_6N_4O_3$	5類	その他：硝酸グアニジン
硝酸ナトリウム	$NaNO_3$	1類	硝酸塩類
硝酸メチル	CH_3ONO_2	5類	硝酸エステル類
シリンダー油	－	4類	第4石油類
水素化ナトリウム	NaH	3類	金属の水素化物
水素化リチウム	LiH	3類	金属の水素化物
赤りん	P	2類	赤りん
タービン油	－	4類	第4石油類
炭化アルミニウム	Al_4C_3	3類	カルシウムまたはアルミニウムの炭化物
炭化カルシウム	CaC_2	3類	カルシウムまたはアルミニウムの炭化物
炭酸ナトリウム過酸化水素付加物	$2Na_2CO_3 \cdot 3H_2O_2$	1類	その他：炭酸ナトリウム過酸化水素付加物
鉄粉	Fe	2類	鉄粉
灯油	－	4類	第2石油類
トリエチルアルミニウム	$(C_2H_5)_3Al$	3類	アルキルアルミニウム
トリクロロシラン	$SiHCl_3$	3類	その他：塩化けい素化合物

形　状	比重	融点(℃)	沸点(℃)	引火点(℃)	発火点(℃)	ページ
暗赤色の針状結晶	2.7	196	—	—	—	275,276,307,**327**
無色の発煙性液体	2.80	9	126	—	—	248,249,308,**415**
黄色の結晶	2.03	172.5	407	—	100	307,335,**336**
白色の粉末	2.4	100	—	—	—	307,**328**
黄色の粉末	1.63	169	—	—	180	**399**
無色の液体	1.21	-30	118	—	—	308,309,349,**356**
無色の液体	0.7	-50	55.5	-28	312	**374**
無色の液体	0.97	-74	214	—	—	308,309,**352**
無色の液体	0.71	—	34.6	-45	160 (180)[*7]	163,164,182,260,**367**,376
淡黄色の結晶	2.19	310	523	—	—	307,335,**337**
淡黄色の粉末	1.45	255	—	—	—	**398**
橙赤色の針状結晶	2.15	185	—	—	—	**324**
橙赤色の結晶	2.69	398	—	—	—	276,**324**
無色の結晶性粉末	3.27	約 350	—	—	—	**321**
褐色または暗褐色の液体	0.9～1.0	—	300 以上	60～150	250～380	**382**
無色の液体	1.5(市販品 1.38 以上)	-42	86	—	—	237,354,**413**
無色の結晶または結晶性粉末	1.7	170	—	—	—	307,**322**,324
無色透明の液体	1.11	—	87.2	10	—	**395**
無色の結晶	2.1	339	—	—	—	198,230,**321**
白色の結晶	1.44	217	—	—	—	**404**
無色の結晶	2.3	307	—	—	—	230,307,**321**
無色透明の液体	1.22	—	66	15	—	**395**
—	0.95	—	—	250	—	**385**
灰色の結晶	1.40	800	—	—	—	253,308,309,349,**357**
白色の結晶	0.82	680	—	—	—	308,309,349,**357**
赤褐色の粉末	2.1～2.3	—	—	—	260	334,335,**338**,353
—	0.95	—	—	200～270 程度	—	**385**
純粋なものは無色透明の結晶 不純物は黄色	2.37	2,200	—	—	—	308,349,**359**
純粋なものは無色透明の結晶 不純物は灰色	2.22	2,300	—	—	—	308,349,**359**
白色粒状	0.79	—	—	—	—	**330**
灰白色の粉末	7.9	1,535	2,750	—	—	334,335,**340**
無色またはやや黄色の液体	0.8 程度	—	145～270	40 以上	220	99,126,**378**
無色の液体	0.83	-46	187	—	—	253,308,309,349,**352**
無色の流動性液体	1.34	—	32	-28	185	308,349,**360**

物質名索引

物質名	化学式	類	品名
トリニトロトルエン	$C_6H_2(NO_2)_3CH_3$	5類	ニトロ化合物
トルエン	$C_6H_5CH_3$	4類	第1石油類
ナタネ油	−	4類	動植物油類
ナトリウム	Na	3類	ナトリウム
二酸化鉛	PbO_2	1類	その他：クロム、鉛またはよう素の酸化物
ニトログリセリン	$C_3H_5(ONO_2)_3$	5類	硝酸エステル類
ニトロセルロース	−	5類	硝酸エステル類
ニトロベンゼン	$C_6H_5NO_2$	4類	第3石油類
二硫化炭素	CS_2	4類	特殊引火物
ノルマルブチルリチウム	C_4H_9Li	3類	アルキルリチウム
発煙硝酸	HNO_3	6類	硝酸
バリウム	Ba	3類	アルカリ金属およびアルカリ土類金属
ピクリン酸	$C_6H_2(NO_2)_3OH$	5類	ニトロ化合物
ヒドロキシルアミン	NH_2OH	5類	ヒドロキシルアミン
ピリジン	C_5H_5N	4類	第1石油類
プロピオン酸	CH_3CH_2COOH	4類	第2石油類
ペルオキソ二硫酸カリウム	$K_2S_2O_8$	1類	その他：ペルオキソ二硫酸塩類
ペルオキソほう酸アンモニウム	NH_4BO_3	1類	その他：ペルオキソほう酸塩類
ベンゼン	C_6H_6	4類	第1石油類
マグネシウム	Mg	2類	マグネシウム
メタ過よう素酸	HIO_4	1類	その他：過よう素酸
メタノール	CH_3OH	4類	アルコール類
メチルエチルケトン	$CH_3COC_2H_5$	4類	第1石油類
メチルエチルケトンパーオキサイド	−	5類	有機過酸化物
よう素酸カリウム	KIO_3	1類	よう素酸塩類
よう素酸ナトリウム	$NaIO_3$	1類	よう素酸塩類
ラッカーパテ	−	2類	引火性固体
リチウム	Li	3類	アルカリ金属およびアルカリ土類金属
硫酸ヒドラジン	$NH_2NH_2 \cdot H_2SO_4$	5類	ヒドラジンの誘導体
硫酸ヒドロキシルアミン	$H_2SO_4 \cdot (NH_2OH)_2$	5類	ヒドロキシルアミン塩類
りん化カルシウム	Ca_3P_2	3類	金属のりん化物

＊1 その他のもので政令で定めるものを表す。
＊2 （ ）は減圧時の圧力を表す。
＊3 自動車ガソリンの数値。
＊4 カリウム、ナトリウムを除く。
＊5 オルトキシレン、メタキシレン、パラキシレンそれぞれの数値の最小値～最大値で表示。
＊6 アルキルアルミニウムおよびアルキルリチウムを除く。
＊7 （ ）内の数値の報告もある。

形　状	比重	融点(℃)	沸点(℃)	引火点(℃)	発火点(℃)	ページ
淡黄色の結晶	1.6	80	—	—	230	**397**
無色の液体	0.87	—	111	4	480	176,194,**372**
純粋なものは無色透明	0.91	—	—	163	446	**386**
銀白色の軟らかい金属	0.97	98	883	—	—	247,248,275,308,309,349,**351**
黒褐色の結晶または粉末	9.4	290	—	—	—	251,**327**
無色の油状液体	1.60	13	160	—	—	**396**
原料の綿や紙と同じ形状	約1.7	—	—	—	160	266,273,309,395,**396**
淡黄色または暗黄色の液体	1.2	5.8	211	88	482	234,261,381,**383**,395
無色の液体	1.26	—	46	-30以下	90	76,163,182,194,234,309,**368**
黄褐色の液体	0.84	-53	194	—	—	253,308,309,349,**353**
赤色または赤褐色の発煙性液体	1.52以上	—	—	—	—	**413**
銀白色の金属結晶	3.6	727	1,850	—	—	248,308,309,349,**355**
黄色の結晶	1.8	122〜123	255	150	300	276,**397**
白色の結晶	1.20	33	58 (22mmHg)*2	100	130	307,**401**
無色透明の液体	0.98	—	116	20	482	**374**
無色透明の液体	0.99	—	141	52	465	**380**
白色の結晶または粉末	2.48	—	—	—	—	**329**
無色の結晶	2.3	—	—	—	—	**330**
無色の液体	0.88	5.5	80	-11	498	76,88,186,234,257,**372**
銀白色の金属結晶	1.7	650	1,105	—	—	308,334,335,**342**
白色の結晶または結晶性粉末	—	—	—	—	—	307,**326**
無色の液体	0.79	—	65	12	464	186,194,201,234,**376**
無色の液体	0.8	-86	80	-9	404	**373**,393
無色透明で油状の液体（市販品）	1.16	-20	—	72	176	373,390,**393**
白色の結晶または結晶性粉末	3.9	560	—	—	—	**322**
無色の結晶	4.3	425	—	—	—	**322**
ペースト状の固体	約1.40	—	—	約10	約480	**343**
銀白色の金属結晶	0.5	180	1,342	—	—	247,248,308,309,346,349,**355**
白色の結晶	1.37	254	—	—	—	**400**
白色の結晶	1.90	120	—	—	—	**402**
暗赤色の塊状固体または粉末	2.51	1,600	—	—	—	308,349,**358**

用語索引

英数

1-アリルオキシ-2,3-エポキシプロパン ... 404
1原子分子 ... 206
1-ブタノール ... 379
1-プロパノール ... 256,377
2原子分子 ... 206
2-プロパノール ... 256,377
4-メチリデンオキセタン-2-オン ... 405
A火災 ... 281
B火災 ... 281
C火災 ... 281
-O-O-結合 ... 317,392
pH ... 238
pH指示薬 ... 238
TNT ... 397

あ

アーク ... 191
亜塩素酸塩類 ... 320
赤さび ... 253
亜硝酸塩類 ... 327
アセトアルデヒド等 ... 69,121,122
アゾ化合物 ... 398
アゾ基 ... 398
圧力 ... 158
油火災 ... 281
アボガドロ数 ... 170
アボガドロ定数 ... 170
アボガドロの法則 ... 170,211
アミノ基 ... 258
アミノ酸 ... 261
アミン ... 260
アリルグリシジルエーテル ... 404
アルカリ ... 236
アルカリ金属 ... 204,208,350,351,355
アルカリ金属およびアルカリ土類金属 ... 354

アルカリ金属の過酸化物 ... 119,312,313,318
アルカリ土類金属 ... 204,248,355
アルカリ土類金属の過酸化物 ... 319
アルカン ... 259
アルキルアルミニウム ... 351
アルキルアルミニウム等 ... 69,121,122,135
アルキル基 ... 259,351,352,394
アルキルリチウム ... 352
アルキン ... 259
アルケン ... 259
アルコール ... 259
アルコール類 ... 25,375
アルデヒド ... 259
アルデヒド基 ... 258
アレニウスの式 ... 224
泡消火器 ... 282
泡消火設備 ... 111,114,280
安全装置 ... 68
イエローカード ... 133
硫黄 ... 334,338
イオン ... 207
イオン化エネルギー ... 208
イオン化傾向 ... 249,254
イオン価数 ... 208
イオン化列 ... 249
イオン式量 ... 210
イオン性化合物 ... 209
イオン積 ... 238
異性体 ... 202
移送 ... 134
移送取扱所 ... 34,103,125
一時使用停止命令 ... 140
一酸化炭素 ... 267
一般取扱所 ... 34,104
移動タンク貯蔵所 ... 34,87,108,112,122,126,134
移動タンク貯蔵所の停止 ... 141
陰イオン ... 207
引火性固体 ... 23,334,342

引火点 ... 270
引火点測定方法 ... 270
運搬 ... 108,128
運搬方法 ... 133
運搬容器 ... 128
運搬容器の収納方法 ... 129
運搬容器の表示 ... 129
エーテル ... 260,367
液化 ... 162,166
液化点 ... 162
液化熱 ... 162
液体 ... 157,305
液体の燃焼 ... 266
液比重 ... 159
エステル ... 261,394
エチルアルコール ... 376
エチルエーテル ... 367
エチル基 ... 257,259
エネルギー保存の法則 ... 183
塩 ... 241
塩基 ... 236
塩基性塩 ... 241
塩基性酸化物 ... 239
延焼のおそれのある外壁 ... 67
炎色反応 ... 248
塩素 ... 249
塩素化イソシアヌル酸 ... 329
塩素化けい素化合物 ... 360
塩素酸塩類 ... 315
応急措置命令 ... 139
黄りん ... 347,353
大型消火器 ... 111,114,280,284
オームの法則 ... 190
オキシドール ... 411
オキシフル ... 411
屋外消火栓設備 ... 111,114,280
屋外タンク貯蔵所 ... 34,73,121
屋外貯蔵所 ... 34,90,122
オクテット則 ... 206
屋内給油取扱所 ... 97
屋内消火栓設備 ... 111,114,280
屋内タンク貯蔵所 ... 34,78,121
屋内貯蔵所 ... 34,70,121

用語	ページ
乙種危険物取扱者	43
オルトキシレン	202,378,379
温度	158

か

用語	ページ
カーバイト	359
開環重合	199
塊状の硫黄等	92,122
解任命令	52,138
界面活性剤	186
過塩素酸	410
過塩素酸塩類	316
化学泡消火器	283
化学式	212
化学反応式	213
化学反応式の規則	214
化学平衡	225
化学平衡の法則	225
化学変化	197
可逆反応	225
拡散燃焼	266
化合	197
化合物	201
火災の区分	281
過酸化水素	411
カ氏温度	158
価数	236
可塑剤	384
架台[屋外貯蔵所]	91,122
活性化エネルギー	223
価電子	206
可燃性物質	263
可燃物	263
価標	206,213
過ほう酸アンモニウム	330
過マンガン酸塩類	323
過よう素酸	326
過よう素酸塩類	326
カリウム	350
仮使用	37,38
仮貯蔵・仮取扱い	20,37,38
過硫酸カリウム	329
カルシウムまたはアルミニウムの炭化物	358
カルボキシル基	258
カルボニル化合物	259,260
カルボニル基	258
カルボン酸	260
簡易消火用具	113,114,281
簡易タンク貯蔵所	34,85,121
還元	244
還元剤	245
還元性物質	275,333
環式化合物	256
完成検査	36,38
完成検査前検査	36,38
乾性油	273,386
完全燃焼	266
乾燥砂	111,113,280
官能基	257
気化	161
機械泡消火器	187
幾何異性体	202
希ガス元素	204,206
気化熱	161
危険箇所	192
危険等級	131
危険物施設保安員	51
危険物取扱者	42
危険物の規制	19
危険物の判定	21
危険物保安監督者	39,49
危険物保安統括管理者	39,49
希硝酸	412
キシロール	379
気体	158,305
気体定数	170
気体の状態方程式	171
気体の燃焼	265
気体の溶解度	231
規定度	232
規定濃度	232
義務違反	138
逆反応	225
キャノピー	97
吸着熱	273
吸熱反応	219
給油タンク車	87
給油取扱所	34,93,109,117,125
給油取扱所内の建築物	97
給油ノズル	100
給油ホース	100
強塩基	237
強化液消火器	282
凝固	161
凝固点	161
凝固点降下	233
凝固点降下度	233
凝固熱	161
強酸	237
凝縮	162
凝縮点	162
凝縮熱	162
強硝化綿	395,396
共有結合	206
許可[申請]	36,38
禁水性物質(品)	23,119,346,347
金属(元素)	246,340
金属のアジ化物	403
金属の水素化物	356
金属の腐食	253
金属のりん化物	358
金属腐食の進みやすさ	253
金属腐食の防止	254
金属粉	23,119,334,340
グラム当量	232
グラム当量数	232
黒さび	253
クロム、鉛またはよう素の酸化物	326
軽金属	247
掲示板	109
警報設備	117
計量口[タンク]	121
結合エネルギー	221
ケトン	260
ケトン基	258
ケロシン	378
限界酸素濃度	264
権限者	35
検査[申請]	36,38
原子	205
原子価	206,207
原子核	205
原子記号	204
原子団	257
原子の質量数	205
原子番号	205
原子量	209
元素	204,246
元素記号	204
元素の周期表	204
高引火点危険物	69
光学異性体	202
工業ガソリン	371

| 甲種危険物取扱者…………43 |
| 合成界面活性剤…………186 |
| 構造異性体………………202 |
| 構造式……………………213 |
| 高度さらし粉……………328 |
| 高分子化合物……………261 |
| 小型消火器………111,114,280 |
| 小型消火器の種類………282 |
| 小型消火器の表示………281 |
| 顧客に自ら給油等をさせる給油取扱所……………99,125 |
| 黒色火薬…………………338 |
| 固体…………………157,305 |
| 固体の燃焼………………266 |
| 固体の溶解度……………230 |
| 固定給油設備……………94,95 |
| 固定注油設備……………94,95 |
| ゴム状硫黄…………338,339 |
| コロジオン………………395 |
| 混合危険…………………275 |
| 混合物……………………200 |
| 混載………………………132 |

さ

| 最外殻電子…………………206 |
| 最外電子殻…………………206 |
| 再結晶………………………230 |
| 鎖式化合物…………………256 |
| 酸……………………………236 |
| 酸・アルカリ消火器……282,283 |
| 酸化……………………244,263 |
| 酸化還元反応…………244,250 |
| 酸化剤………………………245 |
| 酸化されやすい物質………263 |
| 酸化数………………………245 |
| 酸化性塩類…………………275 |
| 酸化性物質…………………275 |
| 酸化熱………………………273 |
| 酸化反応……………………197 |
| 酸化物……………………239,263 |
| 三重点………………………166 |
| 酸性塩………………………241 |
| 酸性酸化物…………………239 |
| 酸素…………………………264 |
| 酸素供給体…………………263 |
| 次亜塩素酸塩類……………328 |
| ジアゾ化合物………………399 |
| ジアゾ基……………………399 |
| 自衛消防組織…………………55 |

| 脂環式化合物………………256 |
| 敷地内距離……………………74 |
| 式量…………………………210 |
| ジケテン……………………405 |
| 自己反応性物質……25,264,389 |
| 示性式………………………213 |
| 自然発火………………273,335 |
| 自然発火性物質…………23,346 |
| 自然発火の起こりやすさ……274 |
| 自然発火の原因……………273 |
| 市町村長等……………………20 |
| 実効湿度……………………189 |
| 実在気体……………………173 |
| 質量作用の法則……………225 |
| 質量パーセント濃度………231 |
| 質量百分率濃度……………231 |
| 質量不変の法則……………211 |
| 質量保存の法則……………211 |
| 質量モル濃度………………232 |
| 指定数量…………………27,28 |
| 指定数量の倍数………………30 |
| 指定数量未満の危険物……19,27 |
| 自動車ガソリン……………371 |
| 支燃物………………………263 |
| 脂肪族化合物………………256 |
| ジメチルケトン……………374 |
| 弱塩基………………………237 |
| 弱酸…………………………237 |
| 弱硝化綿…………………395,396 |
| 斜方硫黄…………………338,339 |
| シャルルの法則……………168 |
| 周期…………………………204 |
| 重金属………………………247 |
| 重クロム酸塩類……………324 |
| 重合…………………………198 |
| 臭素…………………………249 |
| 臭素酸塩類…………………320 |
| 修理、改造または移転命令………………………58,138 |
| ジュール熱…………………191 |
| ジュールの法則……………191 |
| 縮合重合……………………199 |
| 酒精…………………………376 |
| 潤滑油………………………384 |
| 純硝酸………………………412 |
| 準特定屋外タンク貯蔵所……73 |
| 純物質………………………200 |
| 硝安…………………………322 |
| 常温常圧……………………158 |

| 昇華…………………………164 |
| 消火器具の設置基準………284 |
| 消火設備の種類………111,280 |
| 消火設備の設置基準………114 |
| 硝化度………………………395 |
| 昇華熱………………………164 |
| 消火の困難性と消火設備…112 |
| 消火の三要素………………278 |
| 消火の四要素………………278 |
| 硝化綿……………………395,396 |
| 蒸気比重……………………159 |
| 硝酸…………………………412 |
| 硝酸エステル類……………394 |
| 硝酸塩類……………………321 |
| 硝酸グアニジン……………404 |
| 使用制限命令………………140 |
| 硝石…………………………321 |
| 状態図………………………166 |
| 使用停止命令………………139 |
| 譲渡・引渡［届出］…………39 |
| 承認［申請］……………36,38 |
| 蒸発…………………………161 |
| 蒸発熱……………………161,163 |
| 蒸発燃焼……………………266 |
| 消費…………………………123 |
| 消防法上の危険物……19,22,305 |
| 消防法の適用除外……………20 |
| 除去消火（法）……………278 |
| 除去等の命令………………139 |
| 触媒…………………………223 |
| 所有者等………………………39 |
| 所要単位……………………113 |
| 親水性………………………257 |
| 申請……………………………35 |
| 浸透…………………………235 |
| 浸透圧………………………235 |
| 親油性………………………257 |
| 水酸基……………………258,400 |
| 水蒸気消火設備………111,114,280 |
| 水素イオン濃度……………238 |
| 水素イオン濃度指数………238 |
| 水槽………………………111,113,280 |
| 水素化物……………………356 |
| 水密性…………………………82 |
| 水溶液………………………230 |
| 水溶性液体………………29,370 |
| 水溶性液体用泡消火剤……187,283,364,375 |
| 水和物………………………187 |

スパーク………………… 191	第1類危険物に共通する火災予防方法…………………… 313	危険性………………… 389
スプリンクラー設備……… 111, 114,280	第1類危険物に共通する消火方法…………………………… 313	第5類危険物の物品……… 391
スルホ基………………… 258		第6類危険物……… 26,264,306, 408-415
スルホン酸……………… 260	第1類危険物に共通する性質・危険性………………… 312	第6類危険物に共通する火災予防方法…………………… 408
スルホン酸基…………… 258	第1類危険物の物品……… 314	
正塩……………………… 241	第2種消火設備……111,114,280	第6類危険物に共通する消火方法…………………………… 409
制御卓……………………99,125	第2種販売取扱所………… 101	
生成熱…………………… 220	第2石油類…………… 25,377	第6類危険物に共通する性質・危険性………………… 408
製造……………………… 123	第2類危険物……23,306,333-343	
製造所…………………33,34,66	第2類危険物に共通する火災予防方法…………………… 334	第6類危険物の物品……… 409
製造所等………………… 20		耐アルコール泡……… 187,283, 364,375
静電気……………193,334,364	第2類危険物に共通する消火方法…………………………… 334	
静電気の蓄積防止………… 195		耐火構造……………………67
静電気の発生防止………… 195	第2類危険物に共通する性質・危険性………………… 333	帯電体…………………… 190
静電容量………………… 194		帯電列…………………… 194
正反応…………………… 225	第3種消火設備……111,114,280	ダイナマイト…………… 396
積載［運搬］…………… 131	第3石油類…………… 25,381	体膨張………………… 180,181
積載式移動タンク貯蔵所……87	第3類危険物……23,306,346-360	体膨張率……………… 180,181
赤りん……………… 334,337	第3類危険物と水との反応式…………………………… 349	対流……………………… 177
セ氏温度………………… 158		多原子イオン…………… 208
絶縁体…………………… 191	第3類危険物に共通する火災予防方法…………………… 347	立会い………………………43
絶縁抵抗………………… 193		炭化水素…………… 256,259
接触帯電………………… 193	第3類危険物に共通する消火方法…………………………… 347	炭化水素基………… 259,356
絶対温度…………… 158,168		炭化物…………………… 358
絶対湿度………………… 188	第3類危険物に共通する性質・危険性………………… 346	タンクローリー……………87
絶対零度………………… 158		単原子イオン…………… 208
設置許可の取消し………… 139	第3類危険物の物品……… 348	単原子分子……………… 206
設置・変更［申請］………38	第4種消火設備……111,114,280	炭酸ナトリウム過酸化水素付加物…………………………… 330
セルフスタンド…………99,125	第4石油類…………… 25,384	
全圧……………………… 172	第4類危険物……… 24,160,193, 270,306,363-386	単斜硫黄…………… 338,339
遷移元素………………… 205		単体………………… 201,204
遷移状態………………… 223	第4類危険物に共通する火災予防方法…………………… 364	断熱圧縮………………… 182
潜熱……………………… 161		断熱変化………………… 182
線膨張…………………… 180	第4類危険物に共通する消火方法…………………………… 364	断熱膨張………………… 182
線膨張率………………… 180		地下タンク貯蔵所……34,81,112, 121
相対湿度………………… 188	第4類危険物に共通する性質・危険性………………… 363	
総熱量不変の法則………… 220		置換……………………… 198
族………………………… 204	第4類危険物の物品……… 365	窒息消火(法)…………… 278
疎水性…………………… 257	第5種消火設備……111,114,280, 281	中性塩…………………… 241
組成式…………………… 212		中性子…………………… 205
措置命令………………… 138	第5類危険物……… 25,264,266, 306,389-405	注入口［タンク］…… 76,110,121
た		注油ノズル……………… 100
第1種消火設備……111,114,280	第5類危険物に共通する火災予防方法…………………… 390	注油ホース……………… 100
第1種販売取扱所………… 101		中和(反応)……………… 240
第1石油類…………… 25,370	第5類危険物に共通する消火方法…………………………… 390	中和滴定………………… 240
第1類危険物……… 22,208,264, 306,312-330		中和熱…………………… 220
	第5類危険物に共通する性質・	潮解性…………… 187,307
		長時間移送……………… 134

超臨界流体	167
貯蔵所	33
貯蔵・取扱基準遵守命令	138
貯留設備	67
チリ硝石	321
沈降帯電	193
通気管[地下貯蔵タンク]	84
詰替	123
定圧モル比熱	179
ディーゼル油	378
定期点検	58
定期保安検査	61
抵抗	190
抵抗率	193
定積モル比熱	179
定比例の法則	212
鉄粉	23,119,263,334,339
電圧	190
電荷	190
電解質	237
点火源	263,265
電気陰性度	251
電気火災	281
電気設備	112
電気伝導	190
電気伝導率	194
電気火花	191
典型元素	205
電子	193,205
電子核	205
電子親和力	208
電池	250
伝導	176
電離	237
電離度	237
電流	190
同位体	206
同時貯蔵	120
動植物油類	25,385
同族元素	204,206
同族体	201
同素体	201
導体	191
特殊引火物	25,367
特定移送取扱所	103
特定屋外タンク貯蔵所	73
届出	38,39
取扱所	33

トリニトロフェノール	397
トルオール	372
ドルトンの法則	172

な

ナトリウム	351
鉛蓄電池	251,327
ニクロム酸	324
二酸化炭素	267
二酸化炭素消火器	283,284
ニトロ化合物	261,394,396
ニトロ基	258,396
ニトロソ化合物	398
ニトロソ基	398
ニトロベンゾール	383
二量化	405
認可[申請]	36,39
熱化学方程式	219,220
熱源	263,265
熱伝導率(度)	176
熱平衡	178
熱膨張	180
熱膨張率	180
熱容量	178
熱量	177
燃焼	263
燃焼点	271
燃焼熱	220
燃焼の継続	265
燃焼の三要素	263
燃焼のしやすさ	266
燃焼の抑制	278
燃焼の四要素	265
燃焼範囲	265,269
濃硝酸	412
濃度	231
能力単位	113

は

配管	68
廃棄	123
倍数比例の法則	212
パイプライン	103
爆発	266,274
爆発範囲	269,274
パスカルの原理	158
発火点	271
発熱反応	219
パラキシレン	202,378,379

ハロゲン化物消火器	282,284
ハロゲン化物消火設備	111,114,280
ハロゲン間化合物	248,252,414
ハロゲン元素	204,208,248,252,279
反応速度	223,225
反応熱	219
販売取扱所	34,101,125
非金属元素	246
比重	159
非水溶性液体	29,370
微生物による発熱	273
非電解質	237
ヒドラジンの誘導体	400
ヒドロキシルアミン	400
ヒドロキシルアミン塩類	401
ヒドロキシルアミン等	69
ヒドロキシル基	258
避難設備	117
比熱	178
氷酢酸	380
標識	108
標準状態	158
表面張力	186
表面燃焼	266
避雷設備	68
ピロ硝化綿	395
品名・数量・指定数量の倍数の変更[届出]	39
ファントホッフの法則	235
風解	187
フェニル基	258,259
フェノール	259
フェノールフタレイン	239
不可逆反応	225
付加重合	199,273
不活性ガス	206,309,348
不活性ガス消火設備	111,114,280
付加反応	197
不完全燃焼	266
ふく射	177
複分解	198
負触媒	223
負触媒作用	279
不斉炭素原子	202
普通火災	281

用語	ページ
物質の三態	157
物質の状態変化	157
物質量	210
ふっ素	249
沸点	162
沸点上昇	233
沸点上昇度	233
沸騰	162
物理変化	197
不動態	413
不導体	191
不等沈下	60
不燃材料	67
不飽和化合物	256
不飽和溶液	230
不良導体	176
プロピレンオキサイド	370
分圧	172
分解	198
分解熱	220,273
分解燃焼	266
分子	206
分子間力	157
分子式	212
噴出帯電	193
分子量	209
粉塵爆発	274,335
分数法	214
粉末消火器	283
粉末消火設備	111,114,280
粉末の固体	177,267,274,340
分留	382
閉殻構造	206
平衡移動の原理	226
丙種危険物取扱者	43
ヘスの法則	220
ペルオキソ二硫酸塩類	329
ペルオキソほう酸塩類	330
変更命令	138
変色域	239
変性アルコール	375
ベンゼン	372
ヘンリーの法則	231
保安距離	64
保安検査	38,61
保安講習	44
ボイル・シャルルの法則	169
ボイルの法則	167
芳香族化合物	256
放射	177
膨張真珠岩	111,113,280
膨張ひる石	111,113,280
放電エネルギー	194
防爆構造	192,334,364
防油堤	76
飽和1価アルコール	375
飽和化合物	256
飽和蒸気圧	163
飽和蒸気圧曲線	163
飽和水蒸気量	188
飽和溶液	230
ホースの彩色[セルフスタンド]	99
保護液	309
保有空地	65
ボルタ電池	250
ポンプ設備[タンク]	76,110

ま

用語	ページ
マグネシウム	23,119,334,341
水	185,279
水消火器	282
水抜口[防油堤]	77,121
水バケツ	111,113,280
水噴霧消火設備	111,114,280
密度	159
未定係数法	215
無機化合物	255
無機過酸化物	317
無機酸	246
無水クロム酸	327
無弁通気管	75,79,86
メタキシレン	202,378,379
メチルアルコール	376
メチルオレンジ	239
メチル基	257,259
免状	42
免状の書換え	44
免状の交付	44
免状の再交付	44
免状の不交付	44
免状の返納	44
木精	376
元弁[タンク]	121
モル	210
モル凝固点降下	233
モル質量	210
モル濃度	231
モル比熱	179
モル沸点上昇	233

や

用語	ページ
融解	161
融解熱	161
有機化合物	255
有機化合物の構造	255
有機化合物の性質	255
有機化合物の分類	256
有機過酸化物	392
有機金属化合物	356
融点	161
陽イオン	207
溶液	230
溶解	230
溶解度	230
溶解度曲線	230
溶解熱	220
容器イエローカード	133
陽子	205
溶質	230
陽性元素	358
よう素	249
よう素価	386
よう素酸塩類	322
用途の廃止[届出]	39
溶媒	230
抑制消火法	279
予混合燃焼	265
予防規程	39,53

ら

用語	ページ
ラウールの法則	233
理想気体	173
立体異性体	202
リトマス	239
硫化りん	334,336
硫酸ヒドラジニウム	400
流動帯電	193
両性元素	246
良導体	176
臨界圧力	166
臨界温度	166
臨界点	166
りん化石灰	358
臨時保安検査	61
ルシャトリエの法則	226
冷却消火(法)	278,279

● **監修者**

赤染　元浩（あかぞめ　もとひろ）

1964年生まれ。京都で育つ。千葉大学大学院工学研究院教授。1993年京都大学大学院工学研究科博士課程修了。イェール大学博士研究員、千葉大学大学院准教授を経て、2012年より現職。工学部総合工学科共生応用化学コースで安全工学を担当し、危険物取扱者の受験を指導。危険物安全協会の受験者講習会の講師もつとめる。

監修書に『一発合格！乙種1・2・3・5・6類危険物取扱者試験テキスト&問題集』、『一発合格！乙種第4類危険物取扱者試験テキスト&問題集』、『一発合格！　乙種第4類危険物取扱者試験＜ここが出る＞問題集』、『一発合格！　甲種危険物取扱者試験＜ここが出る＞問題集』『完全攻略！ここが出る！毒物劇物取扱者試験テキスト&問題集』（いずれもナツメ社）、共著書に『スパイラル有機化学―基礎から応用、発展へ！』（筑波出版会）、分担執筆に『改訂5版化学便覧基礎編』（丸善）、『第2版標準化学用語辞典』（丸善）などがある。

■ スタッフ

● 本文デザイン／エルグ、メビウス
● 本文イラスト／中村知史
● 本文DTP／朋映アート
● 編集協力／メビウス
● 編集担当／原 智宏（ナツメ出版企画）

本書に関するお問い合わせは、書名・発行日・該当ページを明記の上、下記のいずれかの方法にてお送りください。電話でのお問い合わせはお受けしておりません。
・ナツメ社webサイトの問い合わせフォーム
　https://www.natsume.co.jp/contact
・FAX（03-3291-1305）
・郵送（下記、ナツメ出版企画株式会社宛て）
なお、回答までに日にちをいただく場合があります。正誤のお問い合わせ以外の書籍内容に関する解説・受験指導は、一切行っておりません。あらかじめご了承ください。

一発合格！　甲種危険物取扱者試験テキスト&問題集

2012年11月21日初版発行
2024年 7月 1日第20刷発行

監修者	赤染元浩
発行者	田村正隆
発行所	株式会社ナツメ社
	東京都千代田区神田神保町1-52　ナツメ社ビル1F（〒101-0051）
	電話　03（3291）1257（代表）　FAX　03（3291）5761
	振替　00130-1-58661
制　作	ナツメ出版企画株式会社
	東京都千代田区神田神保町1-52　ナツメ社ビル3F（〒101-0051）
	電話　03（3295）3921（代表）
印刷所	ラン印刷社

ISBN978-4-8163-5331-4　　　　　　　　　　　　　　　　　Printed in Japan

〈定価はカバーに表示しています〉
〈落丁・乱丁本はお取り替えします〉

ナツメ社Webサイト
https://www.natsume.co.jp
書籍の最新情報（正誤情報を含む）は
ナツメ社Webサイトをご覧ください。

国際単位系（SI）

　国際単位系とは、国際度量衡総会で採択された一貫した単位系である。7つのSI基本単位とそれらによって組み立てられるSI組立単位、SI接頭語からなる。物理量は基本単位の積または商の形で表される。本書ではこの国際単位系を使用している。

■ SI基本単位

物理量	名称	記号
長さ	メートル	m
質量	キログラム	kg
時間	秒	s
電流	アンペア	A
熱力学温度	ケルビン	K
物質量	モル	mol
光度	カンデラ	cd

■ 主なSI組立単位

物理量	名称	記号	SI基本単位による表記
力	ニュートン	N	$m\,kg\,s^{-2}$
圧力	パスカル	Pa	$m^{-1}kg\,s^{-2}\,(=Nm^{-2})$
エネルギー	ジュール	J	$m^2 kg\,s^{-2}\,(=Nm=Pa\,m^3)$
仕事率	ワット	W	$m^2 kg\,s^{-3}\,(=J\,s^{-1})$
電荷	クーロン	C	As
電位差	ボルト	V	$m^2 kg\,s^{-3}A^{-1}\,(=JA^{-1}s^{-1})$
セ氏温度	セルシウス度	℃	K

■ 主なSI接頭語

倍数	10^{-12}	10^{-9}	10^{-6}	10^{-3}	10^{-2}	10^{-1}	10	10^2	10^3	10^6	10^9	10^{12}
接頭語	ピコ	ナノ	マイクロ	ミリ	センチ	デシ	デカ	ヘクト	キロ	メガ	ギガ	テラ
記号	p	n	μ	m	c	d	da	h	k	M	G	T

■ 主なSI以外の単位

物理量	名称	記号	SI単位による値
長さ	オングストローム	Å	$1Å=10^{-10}m$
質量	トン	t	$1t=10^3 kg$
時間	分	min	$1min=60s$
時間	時	h	$1h=3{,}600s$
圧力	標準大気圧	atm	$1atm=101{,}325Pa$
圧力	バール	bar	$1bar=10^5 Pa$
体積	リットル	L（ℓ）*	$1L(ℓ)=10^{-3}m^3=1dm^3$
エネルギー	熱化学カロリー	cal	$1cal=4.184J$

＊ SIでは、体積の単位「リットル」は、立体のLまたはlを使うように決められているが、日本ではこれまでのℓなどの記号も併用されているのが現状である。